上海市徐汇区
长桥街道志
(1991—2015)

长桥街道志编纂委员会 编

上海科学技术文献出版社
Shanghai Scientific and Technological Literature Press

图书在版编目（CIP）数据

上海市徐汇区长桥街道志：1991-2015 / 长桥街道志编纂委员会编 / 一上海：上海科学技术文献出版社，2019
ISBN 978-7-5439-8019-8

Ⅰ.①上… Ⅱ.①长… Ⅲ.①徐汇区—地方志—1991-2015
Ⅳ.① K295.13

中国版本图书馆 CIP 数据核字（2019）第 218406 号

责任编辑：于学松
封面设计：郑　斌

上海市徐汇区长桥街道志(1991—2015)
SHANGHAISHI XUHUIQU CHANGQIAO JIEDAO ZHI(1991–2015)
长桥街道志编纂委员会　编

出版发行：上海科学技术文献出版社
地　　址：上海市长乐路 746 号
邮政编码：200040
经　　销：全国新华书店
印　　刷：上海盛通时代印刷有限公司
开　　本：787×1092　1/16
印　　张：20
插　　页：10
字　　数：628000
版　　次：2020年10月第1版　2020年10月第1次印刷
书　　号：ISBN 978-7-5439-8019-8
定　　价：180.00元
http://www.sstlp.com

编纂委员会

主　任：伍彦心　张　军

副主任：杨晓晔

委　员：王亚林　郑克坚　彭惠国　凌晨钟　斯晓光
　　　　童松岩　陆　斌　周迎新　陈　彤　沈金生

编辑人员

主　编：伍彦心　张　军

副主编：杨晓晔

编　辑：周鲁国　吴文朴　陆肇铭　苏夏明

1998年7月,上海市副市长冯国勤视察长桥农副产品市场

2002年1月,国家体育总局局长袁伟民视察社区服务中心体质监测站

2005年11月，上海市委副书记刘云耕到长桥街道调研

2010年2月，上海市人大常委会副主任周禹鹏到长桥街道调研帮困送温暖工作

2013年10月,上海市委副书记、市长杨雄视察长桥街道为老服务工作

2013年12月,上海市委副书记李希慰问上海市优秀志愿者单连粉

2003年4月，徐汇区副区长王志强为社区学校成立揭牌

2009年1月，徐汇区委书记茅明贵到长桥街道调研

2009年2月,徐汇区区长陈寅在长桥街道现场办公

2014年,徐汇区委书记莫负春到长桥街道社区事务受理中心调研

2009年，街道党政班子成员研讨城区管理工作

2013年，徐汇区区域党建促进会长桥分会成立

2015年3月27日,长桥街道党工委挂牌

长桥街道志编纂委员会成员会议

街道召开精神文明建设大会

机关公务员"建功世博、奉献拼搏"宣誓仪式

2012年11月,彩虹心桥志愿者服务基地启动仪式

社区建党90周年主题活动

区域党建活动

党建共建活动

综治工作站成员在小区夜巡

农商银行长桥支行帮困助学活动

社区志愿者开展环境卫生整治活动

社区第八届学习节主题活动

街道戏曲队成立20周年汇报演出

2013年,上海市民体育大联赛

汇成小区中心绿地

上海植物园

中海瀛台商品房小区

社区党建服务中心

徐汇区房产交易中心

社区文化设施

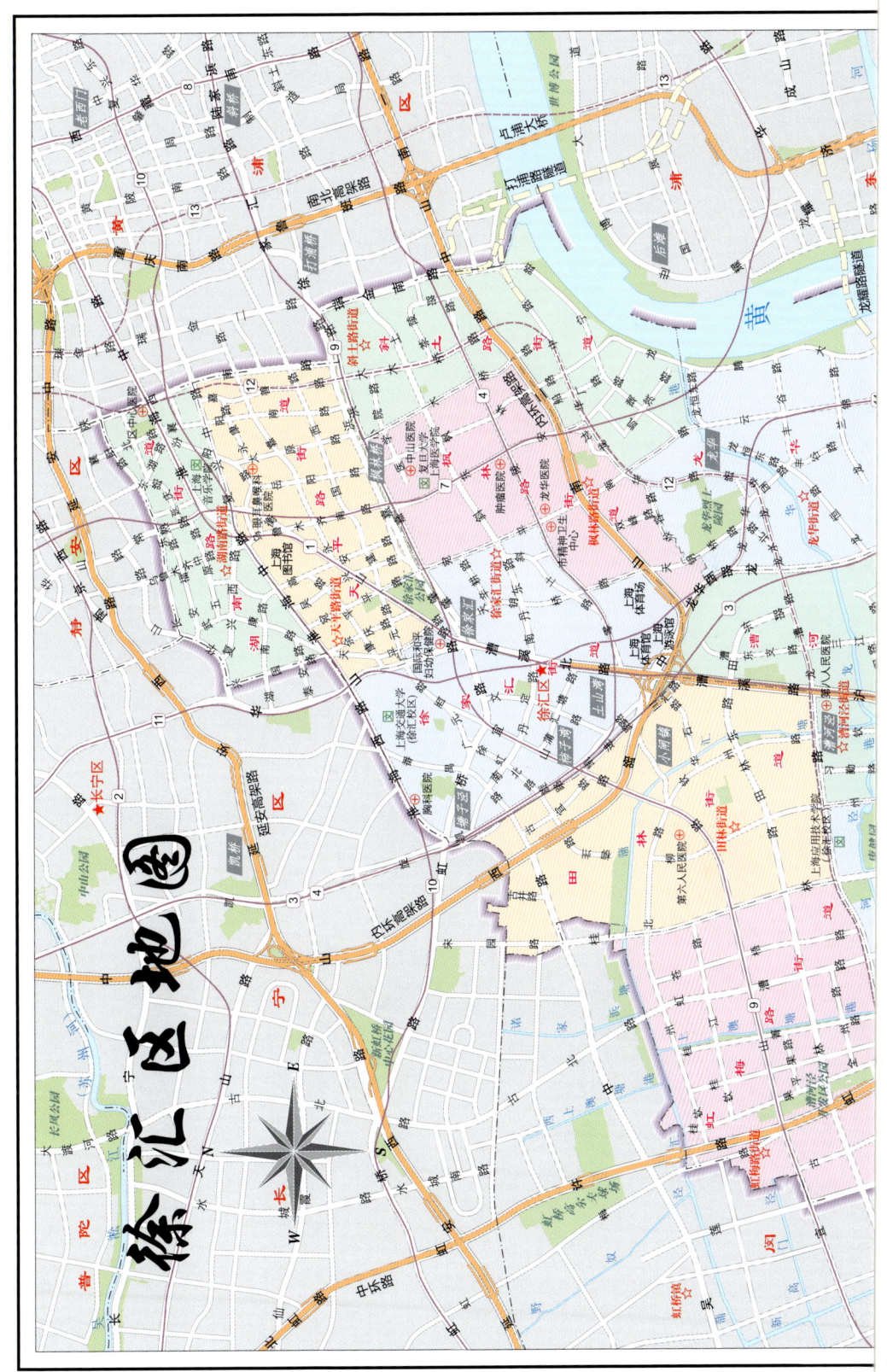

凡 例

一、本志运用辩证唯物主义和历史唯物主义的观点和方法，实事求是地记叙辖区内的自然、政治、经济、文化与社会的历史与现状，力求反映街情特色，体现时代特征。

二、本志由序、述、记、志、传、图照、表、录组成。以志为主，图照等辅之，本志是1991年版《长桥街道志》续志。表随文设置。本志首列序、凡例、概述、大事记、正文设19章。

三、本志结构设章、节、目三级层次。横排门类，纵写史实。详异略同，详略相宜。

四、志书断限。上限始于1991年，对事物的发端和人物的经历，已故知名人士作必要上溯，下限为2015年，部分章节内容适当延伸，以保持资料的完整性和可读性。

五、人物·先进集体章中的人物，遵照生不立传原则，记述居住或工作单位在辖区内有影响的已故知名人士。名录为辖区内工作单位人士。

六、名称多次出现，需用简称的，都在各章中第一次出现加括号注明简称。

七、本志使用现代语体文表述。文字、标点、计量、数字均按国家制定的统一规定书写。

八、部分入志资料分别取自《徐汇区志》《徐汇年鉴》《徐汇统计年鉴》《徐汇区地名志》及徐汇区档案馆，辖区内部分企事业单位及书刊、存史实物，一般不注出处。统计表格凡是单位提供或从其他资料中摘录均注明出处。

目 录

概述 ·· 2
大事记 ·· 12

第一章　建置

第一节　隶属沿革 ············· 26　　第二节　区划变迁 ············· 26

第二章　人口

第一节　人口数量 ············· 30　　四、文化程度 ··················· 42
第二节　家庭户人口 ·········· 33　　第四节　计划生育 ············· 45
第三节　人口构成 ············· 35　　　一、机构设置 ··················· 46
　一、性别 ························· 35　　　二、宣传教育 ··················· 46
　二、年龄 ························· 35　　　三、优生优育 ··················· 47
　三、民族 ························· 40

第三章　中共长桥街道工作委员会

第一节　组织机构 ············· 50　　　四、"两新"组织党建 ······· 57
　一、机构设置 ··················· 50　　第四节　纪律检查 ············· 59
　二、党工委领导 ··············· 51　　　一、组织机构 ··················· 59
第二节　党员教育 ············· 53　　　二、党风廉政建设 ············· 59
　一、"三讲"教育 ············· 53　　　三、查处违纪违法案件 ······ 62
　二、党员先进性教育 ········ 53　　第五节　精神文明创建 ······ 62
　三、学习实践科学发展观活动 ····· 54　　　一、文明社区创建 ············· 63
　四、党的群众路线教育实践活动 ····· 55　　　二、文明小区创建 ············· 63
第三节　区域党建 ············· 56　　　三、文明单位创建 ············· 67
　一、社区（街道）综合党委 ······ 57　　第六节　宣传统战 ············· 68
　二、社区党建服务中心 ······ 57　　　一、媒体宣传 ··················· 68
　三、区域党建促进会长桥分会 ··· 57　　　二、统战工作 ··················· 69

第七节　人民武装…………………71　　　　四、国防教育…………………73
　　　一、组织机构…………………71　　第八节　党代会代表…………………73
　　　二、民兵………………………71　　第九节　人代会代表…………………75
　　　三、兵役………………………72

第四章　长桥街道办事处

第一节　组织机构……………………82　　　一、居民代表会议……………83
　一、机构设置…………………82　　　二、社区代表会议……………85
　二、街道办事处领导…………82　　第三节　信访受理……………………87
第二节　居民、社区代表会议………83　　第四节　档案管理……………………88

第五章　工会·共青团·妇联

第一节　长桥社区总工会……………90　　　一、组织建设…………………92
　一、组织机构…………………90　　　二、团员活动…………………92
　二、组建工会…………………90　　第三节　长桥社区妇女联合会………94
　三、维护职工合法权益………91　　　一、妇女代表大会……………94
第二节　共青团长桥社区工作委员会……92　　二、援助妇女项目……………95

第六章　居民委员会

第一节　长桥新村一居民委员会……98　　第十八节　园南三村居民委员会………114
第二节　长桥一村居民委员会………99　　第十九节　罗秀新村居民委员会………115
第三节　长桥新二村居民委员会……100　第二十节　罗秀二村居民委员会………116
第四节　长桥三村一居民委员会……101　第二十一节　罗秀三村居民委员会……117
第五节　长桥三村二居民委员会……101　第二十二节　光华居民委员会…………118
第六节　长桥四村一居民委员会……102　第二十三节　港口居民委员会…………119
第七节　长桥四村二居民委员会……103　第二十四节　百龙居民委员会…………119
第八节　长桥五村居民委员会………104　第二十五节　楼园居民委员会…………121
第九节　长桥七村居民委员会………105　第二十六节　体育花苑居民委员会……122
第十节　长桥八村居民委员会………106　第二十七节　平福居民委员会…………122
第十一节　汇成一村居民委员会……107　第二十八节　华东一居民委员会………123
第十二节　汇成二村居民委员会……108　第二十九节　华东二居民委员会………124
第十三节　汇成三村居民委员会……109　第三十节　汇澜园居民委员会…………125
第十四节　汇成四村居民委员会……110　第三十一节　徐汇新城居民委员会……126
第十五节　汇成五村居民委员会……111　第三十二节　中海瀛台居民委员会……126
第十六节　园南一村居民委员会……113　第三十三节　华滨居民委员会…………127
第十七节　园南二村居民委员会……114　第三十四节　华沁居民委员会…………128

第七章 社会治安综合治理·公安·司法

第一节 社会治安综合治理 …………130
 一、平安社区建设 …………130
 二、技防设施建设 …………132
 三、消防安全 …………133
第二节 长桥新村派出所 …………134
 一、机构设置 …………134
 二、打击刑事犯罪 …………134
 三、社会治安管理 …………135
 四、户政管理 …………136
第三节 司法所 …………137
 一、机构设置 …………137
 二、普法宣传与依法治理 …………137
 三、人民调解 …………138
 四、社区矫正 …………139

第八章 民政·劳动

第一节 社区事务受理服务中心 …………142
 一、机构设置 …………142
 二、受理服务 …………142
第二节 社会救助 …………143
 一、工作网络 …………143
 二、救助工作 …………143
第三节 老龄工作 …………145
 一、为老服务机构 …………145
 二、为老服务工作 …………147
第四节 助残工作 …………150
 一、残联组织 …………150
 二、阳光机构 …………150
 三、助残帮困 …………151
 四、康复娱乐 …………152
第五节 双拥工作 …………153
 一、拥军优属 …………153
 二、拥政爱民 …………154
第六节 劳动就业 …………155
 一、机构设置 …………155
 二、就业援助 …………155
 三、劳动行政监察 …………157

第九章 企业·组织

第一节 企事业单位 …………160
 一、长桥水厂 …………160
 二、上海白猫（集团）有限公司 …161
 三、徐汇区房地产交易中心 …………162
 四、上海划船俱乐部 …………162
 五、沥青混凝土二厂 …………163
 六、上海耐火材料厂 …………163
 七、上海人造板厂 …………163
 八、宏文造纸厂 …………164
 九、银行网点 …………164
 十、邮政公司（邮政所） …………165
第二节 "两新"组织 …………165
 一、新经济组织 …………165
 二、新社会组织 …………172

第十章 经济·商业

第一节 经济 …………176
 一、发展沿革 …………176
 二、招商引资 …………177
 三、商务园区 …………178
第二节 商业 …………179
 一、商业示范街 …………180

二、菜市场 ……………… 180
三、酒店、超市 ……………… 181

第十一章　城区发展

第一节　城区建设 ……………… 186
　　一、中环路、越江隧道建设 ……… 186
　　二、住宅建设 ……………… 187
　　三、旧区改造 ……………… 190
第二节　市政设施·河流 ……… 190
　　一、道路、桥梁 ……………… 190
　　二、公共交通 ……………… 196
　　三、园林绿化 ……………… 198
　　四、河流 ……………… 202

第十二章　城区管理

第一节　市容管理 ……………… 206
　　一、机构设置 ……………… 206
　　二、市容整治 ……………… 208
第二节　环境卫生管理 ……… 211
　　一、日华环境保洁服务有限公司 …211
　　二、环境保洁服务 ……… 211
第三节　物业管理 ……………… 214
　　一、机构设置 ……………… 214
　　二、小区、物业公司 ……… 214
　　三、业主大会、业主委员会 …… 215

第十三章　科技

第一节　科技单位 ……………… 218
　　一、上海交通大学海洋水下工程科学研究院 ……… 218
　　二、上海市离心机械研究所有限公司 ……… 219
　　三、上海市园林科学规划研究院 …219
　　四、上海博物馆文物保护科技中心 220
第二节　社区科普 ……………… 220

第十四章　教育

第一节　大专院校 ……………… 226
第二节　中等专业学校 ……… 227
　　一、上海市材料工程学校 ……… 227
　　二、上海市工商外国语学校 …… 228
　　三、上海市工业技术学校 ……… 228
　　四、上海市聋哑青年技术学校 …229
　　五、上海市信息管理学校
　　　（董恒甫高级中学） ……… 229
第三节　中学 ……………… 230
　　一、上海中学 ……………… 230
　　二、徐汇区教师进修学院附属实验中学 ……… 231
　　三、上海市长桥中学 ……… 231
　　四、上海市园南中学 ……… 232
　　五、上海市西南模范中学 ……… 232
　　六、上海市紫竹园中学 ……… 232
　　七、上海市华育中学 ……… 233
第四节　小学 ……………… 233
　　一、上海小学 ……………… 233
　　二、徐汇区教师进修学院附属实验小学 ……… 234
　　三、徐汇区逸夫小学 ……… 234
　　四、徐汇区长桥第二小学 ……… 235
　　五、徐汇区园南小学 ……… 235

六、徐汇区向阳育才小学 …………235
七、上海体育职业学院附属小学 …236
八、上海市徐汇区徐汇实验小学 …236
第五节 幼儿园、托儿所 …………236
　　一、徐汇区上海幼儿园 …………236
　　二、徐汇区长桥第一幼儿园 ……237
　　三、徐汇区长桥第二幼儿园 ……237
　　四、徐汇区长桥第三幼儿园 ……237
　　五、徐汇区园南幼儿园 …………238
　　六、徐汇区实验幼儿园 …………238
　　七、徐汇区星辰幼儿园 …………238
　　八、徐汇汇成苑幼稚园 …………238
　　九、徐汇区瑞德幼儿园 …………238
　　十、徐汇区上中托儿所 …………239
第六节 社区教育 …………………239
　　一、社区学校 …………………239
　　二、教学活动 …………………240
　　三、东方讲坛 …………………241
第七节 未成年人保护 ……………242
　　一、组织机构 …………………242
　　二、"未保"措施 ………………242
　　三、"璞玉计划" ………………243
　　四、"馨园"心理工作室 ………243

第十五章　文化

第一节 文化设施 …………………246
　　一、徐汇区西南文化艺术中心
　　　　（徐汇区文化馆） …………246
　　二、长桥社区文化中心 …………247
　　三、长桥街道图书馆 …………248
　　四、居委会综合文化活动室 ……248
第二节 群众性文化活动 …………251
　　一、群文团队 …………………251
　　二、群文活动 …………………255
第三节 黄母祠 ……………………257

第十六章　体育

第一节 指导服务机构 ……………260
　　一、社区体育指导员站 …………260
　　二、市民体质监测站 …………260
第二节 社区体育 …………………261
　　一、全民健身苑（点） …………261
　　二、体育团队 …………………263
　　三、社区体育活动 ……………267

第十七章　卫生

第一节 医疗卫生单位 ……………272
　　一、长桥街道社区卫生服务中心 …272
　　二、徐汇区卫生人才培训中心 …273
第二节 爱国卫生 …………………274
　　一、公共卫生 …………………274
　　二、公共健康 …………………275
第三节 红十字会 …………………278

第十八章　人物·先进

第一节 人物 ………………………280
第二节 烈士 ………………………283

| 第三节 名录 …………284 | 一、全国、市级先进集体 …………288 |
| 第四节 先进 …………288 | 二、市级（其他系统）先进集体 …289 |

第十九章　专记

专记一　江南丝竹 ……………298　　专记二　黄杨木雕 ……………………301

编后记

概 述

长桥街道志
(1991-2015)

概 述

长桥街道辖区位于上海市徐汇区东南部，东濒黄浦江，与浦东新区三林镇隔江相望；西至老沪闵路，与凌云路街道毗连；南临淀浦河，与华泾镇交界；北迄石龙路、嘉陵路、罗城路，与漕河泾街道为界，规划中的罗城支路往东至龙吴路、张家塘港与龙华街道为界。中环路横贯街道中部，由西往东，经上中路隧道，穿越黄浦江至浦东。辖区内有长桥水厂、上海植物园、上海市离心机械研究所、西南文化中心等。辖区内教育资源丰富，有百年老校上海中学、上海小学、向阳育才小学，有上海体育职业学院、徐汇区逸夫小学等。2015年，辖区内共有53个住宅小区，34个居民委员会。

1996年6月21日，街道行政区划调整，辖区面积由9.77平方公里调整为6.29平方公里。2004年3月23日，街道行政区划第二次调整，辖区面积由6.29平方公里调整为5.87平方公里。

1991—2015年，随着改革开放和社会主义市场经济的深入发展，上海城市的发展，街道在组织机构建设、群团建设、社区精神文明建设、社区平安建设、经济建设、社会保障、城区建设和管理、科技、教育、文化、体育、卫生等方面发生巨大的变化和提高。

一

1985年6月13日，中共长桥街道委员会成立。1991年12月18日，中共长桥街道委员会更名为中共长桥街道工作委员会。2006年3月，中共长桥街道工作委员会更名为中共长桥社区（街道）工作委员会。2015年3月，中共长桥社区（街道）工作委员会恢复为中共长桥街道工作委员会。

1992年10月，街道人民武装部成立。1996年起，街道党工委书记兼街道人民武装部部长。2002年8月，街道人民武装部举行挂牌仪式。2003年起，街道党工委书记兼任街道人民武装部第一部长，配部长1名、副部长1名。

2001年6月，长桥社区工会第一届委员会、经费审查委员会成立。2006年2月24日，长桥社区总工会、经费审查委员会成立。

1988年5月，选举产生长桥街道第一届共青团委员会。2007年4月，长桥街道团工委更名为长桥社区（街道）团工委。2015年5月，长桥社区（街道）团工委恢复为长桥街道团工委。

1987年10月14日，街道召开第一次妇女代表大会，选举产生长桥街道第一届执行委员会，并成立长桥街道妇女联合会。2007年9月10日，召开长桥社区（街道）第一次妇女代表大会，选举产生长桥社区（街道）妇联第一届执行委员会委员，并成立长桥社区（街道）妇女联合会。1994—2013年，街道召开第三届、第四届、第五届、第六届妇女代表大会。

2003年12月，长桥街道党员服务中心成立。2005年9月12日，长桥街道社会综合党委成立。2013年1月7日，徐汇区区域党建促进会长桥分会成立。2015年，街道有党组织58个，其中居民区党总支23个、党支部11个，新经济组织和新社会组织党组织21个，党员5478名，其中新经济组织和新社会组织党员382名。

2015年4月，街道贯彻落实上海市委"一号课题"重要成果，街道机关科室调整为党政办公室、社区党建办公室、社区管理办公室、社区服务办公室、社区平安办公室（信访办公室）、社区自治办公室、社区发展办公室、社区专项办公室。下设纪律检查委员会、监察、人民武装、工会、共青团、妇联、人大代表联络室。

二

1995年2月，街道成立精神文明建设领导小组，街道党工委书记林桂祥任组长，张秋榕、俞云娣任常务副组长，封达生、史永花、姚德昌任副组长，制定《长桥街道争创文明小区三年工作目标》。1996年，上海市精神文明建设委员会提出要以街道为单位开展创建文明社区活动的要求，街道筹集30万元，建立精神文明奖励基金。1998年1月，徐汇区委提出徐汇区在5年内，要有50%的街道（镇）创建成文明社区，街道贯彻和落实上海市精神文明建设委员会、徐汇区委的部署，积极地协调和落实各项创建工作，加大创建经费的投入，加快文明社区创建步伐。1999年5月，街道成立文明社区创建工作指导委员会，徐汇区委副书记周德海、宣传部部长吴秋珍、徐汇区人民政府副区长王志强任创建工作指导委员会顾问。1999年，文明社区创建共投入2500万元，其中街道直接投入712.6万元。2000年4月21日，长桥街道被命名为1999年度上海市文明社区。1999—2014年度，街道连续8次被命名为上海市文明社区。

2006年，街道成立新一轮文明小区创建工作领导小组，社区（街道）党工委书记顾春源任组长，办事处主任唐炜沂任第一副组长，社区（街道）党工委副书记徐萍芳任常务副组长，制定"长桥街道文明小区创建工作计划和实施方案"。1991—2007年，街道办事处共召开第五届、第六届、第七届、第八届、第九届、第十届居民代表会议。2008年1月，根据中共上海市委、上海市人民政府关于加强社区党建，社区建设的工作要求，街道的居民代表会议制度发展为社区代表会议制度。2008—2010年，街道办事处召开第一届社区代表会议。2011—2012年，街道办事处召开2011年社区代表会议，2012年社区代表会议。2013—2015年，街道办事处召开第二届社区代表会议。居民代表会议、社区代表会议的召开，推动街道文明社区、文明小区的创建。2013—2014年，创建成市级文明小区20个，区级文明小区7个；市级文明单位8个，区级文明单位7个。

三

街道原是城乡结合部地区，徐家桥、南街、张金家塘等"城中村"内流动人员大量聚集，人员构成复杂，辖区内"社会重点人员"较多，街道的社会治安综合治理、社会稳定工作繁重、任务艰巨。街道通过基础工作建设，配合和协同徐汇区综治办和公安部门，开展预防和减少犯罪体系建设,安全社区和安全小区创建,禁毒扫黄宣传,消防安全等活动,以维护和确保辖区的稳定和安全。

1994年,街道成立长桥社会治安综合治理办公室,下设社保队、消防安全办公室、外来人口综合管理办公室,开展社区稳定和安全工作。2008年4月,街道在徐汇区先行成立居民区社会治安综合治理工作站,并先后在31个居民区,全部成立综合治理工作站。综合治理工作站成立后,居民区的治安防控能力和居民群众的安全感不断提升,居民区内矛盾纠纷的调处和化解的能力逐步增强,辖区的刑案发案数下降。

街道协同公安长桥新村派出所、工商、城管、食药监等部门,定期排摸治安重点地区和排查突出治安问题,开展"大联勤"建设。建立街道路面监视系统平台,实现对辖区内社会面实时监控,在居委会居民区安装电子探头、防盗门,开展技防设施建设。街道与辖区企业、建筑工地签订安全生产责任书,在居委会居民区增添、更新灭火器材,组织开展消防安全知识宣讲、火灾现场逃生演练、消防巡检、消防安全大整治。2010年,街道成立世界博览会长桥社区平安志愿者大队,在各居委会成立平安志愿者中队,平安志愿者中队下设小区巡逻小队、公交站点守护小队、街面巡逻小队、应急机动小队、重点单位守护小队等5个志愿者小队。组织开展形式多样的普法、法制教育和宣传活动,开展法律咨询、法律援助,开展人民调解、社区矫正工作。构建街道"大信访"格局,加强初信初访的办理力度,健全初信办理"三见面"制度,做到初信办理见面率达100%,领导阅批率达100%,健全"周四"街道领导信访接待制度。

长桥新村派出所强化治安管理,严厉打击涉黄、涉赌、涉毒等违法犯罪活动,开展"打黑除恶"、打击刑事犯罪活动,推进辖区内实有人口、实有房屋全覆盖管理,确保"人、事、物"要素的动态管控。完成APEC会议、第十四届世界乒乓球锦标赛、上海合作组织峰会、上海世界夏季特殊奥林匹克运动会、第二十九届国际奥林匹克运动会足球比赛上海赛区比赛、上海世界博览会、第十四届国际泳联世界锦标赛、上海亚信峰会等重大活动期间的安保和维稳任务。

2009—2010年,街道被评为上海市平安社区。2011—2015年,被评为上海市平安示范社区。街道的社会治安综合治理工作,有效地促进和提高街道辖区的社会安定、环境安全,社区和谐,街道辖区的治安环境持续改善、刑事案件发案率稳中有降、人民群众的安全感和满意度明显提升。

四

街道辖区享受低保、持证残疾人等困难人群较多,老龄化程度高,2015年,60岁以上老年人口27852人,占户籍人口29.85%,90-99岁老年人口703人,100岁及以上老年人口20人。

街道以社会保障为重点,切实做好改善民生工作,坚持从制度建设入手,严格规范、细化救助程序,不断加大帮困救助经费投入,便民利民设施建设,开展系列的帮困送温暖、便民利民活动,构建稳定、和谐的社区。1999年,街道先后建立和完善社会救助民主评议,信息公开的制度。2005年8月,街道拓展社区为老服务项目,发动社区单位加入助老服务行列，解决社区老年人的急、难、愁问题，构建形成"五网联动"的为老服务工作机制。2007年，街道建立社区民生保障联席会议制度，联席会议由街道办事处主任负责并召集相关的职能部门定期召开，联席会议对特定阶段（重大节日的帮困送温暖）、特定项目、特定对象、特大经费的救助方案作专题的研究、部署。2008年4月，街道启动"一口上下"信息系统建设，所有的帮困救助信息全部录入系统，做到社区救助不重复、不遗漏，使财政性资金发挥最大效益。2008年7月，街道制定关于完善居民区帮困救助评估监督工作的实施细则，在居民区成立评估监督小组。2008年9月，社区事务受理中心引入"一门式"事务受理系统和排队呼叫系统，设有15个受理服务窗口、一个咨询台，提供12大服务类别、190多项服务内容。

2005年，街道办事处拨款30万元，机关干部捐款9600元，建立街道帮困基金。2015年，街道帮困资金增加到600万元。2008—2015年，社会救助所发放各类救助款15599.4万元，其中街道帮困基金发放各类救助款3419.7万元。2006年，街道对身患重病的困难人员开设救助"绿色通道"。2006—2015年，街道为314名就诊者提供"绿色通道"帮助，共计垫付医疗费用1265173.54元。就业援助服务社积极开展社区促进就业工作，加大公益性岗位开放力度，帮助困难人员实现就业，通过举办招聘会，发挥社区学校资源优势，开办职业技能培训班，提高就业安置率。2005—2015年，就业援助推荐岗位数20536个（次），录用人数5880人（次）。

街道先后增设长桥街道敬老院、长桥街道第二敬老院、阳光养老院（民办）、老年人日间服务中心、长桥社区老年人助餐中心等为老服务设施，增设残疾人"党员之家"、长桥社区阳光之家、阳光心园、残疾人健身点等服务设施。2008年，开办长桥街道为老服务中心，下设居家养老服务中心、社区老年人日间服务中心，为社区老年人提供项目化的服务，开展家政服务、助洁服务、理发服务、助浴服务、助餐服务，精神慰藉服务等。

元旦、"五一"、国庆、春节等节日期间，街道开展系列的帮困送温暖活动，在"三五"学雷锋日，五月第三个星期日的助残周，"七一"、"九九"重阳节等期间，组织社区志愿者开展系列的助老、助残、助困服务活动。贯彻落实上海市、徐汇区人民政府实事项目，2012—2015年，共为42户困难老人家庭进行"适老住房"改造。2013年起，长桥社区卫生服务中心，每2年一次，为65岁以上老年人提供免费健康体检服务。2013年起，启动"老伙伴"关爱项目（低龄老人为高龄独居老人提供服务），由240名低龄老人组成的志愿者与1200名高龄独居老人结对，通过"五个一"，开展关心帮助活动。2015年，完成11个"睦邻点"建设。

五

街道是一个人口导入区，1990年7月，全国第四次人口普查，街道有户籍数14512户，人口数56116人。2015年，街道有户籍数35776户，人口数93319人。1990—2015年，街道增加户籍数21264户，增加人口数37203人。

街道是上海市居民住宅规划区之一，从20世纪80年代起至2011年，在街道辖区内先后兴建长桥新村一至八村、汇成一至五村、园南一至三村、天然居、汇京佳丽苑、中海瀛台、徐汇新城等53个住宅小区，其中20个商品房小区、31个混合小区、2个售后公房小区。

街道以创建"宜居长桥"为目标，注重城区建设和管理并行。1990年12月—1992年6月，上中路道路拓宽工程完成。2000年9月—2001年12月，龙吴路改建工程完成。2005年底—2009年1月，中环路、越江隧道建设完成。2012年12月，启动徐家桥、潘家塘、李家宅旧区改造工程，徐家桥占地14220平方米、潘家塘李家宅占地40499平方米。2014年9月，启动长桥南街的旧区改造工程，长桥南街占地60960平方米。2015年6月，启动罗秀路潘家塘旧区改造工程，罗秀路潘家塘占地65390平方米。

街道探索市容管理、市容整治的长效机制，推进城区管理工作的科学化、规范化建设。坚持借力国际性、全国性的重大活动举行之际，广泛开展市容整治活动，充分发挥管、办、所等职能部门和市民巡访团、社区志愿者的作用，切实改变和提高街道市容环境卫生面貌。城管长桥街道中队作为一支"区属、街管、街用"队伍，日常执法工作重心由成立之初主要对流动设摊的管控，逐渐转向违法建筑拆除、渣土车辆扬尘监管执法、绿化管理等专业执法。上海日华环境保洁服务有限公司，在道路保洁、垃圾清运、粪便清运、公厕管理等方面，不断提高管理模式和方法。2010年，街道组建破损围墙应急抢修和店招店牌及灯光破损应急抢修二支队伍，负责墙面、店招店牌、商店立面等的应急抢修和整治。2011年10月，街道委托创洁市容管理服务公司对辖区内罗秀路、罗香路、罗城路、龙川路、长华路等五条道路进行专业化社会化管理。2012年5月，扩大专业化社会化管理范围，龙川北路、百色路、嘉陵路、龙吴路、汇成中心纳入创洁市容管理服务公司管理。2015年1月，长桥街道城市网格化综合管理中心（城市综合管理服务联动中心）成立。网格化综合管理中心分为5个网格管理服务块区。建立信息平台，管理事项分为3个大类（城市管理执法类、综合服务类、综合治理类）、23个中类、123个小类。

随着街道城区建设的发展和城区管理水平的提高，街道的城区、市容市貌逐年的变化和提高，街道的道路、公共交通、公共绿地不断完善和提高。2015年，街道辖区内有主要道路20条，1条上中路越江隧道，有大型桥梁2座、一般桥梁6座；有河流13条；有公交线路29条，其中设起讫站公交线路6条、过境公交线路23条，有一条水上轮渡线（三港线）；有公共绿地59块，111252平方米。2011年12月，上海植物园获得"国家AAAA级旅游景区"称号，是上海国际大都市绿化示范与园景游览活动窗口单位。

六

1991年，街道辖区有工厂企业91家（市属企业35家、区属企业5家、县属企业8家、乡村企业40家、街道企业3家）。随着社会主义市场经济的深入发展，原有的工厂企业经历关停并转、资产重组等，绝大多数退出市场。2015年，街道辖区内主要的工厂企业有长桥水厂、上海白猫（集团）有限公司、上海市离心机械研究所有限公司、沥青混凝土二厂等。街道辖区新经济组织、新社会组织数逐年增加，2015年，有新经济组织186家，新社会组织46家。

1991年10月，街道设立经济管理科，加强街道的经济工作，街道经济以兴办商业服务网点和实体企业为主。1991年,街道共兴办28家商业服务网点和加工企业。1994年7月,街道成立经济招商中心,由上海翔欣实业有限公司开展招商引资工作,街道的经济工作重点逐步转向招商引资,逐步实现由实体经济向税收经济的转换。2000年12月,上海翔欣实业总公司改制为上海翔欣实业有限公司,由管理型公司转为经营性公司,具有独立法人资格。2002年1月,成立街道经济管理办公室。2003年,街道成立长桥地区资源协调开发办公室,建立"长桥经济园"招商基地,实行招商引资一门式服务,全年引进企业84家。2010年,街道加大招商引资力度,全力发展现代服务业,探索开发金融服务业,全年引进企业142家,累计注册资金1.5亿元,完成税收1.3亿元,比2009年增长39%,首次实现税收总量超亿元。2014年,引入企业146家,累计注册资金人民币4.7亿元、美金666.082万元。2015年,街道辖区内有漕河泾聚鑫园、汇达商务园等。漕河泾聚鑫园主要入驻企业有优力胜邦质量检测(上海)有限公司(美国UL)、东方财富网、上海鸿洋电子商务股份有限公司、贝塔斯曼、闻泰科技、法如科技、达特电子等。东方财富网居中国财经网站访问量第一名。汇达商务园主要入驻企业有河北晨阳工贸集团有限公司、"林肯学院"、广东志达集团、浙江越甲药业有限公司等企业。"林肯学院"专为在中国各地林肯汽车4S店和其他服务商培养专业人才。2015年,街道贯彻落实上海市委1号课题精神,撤销经济管理科,不再招商引资,街道协助徐汇区招商中心,开展为辖区内企业服务工作。

1991年,街道辖区有中国农业银行长桥营业部、龙华信用合作社、中国工商银行港口储蓄所、中国工商银行化工营业所等,没有一条商业街。随着居民住宅区的兴建,人口数的增加,街道不断调整社区商业业态,开展商业街建设。2008年,罗香路商业示范街建成"上海市社区商业示范街"。2011年12月,罗香路被国家商务部评为"全国社区商业示范社区"。2013年,百色路商业示范街建成"上海市社区商业示范街"。2015年,街道辖区内有11家银行长桥支行(营业所),有中国邮政集团公司上海市徐汇区分公司及邮政所3家,有5家标准化菜市场(其中五星级菜市场2家),主要酒店有上海园林格兰云天大酒店、星程天然居南站酒店、格林豪泰上海南站酒店等,有联华超市、农工商超市、汇丰大药房等超市便利店。

七

街道发挥辖区企事业单位、学校作用,推动社区科普、社区教育、社区文化、社区体育、社区卫生等社会事业逐步发展。

街道以"科技活动周"和"全国科普日"为契机(每年5月的第三周为"科技活动周"、每年9月的第三个公休日为"全国科普日"),组织开展系列的科普宣传和推广活动,大力倡导"科技与文化融合,科技与生活同行"理念,组织开展各项具有社区特色的科普宣传主题活动和专项活动,通过举办科普宣传报告会、专场文艺演出、科普征文、科学知识宣传版面流动展出活动,通过家庭盆景展、家庭厨艺大赛活动,通过校园科普文化进社区、科普作品展活动,弘扬文明科学的生活方式,推进社区科普发展。2009年8月,街道与上海植物园联合举办"暗访夜精灵"科普亲子活动,共举办8届。2009年,徐汇区文化局、长桥街道办事处、徐汇区文化馆、徐汇区动漫协会、长桥社区文化活动中心联合承办"快乐杯"汽车模型制作大赛,共举办7届。2014年,在西南模范中学开展"零碳能源"实验基地建设,是上海(全国)第一家在中学开展的实验项目,通过光伏发电、风能发电,提供清洁能源,不仅能保障学校用电需要,还可以将剩余的电免费提供困难居民使用。2015年,街道创建成5个科普特色小区,上海植物园、街道科普"创新屋"、园南中学科普教育基地,组建34支科普志愿者队伍。

2003年4月3日,长桥社区教育中心和社区学校成立。2015年,社区学校设有多功能教室、电脑房、会议室、钢琴房、电子琴室等10间专用教室,开设基础型、技能型和特色型三大版块课程。32个居委会设学习点,共开设课程班281个,有学员6411名。2003年初,街道实施"社区、家庭、学校一体化心理辅导模式行动研究计划"(简称"璞玉计划")。"璞玉计划"是对长桥社区学习困难青少年开展的一项矫正心理、提高心理素养的辅导课题研究。2005年2月,街道"璞玉计划"被中央文明办评为"未成年人思想道德建设工作创新奖"三等奖。2005年9月,街道开设东方讲坛,至2016年上半年,共举办各类专题讲座101场,参加讲座1万余人次。2012年9月14日,成立"馨园"心理工作室,重点为未成年人及家长提供心理咨询服务。"馨园"心理工作室与上海华思心理咨询服务中心(专业的心理咨询机构)开展合作,邀请资深心理咨询师为社区心理咨询师及志愿者进行培训,推动社区心理疏导工作走向常态化、专业化。

街道把握先进的文化方向和社区群众文化需求,做到社区文化、社区体育活动与社区市民的生活紧密相连。2003年4月22日,徐汇区西南文化艺术中心(徐汇区文化馆)奠基建造,2004年10月30日,落成开馆。街道与徐汇区西南文化艺术中心(徐汇区文化馆)合作,共建长桥社区文化中心。2004年10月,街道图书馆与徐汇区西南文化艺术中心图书馆合并。长桥社区文化中心充分发挥徐汇区西南文化艺术中心(徐汇区文化馆)功能设施齐全、活动场所资源丰富的优势,为社区居民群众提供贴心、就近、便捷的人性化服务,开展有益的文体娱乐、社区教育、科学普及等活动。2016年,34个居委会完成综合文化活动室的建设,总建筑面积7942平方米。22个居委会完成"三室艺厅"(即自助式"图书室"、立体声"电影室"、数字化"培训室"、群文艺厅)活动室建设。2015年,街道有长桥街道图书馆书评组、长桥街道南园书画社、长桥街道沪剧队、长桥街道越剧队等14支群文团队,居委会(植物园)有各类群文活动小组(队)58支,1437人。街道通过组织社区文化艺术节等大型文化活动,组织开展"一居一特"的百姓文化项目,开展周周演、月月赛等社区群众文化活动,丰富社区群众的文化生活。2015年,组织开展各类社区群文活动132场。其中展演类活动48场,培训、讲座32场,展览10期。主办街道级赛事10场,协办区级赛事3场,参与省市级赛事2场、区级赛事8场,组织"东方文化剧场进社区"以及徐汇区文化资源配送演出9场。

街道依据《全民健身条例》,加强体育基础设施建设,创造全民健身环境,打造社区30分钟体育生活圈,以"全民参与、全民运动、全民健身"为宗旨,通过广泛的宣传发动,组织开展社区体育活动。街道社区社会体育指导员站(社区体育健身俱乐部),助推社区全民健身活动,丰富全民健身活动的内容,提高社区居民体育活动的参与率。2001年,街道在社区服务中心(罗秀新村112号)建立徐汇首家市民体质监测站,为社区居民的身体状况、身体机能进行测试,为社区居民健身活动提高科学依据。街道建有全民健身（苑）点50个，健身器材415件；建有体育团队23支，队员626人；居委会建有体育团队（组）90支，队员3154人。2015年5月26日，街道承办市民体育大联赛"长桥杯"上海市第27届木兰拳徐汇赛区比赛。6月18日，举办上海市第一届广场舞比赛徐汇赛区比赛。9月17日，承办徐汇区乒乓球比赛。11月，承办徐汇区健身气功展示暨全民健身月启动仪式。

街道辖区有长桥街道社区卫生服务中心（简称"卫生服务中心"）、徐汇区卫生人才培训中心等医疗单位。"卫生服务中心"下设标准化社区卫生服务站5个。2011年，"卫生服务中心"成功创建为首批"全国示范社区卫生服务中心"。徐汇区卫生人才培训中心与徐汇区医学会、徐汇区卫生工作者协会合署办公。

街道以人为本，广泛开展讲卫生、除四害的爱国卫生运动，创建卫生城区活动，开展公共健康活动，开展红十字会工作。1985年10月23日，长桥街道爱国卫生运动委员会、长桥街道红十字会同时成立。1991年，街道除害服务站（包括卫生执勤队）成立。1998年，街道创建成"上海市二级卫生街道"。1999年，街道创建成"上海市一级卫生街道"。2001年，街道成为WHO上海健康促进与健康教育社区实验基地。2003年，街道被列为上海市建设健康社区的试点单位。2005年底，荣获上海市爱卫办授予的上海市健康社区建设示范街道称号。2009年，街道被评为上海市红十字会示范社区。2015年，街道有红十字卫生站34个。

1991—2015年，街道社会经济的发展与时俱进，创建成上海市文明社区、上海市平安社区，街道办事处及所属部门获得147项以上的全国、上海市级以上集体荣誉称号。街道贯彻落实全面、协调、可持续发展要求，建设和谐、美好的长桥家园。

大事记

长桥街道志
(1991–2015)

大事记

1991年

4月1日　上海植物园平福路南大门正式对外开放。上海植物园为方便长桥地区居民入园早锻炼，投入近40万元，新建平福路南大门（现为百色路）。

4月30日　街道召开第五届居民代表大会，代表91名、列席代表53名、特邀代表19名。街道办事处主任林腾达作《加强团结，改进作风，扎实工作，建设长桥》报告。

5月10日　徐汇区区长张正奎参加长桥综合贸易市场开张典礼。长桥综合贸易市场是上海市最大的室内农贸市场。

6月　街道有线电视站竣工，正式投入使用。街道有线电视站可容纳量2万户，已装机开通5000余户。

6月　辖区新建4条道路竣工。上中西路，长1.4公里；嘉川路，长0.71公里；龙州路，长1.3公里；凌云路，长0.61公里。4条道路路幅宽度均为20米。

7月　王治洪副主任主持街道办事处工作。

7月18日　街道办事处由长桥新村24号迁至罗香路110号。

9月2日　长桥中学、长桥第二小学举行揭牌仪式暨开学典礼。上海市教育局副局长夏季蓉、徐汇区委副书记王承海、徐汇区人大常委会副主任李传芳、徐汇区副区长刘奕民参加揭牌仪式暨开学典礼。

9月24日　举行111路公交车改道通车典礼，上海市人大常委杨富珍、徐汇区副区长吕淑萍参加通车典礼。

12月18日　经中共徐汇区常委会研究决定：中共长桥街道委员会、纪律检查委员会改称工作委员会。任命沈思明等6位同志为中共长桥街道工作委员会委员，沈思明任书记，王治洪、张秋榕任副书记。张秋榕兼任纪工委书记。

12月24日　街道留学生家属联谊会成立，顾月娟任组长。

1992年

1月16日　街道治安联防大队成立，由街道办事处、公安派出所、上海耐火材料厂等9家单位组成。

2月25日　街道召开第五届二次居民代表大会，办事处副主任徐顺皋作工作报告。

3月5日　徐汇区区长张正奎、副区长吕淑萍到长桥街道召开现场办公会。办公会有四大议题：一是煤气供应向长桥地区倾斜，今年争取解决7000户，气化率超过全区平均水平；二是"三路一河"（罗秀路、上中路、虹梅南路及南北向北杨河）整治；三是筹建化工附中；四是浴室建设由财办拿可行性计划。

6月15日　上中路拓宽工程验收合格，正式投入使用，原路幅宽度仅9米，现拓宽为20米，全长1.6公里，总投资1000万元人民币。1990年9月—1992年6月15日，拓宽工程历时1年9个月。

6月18日　街道残疾人协会成立。街道办事处、公安派出所、工商所、房管所、粮管所、环卫所、地段医院等10家单位组成协会班子。

6月30日　街道社区服务协调委员会成立，由街道办事处，辖区内企事业单位等24人组成。24个居民委员会相应建立社区服务工作小组。街道社区服务中心挂牌，正式对外服务。

7月1日　长桥污水处理厂建成投入使用，厂址在龙川北路625弄8号。该厂是上海市人民政府为解决长桥、园南、梅陇等地区的生活污水排放而兴建，一期工程日处理污水能力为2.2万立方米，总投资2045万元。

8月　沈思明同志兼任街道办事处主任。

9月1日　"华东化工附中"开学。该校占地11580平方米，建筑面积5800平方米，可招收24个班级。

同日　园南小学举行揭牌开学典礼，该校占地7049平方米，建筑面积4780平方米，可招收24个班。

9月　梅陇小学建设完成，该校占地7000平方米，建筑面积3900平方米，可招收24个班。该小学教职人员由原梅陇小学教职人员组成。

9月10日　上海市副市长夏克强到长桥街道了解住房特困户解困后的情况，走访长桥一村居民张伟民家庭（上海三友实业毛巾厂科长）。

10月　街道人民武装部成立。中共徐汇区人民武装部委员会任命沈思明任部长、卫志明任副部长、纪凤林任干事。

1993年

1月2日　街道成立徐汇区城市建设总公司长桥分公司，职工7人，注册资金100万元，公司位于龙川北路149号。

2月　罗秀新村筹建开工，建筑总面积10.9万平方米；罗秀三村筹建开工，总面积8万平方米。

2月11日　街道召开第五届三次居民代表大会，街道党工委书记兼办事处主任沈思明作工作报告。

3月　汇成苑住宅小区动工兴建，占地21万平方米，建筑总面积31万平方米。

3月25日　徐汇区举行第十一届人大代表换届选举，街道辖区共划分8个选区，有74家单位，31063名选民，投票选举产生11名徐汇区第十一届人大代表。

5月　街道成立个体税收协管组，由街道办事处、龙华税务所长桥稽征组组成协管组。

6月　街道在罗香路北侧、龙临路东侧，利用空闲带征地，新建罗香路集贸市场，可设摊位300个。

10月　楼园住宅小区动工兴建，建筑面积11.6万平方米。该小区坐落老沪闵路二号桥东侧。

11月24日　街道成立回沪知青子女俱乐部。

12月　完成园南新村（一至三村）、港口、上航等地区3000居民户有线电视的安装。

是年　街道共安装居民管道煤气1.1万余户，农夹居地区配置液化气1860户。

1994年

3月1日　街道召开第六届一次居民代表大会，121名居民代表出席会议，街道党工委书记兼办事处主任沈思明作《抓住机遇，团结奋斗，真抓实干，建设长桥》工作报告。

4月9日　中共徐汇区委任命林桂祥为中共长桥街道工作委员会书记。

4月13日　徐汇区人民政府第45次区长办公会议决定，任命林桂祥为长桥街道办事处主任。

5月　长桥街道敬老院改扩建工程启动。

6月　街道成立长桥民政企业发展公司，职工20人，资金50万元，下属企业有上航福利废品回收站、宝祥袜衫厂等。

6月　街道成立新区工作协调办公室，主要任务是对辖区内兴建住宅单位的公建配套设施进行监督、协调，使居民生活密切相关的公用实施完善配套及交付使用。

7月　街道成立翔欣实业总公司，职工15人，注册资金100万元，位于龙川北路149号，下属企业有汽修厂、通达机电设备修理厂、工贸公司、民政福利公司、达宇科技开发公司等。

8月28日　罗秀路东段（长桥南街至龙吴路）辟通拓宽工程开工典礼，全长950余米，由上海市、徐汇区人民政府共同投资2000余万元建造。

9月1日　新建的园南中学开学，该校共有教职工40名，位于园南三村31号，占地1.46万平方米，建筑面积6300平方米，可招纳学生18个班，已招收6个班。

9月　街道筹集10万余元，建立街道教育基金。

11月　街道成立外来人口管理领导小组及办公室，对辖区内1342间私房出租户进行核定，发放出租许可证1216张。

11月　由闵新住宅办、沪莘房产公司、三佳房产公司联合兴建的和平住宅小区竣工，总建筑面积10.7万平方米，该住宅小区于1992年9月动工兴建。

11月10日　街道办事处办公楼扩建工程动工，建筑总面积857平方米。

12月15日　长桥街道敬老院改扩建工程竣工，扩建总面积175平方米，街道投入资金27万元，扩建后增加床位16张，并设有浴室、厕所、康复活动室等。

12月28日　131路公交线由梅陇嘉川路延伸至龙川北路平福路，131路是长桥至田林地区的首条直通公交线。

12月　沪莘房产公司筹建的凌云新村住宅小区竣工，建筑总面积10万平方米，该住宅小区于1992年11月动工兴建。

1995年

2月24日　街道召开第六届二次居民代表大会，出席会议代表202名，其中代表120名、列席代表53名、特邀代表29名,街道党工委书记兼办事处主任林桂祥作《抓住机遇,扎实工作,为创建文明街道而努力奋斗》工作报告。

2月 街道精神文明建设领导小组成立。林桂祥任组长,张秋榕、俞云娣任常务副组,封达生、史永花、姚德昌任副组长。

6月 街道举行成立十周年庆祝活动,《徐汇报》编辑出版长桥专刊,举办长桥十年巨变展览,印制专刊《桥》。

10月 中共徐汇区委任命沈东昌为中共长桥街道工作委员会书记。

是年 街道贯彻落实徐汇区委《关于党政机关县(处)级以上领导干部收入申报的规定》,班子成员申报收入情况。

1996年

1月22日 上海市委副书记陈至立、上海市副市长龚学平视察街道图书馆及少儿图书馆、社区服务中心及敬老院。

3月15日 街道召开六届三次居民代表大会,街道办事处主任林桂祥作《以民为本、团结奋斗,创建区级文明街道》工作报告。

6月7日—11日 街道举办首届文化艺术节,开展群众性的音乐、舞蹈、戏曲、民间艺术、时装表演、书画展、版画宣传、风筝放飞、艺术群体操、歌曲大合唱和书法义卖等活动和比赛。

11月29日 长桥街道办事处和凌云路街道办事处举行交接仪式,老沪闵路、桂林南路以西的原街道地区移交凌云路街道办事处,街道辖区面积由9.77平方公里调整为6.47平方公里。

是年 北扬河小游园建成开放,小游园共种植乔灌木40余种,近2000株,种植地被38吨,铺设草坪9000余平方米,小游园是长桥社区首块公共绿地。

是年 按照党管武装原则,街道党工委书记兼街道人民武装部部长。

是年 街道筹集30万元,建立精神文明奖励基金。

1997年

3月12日 街道召开七届一次居民代表大会,街道党工委书记沈东昌作《面向基层,扎实工作,努力开创各项工作的新局面》工作报告;街道办事处主任林桂祥作《把握大局,乘势而上,扎实工作,再创佳绩》工作报告。

3月 街道党工委书记沈东昌兼任街道办事处主任。

6月 街道举行"庆七一、迎回归"系列活动,组织1400余名地区党员、楼组长参观新建落成的徐浦大桥。

7月4日 徐汇区编委批复建立长桥街道监察队。

12月 中共徐汇区委任命王适为中共长桥街道工作委员会副书记(主持工作)。

是年 街道在长桥路以西的2000平方米的待开发用地上,建成以经营花、鸟、鱼、虫为主的专业市场,有门店125间,形成上海西南地区初具规模的大型花鸟市场。

1998年

1月　徐汇区人民政府任命谢挺才为长桥街道办事处主任。

2月24日　徐汇区举行第十二届人大代表换届选举,街道辖区共划分8个选区,有71家单位,33842名选民,投票选举产生11名徐汇区第十二届人大代表。

3月10日　街道召开第七届二次居民代表大会,街道办事处主任谢挺才作《以民为本、依法管理,开创长桥地区工作的新局面》工作报告。

4月29日　街道创建成上海市二级卫生街道。

7月　上海市副市长冯国勤视察长桥农副产品市场。

8月　街道投入50万元,对长桥街道敬老院进行扩建,增设床位28张,总床位达到60张。长桥街道敬老院被评为上海市一级敬老院。

12月　中共徐汇区委任命王适为中共长桥街道工作委员会书记。

1999年

1月29日　街道召开第七届三次居民代表大会,街道办事处主任谢挺才作《以争创文明社区为目标,推动各项工作上一个新台阶》工作报告。

3月　上中路长桥艺术画廊落成。

6月10日　街道图书馆被上海市文化局命名为上海市"特级图书馆",成为徐汇区首家上海市街道、乡镇特级图书馆。

9月　街道(群众文化团队)首次在徐家汇广场举办"庆祖国华诞,展社区风貌"国庆文艺专场演出。

12月　街道创办社区老年学校,共有1168名老年学员。中央电视台采访并播放街道"社区老年工作"专题节目。

是年　街道创建成上海市一级卫生街道。

是年　街道加大创建市级文明社区力度,投入2500万元,其中街道直接投入712.6万元,完成绿化2.45万平方米(原计划12倍)。

2000年

1月20日　街道召开第八届一次居民代表大会,街道办事处主任谢挺才作《创建文明社区,建设温馨家园》工作报告。

4月21日　上海市人民政府命名长桥街道为"1999年度上海市文明社区"。

5月10日—6月30日　街道党政班子成员深入开展以"讲学习、讲政治、讲正气"为主要内容的党性党风教育,"三讲"教育分为思想发动、学习提高,自我剖析、听取意见,交流思想、开展批评,认真整改、巩固成果四个阶段。

5月　街道投资4万元购置锣鼓器材和演出服装,组建"威风锣鼓"队,由50名成员成为徐汇区特色文化团队之一。

12月　街道成立招商引资办公室。上海翔欣实业总公司改制为上海翔欣实业有限公司,由管理型公司转为经营性公司,具有独立法人资格。

是年　街道配合园林所完成淀浦河长桥段沿岸1.6万平方米绿地建设,集资37万元,植树绿化5000平方米,全年完成绿化2.17万平方米。街道有公共绿地84.42万平方米,人均9.31平方米,绿化覆盖率17%。街道被评为上海市绿化先进单位。

2001年

1月12日　世界卫生组织(WHO)上海健康促进和健康教育合作中心授予长桥街道"健康促进社区实验基地"称号。

2月15日　街道召开第八届二次居民代表大会,街道办事处主任谢挺才作《巩固文明社区创建成果,建设温馨家园绿色家园》工作报告。

3月20日　街道社区文化中心建设完成并对外开放,位于罗城路651弄66号,建筑面积1680平方米。

4月　街道先后成立由社保队、居委会和物业公司三方参加的小区外来人员房屋租赁管理站15个,是徐汇区首创。房屋租赁管理站通过房东办理出租治安许可证和外来人员实行办证登记一户一档的办法,使无序的人员流动纳入到有序的管理。

8月　街道社区青少年活动基地在社区文化中心挂牌成立,基地汇集辖区内14所中、小学,开展健康向上的青少年活动,切实为社区青少年服务。

8月　街道投入200万元,将罗秀新村112号(原托儿所用房)改建为新的社区服务中心,建筑面积1400平方米。服务中心分设社会保障、社区服务和综合事务受理3个部分,是受理各项行政事务的办事机构。

9月　街道成立长桥社区人民调解庭。

12月　徐汇区工商联长桥分会成立,21家非公经济企业成为长桥分会首批会员单位。

是年　街道被国家体育总局命名为1996—2000年度全国群众体育先进单位。

2002年

1月　国家体育总局局长袁伟民视察社区服务中心体质测试站和罗城小区门球场。

1月14日　街道召开第八届三次居民代表大会,街道办事处主任谢挺才作《坚持"以民为本"的宗旨,建设文明温馨的家园》工作报告。

1月　街道经济管理办公室成立。

4月　街道社区体育活动指导中心成立,位于长桥新村50号,建筑面积1200平方米,设有乒乓球、桌球等体育活动项目。指导中心统一管理社区体育团队,同时负责社区健身苑点和健身器材的日常管理,组织社区的各项体育活动。

4月21日　街道在体育运动技术学院举办长桥社区体育健身大会,大会设威风锣鼓队、女子艺术体操、军体拳等八项体育技能展示活动，设乒乓球、自行车障碍等8大类竞赛项目，设备类奖12项，有社区单位64家、群众1894人报名参赛。长桥社区体育健身大会是徐汇区率先开展的大型群众运动会。

7月　街道先后与上海市消防总队第二支队梅陇中队、海军消防磁站、中国人民解放军95831部队、上海市武警一支队五中队、上海市武警政治部文工团五支部队签订"双拥"协议书，形成社区双拥工作新局面。街道首次获得徐汇区"双拥"模范街道称号。

8月　街道人民武装部举行揭牌仪式，街道党工委书记王适兼人民武装部部长。

12月　街道在社区体育指导中心承办徐汇区第一届社区运动会"长桥杯"乒乓球比赛。

12月　徐汇区人民政府任命张振国为长桥街道办事处主任。

是年　街道荣获2001年度上海市群众体育工作先进集体称号。

2003年

1月21日　街道召开第九届一次居民代表大会，街道办事处主任张振国作《贯彻"三个代表"重要思想，坚持"以民为本"服务宗旨》工作报告。

3月6日　徐汇区举行第十三届人大代表换届选举，长桥辖区共划分10个选区，有188家单位，51114名选民，投票选举产生19名徐汇区第十三届人大代表。

4月3日　街道党工委、办事处在园南中学分部举行长桥社区教育中心和社区学校成立仪式，徐汇区副区长王志强出席成立仪式。社区教育中心隶属于社区教育委员会，下设社区学校及党校、老年、妇女、人口、法制等11个分校。

6月　中共徐汇区委任命顾春源为中共长桥街道工作委员会书记。

12月9日　根据徐汇区人大常委会第27次主任会议决定，在第79选区，投票补选顾春源为徐汇区第十三届人大代表。

12月　街道建立"长桥经济园"招商基地，实行一门式服务。

12月　长桥街道党员服务中心成立，位于罗秀新村112号三楼。

12月　被列为上海市人民政府年度实事工程及"星光计划"之一的长桥街道敬老院举行落成典礼。上海市住宅发展局、徐汇区民政局、徐汇区残联、长桥街道办事处等共同筹资300万元，单位及个人捐款捐物14余万元。

是年　长桥地区资源协调开发办公室成立，全年引进企业88家，注册资金10498万元。全年完成税收1509万元，市场营业收入1005万元，跃上"双千万"台阶，为街道经济历史性的突破。

是年　为支持上海市政府重大工程上海铁路南站工程建设，街道辖区内马家宅首批380户居民全部迁离。

是年　按照党管武装的原则，街道党工委书记兼任街道人民武装部第一部长，配部长1名、副部长1名。

2004年

1月13日　街道召开第九届二次居民代表大会，街道办事处主任张振国同志作《奋发有为，开拓创新，全面推进长桥现代社区建设》工作报告。

3月　为配合铁路上海南站周边街道区划调整工作的落实，街道成立南站区划调整交接工作领导小组。

4月1日　街道区划调整交接，街道的东荡、正南、罗城、金牛4个居委会、4651户居民划归漕河泾街道办事处，龙华街道徐家桥地区223户居民划归长桥街道办事处，街道辖区面积由6.29平方公里调整为5.87平方公里。

5月25日　全国政协副主席张思卿视察街道社区文化中心图书馆、艺术沙龙、老年书画室。

9月　街道投入近100万元，完成社区健康中心建设，位于老沪闵路918号，建筑面积2300平方米。健康中心以"便民、利民、为民"为原则，以"人人具有健康促进意识，人人享有健康教育服务"为目标，设立卫生服务、心理辅导、市民体质监测、残疾人康复等12项功能。上海电视台等媒体进行专题报道。

10月　街道图书馆（罗城路651弄66号）与徐汇区西南文化艺术中心图书馆合并。

12月　街道开展菜市场的标准化建设，古泉菜市场成为街道第一家标准化菜市场，位于龙川北路880号，面积828平方米，设有摊位71个。

2005年

1月13日　街道召开第九届三次居民代表大会，街道办事处主任张振国作《抓住机遇，开拓进取，为建设和谐繁荣的现代化社区而努力奋斗》工作报告。

1月—11月　根据上海市委、徐汇区委部署，街道党工委开展保持共产党员先进性教育活动。

6月13日　街道举行成立20周年庆祝活动，开展"欢乐的长桥""健康的长桥""发展的长桥""和谐的长桥"为主题的系列活动，举办长桥发展图片展、史料展，征集今昔对比文章60篇，汇编成13万字的《我看长桥20年》。

6月　创办《长桥社区》报，每季度一期。

8月　徐汇区人民政府任命唐炜沂为长桥街道办事处主任。

8月　街道拓展社区为老服务项目，发动社区单位加入助老服务行列，构建形成以生活服务网、咨询服务网、专业服务网、文化服务网、活动场所网为主体的"五网联动"为老服务工作机制。

8月29日　街道的"阳光之家"举行揭牌仪式。街道在原"日托康复站"的基础上建成社区"阳光之家"，通过"阳光之家"的运作，残疾人的工作重点从原有的救助帮困转到实施劳动技能培训和康复服务，提高残疾人的生活自理能力、社交能力。

9月12日　街道社会综合党委成立，街道党工委副书记徐萍芳担任社会综合党委书记，金林发担任社会综合党委副书记。

11月　上海市委副书记刘云耕视察长桥街道。

11月22日　上海市健康城市国际论坛专家组参观社区公共健康中心内的体质测试中心、智障人士"阳光之家"、社区医疗中心、社区助老服务社等。

12月　中共中央政治局常委、国家副主席曾庆红到长桥二村，看望和慰问"全国优秀组工干部"祁爱群的父母与女儿。

是年　街道完成中环线长桥段一期、二期动迁任务。

2006年

1月5日　街道召开第十届一次居民代表大会，街道办事处主任唐炜沂作《以民为本，求真务实，努力构建和谐、协调可持续发展的长桥社区》工作报告。

3月17日　街道召开中共长桥社区（街道）工作委员会成立大会暨揭牌仪式，社区（街道）工作委员会由12名委员组成，徐汇区公安分局长桥新村派出所、社区单位的上海植物园、上海体育运动技术学院、白猫集团有限公司等单位负责人为委员。

4月　世界中学生乒乓球锦标赛在上海中学举办。

6月1日　上海市人口计生委主任谢玲丽，徐汇区人大常委会副主任、计生协会会长顾奎华为"徐汇区宝宝教育活动长桥分中心"揭牌。

6月　街道29个居委会进行换届选举，其中15个居委会采取直接选举方式，有33401名居民参加选举，参选率95.36%，14个居委会采取代表选举方式，有1550名居民代表参加选举，参选率98.41%，共选举产生居委会干部157人，全部实现属地化。

9月27日　上海市旅游节组委会首次安排17部旅游节花车巡游长桥社区，花车巡游活动主会场设在西南文化中心广场，街道同时在文化中心广场举行"长桥社区迎国庆大联欢文艺演出"。

10月　长桥街道社区事务受理服务中心成立。

12月12日　徐汇区举行第十四届人大代表换届选举，长桥辖区共划分9个选区，有79家单位，45372名选民，投票选举产生19名徐汇区第十四届人大代表。

2007年

1月4日　街道召开第十届二次居民代表大会，街道办事处主任唐炜沂作《奋发有为，扎实推进，努力构建安居乐业和谐社区》工作报告。

6月21日　长桥社区各界人士联谊会成立。

9月28日—10月3日　街道接待亚美尼亚、爱沙尼亚2个国家的特奥运动员、教练员和官员23人，组织参观游览、体能锻炼、联欢互动、做客家庭等10余项活动。

10月3日—12日　街道完成世界特殊奥林匹克运动会有关接待任务，为15个国家和地区240名特奥运动员、教练员等做好赛事服务保障工作。

12月　街道完成精神病人日间照料站、"阳光之家"改建和"阳光工厂"建设，建成"长桥温馨驿站"。街道获上海市残疾人康复示范社区称号。

12月　街道强化社区事务受理中心"统一考核、统一调配、统一培训、统一管理"，建立健全规章制度，加强工作人员思想政治、业务知识、技能培训，提高"一门式"服务水平，实行每周7个工作日制度。

是年　"徐汇区宝宝教育活动长桥分中心"成为首批"上海市优生优育指导服务"示范点。

是年　街道成立社区人民调解工作站及13个工作点。

是年　江南丝竹被列为上海市非物质文化遗产保护项目。

2008年

1月8日　街道召开第一届一次社区代表会议，出席会议的代表183名，街道办事处主任唐炜沂作《锐意进取，开拓创新，为加快推进以改善民生为重点的和谐社区建设而奋斗》工作报告。

4月　街道在31个居民区，全部成立居民区社会治安综合治理工作站，社区民警担任站长，居委党总（支）部书记任指导员，小区物业经理为副站长。社会治安综合工作站与警务室合署办公，形成"一委一站"综治管理模式。

10月　街道社区事务受理服务中心由罗秀新村112号迁至罗秀路616号，中心大厅面积1200平方米，设前台（受理大厅）和后台（内部办公）两大区域，中心实行"5+2"（5个工作日加双休日）工作日制度，提供14类173项服务内容。

12月　街道办事处由罗香路110号迁至罗秀路616号。

是年　街道投入825万元，完成嘉陵路小商品市场一期建设，面积900平方米，同时落实嘉川小商品市场的拆迁和安置。

是年　街道图书馆获上海市中心图书馆"一卡通"基层服务点图书流通量第一名。

是年　海派黄杨木雕被列为上海市非物质文化遗产名录。

2009年

1月15日　街道召开第一届二次社区代表会议，街道办事处主任唐炜沂作《聚焦民生，务实开拓，努力建设平安、宜居、和谐的长桥社区》工作报告。

1月　徐汇区委书记茅明贵到长桥街道调研。

1月　街道"侨之家"成立。

2月9日　街道成立联合执法工作小组，成立联合执法队。联合执法队成员由城管、公安、交警、工商、食品药品监督、市容所、社保等单位组成，实行市容市貌的日常巡查和专项整治。

2月　徐汇区区长陈寅在长桥街道现场办公。

2月　中共徐汇区委任命唐炜沂为中共长桥社区（街道）工作委员会书记。

2月　上海江南丝竹保护发展研究所在老沪闵路918号挂牌成立。

2月　街道获国家人口计生委中国人口早期教育暨独生子女培养示范基地称号。

3月　徐汇区人民政府任命王莉韵为长桥街道办事处主任。

5月21日　根据徐汇区人大常委会第83次主任会议决定，在第68选区投票补选唐炜沂为徐汇区第十四届人大代表。

6月　中共中央政治局常委李长春视察长桥社区文化中心。

8月　街道与上海植物园处联合举办"暗访夜精灵"科普亲子活动。

9月1日　街道通过上海市创建和谐示范街道验收组的验收，获上海市和谐社区建设示范街道称号。

9月5日　《长桥社区》报更名为《今日长桥》，改为每月一期。

10月　上海市市委常委、政法委书记吴志明视察长桥社区。

11月　徐汇区区委副书记、区长陈寅到街道调研居民区综合治理工作。

12月　街道获全国基层低保规范化建设典型单位称号。

12月　街道获2009年度上海市平安社区称号。

12月　街道档案室晋升为上海市机关档案工作一级先进单位。

2010年

1月8日　街道召开第一届三次社区代表会议，街道办事处主任王莉韵作《焦聚世博，心系民生，不断提高社区建设和管理水平》工作报告。

1月　中共中央综治委副主任陈冀平视察长桥社区综治基层基础建设工作。

2月　上海市人大常委会副主任周禹鹏到街道调研社区帮困送温暖工作。

6月17日　中共中央政治局委员、上海市委书记俞正声视察长桥社区学校。

6月20日　街道举行"喜庆世博和谐长桥——庆祝长桥街道成立25周年纪念"活动。

7月25日　上海世界博览会期间，长桥人民武装部民兵应急分队35名民兵，在上海市工业技术学校进行为期14天，每天24小时的集中训练、备勤。

8月5日　徐汇区人民武装部部长盛光杰、街道党工委书记唐炜沂到上海市工业技术学校慰问民兵应急分队，观看民兵应急分队的训练。

是年　街道实现税收1.3亿元，比2009年增长41.3%。街道税收首次突破亿元。

2011年

1月18日　街道召开社区代表会议，街道办事处主任王莉韵作《奋力拼搏，开拓创新，为全面建设长桥文明和谐新家园而努力奋斗》工作报告。

3月　中共徐汇区委任命李青为中共长桥社区（街道）工作委员会副书记。徐汇区人民政府任命李青为长桥街道办事处副主任（正处级）。

7月　中共徐汇区委任命王莉韵为中共长桥社区（街道）工作委员会书记。

7月　徐汇区人民政府任命李青为长桥街道办事处主任。

11月16日　徐汇区举行第十五届人大代表换届选举，长桥辖区共划分9个选区，有78

家单位，45119名选民，投票选举产生19名徐汇区第十五届人大代表。

12月　街道社区学校获上海市示范性老年学校、上海市社区学校观摩点称号。

12月　街道汇澜园居民区创建为全国综合减灾示范社区。

2012年

1月18日　街道召开社区代表会议，街道办事处主任李青作《振奋精神，焦聚民生，为全面建设文明和谐的新长桥而努力奋斗》工作报告。

8月2日　街道成立徐汇区乐业职业指导专家工作室，重点指导就业困难人员和35岁以下失业青年再就业工作。

8月　徐汇区人民政府任命阙永德为长桥街道办事处主任。

9月14日　社区（街道）党工委、街道办事处举行"馨园"心理工作室启动仪式，"馨园"工作室设在社区党员服务中心。

10月26日　徐汇区残疾人康复中心西南分中心在街道社区卫生服务中心成立。

11月6日　上海市委宣传部巡视员陈振民，徐汇区委副书记李子骏为"彩虹心桥"志愿者服务基地揭牌。"彩虹心桥"志愿者服务基地由街道办事处与上海植物园合作建立。

2013年

1月7日　徐汇区区域党建促进会长桥分会成立，长桥社区（街道）党工委书记王莉韵、上海植物园党委书记郑生全担任"长桥分会"会长，任期两年。

1月16日　街道召开第二届一次社区代表会议，街道办事处主任阙永德作《凝心聚力，创新突破，共创文明温馨的和谐长桥家园》工作报告。

5月　街道商会、徐汇区副食品公司等6家单位出资65万元，援建的大南溪小学南溪楼项目在云南省红河州河口县竣工落成。

10月　上海市委副书记、上海市市长杨雄视察街道为老服务工作。

12月　上海市委副书记李希看望和慰问街道社区志愿者。

12月　上海市委常委、宣传部部长徐麟到街道视察。

是年　街道整合辖区内的教育资源，构建社区教育服务平台，开展教育惠民工程，打造"上中路教育一条街"品牌。

是年　街道社区事务受理服务中心通过ISO9001认证，获五星称号。社区事务受理服务中心全年为社区居民服务13.5万人次。

2014年

1月15日　街道召开第二届二次社区代表会议，街道办事处主任阙永德作《焦聚民生，服务群众，努力建设文明和谐的长桥社区》工作报告。

4月　体育花苑居民区获得2012—2013年度上海市志愿服务先进集体称号。

9月　徐汇区教院附小江南丝竹传习基地被评为上海市中华优秀传统文化研习暨非遗进校园十佳传习基地。

是年　街道残联志愿者服务队被评为2013—2014年度上海市助残志愿服务先进集体。

是年　街道社区事务受理服务中心获上海市巾帼文明岗称号。

是年　长桥街道敬老院被评选为全国"最佳养老机构"之一（首届评比89家）。

是年　街道获上海市社区矫正和安置帮教"示范社工点"称号。

2015年

1月21日　街道召开第二届第三次社区代表会议，街道办事处主任阙永德作《锐意改革，服务群众，全面建设和谐文明的长桥社区》工作报告。

3月　中共徐汇区委任命阙永德为中共长桥街道工作委员会书记。

3月　徐汇区人民政府任命郭庆军为长桥街道办事处主任。

3月　街道开通社区官方微信公众号《长桥视线》。

3月20日　长桥网格化综合管理中心正式开通运行。

3月27日　中共长桥街道工作委员会举行挂牌仪式〔原中共长桥社区（街道）工作委员会更名为中共长桥街道工作委员会〕。

4月　街道党工委、办事处贯彻落实上海市委"一号课题"重要成果，街道科室调整为党政办公室、社区党建办公室、社区管理办公室、社区服务办公室、社区平安办公室（信访办公室）、社区自治办公室、社区发展办公室、社区专项办公室。设纪工委、监察、人民武装、工会、共青团、妇联、人大代表联络室。

4月28日　在上海中学影视传媒中心东厅召开徐汇区区域党建促进会长桥分会2015年会。

5月28日　徐汇区侨联主席张惠珍，街道党工委副书记袁欣华为长桥社区新侨驿站举行揭牌。

6月11日　根据徐汇区人大常委会第85次主任会议决定，在第69、75选区，投票补选阙永德、施斌为徐汇区第十五届人大代表。

7月14日　街道党员服务中心更名为长桥街道社区党建服务中心，为事业单位，独立法人单位。

7月23日　公交56路区间车投入运行，中恒苑小区结束近8年的公交盲点情况。

是年　完成春申港防汛墙的改造及景观河道改造。

是年　街道荣获上海市爱国拥军模范街道光荣称号。

第一章　建置

长桥街道志
(1991-2015)

第一章 建置

第一节 隶属沿革

长桥街道位于上海市徐汇区东南部。境域形成可上溯到唐朝。唐天宝十年（751年），划出昆山县南境，海盐县北境，置华亭县（华亭名称由来，初见于《三国志·吴志》中记：建安二十四年（219年）十一月，吴孙权封右都督陆逊为华亭候。华亭是当时由拳县东境一个亭，故址在今松江县境内）。现长桥地区属于华亭县境。

元世祖至元二十九年（1292年），划出华亭县长人、高昌、北亭、新江、海隅五乡建上海县，现长桥地区属上海县，直至明清。

民国十六年（1927年）设上海特别市，长桥地区属上海市。1945年，抗日战争胜利后，长桥地区属上海市第二十六区。1947年5月，二十六区改称龙华区，长桥地区隶属龙华区，直至1949年5月。

1949年5月，上海市军事管制委员会龙漕办事处接管后，长桥地区分别属梅陇乡、上中乡。1956年，划归西郊区。1958年，江苏省上海县划归上海市，撤销西郊区。长桥地区隶属上海县梅陇乡、龙华乡。

1983年2月，上海县龙华乡人民公社建立长桥街道办事处，管辖长桥新村第一、二、三、长桥镇、港口、龙南、新龙华、航运等8个居民委员会，102个居民小组，2901户，10994人。

1984年9月1日，上海市人民政府扩大市区行政区划，原上海县部分地区划归徐汇区。1985年2月22日，上海市人民政府批准设置徐汇区人民政府长桥街道办事处。

第二节 区划变迁

1984年9月1日，上海市人民政府扩大市区行政区划，划出原上海县龙华乡的张塘村、港口村、北杨村和梅陇乡的和平村、陇兴、陇南二个村的部分地区，共计48个生产队划归徐汇区人民政府管辖。

1985年2月22日，上海市人民政府批准设置徐汇区人民政府长桥街道办事处，行政区划东至黄浦江，南至淀浦河，西至朱梅路、虹梅南路，西北至沪杭铁路，东北至沪杭铁路上海市手工业局修建公司的石龙路供应站东侧围墙、

经石龙路、沿上海市橡胶工业公司仓库东侧小浜至张家塘港入黄浦江。辖区面积9.77平方公里，居民3629户、常住人口11900余人。

1985年6月13日，徐汇区人民政府长桥街道办事处正式挂牌成立，位于长桥新村24号。1991年7月，迁至罗香路110号。2008年12月，迁至罗秀路616号。

1996年6月21日，根据上海市城区工作会议关于"新建街道地域范围一般在5平方公里

左右（或管辖10万左右人口）"精神，徐汇区人民政府对长桥街道办事处行政区划作相应调整。街道行政区划调整方案：以桂林南路、老沪闵路为界，路西为新设立凌云路街道办事处，路东为调整后长桥街道办事处。

调整方案后的长桥街道办事处行政区划东起三友河、张家塘港、黄浦江，西到桂林南路、老沪闵路，南沿淀浦河，北到沪杭铁路。街道辖区面积由9.77平方公里调整为6.29平方公里。调整方案前，街道有居民40306户、常住人口11.3万余人，调整方案

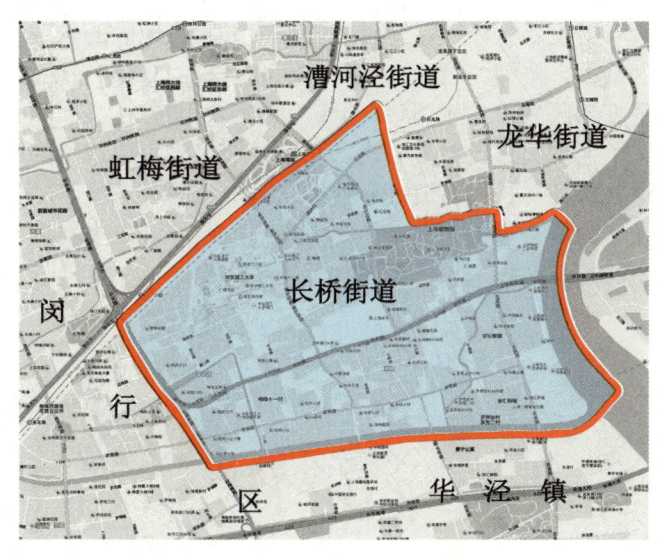

1985年—1996年6月，街道辖区示意图

后，有常住人口6.5万，规划人口10万。调整方案前，街道有52个居民委员会，调整方案后，梅陇三村第一、梅陇三村第二、梅陇四村第一、梅陇四村第二、梅陇五村第一、梅陇五村第二、梅陇六村第一、梅陇六村第二、梅陇七村、梅陇八村、凌云新村第一、凌云新村第二、和平、陇南、理工第一、理工第二、朱行、梅苑第一、梅苑第二、龙州、闵朱、金塘等22个居民委员会划入凌云路街道办事处。

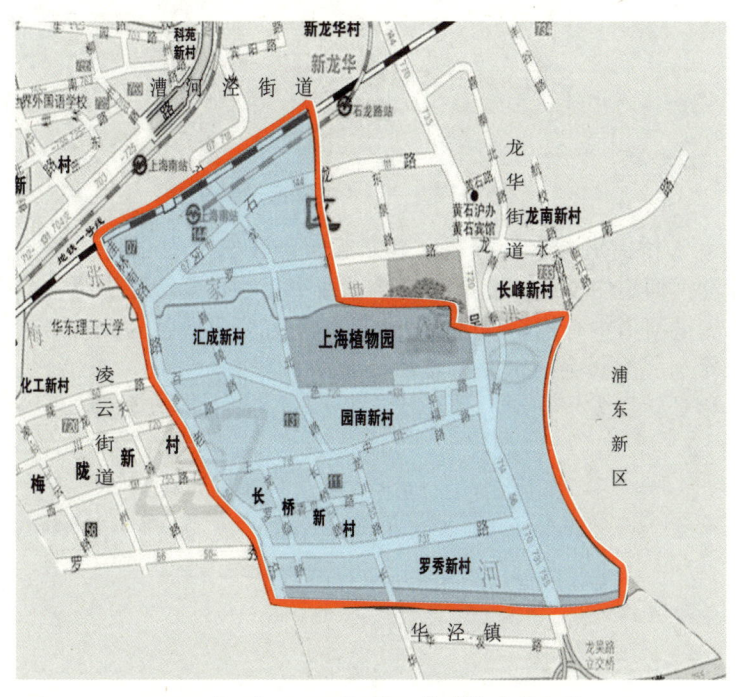

1996年6月—2004年3月，街道辖区示意图

第一章 建置

为配合铁路南站建设,加强南站周边地区的长效管理,提高公共服务水平,促进区域的全面、协调、可持续发展,2004年3月23日,徐汇区人民政府对长桥街道办事处等5个街道行政区划作相应调整。街道行政区划调整方案:原长桥街道办事处桂林路道路中心线以东、老沪闵路道路中心线以北、规划中嘉陵路道路中心线、罗城路中心线以东至原龙华街道办事处与长桥街道办事处管辖范围线的(龙吴路)以北地区划入漕河泾街道办事处。原龙华街道办事处龙吴路道路中心线以西,规划中罗城(支)路道路中心线以南至张家塘港中心线地区划入长桥街道办事处。

2004年3月—,街道辖区示意图

调整方案后长桥街道办事处行政区划东起黄浦江航道中心线,西迄老沪闵路道路中心线,南起淀浦河河道中心线,北迄嘉陵路道路中心线、罗城路道路中心线、龙吴路道路中心线、张家塘港河道中心线。辖区面积由6.29平方公里调整为5.87平方公里。调整方案前,街道有33个居民委员会,调整方案后,金牛、罗城、正南、东荡4个居民委员会划入漕河泾街道办事处。原龙华街道办事处徐家桥、潘家塘、李家宅223户居民划入长桥街道办事处。

第二章 人口

长桥街道志
(1991–2015)

第二章　人口

街道是人口导入区，随着长桥住宅小区不断兴建，街道人口总数不断增加。1990年7月1日零点，全国第四次人口普查，街道有户籍数14512户，人口数56116人。2015年，街道有户籍数35776户，人口数93319人。1990年7月—2015年，街道户籍数增加21264户，人口数增加37203人。

第一节　人口数量

1997年，街道有户籍数30822户，人口数79354人。2015年，街道有户籍数35776户，人口数93319人。1997—2015年，街道户籍数增加4954户，人口数增加13965人。

1997—2015年长桥街道户籍数、人口数情况表

单位：户、人

年份	户籍数	人口数	男	女
1997	30822	79354	40251	38053
1998	31103	81501	41934	39567
1999	33011	86754	44590	42164
2000	34940	91168	46788	44380
2001	35857	92539	47468	45071
2002	36343	93230	47713	45517
2003	36659	93052	47312	45740
2004	32971	84198	42723	41475
2005	32883	83987	42467	41520
2006	32768	83428	42150	41278
2007	32867	83909	42291	41618
2008	33035	85109	42737	42372
2009	33386	86440	43229	43211
2010	34126	87584	43660	43924
2011	34373	88598	44069	44529
2012	34560	89428	44496	44932
2013	34939	90466	44960	45506
2014	35345	92104	45684	46420
2015	35776	93319	46319	47000

资料来源：徐汇分局长桥新村派出所

2000年，全国第五次人口普查，街道有总户数42163户（其中家庭户39299户，集体户2864户），常住人口数119946人（男性61493人、女性58453人），户籍人口数90843

人。2010年，全国第六次人口普查，街道有常住户数45740户（其中家庭户43563户、集体户2177户），常住人口数118872人（男性59772人、女性59110人）。2010年，街道常住人口数比2000年减少1074人（2004年3月，街道有四个居委会划归漕河泾街道办事处）。

2000年居委会户数、人口数情况表

单位：户、人

居委会名称	总户数	家庭户	集体户	常住人口数	男	女	户籍人口数
长桥二村居委会	1193	1184	9	3438	1733	1705	3252
长新一居委会	845	794	51	2462	1328	1134	1748
长新二居委会	982	971	11	2689	1349	1340	2600
长桥一村一居委会	630	613	17	1725	874	851	1616
长桥三村一居委会	890	870	20	2540	1301	1239	2371
长桥四村一居委会	1021	1008	13	2923	1490	1433	2769
长桥一村二居委会	921	902	19	2513	1302	1211	2165
长桥三村二居委会	581	576	5	1614	807	807	1452
长桥三村三居委会	717	703	14	1872	943	929	1691
长桥四村二居委会	1419	1390	29	3935	1954	1981	3639
长桥五村居委会	1404	1349	55	4128	2139	989	3206
长桥七村居委会	774	750	24	2121	1088	1033	1625
长桥八村居委会	1114	1071	43	3053	1639	1414	1908
罗秀一村居委会	1220	1192	28	3298	1750	1548	2249
罗秀二村居委会	1736	1571	165	5331	2805	2526	4314
罗秀三村居委会	1680	1658	22	4331	2147	2184	3883
平福居委会	790	748	42	2112	1064	1048	1434
港口居委会	2191	1858	333	6196	3488	2708	3862
百龙居委会	1289	982	307	4645	2336	2309	4165
园南一村居委会	1292	1270	22	3767	1887	1880	3459
园南二村居委会	1463	1440	23	4059	2002	2057	3341
园南三村居委会	1021	998	23	3027	1496	1531	2725
汇成一村居委会	1403	1377	26	3644	1837	1807	3165
汇成二村居委会	711	667	44	1918	964	954	1584
汇成三村居委会	770	752	18	1850	904	946	1389
汇成四村居委会	1445	1370	75	3785	1910	1875	2715
汇成五村居委会	1560	1532	28	4080	2057	2023	3548
光华居委会	2122	1343	779	6687	3321	3366	3154
体育花苑居委会	783	591	192	2221	1194	1027	983
楼园居委会	1512	1462	50	4338	2181	2157	3375
东荡居委会	2541	2419	122	7114	3801	3313	4505

续表

居委会名称	总户数	家庭户	集体户	常住人口数	男	女	户籍人口数
金牛居委会	1576	1481	95	4961	2534	2427	2637
罗城居委会	1109	1029	81	3300	1691	1609	1667
华东居委会	1493	1414	79	4269	2177	2092	2647
合计	42163	39299	2864	119946	61493	58453	90843

资料来源：街道第五次全国人口普查档案

2010年居委会户数、人口数情况表

单位：户、人

居委会名称	常住户数	家庭户	集体户	常住人口数	男	女
长桥新村一居委会	1133	1105	28	3040	1490	1550
长桥新村二居委会	2035	1965	70	5212	2536	2676
长桥一村居委会	1737	1641	96	4341	2127	2214
长桥三村一居委会	3613	3519	94	8690	4382	4308
长桥三村二居委会	606	599	7	1521	755	766
长桥四村一居委会	1103	1079	24	2775	1371	1404
长桥四村二居委会	1463	1418	45	3648	1759	1889
长桥五村居委会	1778	1630	148	4973	2482	2491
长桥七村居委会	1127	1088	39	3017	1474	1543
长桥八村居委会	1326	1301	25	3522	1768	1754
罗秀新村居委会	1309	1281	28	3648	1831	1817
罗秀二村居委会	1161	1068	93	2889	1467	1422
罗秀三村居委会	1848	1837	11	4771	2412	2359
平福居委会	886	858	28	2468	1250	1218
港口居委会	2191	1839	352	5823	3436	2387
百龙居委会	854	779	75	2476	1324	1152
园南一村居委会	1305	1258	47	3514	1689	1825
园南二村居委会	1609	1561	48	4299	2108	2191
园南三村居委会	1125	1066	59	2960	1448	1512
汇成一村居委会	1659	1591	68	4036	2001	2035
汇成二村居委会	745	731	14	1787	885	902
汇成三村居委会	869	806	63	2102	998	1104
汇成四村居委会	1612	1574	38	4095	2003	2092
汇成五村居委会	1830	1741	89	4546	2210	2336
光华居委会	1237	1200	37	3415	1680	1735
体育花苑居委会	627	558	69	1708	871	837

续表

居委会名称	常住户数	家庭户	集体户	常住人口数	男	女
华东一居委会	3337	3288	49	7576	3958	3618
华东二居委会	1448	1305	143	4151	2101	2050
楼园居委会	1654	1520	134	4623	2279	2344
汇澜园居委会	574	539	35	1547	772	775
徐汇新城居委会	1939	1818	121	5699	2905	2794
合计	45740	43563	2177	118872	59772	59100

资料来源：徐汇区第六次全国人口普查街镇数据手册

第二节　家庭户人口

2000年，第五次全国人口普查，街道有家庭户数39299户，人口数106836人，平均每户家庭2.72人。2010年，第六次全国人口普查，街道有家庭户数43563户，人口数111500人，平均每户家庭2.56人。2010年与2000年对比，街道增加家庭户数4264户，增加人口数4664人，平均每个家庭户下降0.16人。

2000年居委会家庭户规模情况表

单位：户、人

居委会名称	家庭户	家庭户人口数（人）	家庭户平均人数（人）
长桥二村居委会	1184	3398	2.87
长桥新一居委会	794	2267	2.86
长桥新二居委会	971	2629	2.71
长桥一村一居委会	613	1679	2.74
长桥三村一居委会	870	2490	2.86
长桥四村一居委会	1008	2894	2.87
长桥一村二居委会	902	2442	2.7
长桥三村二居委会	576	1596	2.77
长桥三村三居委会	703	1828	2.6
长桥四村二居委会	1390	3827	2.75
长桥五村居委会	1349	3918	2.16
长桥七村居委会	750	2053	2.74
长桥八村居委会	1071	2886	2.69
罗秀一村居委会	1192	3214	2.7
罗秀二村居委会	1571	4212	2.68
罗秀三村居委会	1658	4258	2.57

续表

居委会名称	家庭户	家庭户人口数（人）	家庭户平均人数（人）
平福居委会	748	1995	2.67
港口居委会	1858	4723	2.54
百龙居委会	982	2599	2.65
园南一村居委会	1270	3678	2.9
园南二村居委会	1440	3999	2.78
园南三村居委会	998	2844	2.85
汇成一村居委会	1377	3565	2.59
汇成二村居委会	667	1736	2.6
汇成三村居委会	752	1798	2.39
汇成四村居委会	1370	3503	2.56
汇成五村居委会	1532	4003	2.61
光华居委会	1343	3559	2.65
体育花苑居委会	591	1503	2.54
楼园居委会	1462	4193	2.87
东荡居委会	2419	6551	2.71
金牛居委会	1481	4101	2.77
罗城居委会	1029	2966	2.89
华东居委会	1414	3929	2.78
合　计	39299	106836	2.72

资料来源：街道第五次全国人口普查档案

2010年居委会家庭户规模情况表

单位：户、人

居委会名称	家庭户	家庭户人口数（人）	家庭户平均人数（人）
长桥新村一居委会	1105	2944	2.66
长桥新村二居委会	1965	5004	2.55
长桥一村居委会	1641	4066	2.48
长桥三村一居委会	2517	8417	2.39
长桥三村二居委会	599	1498	2.5
长桥四村一居委会	1079	2702	2.5
长桥四村二居委会	1418	3513	2.48
长桥五村居委会	1630	4488	2.75
长桥七村居委会	1088	2915	2.68
长桥八村居委会	1301	3420	2.63
罗秀新村居委会	1281	3563	2.78

续表

居委会名称	家庭户	家庭户人口数（人）	家庭户平均人数（人）
罗秀二村居委会	1068	2674	2.5
罗秀三村居委会	1837	4721	2.57
平福居委会	858	2337	2.72
港口居委会	1839	4579	2.49
百龙居委会	779	2049	2.63
园南一村居委会	1258	3378	2.69
园南二村居委会	1561	4141	2.65
园南三村居委会	1066	2787	2.61
汇成一村居委会	1591	3861	2.43
汇成二村居委会	731	1748	2.39
汇成三村居委会	806	1938	2.4
汇成四村居委会	1574	3976	2.53
汇成五村居委会	1741	4293	2.47
光华居委会	1200	3303	2.75
体育花苑居委会	558	1514	2.71
华东一居委会	3288	7428	2.26
华东二居委会	1305	3541	2.71
楼园居委会	1520	4196	2.76
汇澜园居委会	539	1416	2.63
徐汇新城居委会	1818	5090	2.8
合计数	43563	111500	2.56

资料来源：徐汇区第六次全国人口普查街镇数据手册

第三节 人口构成

一、性别

2000年，第五次全国人口普查，街道有常住人口数119946人，其中男性61493人，占51.27%，女性58453人，占48.73%。2010年，第六次全国人口普查，街道有常住人口数118872人，其中男性59772人，占50.28%，女性59100人，占49.72%。2010年，街道常住人口男性比例比2000年下降0.99%，女性比例比2000年上升0.99%。

二、年龄

2000年，第五次全国人口普查，街道有常住人口数119946人，其中0-5岁3764人，占3.06%，6-14岁10268人，占8.56%，15-64岁92468人，占77.09%，65岁以上13545人，

占11.29%。2010年，第六次全国人口普查，街道有常住人口数118872人，其中0-4岁3469人，占2.92%，5-14岁5902人，占4.97%，15-64岁94055人，占79.12%，65岁以上15446人，占12.99%。

2010年，街道65岁以上老年人比例比2000年上升1.7%。2013年，街道户籍人口数90262人，其中60岁以上24735人，占27.40%。2014年，街道户籍人口数90262人，其中60岁以上24735人，占29.11%，有百岁及以上老年人17人（男性4人、女性13人）。2015年，街道户籍人口数93319人，其中60岁以上27852人，占29.85%，有百岁及以上老年人20人（男性6人、女性14人）。2014年，徐仁卿（1910.1.25—2018.4.30）被评为上海市十大男寿星。

2014年，徐仁卿被评为上海市十大男寿星

2000年街道常住人口年龄分段情况表

单位：人

居委会名称 年龄段	0-5岁	6-14岁	15-64岁	65岁以上
长桥二村居委会	108	309	2504	517
长新一居委会	93	225	1894	250
长新二居委会	77	285	1853	474
长桥一村一居委会	57	154	1314	200
长桥三村一居委会	60	215	1943	322
长桥四村一居委会	77	265	2151	430
长桥一村二居委会	75	262	1864	312
长桥三村二居委会	42	153	1188	231
长桥三村三居委会	50	158	1362	302
长桥四村二居委会	92	381	2981	481
长桥五村居委会	110	390	3308	320
长桥七村居委会	37	186	1673	189
长桥八村居委会	134	285	2354	280
罗秀一村居委会	146	270	2569	313
罗秀二村居委会	136	361	4269	565
罗秀三村居委会	108	384	3135	704

续表

居委会名称 \ 年龄段	0-5岁	6-14岁	15-64岁	65岁以上
平福居委会	78	204	1617	213
港口居委会	263	468	5054	411
百龙居委会	113	241	4008	283
园南一村居委会	91	325	2921	430
园南二村居委会	133	402	3053	471
园南三村居委会	68	298	2251	410
汇成一村居委会	129	315	2570	630
汇成二村居委会	46	261	1293	318
汇成三村居委会	56	140	1363	291
汇成四村居委会	126	308	2792	559
汇成五村居委会	130	354	2924	672
光华居委会	100	511	5587	489
体育花苑居委会	62	196	1828	135
楼园居委会	141	382	3274	541
东荡居委会	298	544	5585	687
金牛居委会	132	385	4000	444
罗城居委会	119	274	2610	297
华东居委会	151	377	3367	374
合　计	3674	10268	92459	13545

资料来源：街道第五次全国人口普查档案

2010年街道常住人口年龄分段情况表

单位：人

年龄分段	总人数	男	女	性别比（女=100）
0-4岁	3469	1854	1615	114.80
5-9岁	2846	1491	1355	110.05
10-14岁	3056	1636	1420	115.21
15-19岁	4316	2288	2028	112.82
20-24岁	10421	5182	5239	98.91
25-29岁	12837	6484	6353	102.06
30-34岁	9471	4721	4750	99.39
35-39岁	8401	4251	4150	102.43
40-44岁	8504	4307	4197	102.62
45-49岁	9615	5047	4568	110.49

续表

年龄分段	总人数	男	女	性别比（女=100）
50-54 岁	12469	6334	6135	103.24
55-59 岁	11003	5484	5519	99.37
60-64 岁	7018	3610	3408	105.95
65-69 岁	3855	1959	1896	103.32
70-74 岁	3445	1609	1836	87.64
75-79 岁	4024	1810	2214	81.75
80-84 岁	2493	1080	1413	76.43
85-89 岁	1194	451	743	60.70
90-94 岁	375	155	220	70.45
95-99 岁	54	16	38	42.11
100 岁及以上	6	3	3	100.00
合计	118872	59772	59100	101.14

资料来源：徐汇区第六次全国人口普查街镇数据手册

2015年街道60岁以上老年人情况表

单位：人

居委会名称 \ 年龄段	60—69岁	70—79岁	80—89岁	90—99岁	100岁及以上	总人数
长桥新村一居委会	371	241	108	10		730
长桥新村二居委会	930	446	384	47	2	1809
长桥一村居委会	490	241	146	20		897
长桥三村一居委会	979	361	312	47	1	1700
长桥三村二居委会	244	77	66	17	1	405
长桥四村一居委会	496	225	166	17	2	906
长桥四村二居委会	617	281	198	27	1	1124
长桥五村居委会	628	245	135	19	2	1029
长桥七村居委会	381	141	79	11		612
长桥八村居委会	442	161	117	24		744
汇成一村居委会	615	196	220	31	1	1063
汇成二村居委会	222	82	91	17		412
汇成三村居委会	311	111	121	14		557
汇成四村居委会	628	213	213	25	1	1080
汇成五村居委会	736	218	251	49	2	1256
园南一村居委会	619	264	169	19		1071
园南二村居委会	674	376	161	45		1256

续表

居委会名称 \ 年龄段	60—69岁	70—79岁	80—89岁	90—99岁	100岁及以上	总人数
园南三村居委会	437	166	108	21		732
罗秀新村居委会	648	191	146	25		1010
罗秀二村居委会	449	146	120	23		738
罗秀三村居委会	849	266	248	46	4	1413
华东一居委会	373	116	62	12		563
华东二居委会	522	199	127	20		868
楼园居委会	669	237	192	31	1	1130
港口居委会	618	194	148	17		977
百龙居委会	334	82	80	14		510
光华居委会	428	128	135	20	1	712
平福居委会	318	100	87	7		512
体育花苑居委会	272	79	45	7		403
汇澜园居委会	71	29	6	2	1	109
徐汇新城居委会	371	147	65	8		591
中海瀛台居委会	159	54	23	3		239
华滨居委会	195	58	56	6		315
华沁居委会	247	59	70	3		379
合计	16343	6130	4656	703	20	27852

资料来源：街道老龄委办公室

2015年街道百岁及以上老年人情况表

姓名	性别	出生年月日	地址	所在居委
丁明瑚	女	1913年2月11日	长桥新村17号甲202室	长桥新村二居委会
厉復璟	男	1913年8月30日	长桥二村10号604室	长桥新村二居委会
金淑莲	女	1915年12月24日	北杨村吴家巷19号	长桥三村一居委会
张文英	女	1915年4月8日	长桥三村2号202室	长桥三村二居委会
杨翠云	女	1915年4月6日	长桥四村9号303室	长桥四村一居委会
祖小妹	女	1912年7月24日	长桥四村27号303室	长桥四村一居委会
李林珍	女	1914年8月19日	长桥四村37号106室	长桥四村二居委会
陆青子	女	1908年12月19日	长桥五村61号706室	长桥五村居委会
汪阿兰	女	1914年7月28日	长桥五村17号302室	长桥五村居委会
王凤立	女	1912年11月22日	汇成一村45号602室	汇成一村居委会
刘少柏	男	1913年10月19日	汇成四村32室202室	汇成四村居委会
陈阿定	男	1915年12月13日	汇成五村35号301室	汇成五村居委会

续表

姓名	性别	出生年月日	地址	所在居委
陈秀英	女	1914年4月20日	汇成五村58号201室	汇成五村居委会
徐仁卿	男	1910年1月25日	罗秀三村22号203室	罗秀三村居委会
薛继英	女	1913年11月21日	罗秀三村47号101室	
董耀华	男	1915年4月28日	罗秀三村40号202室	
徐惠英	女	1915年10月20日	罗秀三村28号103室	
夏廷英	女	1914年10月6日	老沪闵路728弄26号102室	体育花苑居委会
朱永根	男	1912年12月1日	老沪闵路790弄7号102室	光华居委会
王莲珍	女	1914年10月5日	老沪闵路710弄23号301室	楼园居委会

资料来源：街道老龄委办公室

三、民族

2000年，第五次全国人口普查，街道有常住人口数119946人，其中汉族119119人，占99.31%，各少数民族827人，占0.69%。2010年，第六次全国人口普查，街道有常住人口数118872人，其中汉族117780人，占99.08%，各少数民族1092人，占0.92%。2010年与2000年对比，街道常住人口各少数民族比例上升0.23%。

2000年居委会民族人口情况表

单位：人

居委会名称	汉族	少数民族	总人数
长桥二村居委会	3408	30	3438
长桥新村一居委会	2441	21	2462
长桥新二村居委会	2686	3	2689
长桥一村一居委会	1717	8	1725
长桥三村一居委会	2531	9	2540
长桥四村一居委会	2903	20	2923
长桥一村二居委会	2487	26	2513
长桥三村二居委会	1610	4	1614
长桥三村二居委会	1858	14	1872
长桥四村第二居委会	3894	41	3935
长桥五村居委会	4105	23	4128
长桥七村居委会	2104	17	2121
长桥八村居委会	3035	18	3053
罗秀一村居委会	3280	18	3298
罗秀二村居委会	5301	30	5331

续表

居委会名称 \ 民族	汉族	少数民族	总人数
罗秀三村居委会	4315	16	4331
平福居委会	2101	11	2112
港口居委会	6141	55	6196
百龙居委会	4625	20	4645
园南一村居委会	3750	17	3767
园南二村居委会	4008	41	4049
园南三村居委会	3004	23	3027
汇成一村居委会	3621	23	3644
汇成二村居委会	1905	13	1918
汇成三村居委会	1839	11	1850
汇成四村居委会	3753	32	3785
汇成五村居委会	4062	18	4080
光华居委会	6626	61	6687
体育花苑居委会	2199	22	2221
楼园居委会	4311	27	4338
东荡居委会	7058	56	7114
金牛居委会	4922	39	4961
罗城居委会	3273	27	3300
华东居委会	4236	33	4269
合　计	119109	827	119936

资料来源：街道第五次全国人口普查档案

2010年居委会民族人口情况表

单位：人

居委会名称 \ 民族	汉族	少数民族	总人数
长桥新村一居委会	2998	42	3040
长桥新村二居委会	5181	31	5212
长桥一村一居委会	4295	46	4341
长桥三村一居委会	8627	63	8690
长桥三村二居委会	1509	12	1521
长桥四村一居委会	2740	35	2775
长桥四村二居委会	3606	42	3648
长桥五村居委会	4929	44	4973
长桥七村居委会	2993	24	3017

续表

居委会名称	汉族	少数民族	总人数
长桥八村居委会	3489	33	3522
罗秀新村居委会	3624	24	3648
罗秀二村居委会	2866	23	2889
罗秀三村居委会	4749	22	4771
平福居委会	2444	24	2468
港口居委会	5752	71	5823
百龙居委会	2453	23	2476
园南一村居委会	3488	26	3514
园南二村居委会	4256	43	4299
园南三村居委会	2925	35	2960
汇成一村居委会	3980	56	4036
汇成二村居委会	1766	21	1787
汇成三村居委会	2090	12	2102
汇成四村居委会	4060	35	4095
汇成五村居委会	4497	49	4546
光华居委会	3381	34	3415
体育花苑居委会	1688	20	1708
楼园居委会	4590	33	4623
华东一居委会	7534	42	7576
华东二居委会	4112	39	4151
汇澜园居委会	1531	16	1547
徐汇新城居委会	5627	72	5699
合计	117780	1092	118872

资料来源：徐汇区第六次全国人口普查街镇数据手册

四、文化程度

2000年，第五次全国人口普查，街道6岁及以上的常住人口中，具有大专以上文化程度的有15842人，具有高中文化程度的有39103人，具有初中文化程度的有40247人，具有小学文化程度的有15888人，不识字的有5192人。2010年，第六次全国人口普查，街道6岁及以上的常住人口中，具有大专以上文化程度的有32301人，具有高中文化程度的有32400人，具有初中文化程度的有35317人，具有小学文化程度的有12080人，未上学的有2698人。2010年与2010年对比，街道具有大大专以上文化程度的人数增加16459人。

2000年居委会六周岁及以上人口受教育程度情况表

单位：人

居委会名称	受教育程度	6周岁及以上人中受教育程度			
	不识字	小学	初中	高中及中专	大专及以上
长桥二村居委会	163	517	1158	1106	386
长新一居委会	100	353	725	780	411
长新二居委会	233	445	980	804	150
长桥一村一居委会	95	202	557	618	196
长桥三村一居委会	108	308	893	860	311
长桥四村一居委会	139	361	945	1006	395
长桥一村二居委会	81	357	841	814	345
长桥三村二居委会	141	212	564	513	142
长桥三村三居委会	107	211	623	605	276
长桥四村二居委会	166	499	1273	1356	549
长桥五村居委会	180	629	1524	1245	440
长桥七村居委会	69	276	682	691	330
长桥八村居委会	140	515	1123	827	314
罗秀一村居委会	206	605	1330	813	198
罗秀二村居委会	198	524	1553	2327	593
罗秀三村居委会	225	620	1646	1370	362
平福居委会	100	306	714	604	310
港口居委会	370	1135	2690	1202	536
百龙居委会	156	468	1106	2575	227
园南一村居委会	134	462	1292	1257	531
园南二村居委会	93	480	1061	1333	959
园南三村居委会	123	417	984	961	474
汇成一村居委会	180	504	1248	1161	422
汇成二村居委会	107	221	721	647	176
汇成三村居委会	77	212	612	582	311
汇成四村居委会	172	541	1241	1191	514
汇成五村居委会	206	567	1415	1353	409
光华居委会	159	438	1424	3215	1351
体育花苑居委会	66	228	712	590	563
楼园居委会	167	565	1346	1391	728
东荡居委会	278	1034	2430	1869	1205
金牛居委会	164	618	1937	1365	745
罗城居委会	148	516	1290	831	396

续表

居委会名称 \ 受教育程度	6周岁及以上人中受教育程度				
	不识字	小学	初中	高中及中专	大专及以上
华东居委会	141	542	1607	2141	587
合计	5192	15888	40247	39103	15842

资料来源：街道第五次全国人口普查档案

2010年街道6周岁及以上人口受教育程度情况表

单位：人

居委会名称	人数	6周岁及以上人中受教育程度						
		未上过学	小学	初中	高中	大学专科	大学本科	研究生
长桥新村一居委会	2947	61	300	702	886	435	507	56
长桥新二村居委会	5077	175	649	1724	1517	563	425	24
长桥一村居委会	4173	75	427	1033	1296	552	711	106
长桥三村一居委会	8216	212	1191	3939	1750	633	536	55
长桥三村二居委会	1475	74	154	428	487	159	157	16
长桥四村一居委会	2700	69	296	771	870	377	287	30
长桥四村二居委会	3548	130	321	1000	1128	507	424	38
长桥五村居委会	4775	62	453	1183	1415	738	772	152
长桥七村居委会	2904	47	238	714	831	434	578	62
长桥八村居委会	3381	64	299	868	1022	514	539	75
罗秀新村居委会	3558	78	317	1101	1184	435	403	40
罗秀二村居委会	2809	69	288	851	902	396	281	22
罗秀三村居委会	4657	146	431	1533	1560	569	375	43
平福居委会	2378	49	242	712	687	360	295	33
港口居委会	5582	171	835	1808	1152	581	800	235
百龙居委会	2395	24	239	931	628	323	220	30
园南一村居委会	3396	85	379	1007	1021	437	427	40
园南二村居委会	4150	62	327	967	1256	635	798	105
园南三村居委会	2860	136	232	680	812	381	516	103
汇成一村居委会	3924	93	375	1054	1269	503	550	80
汇成二村居委会	1749	45	175	497	631	208	177	16
汇成三村居委会	2037	43	196	587	634	251	284	42
汇成四村居委会	3963	130	394	1112	1238	507	536	46
汇成五村居委会	4432	100	424	1293	1424	529	588	74
光华居委会	3261	70	338	891	921	508	459	74
体育花苑居委会	1632	38	140	493	494	176	249	42

续表

居委会名称	人数	6周岁及以上人中受教育程度						
		未上过学	小学	初中	高中	大学专科	大学本科	研究生
楼园居委会	4463	88	367	1215	1304	565	773	151
华东一居委会	7303	147	1165	3787	1227	454	430	93
华东二居委会	4033	75	394	1106	1185	576	618	79
汇澜园居委会	1463	8	77	207	287	246	515	123
徐汇新城居委会	5455	72	417	1123	1409	983	1229	222
合计	114796	2698	12080	35317	32400	14535	15459	2307

资料来源：徐汇区第六次全国人口普查街镇数据手册

第四节 计划生育

2015年，街道户籍人口数93319人，出生829人，出生率8.94‰，死亡830人，死亡率8.95‰，自然增产率-0.01‰。2015年，街道户籍人口已婚育龄妇女12473人，计划生育率100%，领独生子女证4016人，独生子女领证率36.52%。

1995—2015年街道户籍人口出生、死亡、自然增长情况表

年份	出生		死亡		自然增长	
	人数	出生率‰	人数	死亡率‰	人数	自然增长率‰
1995	371	3.75	635	6.41	-264	-2.66
2000	314	3.44	570	6.25	-256	2.81
2005	399	4.76	668	7.94	-269	-3.2
2008	567	6.71	683	8.08	-116	-1.37
2009	531	6.19	622	7.25	-91	-1.06
2010	627	7.21	705	8.10	-78	-0.89
2011	641	7.28	713	8.09	-72	-0.81
2012	793	8.91	793	8.91	0	-0.00
2013	705	7.84	754	8.38	-49	-0.54
2014	855	9.36	824	9.03	31	0.33
2015	829	8.94	830	8.95	-1	-0.01

资料来源：街道计划生育协会

2005—2015年街道户籍人口计划生育情况表

年份	已婚育龄妇女人数（人）	计划生育率（%）	已领独生子女证人数（人）	独生子女领证率（%）
2005	12805	98.75	4965	38.77
2006	11895	99.27	3892	32.72
2008	11088	99.29	3791	34.19
2009	11406	99.62	3811	33.41
2010	11424	100	3830	33.53
2011	11405	98.91	4176	36.62
2012	11594	99.87	3878	33.45
2013	11603	99.57	3905	35.01
2014	11698	100	3899	34.95
2015	12473	100	4016	36.52

资料来源：街道计划生育协会

一、机构设置

1985年7月，街道计划生育领导小组成立。1989年，街道计划生育协会成立，辖区企事业单位、居委会也相应成立计划生育协会分会。1999年3月，长桥农贸市场外来流动人员计划生育协会成立。1999年4月，社区服务中心设立计划生育咨询站。2010年6月，长桥街道计划生育协会长桥菜市场和嘉陵菜市场外来人口计划生育分会成立。街道计划生育管理和服务实行网格化管理，社区单位、菜市场、居民小区建立计划生育分会，配备专职计生干部，并向居民楼组等进行辐射，形成纵向到底、横向到边、分片包干的管理网络。

二、宣传教育

2001年1月12日，世界卫生组织（WHO）上海健康促进和健康教育合作中心正式授予长桥街道"健康促进社区实验基地"称号。街道以社区实验基地的活动为导向，形成了社区健康教育室、生殖保健综合服务站、心理健康辅导站、体质监测站、社区卫生服务站和健身点等社区健康教育、管理、服务的网络体系，形成完善的社区健康教育网络。2001年，街道共组织大型健康咨询宣传活动25次，举办健康知识讲座41次，发放健康教育宣传资料56509份，开展32名志愿者"慢性病自我管理"项目培训，为320名慢性病自我管理者授课。2003年下半年起，街道人口计生办与上海市计划生育科学研究所课题组联合，开展历时三年的《新概念家庭计划》项目中关于"新生命健康促进计划"的子项目，项目为辖区内的新婚夫妇和孕早期家庭免费提供先天性风疹和唐氏综合征的筛查。

"春节"等重大的节假日期间，街道集中开展流动人员计划生育宣传服务活动，宣传《中华人民共和国人口与计划生育法》《流动人口计划生育工作管理办法》《上海市外来流动人员计划生育管理办法》《上海市〈流动人口婚育证明〉管理办法》《上海市社会抚养费征收管理若干规定》等计划生育政策法规。为使更多的社区居民，更好地了解和掌握国家和本市有关流动人口计划生育管理与服务的政策、规定，以及预防艾滋病的有关知识，街道提供避孕节育、优生优育、艾滋病预防等生殖保健知识咨询服务。

2010年，以"情满浦江，喜迎世博"为主题，通过黑板报、广播宣传、发放"致外来流动人员的一封信"等宣传资料，在社区内开展一系列丰富多彩的流动人口关怀关爱活动。2013年5月22日，组织居委会在嘉陵菜场举办"纪念5.29，流动人口计划生育知识有奖竞答"活动。开展迎接中国计生协会成立33周年，第15个全国"会员活动日"的活动。2014年5月29日，街道计生协会充分发挥基层计生协会的作用，提高会员的宣传能力，联合辖区内34个居委，分块组织活动，宣传计生政策法规。

三、优生优育

2006年6月1日，上海市人口计生委主任谢玲丽，徐汇区人大常委会副主任、徐汇区计生协会会长顾奎华为"徐汇区宝宝教育活动长桥分中心"揭牌。宝宝教育活动中心（简称"宝宝乐"）的成立，为0—3岁婴幼儿的家庭普及科学育儿知识提供个性化服务。徐汇区宝宝教育活动长桥分中心是徐汇区第一个以街道为主体的宝宝教育中心，有4名大专以上学历且有专业幼儿教育资格证书的工作人员。街道优生优育指导工作，充分利用社区资源，依托徐汇区宝宝乐教育活动中心长桥分中心，提高社区婴幼儿受教育的普及率，加强社区0—3岁婴幼儿指导服务工作，实现社区学前教育服务全覆盖，创新教育理念，增进家长和宝宝们的情感交流，提高早教指导人员自身素质，不断满足家庭对早期教育的需求。2006年6月，"宝宝乐"共招收6—36月年龄段的宝宝45人，4个班级。"宝宝乐"招收人数逐年增加，平均每年增加1—2个班级，2016年，开设5个年龄段共18个班级，招收252人，共开展了8739课时的活动，1900余名婴幼儿受益。

2007年，"宝宝乐"成为首批"上海市优生优育指导服务"示范点。2009年，街道的"宝宝乐"活动场所面积由原来的156.5平方米增加到368.5平方米，建成0—3岁宝宝的"欢乐迪士尼乐园"。街道的新早教服务中心先后开设沪语童谣等语言特色课。2009年后，"宝宝乐"先后获得"中国人口早期教育暨独生子女培养示范基地"、上海市白玉兰"巾帼文明岗"、"0—3岁科学育儿中加合作项目基地试验点"的称号。宝宝乐是徐汇区计生委下属唯一一家"中国人口早期教育暨独生子女培养示范基地"。徐汇报、新闻晨报、文汇报等各大媒体相继进行了报道。

2010年，"宝宝乐"的婴幼儿参加"六一游园会"活动及迪

"宝宝乐"参加"六一"国际儿童节主题活动

士尼经典电影免费开放揭幕仪式。2010年6月25日,上海市委书记俞正声、上海市人口和计划生育委员会副主任孙常敏视察"宝宝乐"。2011年,举办"全家乐翻天",迎"六一"系列活动暨"快乐ABC"外教特色班开幕仪式。2012年,在上海植物园内大草坪举办了"六一展童趣,宝贝家家亲"亲子户外活动暨家庭幽默录像的颁奖仪式。2013年,组织150名,0—3岁婴幼儿及家长,参加"六一"儿童节游园会活动。2014年,组织250名,0—3岁婴幼儿及家长举行庆祝"六一"国际儿童节暨"童心编织中国梦"亲子环保玩具制作主题活动。2015年,组织180名毕业班幼儿及家长,开展庆"六一"暨"宝宝乐"2015届毕业典礼主题活动。

第三章　中共长桥街道工作委员会

1985年6月13日，中共长桥街道委员会成立。1991年12月18日，中共长桥街道委员会更名为中共长桥街道工作委员会。2006年3月，中共长桥街道工作委员会更名为中共长桥社区（街道）工作委员会。2015年3月，中共长桥社区（街道）工作委员会恢复为中共长桥街道工作委员会。

第一节　组织机构

一、机构设置

1990年10月，党工委下设办公室，组织科，宣传、统战科，纪检干部。

1992年10月，长桥街道人民武装部成立。

1998年5月，党工委下设办公室、组织科、宣传、统战科、设置纪律检查委员会、工会、妇联、团委、武装部。

2001年12月，党工委下设办公室、组织人事科、宣传、统战科、纪律检查委员会（与监察科合署）、工会、妇联、团委、武装部。

2004年3月，党工委增设街道人大代表工作室。2011年，街道人大代表工作室更名为人大代表联络室。

2014年12月31日，中共上海市委、上海市人民政府发布《关于进一步创新社会治理加强基层建设的意见》。2015年4月，街道党工委、办事处贯彻落实上海市委意见精神，暨"一号课题"重要成果，科室调整为党政办公室、社区党建办公室、社区管理办公室、社区服务办公室、社区平安办公室（信访办公室）、社区自治办公室、社区发展办公室、社区专项办公室。街道党工委下设纪律检查委员会、监察、人民武装、工会、共青团、妇联、人大代表联络室。

办公室工作职责

党政办公室	工作职责：负责做好文书、机要、保密、会务、档案、综合性调研、协调和检查督办、党务公开、政府信息公开、信息化建设、财务、审计、固定资产管理等街道机关公共和内部事务管理等工作，以及街道党工委、街道办事处交办的其他综合性工作任务。
社区党建办公室	工作职责：负责推进区域化党建工作和"两新"组织党建、居民区党建工作，负责党组织建设、党员队伍建设、党代表、人大代表联络服务工作，做好纪检监察、干部队伍建设、人事工资、统战、老干部、工青妇等工作。

续表

机构	工作职责
社区管理办公室	工作职责：负责组织、协调和整合各类行政资源和专业资源共同推进社区管理，对公用设施、建设管理、交通管理、房屋管理、市政市容、园林绿化、河道、防台防汛、规划土地、环境保护、市场监管、标志使用、地名管理、防灾救灾等社区中涉及专业管理类、行政执法类事务，督促和配合职能部门组织实施。
社区服务办公室	工作职责：负责落实劳动保障、社会保障、医疗保障、低保救助、住房救助、助老助残等社区基本民生保障，负责劳动监察、双拥、公共卫生、除害防病、计划生育、精神病防治、募捐救灾、红十字会、义务献血等工作。
社区平安办公室（信访办公室）	工作职责：负责消防安全、平安建设、公共安全、安全生产、突发性事件应对、禁毒、反邪教、来信来访接待处理以及重大、群体性矛盾协调等，配合做好实有人口管理工作。
社区自治办公室	工作职责：负责指导基层自治和居委会基层建设等工作，建设居民区工作队伍和社区辅助人员队伍，指导监督业委会与物业公司，建设小区治理机制、自治规则体系，组织居委会换届，搭建自治平台，推进居务公开，培育社会团体和社会组织等。负责人民武装工作。
社区发展办公室	工作职责：负责区域单位的联系和服务，整合社区相关资源，为各类区域单位提供服务，优化区域发展的公共环境。负责宣传舆论管理、精神文明、文化、教育、科普、体育、妇女儿童等工作。
社区专项办公室	工作职责：配合做好南部医疗中心建设等区重大项目推进工作。负责组织落实社会经济专项调查、普查和在地统计工作。负责企业服务、集体资产管理、菜场集市管理、小税收征管等专项工作。

二、党工委领导

党工委书记、副书记任职情况表

名称	职务	姓名	任职时间
中共长桥街道委员会（1985年6月—1991年12月）	书记	沈思明	1989年11月—1991年12月
	副书记	张锦煊	1991年1月—1991年10月
	副书记	王治洪	1991年10月—1991年12月
中共长桥街道工作委员会（1991年12月—2006年3月）	书记	沈思明	1991年12月—1994年3月
	书记	林桂祥	1994年3月—1995年10月
	书记	沈东昌	1995年10月—1997年12月
	书记	王适	1998年12月—2003年6月

续表

名称	职务	姓名	任职时间
	书记	顾春源	2003年5月—2006年3月
	副书记	王治洪	1991年12月—1992年10月
	副书记	张秋榕（女）	1991年12月—1996年12月
	副书记	林桂祥	1995年10月—1997年2月
	副书记	王迪	1997年7月—2000年8月
	副书记	杨佳财	1997年4月—2001年6月
	副书记	王适	1997年12月—1998年12月（主持工作）
	副书记	谢挺才	1997年12月—2002年12月
	副书记	徐萍芳（女）	2000年8月—2006年3月
	副书记	张荣林	2001年6月—2006年3月
	副书记	张振国	2002年12月—2005年8月
	副书记	唐炜沂	2005年8月—2006年3月
中共长桥社区（街道）工作委员会（2006年3月—2015年3月）	书记	顾春源	2006年3月—2009年2月
	书记	唐炜沂	2009年2月—2011年6月
	书记	王莉韵（女）	2011年7月—2015年3月
	副书记	唐炜沂	2006年3月—2011年6月
	副书记	徐萍芳（女）	2006年3月—2009年8月
	副书记	张荣林	2006年3月—2007年6月
	副书记	邵辉军	2006年3月—2006年7月
	副书记	施俊	2006年7月—2012年10月
	副书记	刘玉好	2007年7月—2013年4月
	副书记	王莉韵（女）	2009年3月—2011年6月
	副书记	陈新建	2009年8月—2012年8月
	副书记	李青	2011年3月—2012年8月
	副书记	阙永德	2012年8月—2015年3月
	副书记	袁欣华	2012年8月—2015年3月
	副书记	郑克坚	2013年4月—2015年3月
中共长桥街道工作委员会（2015年3月—）	书记	阙永德	2015年3月—2016年7月
	副书记	郭庆军	2015年3月—2016年3月
	副书记	袁欣华	2015年3月—2015年10月
	副书记	郑克坚	2015年3月—
	副书记	宋青春	2015年10月—

资料来源：街道档案室

第二节 党员教育

一、"三讲"教育

为贯彻落实《中共中央关于在县级以上党政领导班子、领导干部中深入开展以"讲学习、讲政治、讲正气"为主要内容的党性党风教育的意见》，2000年5—6月，街道党政班子成员开展"三讲"教育。"三讲"教育分4个阶段。5月10日—5月27日是思想发动、学习提高阶段。5月28日—6月10日是自我剖析、听取意见阶段。6月11日—6月17日是交流思想、开展批评阶段。6月18日—6月30日是认真整改、巩固成果阶段。

街道党政班子通过发放《意见征求表》、召开座谈会、个别访谈等，广泛听取意见和建议，通过听取意见、查找问题、自我剖析、即知即改的过程，作为正确认识自己、不断增强党性锻炼的过程，作为坚持真理、改正缺点、改造主观世界的过程。街道党政班子从存在的主要问题、原因分析、今后的努力方向等3个方面进行剖析、总结，并制定整改措施。每个班子成员完成3000字的自我剖析材料。

二、党员先进性教育

2005年1—11月，根据上海市委、徐汇区委部署，街道党工委开展保持共产党员先进性教育活动（简称"党员先进性教育"）。"党员先进性教育"分两批：1月中旬—6月底为第一批，机关支部、离休支部、退休支部3个基层党支部，90多名党员参加；7月6日—11月中旬为第二批，街道下属的17个党总支和23个党支部，3888名党员参加。2006年1月，对新转入、新发展的24名党员开展为期3个月的"党员先进性教育"。

"党员先进性教育"分学习动员、分析评议、整改提高3个阶段。

学习动员阶段。"党员先进性教育"的学习动员，做到"边学习、边教育、边思考，采取集中学习、个人自学、专题辅导、上党课、观看电教片、组织学习讨论会等形式。举办"祁爱群先进事迹报告会"，市委党校卢晓文教授作《党员先进性教育活动的重要意义和历史背景》的专题辅导讲座。8月12日，组织基层党组织书记，召开新时期保持共产党员先进性要求的讨论交流会。在社区党员中开展新时期保持共产党员先进性要求的大讨论。9月11日，组织3000名党员观看《党在我心中》资料片。

分析评议阶段。街道党工委在基层党组织，采取发放征求意见表、设置意见箱、公布热线电话和EMAIL地址、召开座谈会等形式广泛征求意见。按照坦诚交流、相互促进和提高的原则，不拘形式地开展谈心活动。将征求和反馈意见与谈心活动两个环节紧密结合起来。每一位党员按照《长桥街道保持共产党员先进性教育活动党员自查表》认真对照、自查，撰写党性分析材料。基层党组织按照集体决定、综合分析、实事求是、客观公正的原则对每个党员提出了评议意见，并逐个进行反馈。基层党组织书记的评议意见由街道党工委提出，并通过谈心的形式反馈给每位书记。基层党组织通过召开通报会、书面告之等形式,实事求是地向党员群众通报民主评议情况,使群众知晓、让群众监督。

整改提高阶段。基层党组织对照分析评议阶段中,查找出来的问题,研究制定整改措施和方案,切实将社区老百姓关心的热点、难点问题,放到议事日程中。整改方案明确了整改问题、责任人和时限;整改方案确定后,向群众公布,接受群众监督。将整改与建章立制结合起来,加强制度建设,建立健全长效管理机制,制定、修改和完善了相关制度。总结党员学习管理方面的好经验、好做法,形成了一整套的工作制度。通过建章立制,建立和健全了保持共产党员先进性的长效机制。

三、学习实践科学发展观活动

2009年3月12日—8月20日,社区(街道)党工委开展学习实践科学发展观活动(简称"学习实践活动")。机关党组织、居民区党组织、离退休党组织、街道直属支部和"两新"党组织,共50个基层党组织,4412名党员,参加"学习实践活动",15名基层群众代表全程参与"学习实践活动"。

"学习实践活动"分学习调研、分析检查、整改落实3个阶段。

3月上旬—4月下旬是学习调研阶段。社区(街道)党工委制定学习调研计划,把深化学习与深入调研结合起来。党工委中心组每星期专题学习讨论一次,时间不少于4小时。通过个人自学、集中培训、专题辅导、集体研讨等形式,组织党员干部学习《毛泽东邓小平江泽民论科学发展》和《科学发展观重要论述摘编》;处级党员领导干部学习《深入学习实践科学发展观活动领导干部学习文件选编》,党的十七大和党中央的一系列指示精神,九届市委六次、七次全会精神。社区(街道)党工委确立调研课题,通过召开社区党工委中心组专题分析会,召开各个层面人员的座谈会,广泛听取意见建议,开展"我为长桥科学发展献计谋"活动,找准影响长桥科学发展的瓶颈问题。社区(街道)党工委、班子成员,紧紧围绕完善社区功能、改善社区民生、确保社区稳定、加强居民区党组织建设等方面,探讨新办法新举措。社区(街道)党工委与区有关职能部门、社区单位互动交流,通报"学习实践活动"情况,共商共议社区科学发展、造福长桥居民。

5月上旬—6月中旬是分析检查阶段。分析检查阶段重点是召开班子成员专题民主生活会;形成分析检查报告。5月中旬,社区(街道)班子成员召开了专题民主生活会。民主生活会前,班子成员之间做到相互谈心、交换看法;班子成员撰写发言材料。分析检查报告归纳了7个方面的问题。一是用科学发展观理论指导工作实践意识还不强。把科学发展观的基本要求与社情具体情况有机结合起来、把科学发展观的普遍真理与社区工作的实践要求有机结合起来、把科学发展观的方法论与破解社区急、难问题的有效方法有机结合起来等方面还有差距。二是社区经济和社会发展不够协调。长桥社区内可供经济发展的资源匮乏,影响了社区经济和社会协调、可持续发展。三是社区内旧小区居住条件亟待改善。不成套住宅、需"平改坡"综合整治小区多,卫生合用的居住小区和"农夹居"地区,居民群众要求改善居住条件、改造旧住房的意愿十分强烈。四是社区市政公共设施配置尚显不足。作为人口不断导入的大型居住型社区,现有的医疗、普通高中、体育设施缺乏,难以满足群众需求。五是社区民生保障还需加大工作力度。社区困难群众多,民生保障的任务还很重,需要我们坚持不懈地抓好社区民生保障工作。社区帮困、就业、为老服务、残疾人服务等工作空间还很大,需要我们不断加强调查研究,分析新情况、新问题,提高社会保障水平,使弱势群众体验到党和政府、社会的关爱和温暖,共享社会发展成果。六是社区管理还缺乏长效机制。"农夹居"地区外来流动人员2万余人,人员构成复杂,市容、治安管理难度较大。街道集中整治多,长效管理也有初步探索,还需进一步在管理理念上、管理机制上和管理办法上积极探索,提升长效管理水平。七是社区干部队伍作风建设有待进一步加强。有些干部主动创新意识不强,全局观念不强,创一流工作的精神不强,工作质量和服务水平亟待提高,干部队伍作风建设的任务依然艰巨,需要切实转变干部队伍作风,提升干部队伍素质和能力。

6月下旬—8月中旬是整改落实阶段。整改落实以分析检查报告为依据,明确整改落实的目标、项目、时限和具体措施,明确相关领导和部门的责任;坚持边整边改,以整改的成果促进社区工作的开展。"学习实践活动"中,采取有力措施,即知即改问题52个。社区(街道)党工委,坚持"温暖长桥""平安长桥""宜居长桥""快乐长桥"四大工程建设,促进社区和谐发展。"温暖长桥"工程,进一步提高社区民生保障水平。发挥社区助餐中心、2个老年人日托站、3个敬老院的功能,丰富为老服务内容;加强社区无障碍设施的建设和管理,完成小游园残疾人活动室装修和社区"阳光之家"电梯安装,新增14个社区公共场所残疾车专用停放点。"平安长桥"工程,确保社区平安稳定。加强技术防范基础设施建设,小区住宅楼宇防盗门全覆盖;完善小区红外线周界报警系统和街面监控系统,加强电子监控摄像维护保养。"宜居长桥"工程,进一步提高居民生活质量。配合区相关部门打通平福路至罗秀路,完成社区内8条中小道路的养护;大力整治市容环境,努力提高绿化覆盖率;积极探索市容管理长效机制,强化常态管理;完成社区卫生中心扩建;完成罗秀菜场维修改造工程。"快乐长桥"工程,进一步繁荣和丰富社区文化。大力发展"一居一特"的"百姓文化"、海纳百川的"新上海人"文化、底蕴深厚的"校园文化"、奇葩绽放的"民俗文化",满足群众的精神文化需求,增强社区归属感和凝聚力;深化与西南文化艺术中心、植物园及社区内学校的共建共享机制;完成长桥五村等6个居委会活动室达标建设;完成"宝宝乐"改扩建工程等。

四、党的群众路线教育实践活动

社区(街道)党工委,根据中共中央、上海市委部署,徐汇区委党的群众路线教育实践活动的总体安排,在2014年2—10月,开展了党的群众路线教育实践活动(简称"教育实践活动")。街道机关党组织、直属事业单位党组织、居民区党组织及居民区干部、社区"两新"党组织,4100多名党员参与"教育实践活动"。

"教育实践活动"分学习教育、听取意见,查摆问题、开展批评,整改落实、建章立制3个阶段。

学习教育、听取意见阶段。3月6日,社区(街道)党工委召开"教育实践活动"动员大会。开展多种形式的教育活动,加强自学,着眼于自我提高,着眼于自我改进。把学习教育、思想理论武装作为第一要务,着力增强党员干部的理想信念、宗旨意识、群众观点。班子成员率先垂范,认认真真学习原著,学习党的光辉历史和优良传统;按照"三严三实"要求,班子成员撰写了学习体会文章10篇,召开了班子成员学习交流会。开展联组学习、到社区单位学习15次。党员干部学习了中国特色社会主义理论体系，党的十八大精神、十八届三中全会精神，习近平同志一系列重要讲话精神。学习了《论群众路线——重要论述摘编》《党的群众路线教育实践活动学习文件选编》《厉行节约、反对浪费——重要论述摘编》等书籍。观看了《焦裕禄》等教育影片8部。社区（街道）党工委聚焦作风建设，深入基层，提取意见。召开居民区、窗口单位、"两新"组织单位等各类座谈会，广开言路，提取意见和建议。

查摆问题、开展批评阶段。社区（街道）党工委面向居民区、社区单位，查找街道班子和党员干部在形式主义、官僚主义、享乐主义和奢靡之风（简称"四风"）方面存在的问题。查摆"四风"方面的突出问题，坚持群众提、自己找、上级点、对照看、集体议、深入查。街道党政班子和班子成员分别完成对照检查书面材料。党政班子对照检查材料共修改了8稿，街道党政班子主要领导修改对照检查材料8稿，班子成员修改个人对照检查材料不少于6稿。落实"四个必谈"。普遍开展谈心交心，班子成员总计开展谈心164次。召开专题民主生活会，深挖思想根源，开展批评与自我批评。街道班子对照检查出11个方面的突出问题、10名班子成员共查摆出作风问题164条，平均每人近17条。开展批评90人次，提批评意见180条。

整改落实、建章立制阶段。社区（街道）党工委制定"两方案一计划"和个人整改清单，明确37项整改事项，2014年底实施完成的22项，其中有26项将长期坚持实施。制定35条专项整治任务，2014年底，实施完成32项，2015年底，实施完成3项。班子成员共确定专项整治工作79项，共制定专项整改措施137条。召开组团式为民服务现场会，实现34个居民区全覆盖。每月召开由班子成员、居民区干部主讲的民情分析会。强化班子成员和机关干部（联络员）对指导居民片区工作的责任制；明确3个工作重点，即指导居委干部队伍建设、指导小区文明创建工作、指导"党组织引领下的居民区自治工作"；完善3个机制，即问题发现机制、工作落实机制和结果反馈机制；加强3个对接，即联络员与片区分管领导的对接、片区分管领导与职能科室的对接、机关党组织与结对居民区的对接。"教育实践活动"中，修订和完善《长桥社区（街道）党工委议事制度》《长桥社区（街道）党工委中心组学习制度》《长桥社区（街道）党政领导班子会议制度》《长桥社区（街道）党工委"三重一大"决策制度》《长桥街道机关干部学习制度》《长桥社区（街道）党务公开制度》《长桥街道建设工程项目管理暂行办法》等32项制度。

第三节　区域党建

2003年12月，长桥街道党员服务中心成立。2005年9月12日，长桥街道社会综合党委成立。2013年1月7日，徐汇区区域党建促进会长桥分会成立。2015年，街道有社区党组织58个，其中居民区党总支23个、党支部11个，新经济组织和新社会组织党组织21个，有党员5478名，其中新经济组织和新社会组织党员339名。

一、社区（街道）综合党委

2005年9月12日，长桥街道社会综合党委成立，街道党工委副书记徐萍芳担任社会综合党委书记，金林发担任社会综合党委副书记。2008年初，长桥街道社会综合党委更名为长桥社区（街道）综合党委。

2010年3月18日—4月25日，长桥社区（街道）综合党委换届选举。长桥社区（街道）党工委副书记陈新建担任长桥社区（街道）综合党委书记〔2012年9月，长桥社区（街道）党工委副书记袁欣华继任〕。2010年4月—2014年10月，吴文朴担任长桥社区（街道）综合党委副书记。2014年10月—2015年4月，王健担任长桥社区（街道）综合党委副书记。

二、社区党建服务中心

2003年12月，长桥街道党员服务中心成立，地址罗秀新村112号三楼。2015年7月14日，长桥街道党员服务中心更名为长桥街道社区党建服务中心（简称"党建中心"），为事业单位，独立法人单位。"党建中心"主要职责：做好居民区党建服务指导工作；做好社区流动党员的管理服务工作；做好"两新"组织党建工作；做好党员培训教育工作；做好区域化党建工作。"党建中心"采取"一门式"服务方式，确立"服务党员的窗口、教育党员的学校、凝聚党员的家园"的服务宗旨，细化16项党员服务项目，完善五大基本服务功能（流动党员的接纳地，"两新"组织构建党组织的孵化器，党的社会工作的资源平台，党组织凝聚党员的温馨家园，服务基层党组织、服务党员、服务群众的窗口）。

三、区域党建促进会长桥分会

2013年1月7日，徐汇区区域党建促进会长桥分会（简称"长桥分会"）成立。社区（街道）党工委与社区单位党组织在"区域统筹、优势互补、平等自愿、注重实效"的原则下，共同协商成立"长桥分会"。

"长桥分会"是为提高区域党建的科学化水平，为进一步完善长桥社区大党建格局，为搭建全方位、宽领域、多层次的对话交流与协作搭建的共建平台。长桥社区（街道）党工委书记王莉韵、上海植物园党委书记郑生全担任"长桥分会"会长，任期两年。28家社区机关单位、教育机构、企事业单位、社会组织和居民区党组织为"长桥分会"首批会员单位。"长桥分会"会员大会原则上每年召开一次。2014年3月25日，"长桥分会"在上海植物园召开会员大会。主题为"依托区域党建联建，共创社区和谐文明"。2015年4月28日，"长桥分会"在上海中学召开会员大会。

四、"两新"组织党建

2005年9—12月，社会综合党委建立"两新"组织数据库，辖区内1000余家"两新"组织进入数据库。2006年4月，社会综合党委向"两新"组织分发《致长桥地区非公有制企业经营者的一封公开信》《致长桥地区"两新"组织共产党员的一封公开信》，"两新"组织党员亮明身份。2007年9月，社会综合党委在3家"两新"组织支部开通"在线支部"，并试行"网上组织生活"，搭建网络平台。

社区（街道）综合党委推进"两新"党组织的换届选举，夯实"两新"组织党建。以活动为纽带凝聚人心，开展"创先争优"和"结对共建"的党建活动，组织"两新"组织职工开展红色之旅、知识竞赛、微作品征集等活动。加强"两新"组织党组织间的交流，定期举办"两新"组织党组织书记联谊会、座谈会、表彰会。2009年，社区（街道）综合党委通过Email的方式，与40名青年白领党员建立联系，打通网上学习通道。2012年5月，"两新"组织党支部与居民区党组织结对，开展组团式联系服务群众。在"两新"组织中，发展新党员。八旬老人吕舜玲自幼身患脑瘫，她将父母赠与其养老的别墅变卖，建立脑瘫儿童康复机构，"致康园"，创造吕氏推拿法，致力于脑瘫儿童的康复事业。吕舜玲早在"文革"期间，就积极要求加入中国共产党，由于家庭成员的原因，一直未能如愿。2011年6月，吕舜玲再次向党组织提交入党申请书。2013年6月3日，吸收徐汇区致康儿童康健园园长吕舜玲女士为中共党员。

2015年，有"两新"组织党组织21个（其中党总支2个、独立党支部15个、联合党支部4个），党员339名。

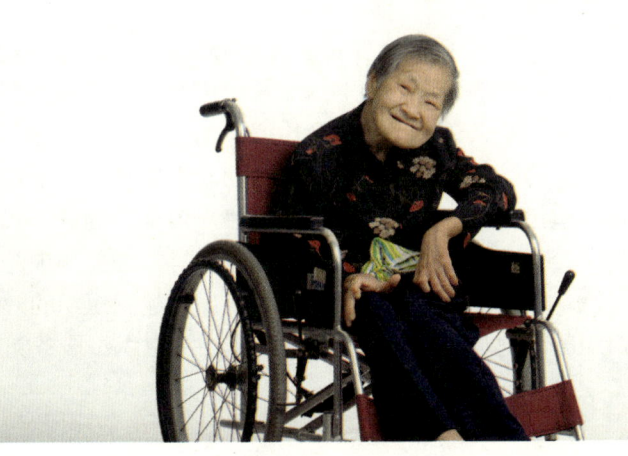

吕舜玲

2005—2015年"两新"组织党组织、党员情况表

年份	党组织数（个）				党员数（人）
	小计	党总支	独立党支部	联合党支部	
2005	5	—	4	1	80
2006	7	—	6	1	91
2007	10	—	8	2	94
2008	11	—	9	2	109
2009	11	—	9	2	134
2010	11	—	9	2	151
2011	13	—	11	2	154
2012	13	—	11	2	210
2013	15	—	11	4	272
2014	20	2	14	4	285
2015	21	2	15	4	339

资料来源：社区党建服务中心

第四节　纪律检查

一、组织机构

1989年11月14日，街道召开首届党员代表大会，选举产生了长桥街道纪律检查委员会。1991年12月，长桥街道纪律检查委员会更名为长桥街道纪律检查工作委员会。2006年3月，更名为长桥社区（街道）纪律检查工作委员会。2015年3月，恢复为长桥街道纪律检查工作委员会。

纪工委书记、副书记任职情况表

名称	职务	姓名	任职时间
纪律检查委员会 （1989年11月—1991年12月）	书记	张锦煊	1989年11月—1991年12月
纪律检查工作委员会 （1991年12月—2006年3月）	书记	张秋榕（女）	1991年12月—1996年12月
	书记	王迪	1997年7月—2000年8月
	书记	徐萍芳（女）	2000年8月—2006年3月
	副书记	周鲁国	2002年1月—2006年3月
社区（街道）纪律检查 工作委员会 （2006年3月—2015年3月）	书记	徐萍芳（女）	2006年3月—2009年8月
	书记	陈新建	2009年8月—2012年8月
	书记	袁欣华	2012年8月—2015年3月
	副书记	周鲁国	2006年3月—2008年3月
	副书记	张为芳（女）	2008年4月—2014年3月
	副书记	胡辉	2014年3月—2015年3月
纪律检查工作委员会 （2015年3月—）	书记	袁欣华	2015年3月—2015年10月
	书记	宋青春	2015年10月—2017年2月
	副书记	胡辉	2015年3月—

资料来源：街道档案室

二、党风廉政建设

街道纪工委贯彻落实上级党委、纪委关于加强党风廉政建设的有关决定；贯彻落实上级党委、政府、监察部门以及街道党工委、办事处有关行政监察工作的决定。通过主题教育，廉政教育，廉政防控，开展党风廉政建设。

【主题教育】

街道纪工委根据区委、区纪委的安排，在街道领导班子和党员干部中开展党风廉政教育活动。2003年，开展务必使同志们继续地保持谦虚、谨慎、不骄、不躁的作风，务必使同志们继续地保持艰苦奋斗的作风，以"两个务必"和民主集中制的主题教育，提高党员干部和党员对保持"两个务必"重要性认识。2004年，贯彻实施《中国共产党党内监督条例（试行）》和《中国共产党纪律处分条例》，开展"加强党内监督，规范从政行为"主题教育。2005年，中共中央颁布惩治和预防腐败体系《实施纲要》，街道开展"贯彻落实《实施纲要》，建立健全惩防体系"的主题教育。街道党工委制订了贯彻措施。强化典型教育，开展学习郑培民、梁雨润、赵为民等先进事迹教育活动，组织党员干部和党员观看《警钟长鸣》等教育片。2008年5—8月，在处级干部中开展了"讲党性、重品行、做表率——坚持求真务实，推进科学发展"主题教育活动。2010年，贯彻落实《中央建立健全惩治和预防腐败体系2008—2012年工作规划》，深化党风廉政教育，以增强责任意识、改进工作作风、服务保障世博、营造倡廉氛围为重点，加强党员干部党性党风党纪教育。开展《中国共产党党员领导干部廉政从政若干准则》（简称《廉政准则》）学习活动。对照《廉政准则》规定的8项"禁止"、52个"不准"要求，在党员干部中加深领会，做到廉洁自律、秉公用权。2012年，以理想信念、党性党风党纪、从政道德、政治品质、道德品行为重点内容，开展"讲党性、重品行、作表率——不辱使命、勇于担当、敢于率先"的主题教育活动。街道党政班子成员观看了《担当》教育片。2013年，中央关于改进工作作风、密切联系群众的《八项规定》和市委30条、区委26条等文件颁布实施，街道召开班子成员专题民主生活会，开展批评与自我批评，落实"一岗双责"要求，坚持一级抓一级、层层抓落实的工作原则，确保党风廉政建设各项工作落到实处。开展"讲党性、重品行、作表率——为民、务实、清廉"主题教育活动。将主题教育活动有机融合到社区建设和社区发展中，将活动成效切实体现在领导干部的表率行动上。2014年，按照群众路线教育实践活动安排，长桥社区（街道）党工委组织党员干部观看电教片《选择》《深刻领会党的十八大反腐倡廉精神实质》和话剧《保卫理想》，班子成员深入查摆"四风"问题，并针对存在问题，制订整改措施，建立工作作风建设长效机制。2015年，开展"三严三实"专题教育活动。组织开展"三严三实"专题学习研讨，召开"三严三实"专题民主生活会和组织生活会，强化整改落实和立规执纪。为推动"三严三实"专题教育活动深入展开，充分发挥先进典型的示范引领作用，组织下属58个基层党组织党员干部集中观看专题教育片《境界》。

2012年，街道廉政文化进社区专场演出

【廉政教育】

街道纪工委依托长桥社区党建网、廉政网络信息推送平台、社区报等宣传平台，通过廉政名言警句，"以案说纪"等内容开展廉政教育。以情理交融的宣传为引导，劝勉党员干部和广大党员自省自律，寓教于乐的潜移默化，促进和形成清廉、为民、务实的氛围。2006年9月15日，召开长桥街道党风廉政建设干部大会。传达徐汇区党风廉政建设干部大会精神。2010年3月，进一步贯彻落实《上海市加强廉政文化建设的意见》和区委《关于加强和改进新形势下党的建设的实施意见》以及区纪委《2010年廉政文化建设工作方案》要求，深入贯彻落实科学发展观，积极开展廉洁文化进社区宣传教育活动，提出"清风家园、廉洁社区"的主调，以社区党员群众和基层干部为主体，营造"以廉为美、以廉为荣、以廉为尚"的社会氛围的工作目标。制定"关于长桥社区廉洁文化建设实施办法"，成立长桥街道廉洁文化进社区工作领导小组，明确廉洁文化进小区、进学校、进家庭、进基层、进企业的工作要求。组织形式多样的廉洁文化教育活动，2010年8月19日，联合徐汇区文化馆，在西南文化中心广场举办"徐汇之夏 廉洁清风"廉洁文化进社区纳凉晚会。在长桥七村建立廉洁文化宣传教育园地；在龙川北路上建立廉洁文化墙壁画。2012年，街道与向阳育才小学、园南中学签订"长桥社区廉洁文化教育基地"项目合作共建协议。在长桥八村27号大楼开展廉洁文化进楼组（家庭）示范点建设。在《长桥报》开辟"道德模范大家谈"专栏，以群众身边的先进模范、典型故事，来教育群众，将廉洁文化活动融入社会主义核心价值观的宣传。

【廉政防控】

1995年，《关于对党和国家机关工作人员在国内交往中收受礼品实行登记制度的规定》正式实施。街道班子成员贯彻落实区委《关于党政机关县(处)级以上领导干部收入申报的规定》，按要求向组织申报收入情况。2004年2月，制定长桥街道《关于贯彻执行党风廉政建设责任制的实施意见》及街道领导人员党风廉政建设责任分解（试行）和各职能科室、部门党风廉政建设工作目标分解。2011年，中纪委颁布《关于加强廉政风险防控工作指导意见》（简称《指导意见》）。街道纪工委贯彻落实《指导意见》和市、区纪委廉政风险防范管理工作要求，结合街道实际，把落实党风廉政责任制建设，作为推进街道各项工作的重要抓手。加强组织领导，落实"一岗双责"；加强宣传教育，确保思想到位；梳理权力清单，落实专项防控；围绕中心工作，建立防控制度；完善制度建设，确保执行力度；加强监督检查，坚持抓早抓小。进一步明确权力清单，促进权力透明公开、权力规范运行、权利有效管理，切实防范权力行使过程中的廉政风险。2012年12月，中共中央颁布关于改进工作作风、密切联系群众的八项规定（要改进调查研究、要精简会议活动、要精简文件简报、要规范出访活动、要改进警卫工作、要改进新闻报道、要严格文稿发表、要厉行勤俭节约）。社区（街道）党工委制订《长桥街道"三重一大"制度》等。2013年，为加强廉政风险防范管理，街道成立了党工委书记为组长、办事处主任为副组长的工作小组，开展廉政风险防控管理工作，并将廉政风险防范工作纳入党风廉政建设责任制工作目标。明确全体在岗机关干部和事业单位负责人为廉政风险防范管理对象（计55个岗位）。同时抓住重点环节、重要岗位，对每个人、每个岗位逐条逐项进行分析，确保廉政风险点不留死角。通过学习动员、梳理流程、查找风险点（岗位自查、部门评查、单位审定）、列明权力清单、制定防范措施（制定措施、公示监督）等5个阶段，摸清各科室、各岗位廉政风险的底数和相应的防控措施，编制26幅《职权运行流程图》，55份《廉政风险点单位审定表》和《廉政风险点及防范措施汇总一览表》。2014年，制定完善《长桥街道10万元以下小额工程建设项目管理实施办法》。

三、查处违纪违法案件

2010—2015年，街道纪工委共查处党员违纪案件7件，给予开除党籍和行政开除1人，给予开除党籍处分6人。

周某，1962年7月3日生，大专文化，1984年1月参加工作，1985年6月入党。2007年，周某犯受贿案。2010年，上海市虹口区人民法院判处周某有期徒刑3年，缓刑3年。2012年2月20日，上海市徐汇区长桥长桥社区（街道）党工委批准，给予周某开除党籍处分。黄某，1959年7月生，大专文化，1979年8月参加工作，1999年6月加入中国共产党。2011年10月26日，上海市浦东新区人民法院以危险驾驶罪依法判处黄某拘役2个月，缓刑2个月，罚金人民币2000元。2014年4月28日，中共上海市徐汇区长桥社区（街道）党工委批准，给予黄某开除党籍处分。易某，1950年9月生，初中文化，1968年10月参加工作，1991年10月加入中国共产党。2012年8月20日，上海市黄浦区人民法院以信用卡诈骗罪依法判处易某有期徒刑1年2个月，缓刑1年2个月，并处罚金人民币2万元。2014年4月28日，中共上海市徐汇区长桥社区（街道）党工委批准，给予易某开除党籍处分。张某，1981年8月生，大学文化，2003年7月参加工作，2001年3月加入中国共产党。2013年6月14日，上海市徐汇区人民法院以信用卡诈骗罪依法判处张某有期徒刑5年，并处罚金人民币5万元。2014年4月28日，中共上海市徐汇区长桥社区（街道）党工委批准，给予张某开除党籍处分。孙某，1957年5月生，初中文化，1979年1月参加工作，1987年11月加入中国共产党。2011年1月18日，上海市浦东新区人民法院以假冒注册商标罪依法判处孙某有期徒刑1年6个月，缓刑2年，罚金人民币8万元。2014年4月28日，中共上海市徐汇区长桥社区（街道）党工委批准，给予孙某开除党籍处分。李某，1981年4月生，大专文化，2000年6月参加工作，2000年4月加入中国共产党。2014年1月28日，上海市徐汇区人民法院以组织卖淫罪依法判处李某有期徒刑10年，剥夺政治权利3年，并处罚金人民币5万元。2014年10月13日，中共上海市徐汇区长桥社区（街道）党工委批准，给予李某开除党籍处分。许某，1956年10月生，大专文化，1975年3月参加工作，2003年5月加入中国共产党。2015年4月30日，上海市徐汇区人民法院以危险驾驶罪依法判处许某拘役2个月，缓刑2个月，并处罚金人民币5000元。2015年6月19日，中共上海市徐汇区长桥街道党工委批准，给予许某开除党籍、行政开除处分。

第五节　精神文明创建

街道通过加强思想道德建设、科学文化建设、基础设施建设、制度机制建设，开展精神文明创建活动，引导人们树立正确的世界观、人生观、价值观，树立良好的社会风气，改善社区环境，维护社会秩序和社会安定，促进长桥社区的和谐、稳定和发展。1999年，街道创建成上海市文明社区。2010年，街道创建成市级文明小区26个、区级文明小区

9个、市级文明单位7个、区级文明单位19个。2013—2014年，街道创建成市级文明小区20个、区级文明小区7个，市级文明单位8个、区级文明单位7个。

一、文明社区创建

1996年，上海市精神文明建设委员会提出，以街道为单位开展创建文明社区活动。1998年1月，徐汇区委提出，要以提高市民素质和城区文明程度为目标，加强领导，加大投入，深入持久地开展群众性精神文明创建活动，在5年内有50%的街道（镇）创建成文明社区。街道党工委与区委签订了《创建文明社区、文明小区目标责任书》，建立了文明社区创建领导责任制。

1999年5月，为加快街道文明社区创建步伐，协调落实各项创建工作，街道成立文明社区创建工作指导委员会，有28名成员组成。中共徐汇区委副书记周德海、中共徐汇区委宣传部长吴秋珍、徐汇区人民政府副区长王志强任顾问，街道党工委书记王适任主任，长桥街道办事处主任谢挺才任第一副主任，公安局徐汇分局代局长林官良、徐汇区文化局局长李成华、徐汇区妇联主席潘惠新等17人任委员。创建工作指导委员会为创建市文明社区提供咨询信息，指导创建工作，提出创建措施，协调创建中的难点问题等。街道制定文明社区创建工作进度表，将20项创建工作分解到相关科室和部门，科室长、部门负责人作为责任人。1999年，街道在文明社区创建过程中，共投入2500万元，其中街道直接投入712.6万元。投入390万元建成嘉川、金牛2个室内集贸市场，将汇成、罗城2个马路集市迁入室内。投入20万元，在街区竖立了5座艺术雕塑。投入20万元，建立6个社区群文活动广场，为12个小区增设了室外健身器材。在上海中学、沪闵中学外墙制作艺术画廊，其中，油画22幅、浮雕8幅；在百色路上描绘697平方米的大型壁画，为长桥街面增添文化色彩。全年拆除违法违章建筑12809平方米，是计划拆除违法违章建筑的4倍。粉刷外立面24万平方米，围墙1.2万平方米，对140多个商店重新装修门面。组建85人的社区保安队，各小区成立义务治安巡逻队，刑案与1998年同期相比，下降20.2%。1999年10月22日，市文明办副主任陈振明到长桥街道检查和指导文明社区创建工作。2000年4月21日，在上海展览馆召开上海市精神文明建设工作会议，街道被命名为1999年度上海市文明社区。

2000年7月，街道召开精神文明建设工作会议，总结1999年度文明社区创建工作的经验；部署2000—2001年度文明社区创建工作；提出坚持长效管理，深化、巩固、提高文明创建成果工作目标。2002年4月15日，长桥街道再次被命名为2000-2001年度上海市文明社区。2002年6月3日，街道召开2002年精神文明建设大会，形成和制定《长桥街道文明社区长效管理暂行办法》。

1999—2014年度，街道连续8次被命名为上海市文明社区。

二、文明小区创建

1995年2月，街道党委书记林桂祥任街道精神文明建设领导小组组长；张秋榕、俞云娣任常务副组长；封达生、史永花、姚德昌任副组长。制定了《长桥街道争创文明小区3年工作目标》。1996年1月，沈东昌任精神文明建设领导小组组长；林桂祥、张秋榕、俞云娣、封达生、史永花、姚德昌任副组长。街道筹集30万元，建立了精神文明奖励基金。1998年4月，王适任街道精神文明建设领导小组组长；谢挺才任第一副组长。2000年，街道与区文明委签订《创建文明小区目标责任书》，确定街道2000年创建市级文明小区18个，区级文明小区13个。2005年8月，上海市文明办下发《上海市新一轮精神文明创建工作标准》。新标准规定，上海市、徐汇区文明小区，每二年评选命名一次。2006年，街道成立新一轮文明小区创建工作领导小组，社区（街道）党工委书记顾春源任组长，办事处主任唐炜沂任第一副组长，社区（街道）党工委副书记徐萍芳任常务副组长。制定"长桥街道文明小区创建工作计划""长桥街道2006年文明小区创建推进工作实施方案"。

街道不断完善文明小区创建机制，制定街道文明小区创建工作计划和实施方案，通过召开精神文明建设大会，加大文明小区创建的宣传力度，提高文明小区创建的知晓率和参与率，召开文明小区创建工作推进会，文明小区创建标准培训会，文明小区创建工作现场办公会，街道与创建文明小区签订责任书，加大文明小区创建的经费、人员、设施的投入等，改善小区的环境面貌，提升小区的文明程度，确保文明小区创建落到实处，提高创建文明小区的数量和质量。

1997—2014年上海市文明小区

年份	数量	上海市文明小区
1997	3	汇成二村小区、楼园（北）小区、园南二村四街坊小区
1998	11	汇成一村小区、汇成二村小区、汇成三村小区、汇成四村小区、汇成五村小区、长桥五村小区、长桥七村小区、东荡小区、园南一村小区、园南二村四街坊小区、楼园（北）小区
1999	15	园南一村小区、园南二村三街坊小区、园南二村四街坊小区、园南三村小区、汇成一村小区、汇成二村小区、汇成三村小区、汇成四村小区、汇成五村小区、长桥五村小区、长桥七村小区、楼园（北）小区、罗秀二村小区、东荡小区、光华园小区
2000	18	汇成一村小区、汇成二村小区、汇成四村小区、汇成五村小区、园南一村小区、园南二村三街坊小区、园南二村四街坊小区、园南三村小区、长桥五村小区、长桥七村小区、楼园（北）小区、罗秀二村小区、东荡小区、光华园小区、罗城小区、体育花苑小区、中恒苑小区、华东花苑小区
2001	23	汇成一村小区、汇成二村小区、汇成三村小区、汇成四村小区、汇成五村小区、园南一村小区、园南二村三街坊小区、园南二村四街坊小区、园南三村小区、长桥一村西小区、长桥五村小区、长桥七村小区、长桥八村小区、楼园北小区、罗秀二村小区、光华园小区、罗城小区、体育花苑小区、中恒苑小区、华东花苑南小区、鑫隆花园小区、金牛小区、东荡小区
2002	23	汇成一村小区、汇成二村小区、汇成三村小区、汇成四村小区、汇成五村小区、园南一村小区、园南二村三街坊小区、园南二村四街坊小区、园南三村小区、长桥一村西小区、长桥五村小区、长桥七村小区、长桥八村小区、罗秀二村小区、光华园小区、体育花苑小区、中恒苑小区、华东花苑小区、华东花苑南小区、鑫隆花园小区、金牛小区、东荡小区、罗城小区

续表

年份	数量	上海市文明小区
2003	26	汇成一村小区、汇成二村小区、汇成三村小区、汇成四村小区、汇成五村小区、园南一村小区、园南二村三街坊小区、园南二村四街坊小区、园南三村小区、长桥一村西小区、长桥五村小区、长桥七村小区、长桥八村小区、罗秀二村小区、光华园小区、体育花苑小区、中恒苑小区、华东花苑北小区、华东花苑南小区、鑫隆花园小区、楼园北小区、金牛小区、东荡小区、正南花苑小区、康佳苑小区、罗城小区
2004	20	汇成一村小区、汇成二村小区、汇成三村小区、汇成四村小区、汇成五村小区、园南一村小区、园南二村三街坊小区、园南二村四街坊小区、园南三村小区、长桥一村西小区、长桥五村小区、长桥七村小区、长桥八村小区、罗秀二村小区、光华园小区、体育花苑小区、中恒苑小区、华东花苑小区、华东花苑南小区、鑫隆花园小区
2005—2006	15	汇成三村小区、汇成四村小区、园南一村小区、园南二村小区、园南三村小区、长桥四村（南）小区、长桥五村小区、长桥七村小区、长桥八村小区、光华园小区、体育花苑小区、中恒苑小区、华东花苑（北）小区、天然居小区、星秀罗香苑小区
2007—2008	22	汇成二村小区、汇成三村小区、汇成四村小区、汇成五村小区、园南一村小区、园南二村小区、园南三村小区、长桥一村西小区、长桥四村南小区、长桥五村小区、长桥七村小区、长桥八村小区、罗秀二村小区、光华园小区、体育花苑小区、中恒苑南小区、华东花苑北小区、华东花苑南小区、鑫隆花园小区、星秀罗香苑小区、汇金佳丽苑小区、徐汇新城小区
2009—2010	26	汇成一村小区、汇成二村小区、汇成三村小区、汇成四村小区、汇成五村小区、园南一村小区、园南二村小区、园南三村小区、长桥一村西小区、长桥一村东小区、长桥四村北小区、长桥四村南小区、长桥五村小区、长桥七村小区、长桥八村小区、罗秀二村小区、光华园小区、体育花苑小区、中恒苑南小区、华东花苑北小区、华东花苑南小区、鑫隆花园小区、星秀罗香苑小区、汇金佳丽苑小区、徐汇新城小区、华馨公寓小区
2011—2012	19	汇成一村小区、汇成二村小区、汇成三村小区、汇成五村小区、园南二村小区、园南三村小区、长桥四村北小区、长桥四村南小区、长桥五村小区、长桥八村小区、光华园小区、体育花苑小区、中恒苑南小区、华东花苑北小区、华东花苑南小区、鑫隆花园小区、星秀罗香苑小区、汇京佳丽苑小区、徐汇新城小区
2013—2014	20	汇成一村小区、汇成二村小区、汇成三村小区、汇成五村小区、园南一村小区、园南二村小区、园南三村小区、长桥四村南小区、长桥五村小区、长桥八村小区、光华园小区、体育花苑小区、中恒苑南小区、华东花苑北小区、华东花苑南小区、鑫隆花园小区、星秀罗香苑小区、汇京佳丽苑小区、徐汇新城小区、中海瀛台一期小区

资料来源：长桥街道社区发展办公室

1997—2014年徐汇区文明小区

年份	数量	徐汇区文明小区
1997	12	长桥三村（东块）小区、长桥四村（南块）小区、长桥四村（北块）小区、长桥五村小区、长桥七村小区、园南一村小区、园南三村小区、汇成一村小区、汇成三村小区、汇成四村小区、汇成五村小区、东荡小区
1998	9	长桥三村（东块）小区、长桥三村（南块）小区、长桥三村（北块）小区、长桥四村（南块）小区、长桥四村（北块）小区、园南二村三街坊、园南三村小区、罗秀二村小区、光华园小区
1999	11	长桥新村（东块）小区、长桥三村（东块）小区、长桥三村（南块）小区、长桥三村（北块）小区、长桥四村（南块）小区、长桥四村（北块）小区、罗秀新村小区、金牛小区、罗城小区、体育花苑小区、中恒苑小区
2000	13	长桥一村（东）小区、长桥一村（西）小区、长桥三村（东）小区、长桥三村（南）小区、长桥三村（北）小区、长桥四村（南）小区、长桥四村（北）小区、长桥八村小区、长桥新村（东）小区、金牛花苑小区、罗秀新村小区、鑫隆花园小区、汇成三村小区
2001	10	长桥一村（东）小区、长桥三村（东）小区、长桥三村（南）小区、长桥三村（北）小区、长桥四村一居小区、长桥四村二居小区、长桥新村一居小区、罗秀新村小区、百龙小区、长桥二村小区
2002	13	长桥一村（东）小区、长桥三村（东）小区、长桥三村（南）小区、长桥三村（北）小区、长桥四村一居小区、长桥四村二居小区、长桥新村一居小区、罗秀新村小区、百龙小区、长桥二村小区、正南花苑小区、康佳苑小区、楼园北小区
2003-2004	11	麦克花园小区、长桥新村一居小区、长桥一村（东）小区、长桥二村小区、长桥三村（东）小区、长桥三村（南）小区、长桥三村（北）小区、长桥四村（南）小区、长桥四村（北）小区、罗秀新村小区、百龙小区
2005-2006	7	长桥一村（东）小区、长桥三村（东）小区、长桥三村（西）小区、楼园北小区、罗秀新村小区、罗秀二村小区、汇成五村小区
2007-2008	11	长桥新村（东）小区、长桥一村（东）小区、长桥二村小区、长桥三村（东）小区、长桥三村（西）小区、长桥四村（北）小区、汇成一村小区、罗秀新村小区、百龙小区、中恒苑（北）、楼园（北）小区
2009--2010	9	长桥新村（东）小区、长桥二村小区、长桥三村（西）小区、长桥三村（东）小区、楼园（北）小区、罗秀新村小区、百龙小区、中恒苑（北）、书香逸居小区
2011--2012	10	园南一村、罗秀二村、长桥一村、汇成四村、长桥三村东、长桥三村西、百龙小区、罗秀新村、中海瀛台、罗秀三村
2013--2014	7	长桥三村东小区、长桥三村西小区、罗秀新村小区、罗秀二村小区、汇成四村小区、百龙小区、星罗苑

资料来源：长桥街道社区发展办公室

第五节 精神文明创建

三、文明单位创建

1999年，街道党工委与社区内的21个单位组建成社区党建联系会，探讨和推进社区的精神文明建设。街道充分发挥社区单位和文明单位在社区精神文明建设中的作用，支持和鼓励社区单位参与文明单位创建，组织各居民小区与辖区内单位结对开展文明共建，努力营造社区单位积极参与精神文明建设，开展社区共建和创建文明单位活动的氛围。

1999—2014年上海市文明单位

年份	数量	上海市文明单位
1999—2000	3	长桥环境卫生管理所、上海上中中药包装厂、上海中学
2001—2002	3	长桥环境卫生管理所、上海上中中药包装厂、上海中学
2003—2004	2	长桥环境卫生管理所、上海中学
2007—2008	3	日华环境保洁服务有限公司、上海市工商外国语学校、上海中学
2009—2010	7	日华环境保洁服务有限公司、徐汇区教师进修学院附属实验中学、逸夫小学、徐汇区文化馆、长桥街道社区卫生服务中心、上海市工商外国语学校、上海中学
2011—2012	7	日华环境保洁服务有限公司、徐汇区教师进修学院附属实验中学、逸夫小学、徐汇区西南文化艺术中心、长桥街道社区卫生服务中心、上海市工商外国语学校、上海中学
2013—2014	8	日华环境保洁服务有限公司、徐汇区教师进修学院附属实验中学、逸夫小学、徐汇区西南文化艺术中心、长桥街道社区卫生服务中心、上海市工商外国语学校、上海中学、铭言企业管理有限公司

资料来源：长桥街道社区发展办公室

1997—2014年徐汇区文明单位

年份	数量	徐汇区文明单位
1997—1998	2	长桥环境卫生管理所、长桥街道敬老院
1999—2000	1	长桥街道敬老院
2001—2002	12	长桥新村药店、园南中学、上海小学、园南小学、逸夫小学、上中路幼儿园、长桥第三幼儿园、长桥物业有限公司、长桥地段医院、园南文化馆、长桥街道敬老院、长桥街道文化中心
2003—2004	3	长桥街道敬老院、长桥街道社区服务中心、长桥街道文化中心
2005—2006	4	长桥社区文化活动中心、长桥街道社区事务受理服务中心、长桥街道敬老院、长桥街道第二敬老院
2007—2008	5	长桥社区文化活动中心、长桥街道社区事务受理服务中心、长桥街道敬老院、长桥街道第二敬老院、长桥街道社区卫生服务中心
2009—2010	19	长桥中学、园南中学、上海小学、长桥第二小学、向阳育才小学、园南小学、上海体育职业学院附属小学、长桥第一幼儿园、长桥第二幼儿园、长桥第三幼儿园、楼园幼儿园、徐汇区城管大队七分队、铭源实业集团有限

续表

年份	数量	徐汇区文明单位
		公司、上中托儿所、徐汇公安分局长桥新村派出所、长桥社区文化活动中心、长桥街道社区事务受理服务中心、长桥街道敬老院、长桥街道第二敬老院
2011—2012	5	长桥街道敬老院、长桥街道第二敬老院、中国农业银行股份有限公司上海长桥支行、中国农业银行股份有限公司上海南站支行、长桥街道社区事务受理服务中心
2013—2014	7	长桥街道社区事务受理服务中心、长桥街道文化中心、长桥街道敬老院、长桥街道第二敬老院、中国农业银行股份有限公司上海南站支行、中国农业银行股份有限公司上海长桥支行、上海铭言企业管理有限公司

资料来源：长桥街道社区发展办公室

第六节 宣传统战

1990年10月，街道党工委下设宣传、统战科。宣传、统战科负责街道、社区的宣传教育，宣传阵地的建设，统战事务；在街道机关干部、社区群众中，开展政治理论学习，形势任务教育，爱国主义教育；负责媒体的宣传报道。

一、媒体宣传

街道宣传报道与世俱进，牢固树立政治意识、大局意识、创新意识，积极宣传党的路线、方针、政策，社会主义核心价值观，创建全国文明城区工作。通过《上海街镇》《徐汇报》《徐汇情况》《徐汇宣传》徐汇网站等，及时报道街道贯彻区委、区政府工作部署情况，报道街道工作亮点和经验体会。2007年，《徐汇报》刊登街道信息50条，《上海街镇》刊登文章2篇。2008年，《徐汇报》登载《迎难而上下大力，以人为本促和谐》。2009年，市级媒体、报刊录用稿件55篇。2010年，《解放日报》《文汇报》《新民晚报》等市级媒体录用稿件60篇，《徐汇报》刊登信息97条。2011年，市级媒体、杂志、新闻网站录用稿件65篇，《徐汇报》刊登信息69条。5月9日，《文汇报》头版登载题为《"三轮消防车"进驻老社区》。8月5日，《文汇报》头版登载题为《移二代，你的故乡在哪里》。2014年，上海《支部生活》等市级媒体录用稿件38篇，徐汇报刊登信息53条。2015年，"社区兼职委员"、园南片区"居居联动"工作新思路一文，在《解放日报》《新民晚报》《支部生活》等市级媒体上相继登载。1990年8月，街道成立闭路电视站。2005年6月，创办《长桥社区》报。2015年3月，开辟社区官方微信公众号《长桥视线》。

【有线电视管理站】

1990年8月，长桥街道闭路电视站成立，位于长桥五村12号102-103室，有管理、维修人员3人。1994年，街道闭路电视站，改为上海有线电视台长桥街道管理站，1998年底，改为上海市东方有线网络有限公司长桥街道管理站。2001年，有线网络大发展、大改造，街道有34000户居民，开始享用便捷的高速网络"有线通"。2007年，东方有线网络有限公司长桥街道管理站迁至龙临路133号，管理人员增加到6人。2015年，街道"有线通"发展用户48376户。

【《今日长桥》】

2005年6月，值街道成立20周年之际，为更好地宣传徐汇区、宣传长桥街道的发展和变化，拓展与社区居民群众、企事业单位的联系和沟通，创办《长桥社区》报，每季度一期。2009年9月5日，《长桥社区》报更名为《今日长桥》，改为每月一期。《今日长桥》曾设栏目"大爱赢社区""清河桥""长桥创客""乐活长桥""司法微评""长桥好人"等，以增强互动性与可读性。

【《长桥视线》】

2015年3月，社区官方微信公众号《长桥视线》正式开通，架起街道与居民之间的"微桥梁"，展现社区新风貌，方便社区居民及时了解社区动态与便民服务信息。2016年初，《长桥视线》公众号栏目改版，加强分类管理，开设"乐活长桥""最in咨询"和"文明长桥"，居民可直接点击查阅相关板块内容。微信平台可动态发布最新的民政、医保、社保等政策信息，及时"播报"百姓关心的热点新闻资讯和街道的新变化、新动态、新举措。

二、统战工作

1990年10月，街道党工委设专职统战干部负责统战事务。先后设立归国华侨联络组，留学生家属联络组和港、澳、台胞联络组，开展统战事务。1992年12月10日，长桥街道少数民族联络组成立。

2003年12月，街道召开第一次归侨侨眷代表大会。2004年，街道开展上海市基本侨情调查。2004年，街道有归侨侨眷、港澳同胞眷属及留学生家属共681户。其中早期归侨24人，新归侨6人，归侨侨眷328户，外籍华人眷属283户，港澳同胞家属62户，留学生家属81户，海外涉侨人士（华侨华人、港澳同胞及留学生）1304人，国内涉侨人士（归侨侨眷、港澳同胞眷属及留学生家属1233人）。2007年6月21日，长桥社区各界人士联谊会成立。2008年，街道侨联会完成《长桥街道新归侨状况调查分析及如何划分新老两代归侨的思考》调研报告，并荣获2008年上海市侨联"调研创新年"先进集体称号。

2009年1月，长桥街道"侨之家"成立，下设戏曲沙龙、交谊舞沙龙和时装队，罗秀新村112号210室为"侨之家"活动场室。2011年，开展上海市第二次基本侨情调查，街道有归侨侨眷、港澳居民眷属、留学生家属、归国留学家庭和人员1473户、2278人。2015年5月28日，徐汇区侨联主席张惠珍，街道党工委副书记袁欣华在徐汇区西南影城为长桥社区新侨驿站成立揭牌。2015年11月，街道"侨之家"获得上海市四星级"侨之家"。

【侨联会】

2003年12月，长桥街道第一次归侨、侨眷代表大会召开，选举产生长桥街道第一届侨联委员会委员11名，顾月娟任主席，陈德泰、沈志国、张宏宝任副主席，姜培缔任秘书长，刘珠耀、施祥玲、俞梅芳、黄汉章、张秀莲、司徒大贞任委员。2004年5月，刘珠耀接任秘书长（姜培缔迁出长桥）。

2008年12月，长桥街道第二次归侨、侨眷代表大会召开，选举产生第二届长桥街道侨联委员会委员11名，刘珠耀任主席，沈志国、俞梅芳、盛福威任副主席，蒋英（街道统战干部）任秘书长，司徒大贞、叶慧娟、郁慕简、何爱苗、邓美英、高悦勇任委员。

2014年5月20日，长桥街道第三次归侨、侨眷代表大会召开，69名归侨、侨眷代表出席大会，选举产生第三届长桥街道侨联委员会委

2014年，街道侨界人士参观宋庆龄故居

员7名，陈洪荣任主席，谷俊玲、梁瑞芳任副主席，谷俊玲兼秘书长，周益午、夏伟、浦凤平、戴善斌任委员。

【社区各界人士联谊会】

2007年6月21日，在原上海金岛温莎酒店召开长桥社区各界人士联谊会成立大会。社区各界人士联谊会由社区各界人士、社区单位代表、侨、台、少数民族、商会等代表组成，长桥社区（街道）党工委书记顾春源担任联谊会会长，社区（街道）党工委副书记徐萍芳担任常务副会长，街道办事处副主任、长桥商会会长张耀宗及社区单位领导和社区各界代表金罗刚、胡永红、江胜修、钱建平、李斌德、李文萱、张加强、蒋好峰、徐国华担任副会长。街道宣传统战科沈金生、金桂兰担任正副秘书长。联谊会下设理事会，负责开展日常事务，理事长由联谊会常务副会长兼任，理事由街道经济科干部、社区单位代表、民主党派代表、侨联会代表、商会代表和涉台人士、少数民族代表、宗教界人士朱世泰、孙一冰、许连生、陈君伟、高悦勇、顾月娟、沈志国、陈德泰、张宏宝、刘珠耀、俞梅芳、魏凤志、王美琴等组成。联谊会下设侨联会。各居民区设联络员，联络员由各居民区党（总）支部书记兼任。

【少数民族联合会长桥分会】

2013年1月31日，长桥社区少数民族代表大会召开，48位代表出席。选举产生徐汇区少数民族联合会长桥分会委员会委员7名，马杏珍任会长。

第七节 人民武装

街道人民武装部负责本区域的民兵组织建设、政治教育、军事训练、准备管理；组织民兵完成战备任务、配合公安部门维护社会治安。负责本区域的兵役登记、兵役征集。负责开展国防教育、宣传；开展双拥活动、军民共建活动。

一、组织机构

1992年10月，街道成立人民武装部，经中共徐汇区人民武装部委员会批准，街道党委书记沈思明兼武装部部长，卫志明任武装部副部长，纪凤林任干事。1994年8月，街道党工委副书记张秋榕兼武装部部长、纪凤林任武装部副部长。按照党管武装原则，1996年起，街道党工委书记兼街道人民武装部部长。1999年7月，中共中央办公厅、国务院办公厅、中央军委办公厅下发《关于基层人民武装部机构设置、干部配备原则等问题的通知》。明确直辖市街道人民武装部编配部长、干事各1名，其中军事工作和战备任务较重的，增配副部长1名。2002年8月，街道人民武装部举行挂牌仪式，街道党委书记王适兼任街道人民武装部部长。2003年起，街道党工委书记兼任街道人民武装部第一部长，配部长1名、副部长1名。

长桥街道人民武装部第一部长、部长任职情况表

职务	姓名	任职时间
第一部长	顾春源（党工委书记兼）	2003年5月—2009月2日
	唐炜沂（党工委书记兼）	2009年2月—2011年6月
	王莉韵（党工委书记兼）	2011年7月—2015年3月
	阙永德（党工委书记兼）	2015年3月—2016年7月
部长	沈思明（党工委书记兼）	1992年8月—1994年8月
	张秋榕（党工委副书记兼）	1994年8月—1996年12月
	沈东昌（党工委书记兼）	1996年12月—1997年12月
	王 适（党工委书记兼）	1997年12月—2003年6月
	金林发（党工委委员兼）	2003年9月—2007年1月
	李跃平（党工委委员兼）	2007年1月—2011年1月
	斯晓光（党工委委员兼）	2011年1月—

资料来源：街道档案室

二、民兵

2003年6月，民兵工作由"条块结合"向属地化发展，街道辖区内的企事业单位的适龄青年开始编入街道基干民兵组织。街道武装部根据上海警备区的指示精神，依据新情况、新形势、新任务要求,每年调整队伍编组、人员结构,保证常年有一定数量的实编基干民兵。街道武装部先后组建防空营、民兵应急分队、专业保障分队等。

基干民兵定期参加上海警备区、区武装部的军事训练项目和科目。2013年,参加专武干部集训、双25高炮训练、地空导弹分队训练、网络分队训练等。组织民兵应急排、地空导弹分队、生化求援分队进行人装结合点验。民兵应急分队在每年的汛期、台风季节、节假日、重大活动期间,根据上海警备区、区武装部的部署,进行战备值勤。2008年,北京奥林匹克运动会及奥运会上海足球赛期间,民兵应急分队进行集中备勤。2010年,上海"世博会"期间,街道武装部选调35名民兵应急分队人员,7月25日—8月9日(12天),在上海市工业技术学校(24小时)集中训练、备勤。8月5日,徐汇区武装部部长盛光杰、街道党工委书记唐炜沂看望和慰问训练、备勤的民兵。

2010年,街道民兵应急分队在集中训练

三、兵役

1994年10月,《上海市征兵工作条例》颁布,根据条例规定,设立长桥街道兵役登记站。兵役登记站每年开展18—22岁适龄公民兵役登记,并发放《上海市公民兵役证》。1998年12月29日,第九届全国人民代表大会常务委员会第六次会议通过修改的《中华人民共和国兵役法》,规定每年12月31日以前年满18岁的男性公民,应当被征集服现役,当年未被征集的,22岁前可以继续被征集服现役,根据军队需要,也可以征集女性公民服现役。陆、海、空军义务兵服现役期限调整为2年。2002年6月,上海市第十一届人民代表大会常务委员会第四十次会议通过《关于修改〈上海市征兵工作条例〉的决定》,将征兵组织方法由原来实行的"条块结合"改为"属地属户",规定由乡、镇人民政府和街道办事处承办本辖区的兵役登记工作,适龄青年在户籍所在地的乡、镇和街道参加兵役登记和应征,每年8—9月进行兵役登记。2013年起,冬季征兵调整为夏季征兵,即每年的6月30日前完成兵役登记,7月起开始征兵,9月30日前完成征兵。街道武装部依据条例、法规,依法开展兵役执法检查、兵役登记、兵役征集。开展"故乡指导员"工作,到部队看望和慰问入伍新兵。街道人民武装部每年完成和超额完成兵役征集任务。2008年、2010年,街道人民武装部两次获得上海市征兵先进集体称号。

四、国防教育

街道贯彻和落实《中华人民共和国国防教育法》《上海市国防教育条例》，定期组织街道班子成员和机关干部赴部队开展"军事日"活动，感受军营生活和军营文化，到爱国主义教育基地接受革命的传统教育。

街道以"国防教育日"（每年九月的第三个星期六）为契机，开展系列的国防教育活动，推动社区及居委会的国防教育活动，集中开展教育宣传活动，组织专场报告会，组织观看专场电影，在《今日长桥》刊登宣传国防教育专题内容，在居委会开展防灾逃生、疏散演练，组织机关干部进行军营一日活动等。

2012年，组织机关干部、民兵聆听浦江军魂——人民军队英烈事迹巡回宣讲，组织机关干部参观青浦白鹤消防中队，参观钱学森图书馆，举办"长桥社区迎十八大系列主题图片展开幕式暨青少年活动教育基地"揭牌仪式，图片展出1个月，共展出93块展板，300余幅图片，展出建军85周年的光辉历程等。2013年，组织观看《一八九四·甲午大海战》，组织机关干部到崇明县民兵训练基地，观看军事资料片，进行实弹射击。2013年8月8日，邀请王振华（上海"南京路上好八连"第四任指导员，上海新四军历史研究会一师分会副会长）为社区青少年作《为实现中国梦拼搏奋斗，在追梦中树立正确的理想信念》的报告。

第八节　党代会代表

1992—2011年，中共徐汇区召开第五次、第六次、第七次、第八次、第九次代表大会。

1992年11月17日，中共徐汇区长桥街道党员代表会议召开，会议应到代表57名，实到55名，会议采用无记名投票方式，选出4位同志（5名代表候选人）出席中共徐汇区第五次代表大会。

中共徐汇区第五次党代会代表情况表（长桥）

姓名	性别	出生年月	文化程度	单位及职务
沈思明	男	1944年2月	大专	长桥街道党工委书记
张秋榕	女	1954年10月	大专	长桥街道党工委副书记
魏玉勤	男	1947年1月	大专	长桥街道党工委办公室主任
杨秀兰	女	1947年12月	初中	长桥街道工贸公司党支部书记

资料来源：街道档案室

1997年12月10日，中共徐汇区长桥街道党员代表会议召开，会议应到代表65名，实到62名，会议采用无记名投票方式，选出6位同志（7名代表候选人）出席中共徐汇区第六次代表大会。

中共徐汇区第六次党代会代表情况表（长桥）

姓名	性别	出生年月	文化程度	单位及职务
沈东昌	男	1950年8月	大专	长桥街道党工委书记、办事处主任
王迪	男	1958年7月	大专	长桥街道党工委副书记、纪工委书记
俞云娣	女	1945年1月	大专	长桥街道办事处副主任
徐萍芳	女	1954年8月	大专	长桥街道党工委委员兼组织科科长
段沪民	男	1957年12月	高中	长桥街道环卫所所长
孙桂英	女	1938年11月	初中	园南一村居委党支部书记

资料来源：街道档案室

2002年12月24日，中共徐汇区长桥街道党员代表会议召开，会议应到代表105名，实到104名，会议采用无记名投票方式，选出7位同志（9名代表候选人）出席中共徐汇区第七次代表大会。

中共徐汇区第七次党代会代表情况表（长桥）

姓名	性别	出生年月	文化程度	单位及职务
王适	男	1945年12月	大专	长桥街道党工委书记
谢挺才	男	1951年10月	大学	长桥街道办事处主任
徐萍芳	女	1954年8月	大学	长桥街道党工委副书记兼纪工委书记
陆忆敏	女	1962年7月	大学	长桥街道办事处副主任
张为芳	女	1962年1月	大专	长桥街道党工委组织人事科科长
段沪民	男	1957年12月	大专	长桥环卫所书记兼所长
沈桂珍	女	1949年8月	初中	长桥一村第二居民区党支部书记

资料来源：街道档案室

2006年11月29日，中共徐汇区长桥街道党员代表会议召开，会议应到代表85名，实到82名，会议采用无记名投票方式，选出9位同志（11名代表候选人）出席中共徐汇区第八次代表大会。

中共徐汇区第八次党代会代表情况表（长桥）

姓名	性别	出生年月	文化程度	单位及职务
顾春源	男	1963年1月	研究生	长桥街道党工委书记
唐炜沂	男	1951年10月	大专	长桥街道办事处主任
徐萍芳	女	1954年8月	大学	长桥街道党工委副书记、纪工委书记
张荣林	男	1956年5月	大专	长桥街道党工委副书记
金林发	男	1954年5月	高中	长桥街道武装部部长

续表

姓名	性别	出生年月	文化程度	单位及职务
张为芳	女	1962年1月	大学	长桥街道组织人事科科长
陈惠英	女	1952年11月	大专	长桥五村居民区党总支书记
于君俊	男	1958年7月	高中	汇成四村居民区党总支书记
颜银才	男	1965年11月	大专	上海园林养护联合党支部书记

资料来源：街道档案室

2011年11月28日，中共徐汇区长桥街道党员代表会议召开，会议应到代表97名，实到95名，会议采用无记名投票方式，选出10位同志（13名代表候选人）出席中共徐汇区第九次代表大会。

中共徐汇区第九次党代会代表情况表（长桥）

姓名	性别	出生年月	文化程度	单位及职务
王莉韵	女	1966年4月	大学	长桥社区（街道）党工委书记
阙永德	男	1961年11月	在职研究生	长桥街道办事处主任
陈新建	男	1954年10月	大学	长桥社区（街道）党工委副书记
刘玉好	男	1955年1月	大学	长桥社区（街道）党工委副书记
吴文朴	男	1954年11月	大专	长桥社区（街道）综合党委副书记
王健	男	1962年10月	大学	长桥社区（街道）组织人事科科长
张为芳	女	1962年1月	大专	长桥社区（街道）纪工委副书记
李文	女	1962年2月	高中	长桥三村第一居民区党总支书记
王莉萍	女	1968年12月	大专	长桥五村居民区党总支书记
倪瀛龙	男	1963年1月	高中	上海园植绿化经营有限公司党支部书记

资料来源：街道档案室

第九节　人代会代表

2004年3月，根据徐汇区人大常委会部署，长桥（社区）街道人大代表工作室成立。2011年，长桥（社区）街道人大代表工作室更名为长桥（社区）街道人大代表联络室。人大代表联络室是为上海市、徐汇区人大代表服务的工作机构，工作机制之一是做好辖区内人大代表的换届选举、人大代表的补选。

1992—2011年，徐汇区举行了第十一届、第十二届、第十三届、第十四届、第十五届徐汇区人大代表换届选举。

徐汇区第十一届人大代表换届选举，长桥辖区共划分8个选区，有74家单位，31063名选民参加徐汇区第十一届人大代表换届选举。1993年3月25日，投票选举产生11名徐汇区第十一届人大代表。组成长桥街道徐汇区第十一届人大代表大组。

第三章　中共长桥街道工作委员会

长桥街道徐汇区第十一届人大代表大组名单（按选区排列）

姓名	性别	出生年月	文化程度	党派	民族	工作单位及职务
岳兴宝	男	1937年7月	高中	中共	汉	上海泰山耐火材料厂工会主席
朱也军	女	1946年6月	大学		汉	上海泰山耐火材料厂副厂长
杨希钟	男	1939年4月	大学	中共	回	上海体育运动技术学院五系副主任
李育才	男	1941年4月	高中	中共	汉	上海人造板厂厂长
李永锦	男	1954年7月	大专	中共	汉	上海合成洗涤剂厂工会主席
沈继达	男	1953年8月	大专	中共	汉	上海市邮电学校党委书记兼校长
裴文彪	男	1949年12月	大专	中共	汉	上海宏文造纸厂厂长、党委副书记
沈思明	男	1944年3月	大专	中共	汉	长桥街道党工委书记
严国湧	男	1930年9月	高中		汉	长桥四村二、三居委会主任
黄承海	男	1939年10月	大学	中共	汉	徐汇区区委副书记
董金华	男	1932年12月	高中		汉	园南二村一居委会干部

资料来源：街道档案室

徐汇区第十二届人大代表换届选举，长桥辖区共划分8个选区，有71家单位，33842名选民参加徐汇区第十二届人大代表换届选举。1998年2月24日，投票选举产生11名徐汇区第十二届人大代表。组成长桥街道徐汇区第十二届人大代表大组。

根据徐汇区人大常委会第82次主任会议决定，在第69选区补选徐汇区第十二届人大代表。2001年1月11日，在第69选区，投票选举吕玉龙同志为徐汇区第十二届人大代表。

长桥街道徐汇区第十二届人大代表大组名单（按选区排列）

姓名	性别	出生年月	文化程度	党派	民族	工作单位及职务
朱也军	女	1946年6月	大学		汉	上海泰山耐火材料厂副厂长
陈品磊	男	1963年10月	大学	中共	汉	长桥自来水厂厂长
韩丽亚	女	1955年8月	大专	中共	汉	上海宏文造纸厂党委书记
朱德康	男	1936年10月	大学		汉	上海白猫有限公司总工程师
金罗刚	男	1952年8月	大学	中共	汉	上海体育运动技术学院党办主任
王小昌	男	1944年8月	初中	中共	汉	上海人造板厂车间副主任
王　适	男	1945年12月	大专	中共	汉	长桥街道党工委副书记
段沪民	男	1957年12月	高中	中共	汉	长桥环卫所所长
黄锡兰	女	1955年5月	高中	中共	汉	楼园居委会支部书记
孔繁刚	男	1942年5月	大学	民盟	汉	上海中学教师
成秋萍	女	1962年10月	高中		汉	园南二村居委会副主任
吕玉龙	男	1952年6月	大学	中共	汉	徐汇区区委办主任

资料来源：街道档案室

第九节 人代会代表

徐汇区第十三届人大代表换届选举，长桥辖区共划分10个选区，有188家单位，51114名选民参加徐汇区第十三届人大代表换届选举。2003年3月6日，投票选举产生19名徐汇区第十三届人大代表。组成长桥街道徐汇区第十三届人大代表大组。

根据徐汇区人大常委会第27次主任会议决定，在第79选区补选徐汇区第十三届人大代表。2003年12月9日，在第79选区，投票选举顾春源同志为徐汇区第十三届人大代表。

长桥街道徐汇区第十三届人大代表大组名单（按选区排列）

姓名	性别	出生年月	文化程度	党派	民族	工作单位、职务
王 适	男	1945年12月	大专	中共	汉	长桥街道党工委书记
屈蓉华	女	1949年12月	高中	中共	汉	长桥三村三居委会党总支书记
吕玉龙	男	1952年6月	党校大学	中共	汉	徐汇区人大常委会副主任
段沪民	男	1957年12月	大专	中共	汉	长桥环卫所党支部书记兼所长
许士华	男	1947年3月	大学		汉	上海材料工程学校高职办主任
黄锡兰	女	1955年5月	高中	中共	汉	长桥街道社区服务中心工作人员
林 勇	男	1956年3月	大学	九三	汉	上海体育运动技术学院附属上海体育医院院长
高 伟	男	1956年5月	大学	中共	汉	长桥水厂党委书记
吴 金	男	1947年4月	大学		汉	上海白猫有限公司工厂总经理
徐 群	男	1961年1月	大学	民建	汉	上海离心机械研究所设计处处长
赵长虹	女	1966年9月	大学	农工	汉	上海植物园园容科副科长
吴克明	男	1964年11月	大学		汉	长桥地段医院院长
赵惠惠	女	1950年1月	党校大学	中共	汉	徐汇区总工会主席
方振玉	女	1953年6月	大学	中共	汉	上海小学校长
贺 峥	女	1968年3月	大学	民进	汉	西南模范中学副校长
秦建国	男	1952年11月	大专	中共	汉	上中中药包装厂厂长
隋国扬	男	1955年5月	大专	中共	汉	上海体育运动技术学院党委副书记
李 英	女	1954年2月	大学	中共	汉	上海中学副校长
施月梅	女	1951年5月	中专		汉	正南花苑居委会主任
顾春源	男	1961年1月	研究生	中共	汉	长桥街道党工委书记

资料来源：街道档案室

徐汇区第十四届人大代表换届选举，长桥辖区共划分9个选区，有79家单位，45372名选民参加徐汇区第十四届人大代表换届选举。2006年12月12日，投票选举产生19名徐汇区第十四届人大代表。组成长桥街道徐汇区第十四届人大代表大组。

根据徐汇区人大常委会第83次主任会议决定，在第68选区补选徐汇区第十四届人大代表。2009年5月21日，在第68选区，投票选举唐炜沂同志为徐汇区第十四届人大代表。

长桥街道徐汇区第十四届人大代表大组名单（按选区排列）

姓名	性别	出生年月	文化程度	党派	民族	工作单位及职务
段沪民	男	1957年12月	大专	中共	汉	日华保洁服务有限公司经理
顾春源	男	1963年1月	研究生	中共	汉	长桥社区（街道）党工委党工委书记
张家华	女	1955年10月	中专	中共	汉	长桥八村居委会党支部书记
陈全一	男	1953年11月	高中	中共	汉	西南文化艺术中心党支部书记
王长国	男	1961年4月	大学	民进	汉	上海材料工程学校高职办副主任
刘敏	女	1955年7月	大学	中共	汉	徐汇区区委宣传副部长、徐汇区文化局党委书记局长
张国光	男	1953年7月	大专	民建	汉	民建徐汇区委副主委、徐汇区人大常委会办公室副主任
高伟	男	1956年5月	大学	中共	汉	长桥自来水厂党委书记
张蕾	女	1965年7月	研究生		汉	白猫集团有限公司技术中心主任
徐群	男	1961年1月	大学	民建	汉	上海离心机械研究所有限公司技术中心主任
朱世泰	男	1950年6月	大专	中共	汉	长桥社区卫生服务中心主任
何锐钰	女	1969年11月	博士		汉	上海市工商外国语学校基础教学部主任
于东航	男	1965年5月	大学	民盟	汉	上海中学校长助理、校务办主任
李文萱	女	1962年3月	大学	中共	汉	徐汇区教院附中党支部书记、校长
张海萍	女	1954年11月	初中	中共	回	汇成五村居委会党总支书记
赵长虹	女	1966年9月	大学	农工	汉	上海植物园管理处科长
裴文彪	男	1949年12月	大专	中共	汉	上海实宏纸业有限公司副总经理
陆以农	男	1961年4月	大学	民盟	汉	民盟徐汇区委秘书长、上海市淮海中学副校长
金罗刚	男	1952年8月	大学	中共	汉	上海体育运动技术学院党委副书记、副院长
唐炜沂	男	1951年10月	大学	中共	汉	长桥（社区）街道党工委书记

资料来源：街道档案室

徐汇区第十五届人大代表换届选举，长桥辖区共划分9个选区，有78家单位，45119名选民参加徐汇区第十五届人大代表换届选举。2011年11月16日，投票选举产生19名徐汇区第十五届人大代表。组成长桥街道徐汇区第十五届人大代表大组。

根据徐汇区人大常委会第85次主任会议决定，在第69、75选区补选徐汇区第十五届人大代表。2015年6月11日，在第69、75选区，投票选举阙永德、施斌同志为徐汇区第十五届人大代表。

第九节 人代会代表

长桥街道徐汇区第十五届人大代表大组名单（按选区排列）

姓名	性别	出生年月	文化程度	党派	民族	工作单位及职务
张鲁申	男	1957年8月	大学	无党派	汉	上海体育职业学院附上海市体育医院院长
陈巧兰	女	1967年1月	研究生及以上	中共	汉	长桥街道社区卫生服务中心党支部书记
冯志刚	男	1969年4月	研究生	民进	汉	上海中学校长
段沪民	男	1957年12月	大专	中共	汉	上海日华保洁环境服务有限公司经理
王莉韵	女	1966年4月	大学	中共	汉	长桥社区（街道）党工委书记
张家华	女	1955年10月	中专及高职	中共	汉	长桥八村居民区党总支书记
周鸣方	男	1957年9月	研究生	民建	汉	上海白猫（集团）有限公司总工程师
惠雅芳	女	1963年3月	在职研究生	中共	汉	徐汇区人大常委会委员、区妇联党组书记、主席
汪其才	男	1954年5月	在职大学	中共	汉	徐汇区人大常委会副主任
项佳寅	女	1973年2月	大学	中共	汉	上海市自来水市南有限公司长桥水厂党委书记
徐海洋	男	1966年1月	大学	中共	汉	上海工业技术学校工会主席
徐 群	男	1961年1月	大学	民建	汉	上海市离心机械研究所有限公司副总经理
唐朝晖	男	1971年5月	大学	致公	汉	上海格兰云天大酒店有限公司总经理
谢永业	男	1963年9月	大学	民盟	汉	上海工商外国语学校教师
毛坚琼	女	1973年6月	大学	中共	汉	上海小学校长、党支部书记
朱旭琼	女	1969年12月	大学	中共	汉	上海市田林第三中学党支部书记
张海萍	女	1954年11月	初中	中共	回	长桥街道汇成五村居民区党总支书记
赵长虹	女	1966年9月	大学	农工	汉	上海植物园基建科科长
张国光	男	1953年7月	大专	民建	汉	徐汇区人大常委会委员、华侨民族宗教工委主任、
阙永德	男	1961年11月	在职研究生	中共	汉	长桥街道党工委书记
施 斌	男	1970年6月	在职研究生	中共	汉	徐汇区区委组织部副部长

资料来源：街道档案室

第四章　长桥街道办事处

第四章　长桥街道办事处

长桥街道办事处是徐汇区人民政府派出机构。街道办事处依据法律、法规、规章的授权及徐汇区人民政府委托职权，负责辖区行政管理工作。街道办事处工作服从和服务于经济建设的中心任务，贯彻落实徐汇区人民政府的工作部署，以社区管理和社区服务为重点，积极开展社会主义精神文明和物质文明建设，把辖区建设成为安定团结、环境整洁、方便生活、服务四化的文明社区。

第一节　组织机构

一、机构设置

1991年10月，街道办事处调整科室，设行政办公室、文化教育科、民政福利科、市政管理科、卫生管理科、经济管理科、财务审计科、劳动服务所。

1994年10月，街道办事处增设社会治安综合治理办公室、新区工作协调办公室。

1998年3月，街道办事处撤销新区工作协调办公室。

1998年5月，街道办事处设行政办公室、社会发展科（内设计划生育办公室）、市政管理科、社会治安综合治理办公室（内设司法所）、社会保障科、财政经济管理科。

2001年12月，街道办事处原财政经济管理科分为财政审计科、经济管理科；增设司法所。

2015年4月，长桥街道党工委、办事处贯彻落实上海市委"一号课题"，科室调整为党政办公室、社区党建办公室、社区管理办公室、社区服务办公室、社区平安办公室（信访办公室）、社区自治办公室、社区发展办公室、社区专项办公室。

二、街道办事处领导

街道办事处主任、副主任任职情况表

职务	姓名	任职时间
主任	林腾达	1989年3月—1991年7月
	沈思明	1992年8月—1994年4月
	林桂祥	1994年3月—1997年3月
	沈东昌	1997年3月—1998年1月
	谢挺才	1998年1月—2002年12月
	张振国	2002年12月—2005年8月
	唐炜沂	2005年8月—2009年3月
	王莉韵（女）	2009年3月—2011年6月
	李青	2011年7月—2012年8月
	阙永德	2012年8月—2015年3月
	郭庆军	2015年3月—2016年3月

续表

职务	姓名	任职时间
副主任	朱信贤	1989年8月—1991年11月
	徐顺皋	1989年8月—1991年11月
	封达生	1990年10月—
	王治洪	1987年9月—1992年8月（1991年10月—1992年8月，主持工作）
	姚德昌	1992年3月—
	史永花（女）	1992年6月—1996年12月
	陆阿德	1992年8月—1995年4月
	俞云娣（女）	1995年5月—1998年11月
	窦在昌	1996年5月—2005年12月
	杨　俊（女）	1997年8月—2000年9月
	张耀宗	1998年11月—2011年1月（2011年1月—，任调研员）
	王　迪	2000年8月—2012年8月
	陆忆敏（女）	2000年11月—2006年2月
	吴元华	2004年8月—2013年6月
	周迎新（女）	2007年7月—
	袁欣华	2008年5月—2012年8月
	李跃平	2011年1月—2017年3月
	张　军	2012年8月—2016年9月
	彭惠国	2012年8月—

资料来源：街道档案室

第二节　居民、社区代表会议

1991—2007年，长桥街道办事处召开第五届、第六届、第七届、第八届、第九届、第十届居民代表会议。2008年1月，根据中共上海市委、上海市人民政府关于加强社区党建、社区建设的工作要求，街道的居民代表会议制度发展为社区代表会议制度。2008—2010年，长桥街道办事处召开第一届社区代表会议。长桥街道办事处召开2011年、2012年社区代表会议。2013—2015年，长桥街道办事处召开第二届社区代表会议。

一、居民代表会议

【第五届居民代表会议】

第五届居民代表会议第一次会议于1991年4月30日在长桥街道文化站召开，会期1天。出席会议代表91名，列席代表53名，特邀代表19人。参会代表听取和审议街道办事处主任林腾达所作《加强团结，改进作风，扎实工作，建设长桥》工作报告。长桥派出所、长桥房管办、长桥菜场、长桥环卫所、长桥地段医院等单位作工作汇报。代表共提出意见和建议105条。

第五届居民代表会议第二次会议于1992年2月25日召开，参会代表听取和审议街道办事处副主任徐顺皋所作工作报告，报告分七个方面，参会代表提出意见和建议94条。

第五届居民代表会议第三次会议于1993年2月11日召开，参会代表听取和审议街道党工委书记、办事处主任沈思明所作《解放思想，真抓实干，为街道各项工作上新台阶而努力奋斗》工作报告。长桥派出所、长桥地段医院、长桥环卫所、长桥房管办、长桥菜场等单位作工作汇报。

【第六届居民代表会议】

第六届居民代表会议第一次会议于1994年3月1日召开，出席会议代表121名，参会代表听取和审议街道办事处领导所作工作报告。长桥派出所、长桥工商所、长桥房管所、长桥粮管所、长桥环卫所、长桥菜场、长桥地段医院等单位作工作汇报。

第六届居民代表会议第二次会议于1995年2月24日在长桥自来水厂召开，出席会议代表120名、列席代表53名、特邀代表29名。参会代表听取和审议街道办事处主任林桂祥所作《抓住机遇，扎实工作，为创建文明街道而努力奋斗》工作报告。长桥派出所、长桥工商所、长桥环卫所等单位作工作汇报。

第六届居民代表会议第三次会议于1996年3月15日在上海市经济管理干部学院（梅陇路161号）召开，会期1天，出席会议代表207名。参会代表听取和审议街道办事处主任林桂祥所作《以民为本、团结奋斗，创建区级文明街道》工作报告。长桥派出所、长桥房管办、长桥环卫所、长桥地段医院等单位作工作汇报。代表共提出意见和建议54条。

【第七届居民代表会议】

第七届居民代表会议第一次会议于1997年3月12日在长桥自来水厂召开，会期2天。出席会议的正式代表145名，列席代表73名。参会代表听取和审议街道办事处主任林桂祥所作《把握大局、乘势而上、扎实工作、再创佳绩》的工作报告。长桥派出所、长桥环卫所、长桥工商所、长桥地段医院等单位作工作汇报。1997年8月7日，街道召开下半年居民代表会议，参会代表听取和审议了街道党工委书记、办事处主任沈东昌作的《面向基层，扎实工作，努力开创各项工作的新局面》工作报告。代表共提出意见和建议129条。

第七届居民代表会议第二次会议于1998年3月10日在长桥自来水厂召开，会期2天。出席会议的代表132名，列席代表66名。参会代表听取和审议街道办事处主任谢挺才所作《以民为本、依法管理，开创长桥地区工作的新局面》的工作报告。长桥派出所、长桥物业有限公司、长桥环卫所、长桥工商所、长桥地段医院五家单位作工作汇报。

第七届居民代表会议第三次会议于1999年1月29日召开，会期2天。出席会议的代表138名，列席代表104名。参会代表听取和审议街道办事处主任谢挺才所作《以争创文明社区为目标，推动各项工作上一个新台阶》工作报告。长桥派出所、长桥房管办、长桥环卫所、长桥工商所、长桥地段医院等单位作工作汇报。代表共提出意见和建议64条。

【第八届居民代表会议】

第八届居民代表会议第一次会议于2000年1月20日召开，会期2天。出席会议的代表

158名,其中居民代表75名,居委主任31人,企事业代表28名,街道领导9人,政协代表7人,人大代表8人。列席代表92名。参会代表听取和审议街道办事处主任谢挺才所作《创建文明社区,建设温馨家园》工作报告。长桥派出所、长桥房管办、长桥工商所、长桥环卫所、长桥地段医院等单位作工作汇报。

第八届居民代表会议第二次会议于2001年2月15日召开,出席会议的代表160名,列席代表89名。参会代表听取和审议街道办事处主任谢挺才所作《巩固文明社区创建成果,建设温馨家园绿色家园》工作报告。长桥派出所、长桥房管办、长桥工商所、长桥环卫所、长桥地段医院5家单位作工作汇报。代表共提出意见和建议53条。

第八届居民代表会议第三次会议于2002年1月14日召开,会期2天。出席会议的代表163名,列席代表92名。参会代表听取和审议街道办事处主任谢挺才所作《坚持"以民为本"的宗旨,建设文明温馨的家园》工作报告。长桥派出所、长桥地段医院、长桥环卫所、长桥房管办、凌云工商所等单位作工作汇报。

【第九届居民代表会议】

第九届居民代表会议第一次会议于2003年1月21日召开,出席会议的代表150名,列席代表75名。参会代表听取和审议街道办事处主任张振国所作《贯彻"三个代表"重要思想,坚持"以民为本"服务宗旨》工作报告。长桥派出所、长桥房管办、长桥工商所、长桥环卫所、长桥地段医院等单位作工作汇报。

第九届居民代表会议第二次会议于2004年1月13日召开,参会代表听取和审议街道办事处主任张振国所作《奋发有为,开拓创新,全面推进长桥现代社区建设》工作报告。长桥派出所、长桥房管办、长桥环卫所、长桥地段医院长桥、长桥工商所领导等单位作工作汇报。

第九届居民代表会议第三次会议于2005年1月13日召开,出席会议的代表137名,列席代表78名。参会代表听取和审议街道办事处主任张振国所作《抓住机遇,开拓进取,为建设和谐繁荣的现代化社区而努力奋斗》工作报告。长桥派出所、长桥房管办、长桥环卫所、长桥地段医院、长桥工商所等单位作工作汇报。

【第十届居民代表会议】

第十届居民代表会议第一次会议于2006年1月5日召开。出席会议的代表146名,列席代表101名。参会代表听取和审议街道办事处主任唐炜沂所作《以民为本,求真务实,努力构建和谐、协调可持续发展的长桥社区》工作报告。长桥派出所、长桥房管办、长桥工商所、长桥环卫所、长桥地段医院等单位作工作汇报。代表共提出意见和建议64条。

第十届居民代表会议第二次会议于2007年1月4日在西南影城第一放映厅(罗香路237号)召开,参会代表听取和审议街道办事处主任唐炜沂所作《奋发有为,扎实推进,努力构建安居乐业和谐社区》工作报告,长桥派出所、长桥房管办、长桥工商所、长桥市容管理所、长桥社区卫生服务中心等单位作工作汇报。

二、社区代表会议

【第一届社区代表会议】

第一届社区代表会议第一次会议于2008年1月8日召开。出席会议的代表183名,其中居民代表78名，居委会主任29名，居民区党（总）支部书记15名、企事业单位代表30名，人民代表13名，社区党工委代表2名，"两新"组织代表5名，街道领导11人，列席代表65名。参会代表听取和审议街道办事处主任唐炜沂所作《锐意进取，开拓创新，为加快推进以改善民生为重点的和谐社区建设而奋斗》工作报告。长桥派出所、长桥房管办、长桥社区卫生服务中心等单位作工作汇报。代表共提出意见和建议16条。

第一届社区代表会议第二次会议于2009年1月15日在西南影城召开，参会代表听取和审议街道办事处主任唐炜沂所作《焦聚民生，务实开拓，努力建设平安、宜居、和谐的长桥社区》工作报告。长桥派出所、长桥城管七分队、长桥社区卫生服务中心等单位单位作工作汇报。

第一届社区代表会议第三次会议于2010年1月8日在西南影城召开，出席会议的代表180名，列席代表57名。参会代表听取和审议街道办事处主任王莉韵所作《焦聚世博，心系民生，不断提高社区建设和管理水平》工作报告。长桥派出所、长桥城管七分队、长桥社区卫生服务中心等单位作工作汇报。代表共提出意见和建议13条。

【2011年社区代表会议】

2011年社区代表会议于1月18日在西南影城召开。出席会议的代表206名，列席代表57名。参会代表听取和审议街道办事处主任王莉韵所作《奋力拼搏，开拓创新，为全面建设长桥文明和谐新家园而努力奋斗》工作报告。长桥派出所、长桥房管办、长桥城管七分队、卫生服务中心等单位分别作工作汇报。

【2012年社区代表会议】

2012年社区代表会议于1月18日在上海聋哑青年技术学校召开。出席会议的代表210名，列席代表56名。参会代表听取和审议街道办事处主任李青所作《振奋精神，焦聚民生，为全面建设文明和谐的新长桥而努力奋斗》工作报告。长桥派出所、长桥社区卫生服务中心、长桥城管七分队、长桥房管办、长桥工商所、长桥市容管理所等单位作工作汇报。

【第二届社区代表会议】

第二届社区代表会议第一次会议于2013年1月16日在西南影城召开。出席会议的代表220名。参会代表听取和审议街道办事处主任阙永德所作《凝心聚力，创新突破，共创文明温馨的和谐长桥家园》工作报告。长桥派出所、长桥社区卫生服务中心、城管长桥中队、长桥房管办事处、长桥工商所、长桥市容管理所等单位作书面工作汇报。

第二届社区代表会议第一次会议主席台

第二届社区代表会议第二次会议于2014年1月15日召开，参会代表听取和审议街道办事处主任阙永德所作《焦聚民生，服务群众，努力建设文明和谐的长桥社区》工作报告。长桥派出所、长桥社区卫生服务中心、城管长桥中队、长桥房管办事处、长桥工商所、长桥市容管理所等单位作书面工作汇报。长桥街道2013年居民区群众自治工作4个案例作了书面交流。

第二届社区代表会议第三次会议于2015年1月21日召开，参会代表听取和审议街道办事处主任阙永德所作《锐意改革，服务群众，全面建设和谐文明的长桥社区》工作报告。长桥派出所、长桥社区卫生服务中心、城管长桥中队、长桥房管办事处、长桥市场监督管理所、长桥市容管理所等单位作书面工作汇报。光华小区、中海瀛台、长桥新村一、长桥五村4个居民区的群众自治工作案例作书面交流。

第三节　信访受理

1991—2007年，街道的信访接待室设在街道办事处行政办公室。街道依据1993年10月实施的《上海市信访工作条例》，2005年5月新颁布的《国务院信访工作条例》开展信访工作。街道信访遵循"服务公众需求"和"做实事、求实效"原则，不断健全信访工作制度。

2006年9月，街道修订《长桥街道信访工作暂行规定》，开展初信初访试点工作，强化初信办理。《长桥街道信访工作暂行规定》从信访程序、信访秩序、奖励与处罚等方面进行规范，构建和奠定街道"大信访"格局基础。2007年6月，街道在信访接待室的基础上成立信访办公室（不隶属行政办公室）。2007年，街道贯彻信访工作领导责任制，进一步完善党政主要领导负总责、分管领导具体负责的信访工作领导体制，坚持每日领导信访值班制度、"周四"领导信访接待制度，坚持领导信访"包案制"。落实"首问"责任制，加强初信初访的办理力度，健全初信办理"三见面"制度，做到初信办理见面率达100%，领导阅批率达100%。

2013年，街道信访办受理信访件211件，信访接待511批、624人次，其中集访11批、93人次，"周四"街道领导信访接待216批、317人次，信访办结率100%。2014年，信访办受理信访件254件，信访接待379批、825人次，其中集访24批、431人次，"周四"领导接待189批、260人次，信访办结率100%。2015年，信访办受理信访件185件，信访接待153批、206人次，其中集访5批、62人次，"周四"领导信访接待146批、192人次，信访办结率100%。

2015年3月20日，长桥网格化综合管理中心正式开通运行。网格化信息平台有三大内容。一是12345市民热线、12319城建热线等市、区转街道的案件。二是监督员上报、"长桥热线"等街道自循环案件。三是34个居民区工作站自循环以及上报街道处理的案件。2015年3月20日—12月31日，网格化综合管理中心共受理案件6129起，综合结案率99.46%，其中网格内4143起，12345处理案件580起，12319处理案件61起，长桥热线案件220起，居民区案件1125起。

2015年4月,街道内设机构调整,信访办公室设在社区平安办公室。2015年,街道有专(兼)职信访干部3人。

第四节　档案管理

1985年,长桥街道建立档案室,行政办公室负责档案工作,开展街道各类文件、资料的搜集、整理和归档工作。档案室相继制订《档案人员岗位责任制》《档案保管保密制度》《档案归档制度》《档案借阅利用制度》《档案管理制度》等管理制度。

2008年,街道编制《长桥社区(街道)党工、办事处文书档案范围和保管期限表》,将文书档案保管期限分为永久、30年、10年3类,经区档案局审核后执行。街道档案室配备一名专职的档案干部,并通过市档案局组织的档案专业知识考核,具备档案从业资格,街道在下属居委会等部门设立兼职的档案管理干部。

2008年12月,街道办事处迁入罗秀路616号,档案室面积调整为93平方米,其中档案办公室面积25平方米、阅档室面积20平方米、库房面积48平方米,配备档案柜、消磁柜、空调、电脑、打印机、扫描仪、湿度计、灭火器、红外报警装置、防盗门等设备,确保档案资料安全。

街道档案室开展文件资料收集、整理、归档、编目、保管、统计、编研、利用、再鉴定进馆等工作,指导各科室(部门)档案收集、整理。档案室建立文书、财会、基建、设备、声像、荣誉六大门类的档案。1985—2005年移交区档案局文书档案共计823卷。2015年底,档案室存有历年档案9834卷(件),其中文书档案7864卷(件),财会档案1157卷(件),声像档案84卷,基建档案274卷,荣誉档案455件。室藏档案按载体不同形成了实物档案和电子档案。街道社区事务受理服务中心、社区文化活动中心、社区党建服务中心形成的档案,由各单位自行保管。

2003年,街道31个居委会创建成徐汇区档案管理合格单位。2005年,街道参加徐汇区档案局举办的第一批家庭档案评比活动,获一等奖。2009年,街道档案室经市档案局评审,晋升为"上海市一级档案室"。街道利用室藏档案资料编纂《组织机构沿革》《街道大事记》,按照徐汇区档案局要求编写年鉴,《档案利用实例》等资料。2015年7月,修订《长桥街道的档案管理制度》编入《长桥街道工作制度汇编》。

第五章　工会·共青团·妇联

第五章 工会·共青团·妇联

2001年6月，长桥社区工会第一届委员会、经费审查委员会成立。2006年2月24日，长桥社区总工会、经费审查委员会成立。1988年5月，长桥街道第一届共青团代表大会召开，选举产生街道第一届共青团委员会（简称团工委）。2007年4月，长桥街道团工委更名为长桥社区（街道）团工委。2015年5月，长桥社区（街道）团工委恢复为长桥街道团工委。1987年10月14日，长桥街道召开第一次妇女代表大会，选举产生街道第一届执行委员会委员7名，成立长桥街道妇女联合会。2007年9月10日，召开长桥社区（街道）第一次妇女代表大会，选举产生长桥社区（街道）妇联第一届执行委员会委员9名，成立长桥社区（街道）妇女联合会。

第一节 长桥社区总工会

长桥社区总工会按照《中华人民共和国工会法》和《中国工会章程》，贯彻落实"组织起来，切实维权"工作方针，围绕扩大组织覆盖，深化职工维权，保障职工权益，推进集体协商，加强民主管理，协调劳动关系，开展法律援助，增强工会的活力和凝聚力等开展工作。

一、组织机构

2006年2月24日，长桥社区总工会第一届代表大会召开，选举产生长桥社区总工会第一届委员会委员、主席、副主席，选举产生长桥社区总工会第一届经费审查委员会委员、主任。第一届长桥社区总工会主席徐萍芳。副主席周鲁国、王健、周伟。委员孔鹰、颜银才、秦惠娟、郭蓓蕾、忻明亮。第一届经费审查委员会主任秦惠娟。委员杨信雄、刘斌烈、李瑛白、陈倩华。社区总工会下设权益保障部、组织宣传部、办公室。

2011年4月15日，长桥社区总工会第二届代表大会召开，选举产生长桥社区总工会第二届委员会委员、主席、副主席，选举产生长桥社区总工会第二届经费审查委员会委员、主任。第二届长桥社区总工会主席陈新建（2013—2015年，由袁欣华任主席）。副主席陆肇铭、张海萍。委员王怡栋、朱伟、陈艳珍、胡瑛、施文忠、谢京添。第二届经费审查委员会主任陈艳珍。委员李瑛白、张家华、陈倩华、顾国仙。社区总工会下设权益保障部、组织宣传部、办公室。

二、组建工会

社区总工会通过组建独立工会、联合工会、行业工会、小区联合工会的形式，扩大工会组织的覆盖面，增加工会会员单位，增加工会会员，扩大工会组织的影响力。2004年，组建长桥餐饮行业工会。2005年，组建协管员联合工会、社保队工会。2015年，社区总工会有独立工会36个、联合工会14个、工会会员单位612家、工会会员6155人。

2006—2015年组建工会情况表

年份	独立工会数(个)	联合工会数(个)	工会会员单位数(个)	工会会员数(个)
2006	17	7	156	2818
2007	21	9	185	3303
2008	24	15	221	3573
2009	25	15	298	3766
2010	32	15	313	3778
2011	33	15	408	4347
2012	34	15	508	4937
2013	35	14	611	5702
2014	36	14	612	5769
2015	36	14	612	6155

资料来源：长桥社区总工会

三、维护职工合法权益

【平等协商、集体合同制度】

社区总工会在基层工会单位逐年稳步推进召开职工代表大会（简称"职代会"），贯彻落实《职代会条例》，有序开展《企业集体合同》《企业工资集体协议》《女职工特殊保护专项协议》的签订（简称"三个文本"的签订）。2006年，社区总工会推进"职代会"制度，区域性"职代会"召开工作，推进工会会员单位厂务公开、民主管理及企业工资集体协商工作的开展。2006年，共有13家独立工会、9家联合工会召开"职代会"并签订"三个文本"。2007年，共有14家独立工会、9家联合工会召开"职代会"并签订"三个文本"。2008年，共有14家独立工会、11家联合工会召开"职代会"并签订"三个文本"。2009年，共有16家独立工会、12家联合工会召开"职代会"并签订"三个文本"。2011年，共有24家独立工会单位、11家联合工会召开"职代会"并签订"三个文本"。2013年，共有23家独立工会，13家联合工会召开"职代会"并签订"三个文"。2014年，共有25家独立工会，12家联合工会召开"职代会"并签订"三个文本"。2015年，共有独立工会36家（覆盖职工2482人），区域性（小区联合工会）11家（覆盖企业602家、职工3304人），行业集体协商1家（覆盖企业11家、职工461人）召开"职代会"并签订"三个文本"。

【法律援助】

社区总工会在基层工会单位通过开展劳资纠纷的化解，劳动争议的调解，维护好职工的合法权益，在基层工会单位建立劳资纠纷调解组织，设立劳动关系调解员（信息员），调解员与徐汇区总工会、社区总工会共同协调处理基层工会单位发生劳资纠纷、劳动争议的情况，把矛盾化解在萌芽状态。2010年，成功调解东洲招待所员工李女士因工伤（右手臂严重骨折）提出的赔偿纠纷；枫叶小厨饭店7名员工与老板的赔偿纠纷；星庆光学仪器有限公司工会主席因劳动合同终止而引起的赔偿纠纷。2011年，协助解决欧唯特数码科技有限公司的员工与企业的纠纷。2012年4月份，顺利解决长桥新村第三联合工会下属的小区物业公司因拖欠员工工资,而引发的劳资纠纷。2013年,调解胜天鹅酒家因污水排放问题与小区物业、居委、业委会产生的争议,最后各方达成一致意见。社区总工会向基层工会单位发放《法律援助通知书》,提供《徐汇区总工会法律志愿服务卡》,由专业律师在规定时段内免费提供法律援助。

第二节　共青团长桥社区工作委员会

1993年10月—1996月11月,余晓鹏任共青团长桥街道工作委员会(简称团工委)书记。1998年3月—2000年2月,刘虹任团工委书记。2000年6月—2001年5月,彭惠国任团工委书记。2001年5月—2007年4月,孙庆任团工委书记。2007年4月,团工委更名为长桥社区(街道)团工委,2007年4月—2013年7月,孙庆任书记,2013年7月—2015年5月,李正维任书记。2015年5月,长桥社区(街道)团工委恢复为长桥街道团工委名称,李正维任书记。

一、组织建设

2006年6—8月,街道团工委贯彻落实团市委《关于进一步加强居民区团组织直选试点工作的若干意见》,在长桥五村、汇成五村、华东二居3个居民区,开展团支部换届直选试点工作,加强居民区团支部建设。2007—2015年,先后建立居民区团支部29个,居民区团支部建设实现100%覆盖。2009年起,社区(街道)团工委贯彻落实团市委关于开展上海市非公有制企业和新社会组织团建工作的文件精神,开展新经济组织和新社会组织的团建工作。2009年3月,建立第一个"两新"组织团支部。2010—2015年,先后建立"两新"组织团支部41个。2014年,长桥社区(街道)团工委成立区域青年工作共建委员会,有成员单位22家,团员6957人,35岁以下青年9933人。

2015年8月,街道团工委组织32个居民区团支部换届直选,直选率100%。换届直选后,居民区团支部书记全部由社工或在校大学生担任(居委会社工30人,在校大学生2人)。新当选团支部书记平均年龄27.5岁,中共党员6人,女性20人,男性12人,大学本科15人,大学专科17人。2015年,团工委有团支部75个(居民区团支部32个,"两新"组织团支部41个,机关团支部1个,社区事务受理服务中心团支部1个)。

二、团员活动

2012年4月27日,社区(街道)团工委组织开展纪念中国共产主义青年团成立90周年暨"五四"运动93周年活动,在西南影城举行"青春梦想、快乐长桥"主题活动。2013年5月3日,举行"凝聚青春、快乐奉献——共同建设美丽的长桥家园主题集会"。2014年4月29日,举行纪念"五四"运动95周年主题集会。2015年5月29日,举行《奔跑吧,青春》五四主题活动,组织区域单位、居民区、"两新"组织、机关团干部开展户外团队拓展活动,加强凝聚力建设。2015年,组织体育职业学院、离心机械研究所有限公司等区域单位参加"迎五四·低碳行"徐汇青年滨江长跑活动。组织开展党史、团史知识竞赛，组织"两新"组织团员参加社区大党课，建立"两新"组织入党积极分子"学理论、学党章"小组，每年定期向党组织推荐35岁以下入党积极分子。2012年4月13日，举行"红色团旗、青春长桥"长桥社区各界青少年入团仪式，有徐教院附中、园南中学、长桥中学等112名新团员参加。2013—2015年，选派4名团

长桥水厂党、团员学雷锋活动纪实

干部参加徐汇区共青团干部骨干研修班，赴井冈山接受革命传统教育。组织辖区内单位的团员青年参与公益活动，弘扬雷锋精神。2012—2015年，组织长桥水厂、徐汇邮政、徐房物业、上海市工业技术学校、欧唯特信息系统有限公司团支部的团员青年在上海植物园、小游园参加"三五"学雷锋活动，为居民提供水质咨询、手机贴膜、邮政服务、电脑维修、清洗眼镜等多项志愿服务活动。

2007—2015年，街道团工委连续9年组织上海中学在校优秀学生，开展"牵手新上海人"暑期夏令营活动，关心来沪儿童健康成长。暑期夏令营为期2周，每年招收小学生40人。2014年12月，启动"温暖长桥、温馨家园"长桥社区来沪人员聚集区项目，项目的服务受益人群是14-25周岁的来沪人员。先后开展了元旦迎新、中秋团圆、欢度"六一"儿童节等多项亲子活动。2014—2015年，连续2年举办小学生"爱心暑托班"，解决双职工家庭后顾之忧。"爱心暑托班"共开设4个班，招生400人次。开展"快乐星期天"兴趣班，培养小学生的动手能力。组织开展帮困助学活动。2012—2015年，机关干部每年捐赠1万余元，结对帮困10名学生。每年暑期开展帮困助学座谈会、参观活动等，寒假期间开展中小学生"一元捐"活动。2012年，募集捐款6884.5元。2013年，募集捐款8941.6元。2014年，募集捐款8028.38元。2015年，募集捐款13607.2元。2012年—2015年，每年组织困难家庭学生参加上海植物园"暗访夜精灵"亲子活动。

街道与社区学校共同开展"爱心暑托班"活动

第三节　长桥社区妇女联合会

1994—2013年，街道召开第三届、第四届、第五届、第六届妇女代表大会，召开第一次、第二次社区（街道）妇女代表大会。街道妇联组织开展形式多样的维护妇女合法权益，援助妇女项目的活动。

一、妇女代表大会

1994年4月22日，街道召开第三届妇女代表大会，70名代表出席大会，刘虹代表街道妇联第二届执行委员会作《勇于探索，开拓地区妇女工作新局面》工作报告，会议选举刘虹、李永尧、张茂华、顾月娟、徐萍芳、倪银莲、董治莺为街道妇联第三届执行委员会委员。街道妇联第三届执行委员会召开第一次会议，选举刘虹为妇联主席、张茂华为副主席。

1997年4月29日，街道召开第四届妇女代表大会，50名代表出席大会，刘虹代表街道妇联第三届执行委员会作《求实务新，团结奉献，努力开创妇女工作新局面》工作报告，会议选举刘虹、张茂华、张梅玲、顾月娟、章培红、景燕萍、韩雅琴为街道妇联第四届执行委员会委员。街道妇联第四届执行委员会召开第一次会议，选举刘虹为妇联主席、张茂华为副主席。

2001年9月17日，街道召开第五届妇女代表大会，54名代表出席大会，刘虹代表街道妇联第四届执行委员会作《扎实工作，努力进取，开拓妇女工作新局面》工作报告，会议选举刘虹、陈奕珏、张梅玲、顾月娟、章建芳、章培红、韩雅琴为街道妇联第五届执行委员会委员。街道妇联第五届执行委员会召开第一次会议，选举刘虹为妇联主席、韩雅琴为副主席。

2005年9月29日，街道召开第六次妇女代表大会，50名代表出席大会，金桂兰代表街道妇联第五届执行委员会作《与时俱进，求真务实，发挥妇女工作在社区建设中的新作用》工作报告，会议选举马月华、金桂兰、金辉华、顾月娟、章建芳、彭翠萍、阙丽丽为街道妇联第六届执行委员会委员。妇联第六届执行委员会召开第一次会议，选举金桂兰为妇联主席、阙丽丽为副主席。

2007年9月10日，长桥社区（街道）第一次妇女代表大会召开，64名代表出席大会，金桂兰代表街道妇联第六届执行委员会作《求真务实，勇于创新，不断开创长桥社区妇女工作新局面》工作报告，会议选举马月华、李素萍、陈娥、金桂兰、金辉华、费杏英、郭蓓蕾、董月、阙丽丽为长桥社区（街道）妇联第一届执行委员会委员。长桥社区（街道）妇联第一届执行委员会召开第一次会议，选举金桂兰为妇联主席、董月为副主席。

2013年8月8日，长桥社区（街道）第二次妇女代表大会召开，75名代表出席大会，胡瑛代表长桥社区（街道）妇女联合会第一届执行委员会作《开拓进取展风采，服务群众显实效，为建设和谐长桥发挥社区妇联的积极作用》工作报告，会议选举刘虹、孙庆、李雪梅、陈榕、金琳、郭蓓蕾、徐开梅、傅佳怡、戴菲菲为长桥社区（街道）妇联第二届执行委员会委员。长桥社区（街道）妇联第二届执行委员会召开第一次会议，选举孙庆为妇联主席。

二、援助妇女项目

街道贯彻落实上海市妇联《关于推进家庭文明建设指导中心的实施意见》，2007年8月，成立长桥社区家庭文明建设指导中心（简称"中心"）。"中心"是社会组织，是服务妇女儿童、家庭和文明创建的实体组织。有教师、法官、心理咨询师等9人担任"中心"指导员。"中心"建立后，按照项目化运作、实事化服务、制度化管理、社会化参与的工作模式，为妇女、儿童、家庭提供优质服务。"中心"与街道计生办协作开办宝宝乐项目，开设"爬爬探索班""探索认知班""益智游戏班"和"想象创意班"四个特色课程班，每天有3个班级开展活动。"中心"与上海植物园协作开发"千户家庭学茶艺"项目，有100余户家庭参加茶道学习，领略中华民族茶文化的博大精深，提升居民生活品味和文化修养，促进家庭文化建设。"中心"举办各类家政、编织、母婴护理、营业员、电脑技能等培训班，实施妇女培训、再就业项目。2005年，超额完成"百万家庭网上行"3年实事工程项目，培训"百万家庭网上行"2664人，结业人数2657人。2007年，启动"百万家庭学礼仪"实事项目，2008—2009年完成"百万家庭学礼仪"培训项目，其中完成礼仪知识培训、考核1006人、礼仪英语培训400人。街道被评为徐汇区"百万家庭学礼仪"优秀组织奖。2011年7月，"中心"成立长桥社区惠民心理咨询工作室，设置独立的咨询室，配备基础心理咨询辅助工具，每周一上午，由资深的国家二级心理咨询师提供心理咨询服务。

2007年9月，成立"馨之桥"姐妹手工编织合作社。编织合作社是街道妇联为帮助下岗、失业妇女和外来媳提高劳动技能，实现非正规就业的劳动合作组织。编织合作社由经过编织培训的下岗、失业妇女和外来媳组成，共有27名成员，编织合作社在传授编织技巧的同时，也实现参与成员的居家就业。"馨之桥"成员徐国凤设计制作的农家乐、土布娃等手工艺品入选为2010年"世博会"展品。2008年，举办"编结初级培训班"和月嫂培训班，53名下岗、失业妇女和外来媳参加培训，其中29人获得职业资格证书。2008年，介绍就业435人次，成功就业142人次。2009年，街道妇联与上海妇女教育培训中心、拜仁职业技能培训学校联合举办职业技能培训，职业介绍1100人次，成功就业350人次。长桥社区（街道）妇联与社区总工会、街道劳动保障事务所联合举办职场招聘会，2013年3月，举办"春风送岗、促进就业"专场招聘会，9月举办"乐业长桥、助力梦想、放飞希望"金秋专场招聘会，两场招聘会共有851名求职者咨询，158名求职者与用工企业签订求职登记，34人与用工企业签下劳务合同。2014年3月21日，举办"春风送岗、乐业长桥、成就梦想"春季专场招聘会，9月，举办"2014年徐汇区高校毕业生就业专场招聘会"，两场招聘会共有1000余名求职者咨询，160名求职者与用人单位达成就业意向，其中应届毕业生19名。2015年5月11日，举办"春风又起、扬帆起航"春季专场招聘会，有60家企业提供财务、行政、创意策划、理财专员、机修等210个工作岗位。

街道妇联协助社区卫生服务中心，对社区内生活困难的妇女、退休妇女，每两年开展一次免费妇科病、乳腺病筛查工作。2003—2005年，组织1855名生活困难的妇女进行免费妇科普查。2006—2007年，组织986名生活困难的妇女进行免费妇科普查。2009年5月，组织656名生活困难的妇女进行免费妇科普查。2010年5—7月，组织地区内的退休妇女进行免费妇科普查，共有3001名退休妇女参加免费妇科普查，其中上海退休妇女2740名，支援外地建设退休回沪定居妇女261名。2011年6—7月，组织450名生活困难妇女进行免费妇科普查。2013年6月，组织307名生活困难的妇女进行免费妇科普查。2014年8—10月，组织4204名妇女进行免费妇科筛查、乳腺病筛查，其中退休妇女3980人，生活困难妇女224人。

第六章　居民委员会

长桥街道志
(1991-2015)

第六章 居民委员会

1991—1996年，街道居民委员会数由23个增加到80个。1996年9月，经徐汇区人民政府批准，街道居民委员会由80个调整合并为52个。1996年6月21日，长桥街道办事处行政区划调整，在原长桥街道办事处的行政区划内的老沪闵路以西，成立凌云路街道办事处。1996年11月，原长桥街道办事处22个居民委员会划归凌云路街道办事处。1996年11月—2004年3月，街道居民委员会数从30个增加到33个。2004年3月23日，徐汇区五个街道行政区划进行调整，长桥街道办事处有4个居民委员会划归漕河泾街道办事处。2015年12月，街道有34个居民委员会。

2015年6—8月，街道在32个居民委员会完成换届选举，直选率为100%，选举产生160名居委会成员，居委会成员全部实现属地化，平均年龄为47岁，同比下降2.8岁；本科以上学历24名、大专以上学历68名。

居委会分布图

第一节 长桥新村一居民委员会

长桥新村一居民委员会（简称居委会）东起平福路，南到罗香路，西始龙川路，北达上中路。长桥新村一居委会建于1969年3月，居委会设在长桥新村109号甲103室，2000年，迁至上中路289弄（鑫隆花园）1号楼107室。

居委会下辖1个商品房自然小区（鑫隆花园小区1—4号楼），1个售后公房自然小区（

长桥新村101—121号），辖区内有华泾邮政支局长桥邮政所，伍缘超市等单位。2015年，有居民小组40个，常住居民1208户，总人数3363人，户籍居民854户，总人数2787人。

居民区建立党总支1个，下设党支部5个。2015年，有党员180人，其中退休党员164人。

居委会积极开展居民自治活动，落实小区巡视制度、帮困制度、为民服务制度等，解决居民急难愁问题。2014年初，居委会成立"万能胶"志愿者队伍，有志愿者200余人。居委会有巡逻队、为老服务、戏曲班、外语班、歌咏班、老年谈心组、调解委员会、楼组长、编织组、拳操队、舞蹈队、消防队等12个自治团队。

居委会以实施惠民工程为重点，配合实施旧小区改造工作，着力改善居民的居住环境，提高居民的生活质量。2008—2009年，长桥新村101—121号平改坡改造，改善老式顶层房屋的保温隔热和防水功能。2012年，长桥新村101—121号二次供水设施进行改造，提高居民饮用水的水质和供水量。2014年，鑫隆花园小区1—4号楼内墙重新粉刷装修，大楼的面貌焕然一新。2015年，鑫隆花园小区和长桥新村101—121号绿化进行补种，改善小区居民生活环境。同年，长桥新村101—121号主干道路整修，小区环境进一步优化。

居委会被评为2001—2004年度、2007—2014年度上海市文明小区，2010年度上海市民主法治小区，2011年度上海市平安小区。

第二节　长桥一村居民委员会

长桥一村居民委员会（简称居委会）东以长桥路为界，南临罗香路，西靠龙临路，北濒上中路南侧。1984年9月，建立新一村居民委员会，1988年，更名为长桥一村第一居民委员会。1989年8月，建立长桥一村第二居民委员会。1995年5月，合并为长桥一村第一居民委员会、第二居民委员会。2003年8月14日，合并为长桥一村居民委员会。居委会设在长桥一村66号。

居委会管辖长桥一村3—82号，星罗苑（罗香路168弄3—22号）。2005年，上中路建设中环线，原长桥一村1—2号、19号、39—42号被动迁，动迁居民140户，居民169人。2005年8月27日，星罗苑小区（罗香路168弄）建成后归本居委会管辖。辖区为售后公房与商品房相邻，高层与多层相间的混合居民区，内有高层建筑2幢。辖区内有徐汇区长桥第一幼儿园、上中托儿所等单位。2015年，有居民小组93个，常住居民1850户，总人数4684人，户籍总人数4910人。

居民区建立党总支一个，下设党支部4个。2015年，有党员187名。

居委会认真落实市委"关于进一步创新社会治理，加强基层建设的意见"，以党建为引领与"无缝隙"治理工作相结合，开展小区自治管理。由社区民警、业委会主任担任党总支兼职委员。落实小区平安巡检制度、帮困制度、为老服务制度等，解决居民的"急、难、愁"问题。通过"小区里的大学堂"居民自治平台，建成远程老年大学收视点、慢性病健康自我管理小组、老年谈心组、老年摄影班（沙龙）、合唱组、爱心烘焙屋、护校志愿服务队、夕阳红关爱1+1服务队，老年睦邻点、毛线编织组等，丰富居民文化生活，增强居民的凝聚力。2006年，实施旧住房综合改造（平改坡），提高居民的居住环境和生活质量。

居委会被评为2007—2010年度上海市文明小区，2011年度上海市平安小区，获得2013—2014年度市远程老年大学示范收视点称号。

第三节　长桥新二村居民委员会

长桥新二村居民委员会（简称居委会）东沿龙川路，南临罗香路，西以长桥路为界，北濒上中路南侧。1969年3月，长桥新村第二居民委员会成立，1966年3月，长桥新村第三居民委员会成立，1996年9月，两个居民委员会合并为长桥新村第二居民委员会。1985年9月，长桥二村第一居民委员会成立，1988年5月，长桥二村第二居民委员会成立，1996年9月，两个居民委员会合并为长桥二村居民委员会。2003年8月14日，长桥新村第二居民委员会和长桥二村居民委员会合并为长桥新二村居民委员会。居委会设在长桥新村50号。

居委会管辖长桥新村14—48号、长桥二村1—81号。2005年，中环线（上中路拓宽工程）建设，长桥新村7—13号、38—40号有300户居民动迁。辖区内有徐房物业长桥管理处、长桥第二幼儿园等单位。2015年底，有居民小组105个，常住居民2186户，总人数6349人，户籍居民2186户，总人数4196人。

居民区建立党总支1个，下设党支部6个。2015年，有党员228人，其中退休党员201人。

居委会以居民自治为中心，落实小区巡视制度、帮困制度、为民服务制度等，解决居民的急、难、愁问题。1997年，成立居委会"老年大学"，每周活动一次，开始以读报、聊聊家常为主题，随着社区工作的开展，活动越来越丰富，有关心国家大事、做保健操、量血压、养生之道等。1998年开始，居委会为了让残疾人大胆的走出家门，融入社会，成立"盲人戏曲班"，每次都有两名志愿者为"盲人戏曲班"服务，不计报酬为他们来回接送、烧水、递茶，关心无微不至。2010年10月，"盲人戏曲队"获长桥街道"一居一特"优秀项目称号。2011年，居委会成立"妇女之家，金色年华"妇女戏曲合唱队。妇女之家开展"快乐健康谈心"沙龙活动，由地段医院医生专门给妇女们举办健康讲座，使更多的妇女同胞了解更多的保健知识。成立了平安志愿者服务队，常年进行小区安全巡逻，积极维护居民区和谐稳定，2014年，被评为"徐汇区优秀平安志愿者服务队"。2015年，居委会活动室完成"三室艺厅"建设，增加了　电影播放设备，为小区老年人举办了"过去那些年"回忆往事电影月月看活动，得到了居民的积极响应，独居老人有了活动和交流的场所。2014年，长桥新村、长桥二村安装了休闲椅，使居民的休憩更加舒心。2015年，街道出资进行小区路面拓宽，缓解了非机动车停车难问题；为长桥新村的非机动车停放点进行了维修，并安装充电装置，使居民真正得到方便与安心。2016年，按照上海一号课题要求，居委会在居民区自治上更上一层楼，成立"金唠相约屋"自治项目，关心关爱居民区退休老人。

居委会被评为2004年度上海市徐汇区文明小区，2007—2010年度上海市徐汇区文明小区，2012年度上海市平安小区。

第四节　长桥三村一居民委员会

长桥三村一居民委员会（简称居委会）东靠龙川路，南临淀浦河，西以长桥路为界，北濒罗香路。辖区原属北杨河居委会。1990年10月，成立了长桥三村一居民委员会，1994年10月，成立了长桥三村二、三居民委员会。1996年9月，北杨河居民委员会撤销并入长桥三村三居民委员会。2003年8月14日，长桥三村一居民委员会与长桥三村三居民委员会合并为长桥三村一居民委员会。居委会设在长桥三村138号101室。

居委会管辖长桥三村46—159号，长桥南街、潘家塘地区。2015年，长桥南街、潘家塘地区进行整体拆迁，原有居民陆续外迁安置。辖区内有逸夫小学、长桥第三幼儿园等单位。2015年，有居民小组104个，常住居民1797户，总人数4628人，户籍总人数4818人。

居民区建立党总支1个，下设党支部6个。2015年，有党员211名。

居委会有社区"老伙伴"为老服务志愿者、老龄结对志愿者、平安志愿者3支服务队，志愿者服务队推动了社区居民的自我治理。居委会的"弄清爽"自治团队，有成员40人，在创建"全国文明城区"的活动中，积极宣传社会主义核心价值观，普及文明行车、文明养宠、高空不抛物的文明理念，维护小区内外的环境整洁，劝阻楼道不要堆放杂物，提升社区居民的整体文明素质。

居委会被评为1998年度上海市一级居委会，2008年度市社区建设模范居委会，2008年度、2009年度、2012年度上海市平安小区，2010世博安保优秀综治工作站，获得2014年度水墨画班上海市老年学习团队先进团队称号。

第五节　长桥三村二居民委员会

长桥三村二居民委员会（简称居委会）东以小游园（原北扬河）为界，南至罗秀路，西靠龙川路，北倚罗香路长桥派出所。辖区原属北杨河居委会。1994年10月，成立了长桥三村二居民委员会。居委会设在长桥三村29号201室。

居委会管辖长桥三村1—19号，21—44号。辖区内有长桥第二小学，长桥派出所等单位。2015年，有居民小组43个，常住居民623户，总人数1587人，户籍居民392户，总人数1233人。

居民区建立党支部1个。2015年，有党员42人，其中退休党员37人。

居委会以居民自治为中心，落实小区巡视制度、帮困制度、为民服务制度等，解决居民的急难愁问题。为老服务队：根据老人多的特点，因地制宜地开展居家养老工作，开展低龄老人与独居老人结对，做到"五清"。即人数清、家庭结构清、身体状况清、养老形式清、需要服务清，把党和政府的关怀落实到老人生活中去。对小区60岁以上的独居老人进行志愿者结对活动，关心他们每天生活起居，每季度的"老伙伴"活动中过生日的老人都会额外得到一份生日礼品。居委会与长桥二小开展"居校联动"活动，对85岁以上老人，共同上门慰问，在夏季送上绿豆、冰糖，在春节送上慰问品。每年的重阳节，长桥二小的同学们都会众筹多种水果为80岁老人送去一份温暖。居委会有歌唱队、扯铃队、棋牌娱乐队（象棋、桥牌）、舞蹈队、编织队等文娱团队。

2015年，成立居委会、物业、业委会、社区民警"四方联合"的工作小组。成立清洁家园自治团，开展小区绿化保护，小区路面整洁，铲除楼道黑广告，清理楼道堆物确保安全通道，营造一个干净整洁的生活家园，进一步提升了小区的环境卫生水平。2015年，街道出资对小区内的道路进行修缮、拓宽，改善居住环境，提高居民的生活质量。

居委会被评为1999年度上海市建设居委达标"一级居委"，2007年度、2009—2011年度上海市平安小区，2012年度、2014—2015年度上海市平安示范小区，获得2015年度上海市优秀老年学习团队称号。

第六节　长桥四村一居民委员会

长桥四村一居民委员会（简称居委会）东临长桥路，南以长桥四村中心道路为界，西靠龙临路，北与罗香路相连。辖区原属北杨河居委会。1993年10月、1995年6月，先后成立了长桥四村一、四居民委员会。1996年9月，四村一、四居民委员会撤并为四村一居民委员会。居委会设在长桥四村29号二楼。

居委会管辖长桥四村1—28号，81—86号，83号甲楼。有高层建筑3幢。辖区内有徐汇区教师进修学院附属实验小学、邮政储蓄银行、农工商超市等单位。2015年，有居民小组35个，常住居民959户，总人数2853人，户籍居民977户，总人数 2360人。

居民区建立党总支1个，下设党支部4个。2015年，有党员133名，其中退休党员121人。

居委会成立合唱队、舞蹈队、沪剧班、健康自我管理小组，"绿家庭，我做主"科普志愿团队等特色团队，丰富居民文化生活，增强了居民的凝聚力。居委会积极推进小区建设，着力改善居民的生活环境。2006年，进行平改坡工程，对小区中影响居民家中采光和晾晒问题的高大树木进行修剪。2014年—2015年，由街道出资对1—7号楼（东西走向）、9—26号楼（南北走向）地下污水管进行改造，路面整修。2011年以来，居委会致力于低碳环保的宣传活动，开展系列的环保科普活动。一是增强居民环保意识，开展垃圾减量活动。2011年9月—2016年4月，共回收利乐包、塑料外包装、软塑料袋约3500多公斤。二是巧手工制作，创低碳环保。志愿者们用废弃物做各种物品：晾衣架、座椅垫和脚垫、酒杯和零钱包、鞋套等。三是开展"一平米微绿化"活动。利用生活中废弃的一次性水杯或饮料瓶栽培绿萝、吊兰等植物。四是一家一菜园，安全更健康。开展"一平方微菜园"活动，就是芽菜的种植。这些芽菜又称"活体蔬菜"，都是无土栽培。五是"绿居行动"之菜篮子项目。鼓励居民使用手工环保的菜篮子买菜，让低碳真正走进每个家庭。

居委会"微菜园"、"微绿化"宣传活动

居委会被评为2005—2008年度徐汇区文明小区，2008—2009年度上海市和谐社区建设"示范居委会"，2009—2012年度上海市文明小区，2012年度上海市平安示范小区。

第七节 长桥四村二居民委员会

长桥四村二居民委员会（简称居委会）东临长桥路，南濒罗秀路，西靠龙临路。北以长桥四村中心道路为界。辖区原属北杨河居委会。1989年10月、1991年2月，先后成立了四村二、三居民委员会。1996年9月，四村二、三居民委员会撤并为四村二居民委员会。居委会设在长桥四村97号。

居委会管辖长桥四村30—80号，90—124号。辖区内有长桥街道第二敬老院、徐汇区教师进修学院附属实验小学等单位。2015年，有居民小组85个，常住居民1602户，总人数3596人，户籍居民1253户，总人数3127人。

居民区建立党总支1个，下设党支部5个。2015年，有党员204人，其中退休党员198人。

居委会本着"想群众所想、帮群众所难、解群众所忧"的服务宗旨，以居民自治为中心，以构建和谐社区、共建美好家园为特色，落实各种平台和制度，建立小区平安巡逻制度、独居老人为老结对制度、为民便民服务制度等，解决居民们的急难愁问题。为更好地发挥共驻、共建、资源共享的原则，2015年9月，居委会与徐教院附小联手共建，成立"居校一家亲"自治平台，建立小区绿荫文化艺术画廊。通过自治活动，居校联动，倾力打造家园文化，营造温馨氛围，塑造德育特色，充分展现小区"融洽邻里、凝聚人心、孝老爱亲"的良好社会氛围和社区建设整体联动、共驻共建的良好局面。居委会设有老年人就餐点、健康保健室、娱乐活动室、图书阅览室、党员谈心室、居民电教室等场所，为小区居民活动提供方便。居委会组织引导和建立了小区晨悦舞蹈队、拳操队、广播操队、羽毛球队、健步队、合唱队、象棋队等各种文体活动队。众多活动队的有序开展不仅丰富小区居民的业余文化生活，还大大拉进居民之间的距离和增强了小区居民的凝聚力。2015年，晨悦舞蹈队在长桥街道市民文化节中赢得舞蹈大赛冠军的头衔。

居委会以实事惠民工程为重点，配合实施小区改造，着力改善居民们的居住环境，提高居民的生活质量。2006年，街道出资800余万元，对小区进行了平改坡工程，解决了多层旧宅居民家中雨天漏水、夏天高温灼人的烦恼。2007年，街道出资12余万元对小区垃圾库房和小区东大门进行改建。2010年，街道出资140万元对小区绿化进行重新布局改造。2014年，对小区的道路改建、安装晾衣架、楼道内墙粉刷等，使小区环境进一步优化。2015年，对影响居民采光的部分高大树木进行修剪，改善居民的生活环境。街道出资30余万元，分别对小区31—37号、38号、41—43号、73—80大门口进行无障碍坡道和停车棚设施改建，90—124号大门口进行无障碍设施改建，得益居民720户。

居委会被评为1996年度上海市示范居委会，2005—2010年度上海市文明小区，2008年度、2012年度上海市平安小区，2008年度上海市模范居委会，2009年度上海市和谐示范居委会，2013—2014年度上海市文明小区。

第八节 长桥五村居民委员会

长桥五村居民委员会（简称居委会）东以龙临路为界，南临罗香路，西靠老沪闵路，北依上中路。辖区原属北杨河居委会。1991年10月、12月，先后成立长桥五村一、二居民委员会。1995年5月，长桥五村一、二居民委员会合署办公，1996年9月，两个居委会撤并为长桥五村居民委员会。1991年9月，居委会设在长桥五村20号102、103室，2006年迁至上中路51弄6号101室。

居委会管辖长桥五村48个门牌号(1059户)、书香逸居高层建筑（上中路51弄）16个门牌号(679户)、上中路100弄6个门牌号(144户)3个自然小区。五村住宅小区1990年12月建成，由上海耐火材料厂、化学工业局、第二轻工局、轻工业局、上海建设工业集团公司、上海建筑材料局、公共事业局、长江计算机集团公司、化轻三号桥仓库、农工商建设公司、中药三厂等11家单位出资联建。书香逸居住宅小区2006年建成，由上海锦瑞房地产开发建造。辖区内有徐汇董恒甫职业学校（原长桥二中）等单位。2015年，有常住居民1882户，总人数5600人。

居民区建立党总支1个，下设党支部6个。2015年，有党员261人，其中退休党员206人。

居委会以"服务群众，方便群众，造福群众"为出发点和落脚点，充分发挥党组织的引领作用，发挥居委会下属6个专业工作委员会及兼职委员、物业经理与徐汇区文化市场行政执法大队党支部的作用，积极创新活动载体，推出四大岗位，鼓励小区居民带头认岗认责，在岗位带头人中培养居民区自治"当家人"。一是"爱心义工岗"，当家人张茂华，有岗位人员78人。岗位口号：帮扶敬老我带头，搭建温暖连心桥。通过带头关心困难和弱势群体，鼓励居民之间"攀穷亲""结老对"，构筑起助困、助学、助残、助孤的救助体系，确保弱有所扶、困有所帮、残有所助、老有所养。二是"安全卫士岗"，当家人杨金泉，有岗位人员270人。岗位口号：安全防范我带头，搭建稳定安心桥。通过带头组建"平安护家夜巡队""知音大姐调解队""楼道防灾消防队"，着力构筑"点面线"互动、"打防控"一体的治安防范网络，强化小区重点区域和关键部位的治安巡查、安全检查和矛盾排查，确保苗头问题早发现、敏感事件早防范、矛盾纠纷早处理，进一步提升居民安全感。三是"文明市民岗"，当家人怀金芳，有岗位人员84人。岗位口号：文明市民我带头，搭建优美舒心桥。通过带头讲文明话、做文明事，用自身言行带动广大群众树立文明新形象。以居委会、业委会、物业公司为坚强后盾，带领小区志愿者，发动小区居民走出家门参加环境整治，使楼道"净起来、亮起来"，小区"绿起来、美起来"。四是"文体达人岗"，当家人马宏莉，有岗位人员134人。岗位口号：文体达人我带头，搭建快乐开心桥。充分利用小区现有文体资源，精心组建京剧组、沪剧组、健身操组等文艺团队，在居委会与居民之间搭建起沟通平台，丰富居民的业余生活，达到以健康活动凝聚人心、鼓舞士气，带动家人、朋友支持小区建设的目的。2004年，由政府出资在五村住宅小区的1—46号安装电子防盗门，在小区北大门、东大门和小区主干道安装电子监控系统。2006年，平安小区建设过程中，对小区电子防盗门进行更新换代。2008年，实施"平改坡"改造工程。

居委会被评为1996年度、1998年度上海市示范一级居委，1998—2015年度上海市文明小区，1999—2002年度上海市绿化先进集体，2007年度上海市和谐居委会，2011年度上海市民主法治小区。

第九节　长桥七村居民委员会

长桥七村居民委员会（简称居委会）东以龙临路为界，南临淀浦河，西靠老沪闵路，北倚罗香路。辖区原属北杨河居委会。1993年7月，成立七村居民委员会，居委会设在长桥七村8号101—103室，2009年11月，迁至星秀苑（长桥六村）38号。

居委会管辖星秀苑（长桥六村商品房）1—16号、27—37号、长桥六村17—26号、长桥七村1—28号、罗香苑（罗香路265弄，商品房）1—12号。辖区内有长桥街道办事处、长桥街道社区事务受理中心、徐汇区文化艺术中心等单位。2015年，有居民小组78个，总人数2991人。

居民区建立党总支1个，下设党支部5个。2015年，有党员155人。

居委会以居民自治为中心，落实小区巡视制度、为民服务制度等，解决居民的急难愁问题。建立了小区谈心组、合唱队、舞蹈队、医疗咨询、健康管理小组等，丰富居民文化生活，增强居民的凝聚力。1997年9月，"开心合唱队"成立，有成员25人。2011年，"开心合唱队"获得"长桥社区纪念中国共产党成立90周年歌咏比赛"三等奖，2013

年,获得"社区文化节合唱比赛"了二等奖;2015年,获得"星光之桥"长桥社区群文合唱比赛三等奖。

居委会以实事惠民工程为重点,配合实施旧小区改造,着力改善居民的居住环境,提高居民的生活质量。2009年,长桥七村、长桥六村17—26号实施平改坡改造。

居委会被评为2000—2006年度长桥七村小区上海市文明小区,2004—2008年度(星秀苑和罗香苑小区)上海市文明小区,2008年度(星秀苑和罗香苑小区)上海市节水型小区,2009—2010年度(长桥七村小区)上海市文明小区,2009—2012年度(星秀苑和罗香苑小区)上海市文明小区,2012—2014年度(长桥七村小区)上海市平安示范小区。

第十节　长桥八村居民委员会

长桥八村居民委员会(简称居委会)东以长华路为界,南临淀浦河,西靠龙临路,北接罗秀路。辖区原属北杨河居委会。1998年12月,成立长桥八村居民委员会。居委会设在长桥八村30号102室。

居委会管辖长桥八村,57个门牌号,1262户;老沪闵路1068号(绿洲庭院),8个门牌号,154户。有高层建筑2幢。辖区内有长桥中学、日华保洁服务有限公司、易通零部件有限公司、致康儿童康复院等单位。2015年,有居民小组78个,常住居民1416户,总人数3573人,户籍居民998户,总人数2440人。

居民区建立党总支1个,下设党支部4个。2015年,有党员176人,其中退休党员144人。

居委会积极贯彻落实党的十八大提出的"健全基层群众自治机制"精神,按照街道党工委、办事处提出的"跨越一米线,实现无缝隙治理"的新要求,对进一步拓展居民自治渠道,建立"居民自治大联盟"的工作进行深入思考。居委会通过"探索三种关系,创新四个方法",打通服务居民的最后一公里。探索3种关系:一是"上"与"下"的关系。利用资源,整合资源,有效实现上下联动,起到上情下达,下情上传的作用,努力让老百姓满意。二是"身"与"心"的关系。在调解纠纷矛盾中和帮助居民解决困难时,学会倾听,做到身到心到,用三心:热心、细心、耐心为居民服务。三是"点"与"面"的关系。抓好班子队伍建设,发挥骨干的作用,依靠广大的志愿者,以点带面,让工作的效能最大化。创新思维摸索工作的4种方法:一是曲线工作法。在美丽楼道的整治过程中,不是硬碰硬地做工作,而是通过亲属、朋友,或者邻居做工作,从而达到事半功倍的作用。二是宽容理解法。善待他人,对难听入耳的话正确对待。大事上讲原则,小事上讲风格。三是保持距离法。尊重小区居民的风俗习惯,感情上贴近他们,生活上关心他们。廉洁自律,不能在公和私之间模糊不清。四是换位思考法。学会设身处地为他人的利益着想,提高服务群众的水平,提升群众的满意度。八村是一个老式小区,小区道路间距较窄,小区经常上演"抢车位"大战,车辆乱停乱放。居委会通过"摸情况、听意见、议方案、广宣传、重把关",形成了一套的"五步工作法",引领小区多数居民以共同利益为目标,共商共议，共解难题，巧妙地缓解了小区停车难的问题。"五步工作法"：一是摸情况。居委会组织人员开展调查，摸清了小区存在车位严重不足的矛盾。二是听意见。根据摸查结果，在小区中广泛听取意见，在党总支、居委会、党员和楼组长会议上统一思想，详细介绍了小区面临的停车矛盾和改造的设想。三是议方案。在不影响居民生活的情况下增加停车位，增加的停车位，不仅有利于对小区车辆进行规范管理，而且保护好小区的绿化。四是广宣传。居委会提出了"有车族"为"无车族"多想想，"无车族"为"有车族"多考虑的换位思考法，让邻里之间多一点包容、多一点理解、多一份信任。居委会和业委会成员挨家挨户上门发放征询单，并利用黑板报、宣传栏、楼组会等形式做了大量宣传解释工作，最后获得三分之二以上居民的同意。五是重把关。在停车位改造工程实施过程中，居委会，重点搞好全过程监督,确保质量关。

居委会被评为2000—2001年度上海市安全小区，2001—2002年度上海市社区保安（社会联防）先进集体，2009—2016年度上海

居委会的自办画展

市文明小区，2010年度上海市创先争优世博先锋行动"五好"基层党组织，2010年度绿洲庭苑小区上海市节水型小区，2011—2012年度上海市平安小区，获得2013年度上海市"妇女之家"示范点称号。

第十一节　汇成一村居民委员会

汇成一村居民委员会（简称居委会）东靠西南模范中学和汇成南北中心通道，南与汇成三村为界，西与楼园相靠，北为张家塘港。辖区原属交大分部居委会。1992—1994年，百色路西段两侧先后建成汇成苑一村至五村多个居住区。1995年6月，成立汇成一村第一居民委员会，管辖1—45号，成立汇成一村第二居民委员会，管辖46—92号。1999年1月，两个居委会撤并为汇成一村居民委员会。居委会设在汇成苑一村25号101室，2015年迁至汇成苑一村1号102室。

居委会管辖汇成苑一村1—92号。辖区内有上海市西南模范中学等单位。2015年，有居民小组89个，常住居民1770户，总人数4972人，户籍人数3150人。

居民区建立党总支1个，下设党支部4个。2015年，有党员196人，其中退休党员118

人。

居委会以居民自治为中心,落实小区巡视制度、为民服务制度等,解决居民急难愁问题。依托小区资源,推出"汇诚人家"居民自治项目。独生子女家庭的子女发生意外后,成为"失独家庭"并成为社会的特殊群体。汇成块的5个小区有17户(20名)"失独家庭",为了唤起更多人关注"失独家庭",居委会鼓励小区居民做"汇诚人家"的志愿者,做"失独家庭"的好儿女,做关爱"失独家庭"的热心人,让"失独家庭"能有一个抱团取暖、寻找心灵慰藉的处所,感受到社会的关怀和温暖。"汇诚人家"从生活上、心理上开展服务、关爱活动。走访慰问"失独家庭",倾听他们的困难和诉求,为他们排忧解难,鼓励他们重新树立生活的信心。为"失独家庭"成员建立了生日档案,为每位成员举行生日或集体生日活动。"每逢佳节倍思亲",每逢中国传统的节日,"汇诚人家"在元宵节送暖心汤圆、端午节送浓浓端午粽。组织"失独家庭"成员开展丰富多彩的文娱联谊,健身、旅游等活动,使他们感受到 "人间自有真情在"的社会温暖。为每位"汇诚人家"成员配备了一名志愿者,志愿者通过打电话、上门走访等,陪老人聊天,谈心。邀请了国家二级心理咨询师(上海心灵花园心理首席咨询师)季龙妹、咨询师陆艳华,为志愿者们传授如何更好地为失独人员服务的方法和技巧。开展了专题为《如何走入失独家庭》《如何摆脱哀伤情绪》等一系列心理健康讲座。

居委会建立绒线编织小组、沪剧沙龙、健康自我管理小组、合唱队、太极扇、谈心组、读报小组等群文团队。开展丰富多彩的群众文体活动,进一步调动小区居民自我教育和自我管理的积极性、主动性和创造性,构建新型邻里关系、促进和谐小区的建设。

居委会以实事惠民工程为重点,配合实施旧小区改造,着力改善居民的居住环境,提高居民的生活质量。2004年,进行小区屋顶隔热层大修改造。2005年,对小区上水管进行改造,改善小区居民用水。2006年,进行小区道路拓宽改造。2007年,加强技防设施,小区安装防盗门。2008年,实施小区绿化的整体改建。2013年,实施小区旧房综合改造(平改坡)。

居委会被评为1998—2014年度上海市文明小区,1999—2001年度上海市基层计划生育合格协会,2002—2005年度上海市安全小区,2004—2006年度上海市社区建设模范居委会,2007—2012年度上海市平安小区,2009年度上海市和谐社区建设示范居委会、上海市第一级居委会。

第十二节 汇成二村居民委员会

汇成二村居民委员会(简称居委会)东与华东第一居民区为邻,南以汇成东西通道为界,西倚西南模范中学和汇成南北中心通道,北靠西南模范中学。1995年6月,成立汇成二村第一居民委员会、第二居民委员会,1996年9月,撤并为汇成二村居民委员会。居委会设在汇成苑二村20号101室,2013年,迁至汇成苑二村10号—1号。

居委会管辖汇成苑二村1—45号。辖区内有上海市西南模范中学等单位。2015年,有居民小组45个，常住居民808户，总人数1732人，户籍人数1439人。

居民区建立党支部1个。2015年，有党员88人，其中退休党员75人。

居委会创立"汇成二村护校队"，有效解决下午4:30—5:00，学校放学期间的秩序和安全隐患问题。居委会与共建单位西南模范中学共同打造"文化墙"，制作"一滴水之珍贵""一粒米之艰辛""一度电之不易"等宣传墙面。

"情满重阳 爱在汇二"活动现场

居委会以居民自治为中心，建立"爱心理事会""爱国卫生队"，建立小区老年读报组、沪剧队、合唱队、舞蹈队、书法班等群文团队，在节假日组织开展"民星璀璨闹元宵""浓情中秋 情系汇二""情满重阳 爱在汇二""汇爱心 聚温暖 迎新春——百姓大舞台才艺展"等各类活动，丰富居民文化生活，增强居民的凝聚力。

居委会以实事惠民工程为重点，配合实施旧小区改造，着力改善居民的居住环境。定期组织"爱国卫生队"，参与小区的环境维护。2013年，汇成二村开启旧房改造平改坡工程，改善小区的绿化、道路、下水道、外墙等设施，小区环境进一步优化。每年年终开展"民星大海选活动"，用身边的美好的人、美好的事，激励居民共同参与、建设小区。

居委会被评为1996—2014年度上海市文明小区，2010年度上海市民主法治小区和上海市和谐社区建设示范居委，2011—2012年度上海市平安示范小区。

第十三节　汇成三村居民委员会

汇成三村居民委员会（简称居委会）东以汇成南北中心通道为界，南濒百色路，西与楼园相靠，北靠汇成东西通道，与汇成一村为邻。1995年6月，成立汇成三村第一居民委员会、第二居民委员会，1996年9月，撤并为汇成三村居民委员会。居委会设在汇成苑三村33号101室。

居委会管辖汇成苑三村1—53号。小区有房屋17幢，51个门牌号。辖区内有长桥社区卫生服务中心汇成社区卫生服务站等单位。2015年，有居民小组51个，常住居民975户，总人数2059人，户籍居民975户，总人数1561人。

居民区建立党支部1个。2015年，有党员95人，其中退休党员79人。

1994年，汇成苑三村未通管道煤气，居民使用灌装煤气或煤球炉。1995年，小区管道煤气接通，解决了居民的生活用气问题。2006年，小区道路重新铺建成混凝土道路，小区绿化重新规划和改建。2007年，小区供水改造，4—6楼居民不再使用水箱供水。2009年，小区内51个楼道统一安装防盗门。2014年，小区围墙安装电子围栏。2015年，在小区3个大门及道路干道处等安装了电子探头。2015年9月，完成三村平改坡综合修缮业主第一次征询工作，11月，小区电表表前设施综合改造。

居民家庭文化生活墙

居委会坚持以居民自治管理为中心，依托居委会6个工作委员会，依托组团式管理的平台，将小区内975户居民全部纳入居民区网格化自治管理服务机制，挖掘社区资源，构建"叫得应"自治管理模式。"叫得应"自治管理模式有为民服务组、银发无忧组、群文风采队、美化环境队、谈判专家组、健康宣传组等，为小区的居民排忧解难，提升了社区居民自我管理、自我教育、自我服务的基层民主自治建设。成立"汇三爱馨调解工作室"，为社区居民提供调处民间纠纷、化解社区矛盾等公益服务，积极推动"平安汇三"的建设。

居委会坚持依靠社区力量和资源，广泛开展群众性社区和谐活动，全力打造"美丽汇三、和谐汇三"为特色的社区文化。成立舞蹈组、沪剧组、老年读报、老年大学等群文团队，做到"活动天天有，处处有欢笑"，努力打造健康、文明、积极向上的和谐社区氛围。建立居民家庭文化生活墙。

居委会被评为1996年度上海市社区服务示范居委会，1997年度上海市一级居委会，1998—2015年度上海市文明小区，2004年度上海市社区建设示范居委会，2005年度上海市社区建设模范居委会，2008年度上海市和谐社区建设示范居委会，2012年度上海市平安小区，2012年度上海市平安示范小区，获得2014年度上海市老年学习团队"达人工作坊"称号。

第十四节　汇成四村居民委员会

汇成四村居民委员会（简称居委会）东至在建南部医疗中心（原植物园引种区）为界，南濒百色路，西与汇成南北中心通道相靠，北与汇成二村为邻。1995年6月，成立汇成四村第一居民委员会、第二居民委员会，1996年9月，撤并为汇成四村居民委员会。居委会设在汇成苑四村41号101室,2008年7月,迁至汇成苑四村75号。

居委会管辖汇成苑四村1—102号(其中包含4甲、5甲、6甲)。2015年12月,有居民小组102个,常住居民1711户,总人数4000人,户籍居民1223户,总人数3000人。

居民区建六党总支1个,下设党支部4个。2015年,有党员187人,其中退休党员153人。

1994年,汇成苑四村,未通管道煤气,居民使用灌装煤气或煤球炉。1995年,小区管道煤气接通。2006年,小区道路重新铺建成混凝土道路,小区绿化重新规划和改建。2007年,小区供水改造,4—6楼居民不再使用水箱供水。2009年,小区内102个楼道统一安装防盗门。2013年,小区实施平改坡改造工程,新增排设雨水管,将所有居民厨房用水、排水管统一移至户外,并统一安装空调滴水管。2014年,安装小区出入口电子围栏。2015年,新建汇成苑四村小花园。小花园有鹅卵石铺设的健康跑道、健身器材、凉亭及座椅,是社区居民休憩及运动的最佳场所。同年,改造并补种小区绿化。

2014年,居委会成立"顺风耳"自治项目组,项目组成员全部由居民志愿者组成。成立了南医协调项目小组,在南部医疗中心建设中,较好地发挥了居民自治的作用,对施工中所出现的问题,能及时进行反馈,及时进行处置。居委会有老年读报小组、沪剧小组、编织小组等老年兴趣团队3支。有小区平安志愿者队伍、党员志愿者队伍、环保志愿者队伍、学生志愿者队伍、知识女性志愿者、为老服务志愿者等。

居委会被评为1998年度上海市文明小区,2015年度徐汇区文明小区,2015年度徐汇区模范居委。

第十五节　汇成五村居民委员会

汇成五村居民委员会(简称居委会)东以上海中学为界,南与上海中学和光华小区为邻,西临嘉川路,北靠百色路。1995年6月,成立汇成五村第一居民委员会、第二居民委员会,1996年9月,撤并为汇成五村居民委员会。居委会设在汇成苑五村85号101—102室,2007年,迁至汇成苑五村100号。

居委会管辖汇成苑五村1—99号,上海中学住宅区(上中路400号)。1994年,汇成苑五村建成,居民主要由淮海路、徐家汇、清真路动迁而至,有93个楼组。1995年后,增加甲1—甲3号和1—3号6个楼组(共有99个楼组)。上海中学住宅区(上中路400号),2008年,划入汇成五村居委会管辖。两个小区有楼组110个。辖区内有上海中学、徐汇区汇成苑幼稚园等单位。2015年,有常住居民1943户,总人数4769人,户籍人数4158人。

居民区建立党总支1个,下设党支部5个。2015年,有党员177人,其中退休党员158人。

2004年6月,汇成苑五村全面更换上水管道,根本上解决上水管道锈浊、堵塞的情况。7月,汇成苑五村前门绿化地重新规划,改建为居民健身绿地。2005年5月,小区进行整体维修,垃圾库房改建,更换空调滴水管。2006年1月—2007年11月,小区楼道全面进行粉刷，小区路灯设施进行全面改造。2006年9月—2010年1月，小区内所有楼道加装防盗门。2011年7月—2013年8月，小区实施平改坡综合改造。2013年5月，83—84号楼门前绿化地改建居民休闲亭。

居民区党总支以居委干部、社区党员、志愿者、居民骨干为团队，组织开展"楼道立会"，走进楼组召开"楼道立会"，倾听居民意见，处理问题。"楼道立会"活动中涌现出10位志愿者，组建了五村"迦人头"小组，形成拥有自我管理体系，工作章程的"迦人头"自治理事会。"迦人头"自治理事会有11支固定团队。一是"家庭医生"队伍。开设了多媒体"慢性病防治讲座"演示，定期解答中、老年人咨询问题。二是"家电医生"队伍。利用"一技之长"，常年为小区居民免费修理各种小家电、钟表及安装

"伽人头"为居民修理小家电

电线线路等。三是"汇成天下读书会"。每月20号，老人们自发地聚到一起，讲一讲国内外的大事、小区的新鲜事。四是"夕阳红"平安巡逻队。365天在小区巡逻，确保一方的平安与稳定。五是群文团队。以"载歌载舞""自弹自唱"等多元化形式与小区居民们同娱同乐。六是困难独居老人关爱志愿者。低龄老人与高龄老人结对，志愿者为老人"读读报、配配药、谈谈心"，关心的困难独居老人日常生活。七是护绿美家园志愿者队伍。通过补种绿植、杂草去除、环境清洁等方式，为居民们打造一个"人人适宜、家家宜居"的美家园。八是小区宣传志愿者队伍。以图文并茂的形式，在小区开展"讲文明、树新风"的宣传。九是"好当家"志愿者队伍。鼓励和引导家庭"巧主妇"，争做小区"当家人"，从而带动更多的小区居民参与小区文明建设。十是"环境护卫队"。每周清扫小区路面垃圾和宠物粪便，营造人人讲卫生，文明养宠的氛围。十一是睦邻点队伍。建成"毓慧劝和睦邻点""培雄调解睦邻点""上中睦邻点"。

居委会被评为2008年度上海市社区建设示范居委会、上海市社区建设模范居委会、上海市消费者权益保护示范联络点，2009—2010年度上海市节水型小区，2009—2016年度上海市文明小区，2011年度、2012年度上海市平安示范小区，获得2013年度上海市老年学习团队、上海市居（村）委老年人标准化学习点称号。

第十六节　园南一村居民委员会

园南一村居民委员会（简称居委会）东倚园南小学、南苑别墅、原龙华乡人民政府，南濒上中路（中环线北侧），西临龙川北路，北靠百色路。辖区原属港口居委会。1987年9月，成立园南居委会（以小区名命名）。1988年1月，园南居委会更名为园南一村第一居民委员会。园南一村扩建后，1995年6月，成立园南一村第二居民委员会。1996年9月，园南一村第一、第二居民委员会撤并为园南一村居民委员会。居委会设在园南一村1号103室。

居委会管辖龙川北路4号，上中路458弄1—6号，园南一村1—60号。2005年底，配合中环线道路拓宽，上中路452号、456号房屋拆除。辖区内有园南幼儿园、徐汇区长桥街道社区卫生服务中心、徐汇区房产交易中心等单位。2015年，有居民小组67个，常住居民1332户，总人数3775人，户籍居民1365户，总人数3595人。

居民区建立党总支1个，下设党支部5个。2015年，有党员209名。

心灵驿站内，志愿者与老人谈心

2006年，小区安装电控防盗门。2009年1月，实施平改坡改造。2010年4月，小区实行机动车单向行驶。居委会成立平安巡逻、文明护校、桥枫之友、健康自我管理等志愿者团队。组建舞蹈队、乒乓队、健身操、空中大学等群文团队。2012年1月，成立由居委干部、志愿者、卫生服务中心心理医生、社区民警组成的心灵驿站，为小区老人排忧解难。居委会在自治工作中，打破与园南二村和园南三村的工作边界，通过"居居联动"的方式，推进自治活动的开展，使居民区资源得到力量互补、资源共享。2015年1月，实行机动车自动化管理。

居委会被评为1994—1995年度上海市安全小区，1996年度上海市社区服务示范居委会，1998年度上海市一级居委会，1998—2014年度上海市文明小区，1998—2001年度上海市安全小区，1999—2000年度上海市治安保卫先进集体，1999—2001年度上海市计生合格协会，2005—2006年度上海市平安小区，2006年度上海市社区建设模范居委会，2008年度上海市和谐社区建设示范居委会，2009年度上海市民主法制小区，2009年度上海市节水型小区，2011年度上海市平安小区，获得2015年度上海市"妇女之家"示范点称号。

第十七节 园南二村居民委员会

园南二村居民委员会(简称居委会)东以园南二村南北向通道为界,南濒上中路(中环线北侧),西与园南一村居委会毗邻,北靠百色路。辖区原属港口居委会。1992年10月,成立园南二村第一居民委员会。1995年6月,成立园南二村第二居民委员会。1999年1月,园南二村第一、第二居民委员会撤并为园南二村居民委员会。居委会设在园南二村26号甲。

居委会管辖园南二村,南苑别墅(园南二村27—38号),郁金香大楼(园南二村62号)。有高层建筑5幢。辖区内有园南小学、徐汇区文化发展研究室、徐汇区房屋交易中心、上海农商银行长桥支行等单位。2015年,有居民小组83个,常住居民1779户,总人数4380人,户籍居民1779户,总人数3988人。

居民区建立党总支1个,下设党支部5个。2015年,有党员246人,其中退休党员236人。

2005年,成立"美食沙龙"俱乐部,宣传科学饮食、健康生活,促使小区"和睦相融、奋发向上"的氛围。2009年,实施了多层住宅平改坡工程、内外墙粉刷、绿化改建、道路整修、污水管外排等多个项目。2014年,成立"金秋晚霞"志愿者团队。通过结对式包干服务,积极开展送温暖、献爱心、助老弱、帮贫困活动,把小区大家庭的温暖及时送到独居、空巢、生活困难的老人手里。2015年,建立园南二村党总支兼职委员制度。园南小学、社区民警、上海农商银行长桥支行、徐汇区城管执法局执法大队长桥中队4家单位,成为兼职委员共同参与小区的各项活动。2015年,成立"三居联动"无缝隙治理模式,园南一、二、三村居委会做到资源共享、社区共建。"居居联动"共拆除50只居民擅自安装的汽车地锁。

居委会被评为1996年度上海市社区服务示范居委会,1997—1988年度上海市文明小区(四街坊),1999年度上海市居委会建设达标一级居委,1999—2004年度上海市文明小区(三、四街坊),2005—2008年度上海市文明小区,2005年上海市社区建设模范居委会,2007年度、2011年度、2012年度上海市平安小区,2008年度上海市和谐居委会,2008年度上海市优秀人民调解委员会,2008年度上海市节水型小区,2009年度上海市民主法治小区,2011—2012年度上海市文明小区,2015—2016年度上海市文明小区。

第十八节 园南三村居民委员会

园南三村居民委员会(简称居委会)东倚园南中学与平福路,南濒上中路(中环线北侧),西与园南二村为邻,北靠百色路。辖区原属港口居委会。1995年6月,成立园南三村第一、第二居民委员会。1996年9月,园南三村第一、第二居民委员会撤并为园南三村居民委员会。居委会设在园南三村27号—1。

居委会管辖园南三村、天然居(百色路228弄、238弄)。2005年8月,中环线建设,园南三村1—3号、6—10号共10幢楼动迁。辖区内有园南中学、阳光敬老院等单位。2015年,有常住居民1220户,总人数2971人,户籍居民981户,总人数2726人。

2004年7月,居民区建立党总支1个,下设党支部4个。2015年,有党员154人。

2001年3月,对小区绿化进行三期改造,在居委会办公室前用黄杨造型出"园三居民欢迎您"7个大字。2003年11月,对564户居民的信箱进行调换,对38号处停车库加固,上面拼装,提供晒衣场所。将每个楼道的公灯(原是手动),全部装上声控灯。2003—2005年,为减少二次污染,改造成直供水接到每户居民家中。对每户接装空调滴水管。2007年,楼道安装电子防盗门,楼道进行粉刷。2008年6月,每幢楼门口装一只声控灯,凡门口台阶二级以上安装扶手,便于居民行走和出入。小区的路灯由手动改为自控,根据季节的变化,定时启动、关闭。2009年6月,实施平改坡工程。2010年3月,每幢楼门外,安装雨篷、网篮、面砖告示栏,保护电子防盗门和信箱,有效减少乱张贴,黑色小广告。2010年4月,园南新村机动车封闭管理。2013年5月,为便于急救车辆的通行,小区的部分道路进行扩建。

居委会合唱队成立10年来,合唱队成员每月5日、15日、25日开展活动,吸引小区居民的积极参加。成立健康自我管理小组,在长桥街道癌症俱乐部牵头下,把园南三村的癌症病人组织起来,通过老病友与新病人的交流互动,进行心理疏导,树立战胜疾病、融入社会的信心。2016年1月6日,远山书画社成立,学员在艺术创作过程中感知艺术美、享受艺术美,实现精神享受和人生价值。

居委会被评为1997年度上海市二级居委会,1998—1999年度上海市安全小区,1999—2001年度上海市基层计划生育合格协会,2000年度上海市一级居委会,2002年度上海市志愿者活动优秀集体,2008年度上海市和谐社区建设示范居委会,2010年度上海市民主法制小区、上海市平安小区,2011年度上海市平安小区,2013—2014年度上海市文明小区,2015年度上海市卫生达标小区。

第十九节　罗秀新村居民委员会

罗秀新村居民委员会(简称居委会)东临春申港与罗秀二村毗连,南与上海市体育职业附属小学、上海市材料工程学校为邻,西倚北扬河,北靠罗秀路。辖区原属北杨河居委会。1995年12月,成立罗秀一村第一、第二、第三居民委员会。1996年9月,3个居委会撤并为罗秀新村居委会。居委会设在罗秀新村67号底楼,2009年,迁至罗秀新村112号,2017年6月,迁至罗秀新村28号。

居委会管辖罗秀新村26—131号,邓家塘12—14号及29号。辖区内有上海市体育职业附属小学,长桥社区卫生服务中心罗秀卫生服务站,长桥房屋管理办公室等单位。2015

年，有居民小组104个，常住人数3750人，户籍居民1401户，总人数3345人。

居民区建立党总支1个，下设党支部4个。2015年，有党员164人，其中退休党员147人。

罗秀新村小区内有一条春申港河道穿过，在街道、徐汇市政水务管理所、居委会的共同管理、维护、治理下，河道水质、面貌逐年发生变化。2006年，对春申港河道的防护栏进行更换，并修缮河边道路。2010年，春申港桥重新修建。2014年，居委会成立"巧管家"自治理事会，并与上海汇胜水利有限公司、徐汇市政水务管理所结对共建，组建60名"亲水家园"志愿者队，志愿者两人一组，每天上午、下午和晚上，在河道旁巡逻，维护河道的整洁。2016年8月，春申港河道中种植水草，使河道水质达到五级标准。

居委会整合社区资源，充分调动居民参与社区事务的积极性，凝聚小区居民群众共创精神文明，打造"欢乐家园"，成立乒乓球、编织、戏曲、烘焙、书法、唱歌等群文团队，逐步形成有自己特点的文化娱乐队伍和活动项目。居民自治组织通过协商、会议、上门沟通等形式，为居民开展全方位的服务，使小区居民家里事有人管，发生困难有人帮，邻里和睦相处，互相关心，共建温暖的"安心家园"。共建单位汇胜水利有限公司为居委会健身场地铺设了水泥地。组织、协调小区内的社会组织共同为中老年人开展心理健康咨询、测量血压、检查视力等公益活动。2015年，实施完成"平改坡"房屋修缮工程。

居委会被评为1999—2001年度上海市基层计划生育合格协会，2005年度上海市社区建设模范居委会，2008年度上海市平安小区，2009年度、2010年度、2012年度、2013年度上海市平安小区，2010年度上海市和谐示范居委会，2011年度上海市社区建设模范居委会，获得2010年度上海市远程老年大学合格收视点，2014年度上海市优秀老年学习团队（书法兴趣沙龙）称号。

第二十节　罗秀二村居民委员会

罗秀二村居民委员会（简称居委会）东与徐汇新城接壤，南靠淀浦河，西倚上海市材料工程学校，北与罗秀新村为邻。辖区原属北杨河居委会。1995年12月成立罗秀二村第一居民委员会、第二居民委员会。1996年9月，两个居委会撤并为罗秀二村居委会，居委会设在罗秀二村15号101—102室，后迁至罗秀二村27号底楼。

居委会管辖罗秀新村1—25号，罗秀二村1—39号。辖区内有上海市材料工程学校等单位。2015年，有居民小组44个，常住居民1162户，总人数2815人，户籍居民915户，总人数2198人。

居民区建立党总支1个，下设党支部4个。2015年，有党员118人。

居民区党总支以实施"四大工程"为载体，建立创先争优长效机制，为党员发挥先锋模范作用搭建平台，创造条件。居委会开展温暖工程：有40名党员和楼组长与独居老人结对，并签订协议。每周三为老人量血压、健康咨询、并建立健康档案。平安工程：积极发挥综合治理工作站的作用，组建群防群治队伍。成立了平安志愿者自我管理小组。每天的白天、晚上治安巡逻队在小区内巡视,为居民营造安全、安心、安知的生活环境。宜居工程:每星期四的"清洁家园"活动,已形成长效机制,改善和提高小区居民的生活环境和生活质量。快乐工程:成立"锣亮"合唱队、"秀之炫"舞蹈队、"良之益"读书会、"春之韵"女红编织组、老年交谊舞队、120分扑克队、象棋队、乒乓队、老年拳操队、太极拳队等10支的群文团队。"锣亮"合唱队和"秀之炫"舞蹈队每周有活动,每月有新歌、新的舞蹈。2014年6月,实施"平改坡"工程。2014年,成立"群文荟萃扮锣亮"自我管理小组,凝聚小区自治力量,吸纳各志愿者队伍和群文团队的负责人,积极参与"美丽楼道"的整治。

居委会被评为1998—1999年度上海市安全小区,1999—2010年度上海市文明小区,2000年度上海市一级居委会,2006年度上海市社区建设模范居委会,2007—2012年度上海市平安小区。

第二十一节　罗秀三村居民委员会

罗秀三村居民委员会(简称居委会)东靠春申港,南临罗秀路,西与小游园毗邻,北以长桥自来水厂为界。辖区原属北杨村居委会。1996年11月,成立罗秀三村第一居民委员会、第二居民委员会。1999年1月,两个居委会撤并为罗秀三村居民委员会。居委会设在罗秀三村112号。

居委会管辖罗秀三村1—112号。2015年,有常住居民1949户,总人数4310人,户籍人数3810人。

居民区建立党总支1个,下设党支部5个。2015年,有党员172人。

居委会以居民自治为中心,落实小区巡视制度、为民服务制度等,解决居民的急难愁问题。老伙伴志愿者与独居老人结对,进行日常关爱,每季度为结对老年举办生日会,每周四,为老年人量血压等一些列为老服务。2008年,成立中老年舞蹈队等群文团队。中老年舞蹈队坚持每天早上在小游园里练习,每周三下午,舞蹈骨干在居委一楼活动室,通过电视学习舞蹈技巧。2009年,成立锦绣合唱队,每周二下午在居委会一楼活动室开展活动。2009年,成立戏曲队,搭建展示才华、互动交流的平台,凝聚小区沪剧和越剧的爱好者和票友,丰了小区居民文化生活。2014年,成立老年读报组。由退休大学教授张老师担任团队负责人,有15名居民报名参加。

居委会以实事惠民为重点,成立"合众聚力"的社区自治组织。通过建立"'三驾马车'、居民小组、楼道单元小组"三级网络,以20—50户为一个网格,群策群力,实现居民自治管理。为缓解辖区停车难问题,组织辖区居民进行问卷调查,半数以上居民表示停车难应该从源头抓起,需要规范车辆进出管理。经过"三驾马车"和居民议事会的商定,决定采纳居民提出的建议并进行优化,计划从门头改造入手,通过增设门禁控制系统,采用一车一卡的管理办法,有序管理小区车辆,引导车辆安全出行。2015年下半年,"合众聚力"自发组建工作小组,启动居民自治车辆管理方案,为方案实施做足准备。"三驾马车"分工合作，统筹管理， 物业主攻工程建设，业委会做好监理工作，居委会担当部门协调职务，全力以赴推进车辆管理方案完成。2015年，街道在小区安装晾衣架30个，方便底层居民晒凉衣被。

居委会被评为2014年度上海市平安小区。

第二十二节　光华居民委员会

光华居民委员会（简称居委会）东倚汇成五村，南与上海中学、上海市聋哑职业技术学校相靠，西以老沪闵路为界，北临上海体育职业学院、嘉川路。辖区原属交大分部居委会。1996年3月，成立朱家宅第一居委会（以原朱家宅居民点命名），9月，改为光华居民委员会（以光华园居民区命名）。居委会设在老沪闵路790弄20号。

居委会管辖老沪闵路790弄（即光华园）1—107号，嘉川路28弄（光华苑北区）1—5号。辖区内有上海中学、上海市聋哑职业技术学校、上海体育职业学院、长桥市场监督管理所等单位。2015年，有居民小组107个，常住居民1340户，总人数3840人，户籍人数3637人。

居民区建立党总支1个，下设党支部3个。2015年，有党员126人，其中退休党员106人。

居委会始终坚持为民所想，为民做事实、好事。成立好时光合唱队、好日子舞蹈队、好姐妹拳操队、好心情编织组、老年读报组、老年大学、乒乓队、剪纸班等8支群文团队。好时光合唱队连续多次在街道组织的合唱比赛中获得第一名，并代表街道参加区级比赛，被评为上海老年学习团。居委会以群文团队活动为主体的"五位一体"建设获得区级领导好评。2014年，居委会创新思路，根据光华小区在人口分布上呈现出初中以下年龄段儿童较多的情况，在充分了解居民的实际需求的基础上，将"光华小主人在行动"设定为光华居委会自治特色项目。为了能够让小区年轻家长了解更多的小区动态信息及政府的相关政策，由家长提议并组建了"光华小主人"微信群、"光华小主人"微信公众号，并组建光华小主人家委会等沟通平台。居委会协助小主人家委会，组织小朋友开展了各种形式多样、内容丰富、新颖的社区活动。2015年，光华小主人围绕"相约民俗　爱我中华"的主题，开展一系列亲子互动活动，特别是"我爱我绿色的家"绿树挂牌和绿化带认养活动反响最为热烈，活动信息在《徐汇报》《今日长桥》上刊登，在上视新闻综合频道和看看新闻网上播出。

居委会被评为1999—2001年度上海市基层计划生育合格协会，2000年度上海市一级居委会，2000—2014年度上海市文明小区，2009年度上海市民主法治小区，2012—2014年度上海市平安示范小区，获得2013年度上海市居（村）委老年人标准化学习点，2013年度上海远程大学合格学习收视点的称号。

第二十三节　港口居民委员会

港口居民委员会（简称居委会）东起黄浦江，南抵淀浦河，西至龙吴路，北接张家塘港。

1960年初，建立港口居民委员会（以港口镇命名）。当时管辖港口镇、港口镇42弄、戴家塘、上港新村、夏家库、潘家库、新徐家塘、北杨家宅、新造屋、小徐家塘、小张家塘、金家塘、高家塘、李家宅、山家宅、赵家宅等20余个居民点。1987—2011年，陆续划出原辖区的西北部和东北部，另设园南一村至园南三村、平福、百龙、徐汇新城、中海瀛台、华滨、华沁等居委会。1995年6月，港口居民委员与上航居民委员会合署办公。1996年9月，两个居委会撤并为港口居民委员会。居委会设在苑宏新村16号甲。

居委会管辖苑宏新村1—15号，喜泰路247弄—17号，喜泰支路15弄（图情小区）1—9号，李家宅7号、13号、16—21号、24号、31—33号、42—44号、46—49号。辖区内有上海市工业技术学校、上海东源计算机自动化工程有限公司、上海图书馆龙吴路仓库、上海博物馆文物保护科技中心、上海市沥青混凝土二厂等单位。2015年，有居民小组26个，常住居民1110户，总人数2440人，户籍居民1110户，总人数2881人。

居民区建立党支部1个。2015年，有党员91人，其中退休党员83人。

20世纪70年代初，喜泰路247弄内由上海上航储运公司为改善水上职工居民无居处，陆续建造了职工住宅，安排船民在陆上落了户。1983年，港口镇动迁，有上海宏文造纸厂、上海人造板厂等单位在苑宏新村建造了15幢住宅。1996年，上海图书馆与上海科技情报研究所在百色路16弄（现址喜泰支路15弄）建造了3幢住宅。2007年，上海宏文造纸厂搬迁，2008年，在该址上建造上海工业技术学校。在工业技术学校的东侧，靠近黄浦江畔陆续有上海市渔政监督管理处、上海市环境实业有限公司徐浦基地一分公司、中国海事局东海航海保障中心上海航标处、黄浦江船艇基地、上海市容环境卫生局徐汇垃圾转运码头、上海市水上公安局徐浦水上派出所入住。

居委会以居民自治为中心，组建防范治安的巡逻队、关爱老人爱心服务队、爱我家园环境整治队，解决居民急难愁问题。建立合唱队、戏曲队等群文团队。

居委会被评为2012年度上海市平安小区，2014年度上海市平安志愿服务先进集体。

第二十四节　百龙居民委员会

百龙居民委员会（简称居委会）东以龙吴路为界，南临上中路，西靠百色支路，北依上海植物园。辖区原属港口居委会。龙吴路1137弄居民住宅区建成后，1996年3月，成立赵家宅居委会（以原赵家宅居民点命），9月，改为百龙居民委员会（各取百色路、龙吴路首字命名）。1998年11月，港口镇等居民点从港口居委会划归百龙居民委员会。居委会设在百色路28号。

居委会管辖龙吴路1137弄（百龙小区），百色路133弄，港口新村（散居）。2005年下半年，因为建设上中路隧道，港口镇、上中路834弄、上中路608弄、夏家库居民动400余户迁。2007年，因为建设上中路隧道，港口镇42弄居民近400户动迁。辖区内有格兰云天大酒店、上海植物园等单位。2015年，有居民小组31个，常住居民795户，总人数3150人，户籍居民871户，总人数1851人。

居民区建立党支部1个。2015年，有党员78名。

2007年，小区供水改造，4—6楼不再使用楼顶水箱供水，并为居民重新排换新管，减少居民用水的二次污染。2009年，小区的内外墙进行粉刷，安装统一的滴水管，小区内18个楼道统一安装防盗门。2013年，更新小区监控设备。同年，改造并补种小区绿化，提高绿化覆盖率。2015年，光明工程统一免费对辖区内居民住宅表前供电设施进行改造。

居委会以居民自治为中心，由党支部牵头，成立由社区民警、党员志愿者、楼组长、物业经理、业委会成员、居民志愿者等为主体的"工蚁护航队"协商议事理事会。"工蚁护航队"旗下有智慧龙学习小组、姐妹歌舞队、巧手工作坊、百雁党员志愿者队、平安龙巡逻队、清洁龙护绿队、老伙伴一帮五志愿者队、独居老人结对志愿者队。每月25日党员志愿者为民理发，让独居老人、纯老家庭、卧病在床

"智慧龙"学习小组活动

的老人享受到家门口的服务。居委会的"三室艺厅"为居民提供观影等各项娱乐活动，丰富居民文化生活，增强居民凝聚力。"智慧龙学习小组"围绕提升"智慧"、无尽"学习"、不断"创新"、保持"团结"的目标，每周二下午，在居委好万花筒（老年）文化活动室。"智慧龙学习小组"获得"上海市老年学习团队"称号。

居委会被评为2001年度上海市一级居委会，2001—2014年度徐汇区文明小区，2011—2012年度上海市平安小区。

第二十五节　楼园居民委员会

楼园居民委员会（简称居委会）东与汇成一、三村为邻，南以体育花苑、徐汇邮政广告商函公司为界，西靠协和紫薇园、老沪闵路，北濒张家塘港。辖区原属交大分部居委会。1995年2月，成立楼园第一居民委员会。1996年3月，成立楼园第二居民委员会。1999年1月，楼园第一、第二居民委员会撤并为楼园居民委员会。居委会设在老沪闵路710弄1号，后迁至老沪闵路706弄108号，再迁至老沪闵路706弄16号底楼。

居委会管辖老沪闵路706弄11—106号、710弄1—57号。辖区内有瑞德幼儿园、华联超市、徐汇邮政广告商函公司等单位。2015年，有居民小组147个，常住居民1780户，总人数4547人，户籍居民1415户，总人数3326人。

居民区建立党总支1个，下设党支部5个。2015年，有党员188人，其中退休党员172人。

居委会以"六队六委"小区自治为核心，充分发挥"社会保障委员会""妇女儿童计划生育工作委员会""公共卫生委员会""文教体育委员会""综合治理委员会""环境物业工作委员会"的作用。各委员会吸收支部委员、社区民警、物业、专业人员、志愿者参加，共同商讨小区的有关事务。小区有党员队伍、群文团队、楼组长队伍、治安巡逻队伍（啄木鸟护园队）、在职党员队伍、清洁家园队伍共6支队伍。"六委""六队"每月进行清洁家园活动，保持小区环境整洁。每天巡逻志愿者在小区中巡逻，保卫小区的平安。建立了合唱团队、老年养身保健小组、夕阳红拳操一队、多彩拳操二队、精彩沪剧团队、美味烹饪团队、健身舞团队、姐妹编织组八支群文团队，丰富居民文化生活，增强居民的凝聚力。2012年，小区进行1次水改，把进户前的自来水总管全部换新，提高居民生活饮用水的质量。2013—2015年，街道出资对楼园小区的道路进行拓宽，增加了100余个车位，缓解了小区停车难问题，确保了居民的出行安全。2014年，对710弄进行了绿化改造，改善了小区绿化面貌，解决了大树影响居民采光的问题。2015年，由政府出资对楼园小区进行平改坡及二次水改工程，大幅改善居民饮用水的水质以及4—6层住户水压不足的问题。

居委会被评为1998—2003年度上海市文明小区，1999年度上海市民政局建设达标，1999—2011年度上海市基层计划生育合格协会，2008年度上海市社区建设示范居委会，2009—2010年度上海市徐汇区文明小区，2011年度上海市和谐社区建设示范居委会，2011年度、2012年度上海市平安小区。

第二十六节 体育花苑居民委员会

体育花苑居民委员会（简称居委会）东接徐汇邮政广告商函公司，南以百色路为界，西靠老沪闵路，北与楼园小区毗邻。辖区原属交大分部居委会。1998年12月，成立体育花苑居民委员会（以体育花苑小区命名）。居委会设在老沪闵路728弄51号。

居委会管辖老沪闵路728弄（体育花苑）1—51号。辖区内有上中路幼儿园分院，徐汇邮政广告商函公司等单位。2015年，有居民小组6个，有常住居民598户，常住人数1584人，户籍人数1238人。

居民区建立党支部1个。2015年，有党员66人，其中退休党员60人。

体育花苑小区建于20世纪90年代，居民中以动拆迁户为多，老邻居保留着互相串门、互相关爱、互相帮助的习俗。居民区党支部发扬光大邻里间互助互爱的好传统，2008年，由党支部带头举办了"我推荐，我评议身边好人好事"评选活动，通过评选弘扬好人精神、彰显道德力量，受到小区居民群众的认可和赞扬。党支部第一季度评出3例好人好事。在居民中形成推荐好人好事氛围，于是，小区的"好人沙龙"应运而生。2010年，以上海世博会志愿者登记注册为契机，通过黑板报、告示栏、横幅等多种宣传途径广泛发动，把邻里互助的传统美德与现代志愿服务有效衔接，先后组建30支小区志愿者服务队。通过小区业委会、居委、物业、共建单位和小区内优秀居民代表组建成立"好心人议事会"。由议事会成员商讨，对居民的服务需求进行调研，搜集社区居民需要哪些服务，及时归纳汇总服务类型，并合理安排相关志愿服务队进行跟进式服务。30支志愿服务队归纳形成了由6种不同服务类型支撑的"微公益志愿者工作站"，分别为一家亲走访服务社、育谐联谊社、民情民意接待室、育谐洁优美家园服务队、治安小区巡逻队。2015年，小区实施旧房综合改造，综合改造小区的绿化、下水道、外墙等设施，小区道路重铺沥青路面，使小区环境进一步的优化。

居委会被评为2003—2014年度上海市文明小区，2003—2006年度上海市安全小区，2004—2007年度上海市社区建设示范居委会，2005—2007年度市社区建设模范居委会，2006—2009年度上海市平安小区，2007—2009年度上海市和谐小区，2012—2013年度上海市志愿服务先进集体。

第二十七节 平福居民委员会

平福居民委员会（简称居委会）东倚春申港，南靠春申港，西以平福路为界，北与上中路接壤。辖区原属港口居委会。1998年12月，成立平福居民委员会。居委会设在上中路483弄60号。

居委会管辖上中路483弄（中恒苑）15-71号，平福路12弄（海怡公寓）。辖区内有上海星雨康健院、长桥第三幼儿园分园等单位。2015年，有居民小组55个，常住居民911户，总人数2588人，户籍居民717户，总人数1912人。

居民区建立党支部1个。2015年，有党员101人，其中退休党员85人。

居民区党支部与上海徐汇房产经营公司、长桥自来水厂、上海工商外国语学校、公交二汽公司四家共建单位一起，积极开展党建共建，开展有结对帮困助学、关爱困难独居老人、扶助残疾人等活动。居委会组织成立"红袖章"日巡队、党员夜巡队、消防卫生检查队、"610"帮教服务队、实有人口信息排查队等五支平安志愿者队伍。

2007年，中恒苑小区实施供水改造，4—6楼不再使用楼顶水箱供水，减少居民用水的二次污染。2009年，小区内51个楼道统一安装防盗门，中恒苑小区（北）实施平改坡工程。2013年，中恒苑小区道路整新，重新规划停车位。2015年7月23日，公交56路区间车投入运行，中恒苑小区结束近8年的公交盲点。完成春申港防汛墙的改造以及景观河道改造。2015年，成立木兰娘子俱乐部，下设有福音合唱团、福韵舞蹈队、福沁腰鼓队、福康拳操队、福乐戏剧队、福茂老年大学等群文团队。

居委会被评为2001年度上海市一级居委会，2001—2014年度上海市文明小区，2001年度上海市和谐社区建设示范居委会，2004年度市社区建设模范居委会，2007年度上海市社区建设示范居委会，2011年度上海市和谐社区建设示范居委会，2012年度、2013年度上海市平安小区，获得2014年度上海市远程大学合格收视点称号。

第二十八节　华东一居民委员会

华东一居民委员会（简称居委会）东以龙川北路为界，南为在建南部医疗中心（原植物园引种区）为接壤，西与汇成二村为邻，北靠张家塘港。辖区西部原属交大分部居委会，东部属龙华街道的石龙居委会。1999年11月，成立华东一居民委员会。2004年4月，原属龙华街道的徐家桥地区划入华东一居民委员会。居委会设在龙川北路436弄11号1—2楼。

居委会管辖华东花苑南块（龙川北路436弄1—36号、498弄1—6号），海波金桂苑（龙川北路418弄1—8号），汇达苑（龙川北路681弄2—3号、5—18号）。徐家桥、潘家塘、李家宅。辖区内有长桥污水处理厂、徐汇区向阳育才小学等单位。2015年，有居民小组66个，常住居民840户，总人数2565人，户籍居民775户，总人数2019人。

居民区建立党总支1个，下设党支部4个。2015年，有党员139人，其中退休党员105人。

居委会先后成立组建"丝网艺术"组、"常青树"乒乓队、"老年读报"组、日间巡逻队、在职党员夜间巡逻队等群文团队与志愿者团队。为了满足社区居民多元化的需求，新增了"爱心手工坊"编织组、"我的健康我做主，我的权益我主张"老年学习团队、"卡拉永远OK"卡拉OK沙龙等群文团队。2014年，组建了"歌声嘹亮"老年合唱

"爱心手工坊"编织组活动

队,为老年人搭建沟通平台,做到老有所依,老有所乐,丰富了业余文化生活。居委会"啄木鸟"爱国卫生小分队由原先的一大组分发展到4个小组。每小组的负责人由社区居民担任。每周四上午,"啄木鸟"爱国卫生小分队在整治小区环境的同时,由小组长做好整改记录,统一由居委会归纳后转交物业,让物业进行整改。到下周四,再检查上周交物业整改处的情况和本周要物业整改的情况提交物业。这样周而复始不间断的检查,不间断的整改,小区的整体环境大有改观。2012年12月,启动徐家桥、潘家塘、李家宅的旧区改造工程。

居委会被评为2002—2004年度上海市文明小区,2005年度、2006年度上海市社区建设示范居委会,2006—2010年度上海市平安小区,2007—2008年度上海市文明小区,2009年度上海市和谐社区建设示范居委会,2009—2014年度上海市文明小区,获得2013年度、2014年度上海市老年人学习团队称号。

第二十九节　华东二居民委员会

华东二居民委员会(简称居委会)东以龙川北路为界,南濒张家塘港,西与汇金佳丽园相望,北靠罗城路。辖区原属交大分部居委会。1999年11月,成立华东二居民委员会。居委会设在罗城路799弄33号。

居委会管辖华东花苑北块(罗城路651弄1—64号、799弄1—57号)。辖区内有长桥街道第一敬老院、华联超市等单位。2015年,有居民小组114个,常住居民1632户,户籍人数2553人。

2001年,成立了居民区党总支,下设党支部5个。2015年,有党员146人,其中退休党员130人。

居委会因地制宜,制定出符合小区发展的计划,在工作实践过程中不断地创新服务内容,完善服务机制,配合街道"四项工程"建设,逐步提高小区的生活环境品质,提升小区居民的认同感和归属感。在温暖工程中,居委会着力使生活困难的小区居民得到及时的关爱。在平安工程中,2004年,全小区所有楼道首批安装电子防盗门。有两支常备的志愿者队伍(日间护村队和党员夜巡队),坚持在小区巡逻,使小区居民的安全感明显提升。在宜居工程中,实行每周四爱国卫生活动日,居民区党总支牵头,成立"清洁家园"党员志愿者小组,唤起小区居民爱护环境,保护环境的意识。2003年1月,小区内安装规范的自行车停车栏和植草砖。2009年,小区二次供水改造。2013年,小区主要道路进行整修,绿化改造。在快乐工程中,成立合唱队、象棋兴趣组、影视观摩组、编织组、拳操队等活动小组,开展一系列居民喜闻乐见的积极向上的文化体育娱乐活动。

居委会被评为2000—2014年度上海市文明小区,2000—2014年度上海市平安示范小区,2001—2015年度上海市安全小区,2004年度上海市和谐社区建设示范居委会,2011年度上海市节水型小区,2013年度、2014年度上海市人口和计划生育基层群众自治示范村居,2014年度全国人口和计划生育基层群众自治示范村居。

第三十节　汇澜园居民委员会

汇澜园居民委员会(简称居委会)东以嘉陵路为界,南跨张家塘港、与楼园为邻,西倚老沪闵路,北靠石龙路。居委会由汇京佳丽园、幽澜苑、协合紫薇园组成。2006年5月,成立汇澜园居民委员会(各取汇京佳丽园、幽澜苑、协合紫薇园小区名中一字命名)。居委会设在石龙路999弄2号底楼。

居委会管辖汇京佳丽园(石龙路999弄),幽澜苑(老沪闵路666弄),协合紫薇园(老沪闵路680弄)。辖区内有农业银行上海南站支行、建筑建旗设计有限公司等单位。2015年,有居民小组38个,常住居民794户,总人数1662人。

居民区建立党支部1个。2015年,有党员102人,其中退休党员68人。

2014年5月,协合紫薇园成立"老阿奶"护村队。2014年7月,汇京佳丽园成立"一品芝麻官"理事会,由小区德高望重的老干部、企事业退休同志、部分民营企业家、公益志愿者等参与小区事务,完善自治平台。2014年10月,幽澜苑小区线上"金童鞋"微信群,发展到线下"金童鞋"理事会,以小区14号楼道作为试点,打造"快乐金童鞋小屋"楼道治理项目,并在全小区推广。"快乐金童鞋小屋",参与徐汇区创建全国文明城区建设,参与美丽楼道建设,清理楼道堆物。2015年,成立"老阿奶"睦邻点自治组织,开展低龄老人帮助和照顾高龄老人的活动。2015年,业委会筹建期间,共收到居民的来电来访45起,解决38起,调解小区矛盾11起,成功率达100%。命名11号楼为"民主法制宣传楼",建立法宣阵地,通过小区的律师志愿者、共建单位、兼职委员和居委下属六大专业委员会,开展系列普法宣传活动。2015年8月,创办小区简报《汇澜季风》,每季一期,介绍居委会的服务功能和小区情况,展示小区志愿者的风采等。

居委会被评为2010年度上海市节水型小区,2011—2012年度上海市平安示范小区,2015年度《全国全民健身操大赛上海分站赛》二等奖,2015年度上海市第十届禁毒365知识竞赛三等奖,2015年度上海市和谐社区建设示范居委会。

第三十一节 徐汇新城居民委员会

徐汇新城居民委员会（简称居委会）东以龙吴路为界，南临淀浦河，西与罗秀二村和紫竹园中学为邻，北靠罗秀路。辖区原属港口居委会。2007年2月，成立徐汇新城居民委员会。居委会设在龙吴路1717弄37号。

居委会管辖徐汇新城（龙吴路1717弄、龙吴路1727弄）、华馨公寓（罗秀路55弄）。辖区内有紫竹园中学、星辰幼儿园等单位。2015年，有居民小组120个，徐汇新城1930户，华馨公寓323户，常住人数6247人，户籍人数2197人。

居民区建立党总支1个，下设党支部4个。2015年，有党员206人，其中退休党员157人。

居委会以居民自治为中心，落实小区平安巡逻制度、关爱未成年人教育制度、为民服务制度等，解决居民的急难愁问题。组建小区老年谈心组、合唱组、拳操组、舞蹈组、戏曲组、编织组、美厨沙龙等群文团队，丰富居民文化生活，增强居民的凝聚力。居委会以群团活动为载体，通过开展美厨沙龙、姐妹编织、"向日葵"亲子等活动，促进居民自我教育、自我服务、自我管理。

居委会被评为2007—2012年度上海市文明小区，2007年度上海市平安小区，2009年度上海市和谐社区居委会、上海市模范居委会，2010年度上海市社区建设示范居委会，2011—2013年度上海市平安示范小区，2013—2014年度上海市文明小区。

第三十二节 中海瀛台居民委员会

中海瀛台居民委员会（简称居委会）东濒黄浦江，南以罗秀东路为界，西靠龙吴路，北临春申港。辖区原属港口居委会。2009年5月，成立中海瀛台居民委员会。居委会设在罗秀东路128号三楼。

居委会管辖龙瑞路128弄（即中海瀛台一期），龙瑞路77弄（中海瀛台二期）辖区内有徐汇区实验小学，徐汇实验幼儿园等单位。2015年，有居民小组46个，常住居民1748户，总人数4288人，户籍居民930户，总人数3150人。

居民区建立党支部一个。2015年，有党员89人，其中退休党员67人。

居委会积极"探索社会管理新方式、提高社会服务管理水平"，充分使用互联网工具，进行了有益的探索实践，通过搭建互联网的新平台，构建具有特色的"社会治理无缝隙，服务群众零距离"的社会服务管理模式。随着微信技术的完善，中海瀛台小区形成了两个微信平台，一个是小区微信公众号——云上瀛台，一个是网上议事厅的微信平台。云上瀛台包括"流动人口、计划生育、就业援助、今日天气"等居民关心的信息发布，社区各类文体、亲子活动网上报名，社区文体团体、志愿者等的风采展示，对社区居民关注问题及时答疑释惑。公众号已经有500多个关注粉丝。通过居民自治和以微信为代表的移动互联技术，让"三驾马车"有序运转，缓解居民情况难掌握、管理服务不到位等情况，推进物业管理、小区管理的水平。

居委会被评为2010年度上海节水型小区，2013—2014年度上海市文明小区，获得2014年度上海市妇女之家示范点称号。

"云上瀛台"微信群友举办慈善换物活动

第三十三节　华滨居民委员会

华滨居民委员会（简称居委会）东临龙吴路，南以中心通道为界，西濒春申港，北倚春申港。辖区原属港口居委会。2011年6月，筹建华滨居民委员会。2015年12月，成立华滨居民委员会。居委会设在龙吴路1323弄20号二楼。

居委会管辖龙吴路1323弄1—28号。小区有23幢高层建筑。2015年，有居民小组68个，户籍居民1985户，常住人数6000人。

2015年5月，成立居民区党支部，有党员107名，其中在职党员6名，退休党员101名。

小区人户分离现象、"群租"现象严重（200余户"群租"），外来流动人员多（5000余人），居委会（筹）配合街道综治办，加大对"群租"的整治力度，实施发现一套"群租"就制止一套的模式，小区的"群租"情况得到遏制，"群租"户不断下降。2012年，居委会（筹）结合小区实际情况，坚持"调防结合，以防为主"的方针，建立小区义务调解员队伍，化解小区内各类纠纷，把纠纷化解在萌芽中。居委会成立沪剧班、越剧班、八锦段、舞蹈班、太极拳、健身舞等6支群文团队，130余人。沪剧班、越剧班，每周活动一次。八锦段、舞蹈班、太极拳、健身舞天天有活动。成立日间义务巡逻队，29人，每周参加小区巡逻。成立清洁家园小区义务队，每周四参加辖区的清洁、保洁活动。2015年，华滨、华沁居委会开展居居联动活动。

居委会获得2014年度徐汇区"实有人口信息示范采集室"，2015年度徐汇区"寻根吴越方言、传承本土文化"创新项目奖称号。

第三十四节　华沁居民委员会

华沁居民委员会（简称居委会）东临龙吴路，南以罗秀路为界，西靠平福路，北倚中心通道与华滨家园为邻。辖区原属港口居委会。2011年6月，筹建华沁居民委员会。2015年12月，成立华沁居民委员会。居委会设在龙吴路1343弄1号楼底楼1—1室。

居委会管辖龙吴路1343弄1—22号。小区有12幢高层建筑。辖区内有聚鑫园区等单位。2015年，有居民小组22个，总户数2720户，有常住人数6000人，户籍人数134人。

2015年5月16日，居民区党支部成立，有党员92名。

小区"群租"现象一度十分严重。居委会"筹"配合街道综治办，对"群租"现象开展集中整治。2013年、2014年、2015年，分别进行多次集中整治，收到很好的成效。2015年下半年起，进入常态长效管理，辖区的"群租"户不断下降，居民的满意度不断提升。2014年8月，成立"沁之声"合唱队，每周二上午组织开展歌唱活动。"沁之声"合唱队每两周学习一首经典老歌。2016年3月8日，成立华沁编织班，每周一下午，组织编织爱好者交流学习活动，冬季，华沁编织班为小区的老人编织帽子。

居委会获得2015年度徐汇区反邪教群防群治优秀案例，2015年度徐汇区未成年人暑期工作创新项目奖称号。

第七章 社会治安综合治理·公安·司法

街道社会治安综合治理工作,以维护和确保社会稳定和安全,配合和协同徐汇区综治办和公安部门,开展预防和减少犯罪体系建设,开展禁毒扫黄宣传和消防安全,开展创建安全社区和安全小区活动。

公安长桥新村派出所根据城市安全发展和民生服务要求,加强社区治安管理,打击刑事犯罪,完成重大活动保卫任务,做好户政管理。

街道社区司法所,以维护社区稳定,确保社区平安为指导思想,发挥依法行政和依法治理的职能作用,开展法制宣传教育,充分发挥人民调解组织作用,妥善处理民间纠纷,做好社区矫正和刑释解教人员帮教工作。

街道被评为2009—2010年上海市平安社区,2011—2015年上海市平安示范社区,2011—2015年上海市反邪教优秀社区,2012—2015年上海市示范禁毒社区,2012—2015年上海市禁毒工作先进集体。

第一节 社会治安综合治理

1994年,街道成立长桥社会治安综合治理办公室(简称"综治办")。"综治办"设社保队、消防安全办公室、外来人口综合管理办公室,维护社区稳定和安全。2002年,成立街道综合治理工作领导小组。2008年4月,成立居民区社会治安综合治理工作站。街道社会治安综合治理工作,通过全力开展社区平安建设,加强社区治安技防设施建设,建立平安志愿者队伍,确保社会安定、社区安全,争创安全社区,促进社区和谐稳定。

一、平安社区建设

【社会治安综合治理工作站】

2008年4月,街道在徐汇区范围内,先行成立居民区社会治安综合治理工作站(简称"综治工作站"),并先后在31个居民区,全部成立"综治工作站"。

"综治工作站"作为街道社会治安综合治理工作中心向社区延伸的工作平台,履行治安防范、矛盾化解、警民联动、法制宣传等方面职责。"综治工作站"同社区警务室合署办公,由社区民警兼任站长,充分发挥社区民警的专业知识和技能,增强对居民区综治工作的领导和业务指导。居委党总(支)部书记兼任指导员,物业经理担任副站长,居委会干部、业主委员会主任、居委治保委员、综治社保、小区志愿者等为成员。"综治工作站"每周召开例会,向居委会干部、物业保安、小区居民通报本地区的治安状况,按照"一人、一案、一组、一表"的要求,深入排摸、分析影响小区稳定的各类矛盾和不稳定因素,落实化解方案,对难点问题提交街道综治工作中心研究分析,努力做到"一般矛盾不出居委会、疑难矛盾不出街道、矛盾不上交"。"综治工作站"成立后,居民区的治安防控能力和居民群众的安全感不断提升,居民区内矛盾纠纷的调处和化解的能力逐步增强。2008年,刑案发案数比2007年下降了3.85%。2009年11月,徐汇区委副书记、徐汇区区长陈寅到长桥街道调研居民区综合治理工作。徐汇报、解放日报、新闻晚报等媒体采访和报道街道"综治工作站"工作。上海市政法委、上海市综治委，到街道召开推广"综治工作站"工作现场会。2010年1月21日，中央综治委副主任、中央政法委副秘书长、中央综治办主任陈冀平到长桥街道视察社区综治基层基础建设工作，并题写"平安长桥"。

【综治工作中心】

2010年5—10月，上海举办"世博会"。根据徐汇区综治委统一部署，2010年初，街道成立综治工作中心，由街道政法书记兼任综治工作中心主任，街道办事处副主任、人民武装部部长、公安派出所所长、街道综治办、信访办、司法所负责人兼任副主任。综治工作中心定期召开会议，实现矛盾联调、问题联治、治安联防、平安联创的职能。

【"大联勤"建设】

街道组织公安长桥新村派出所、工商、城管、食药监等部门，定期排查治安重点地区和突出治安问题，开展"大联勤"建设。2011年，"大联勤"对徐家桥地区开展综合治理，通过统一规划、疏堵结合、规范管理、措施落实，有效地改变了徐家桥地区的环境面貌和"钟点市场"的经营秩序。

2012年，街道成立由社区民警、社保队员、拆房队人员组成的徐家桥动迁联合安保小组。通过调解纠纷，消除安全隐患，维护徐家桥地区治安稳定，确保动迁工作顺利推进，共消除徐家桥各类安全隐患60余起，调解纠纷120起。动迁联合安保小组开展20余次的集中整治，拆除一批违法违章搭建。2013年底，徐家桥动迁任务完成。2012年，街道协同和组织徐汇区教育局、公安长桥新村派出所、食药监所等部门，组成联合整治工作组，取缔了徐汇新城8号（别墅）内，学前儿童非法看护点，并做好150名儿童家长的解释、劝导和疏导工作。

2013年5月初，成立长桥社区城市综合管理联勤执法工作领导小组，推进"大联勤"建设。发布《长桥社区城市综合管理联勤执法工作实施方案》《长桥社区联勤执法工作会议制度》《长桥社区联勤执法案事件处置部门、依据、时限分类表》等规章制度。开展"群租房"整治。2013年6月起，街道协同徐汇区住房保障和房屋管理局、徐汇区公安分局、汇成物业公司，对华滨、华沁小区的"群租房"进行整治。11月9日，对16套"群租房"开展集中整治。2014年4月、5月、11月对297套新增、回潮"群租房"开展多次集中整治。共整治991套（次）"群租房"，共计拆除2297间隔间，清退租客3500余人次。

【禁毒工作】

2010年，街道调整和充实禁毒领导小组成员，完了禁毒、戒毒、康复的网络体系建设。由禁毒、司法、"610"专职干部，组成对"重点人员"的管控队伍。对"重点人员"进行细致排摸，建立一人一案，落实专人负责的各类管控措施。2010年，组织居委会干部、社区青少年、禁毒社工、社区中小学生等，参加上海市第五届网上禁毒知识竞赛，累计参与人数9265人次，取得上海市排名第二，徐汇区排名第一的成绩。2011年，在上海市第六届网上禁毒知识竞赛活动中，累计参与人数37779人次，取得参与初赛人次上海市排名第二的好成绩，得到上海市网上禁毒知识竞赛组委会的好评。2012年，组织社区居民参与上海市第七届网上禁毒知识竞赛，获参与人数上海市第一名佳绩。2013年，组织社区居民参与第八届"上海市禁毒知识竞赛"，参加人次数名列上海市前茅。2015年，街道辖区内，登记在册的吸毒人员263人。

第七章　社会治安综合治理·公安·司法

【平安志愿者队伍】
2010年，街道成立长桥社区世博平安志愿者大队，在各居委会成立平安志愿者中队，平安志愿者中队下设立小区巡逻小队、公交站点守护小队、街面巡逻小队、应急机动小队、重点单位守护小队五个志愿者小队。街道对所有平安志愿者人员登记造册，开展平安志愿者业务培训及演练。"世博会"期间，累计招募平安志愿者3100人，驻守32个小区、60个车站、36个路口、1个码头，累计参与小区治安巡防的志

禁毒宣传

愿者166560人次，累计志愿服务919200小时，参与街道路面巡防5899人次，累计服务47192小时，累计守护二类站点1992人次，三类站点1018人次。上海市世博安保社会面防控工作部，授予焦凤樑（四村一居委会）、王银娣（港口居委会）为"上海市优秀平安志愿者"荣誉称号。法制天地栏目组，专题报道汇成一村的平安志愿者队伍建设和见义勇为的事迹。2013年，有5个居委会的平安志愿服务队，被评为徐汇区优秀平安志愿服务队，有33名志愿者被评为徐汇区优秀平安志愿者，10人被评为徐汇区优秀平安志愿组织者。有2名志愿者被评为上海市见义勇为先进个人；8名志愿者被评为徐汇区见义勇为先进个人。2015年，街道为每位平安志愿者发放统一的标志，购买保险，并适时开展业务培训。在各居委会，组建具有特色的平安志愿者小队，通过梳理、调整，形成1600人的平安志愿者队伍。

保安巡逻

二、技防设施建设

2007年，街道在徐家桥等三个"城中村"安装监控摄像头21个，在徐家桥、南街、张金家塘的主要路段安装30余盏路灯，在鑫隆花园、嘉川路28弄等区域安装监控摄像头和红外周界报警器，调整和维修长桥五村、星秀苑的监控摄像系统。2010年，完成25个小区

的电子围栏建设,在32个小区,全面安装防盗门和电子探头。2011年,街道投入20万元,在综治工作中心,建立街道路面监视系统平台,实现对辖区内社会面实时监控。在居委会居民区安装电子探头331个、防盗门2304扇。2013年,街道投入200万元,在辖区内,安装电子探头385个。安装的电子探头,在侦破长桥八村杀人案件的过程中发挥了作用。2014年,对盲点部位新增电子探头,对图像模糊,损坏严重的电子探头作更新,共新增和更新100个电子探头,在华滨居委会办公室安装2个电子探头,对电子探头登记造册,绘制电子探头分布图和覆盖范围的截图。根据各小区实际需求,街道开展未来五年技防项目调研。2015年,在20个居委会,发放1200扇防盗门维修的补贴,并检查和督促物业部门,加强对防盗门的维护保养。对辖区内385个不同权属性质、性能、服务期限的探头及需要调整布局的探头,进行移机和调整,形成街道各小区探头权属性质一致、性能一致、服务期限一致格局。

三、消防安全

1994年3月,成立长桥街道消防联防中队,上海耐火材料厂、上海宏文造纸厂、上海合成洗涤剂厂、上海人造板厂等为联防中队成员单位,成员单位均配有消防车和专职消防员。长桥街道消防联防中队与上海消防"119"联网。长桥街道消防联防中队参与龙吴路上海图书馆火灾事故、港口镇供销社仓库火灾事故的灭扑。1994年2月,龙吴路港口桥镇煤气管道泄露,上海合成洗涤剂厂消防员卓长江,在抢险时因公殉职,被上海市人民政府追认为烈士。2006年4月,在徐家桥、南街、张金家塘3个城中村,建立综合管理办公室,配专职的消防安全人员,组建四支义务消防员队伍,共85人。每年组织开展2—3次的消防安全知识、灭火技能培训及灭火演练。2010年,成立长桥街道消防联防工作站,由社区企事业单位与居委会结对,共建防火安全联动模式。2010年,建立长桥街道企事业单位消防安全联席会议制度,

三轮应急消防车

社区内30家企事业单位为成员单位,2011年,有50家企事业单位为成员单位。2011年,在各居委会成立以物业公司保安人员为主体的住宅小区义务消防队,以居委会楼组长为主体的消防志愿者队伍。在南街和徐家桥等火灾隐患点配备相应的消防器材。

2011年4月20日,街道在长桥八村高层举行消防逃生演练,及"三轮应急消防车"发放仪式。徐汇区公安消防支队、街道民兵应急分队、社保队员、消防志愿者、社区居民共500多人参加了消防逃生演练,发放37辆"三轮应急消防车"。"三轮应急消防车"是社

区企事业单位出资捐赠,统一红色涂装,配备警笛、扩音喇叭,车厢内有4个灭火器、1把消防斧、两个防毒面具、两条消防毯、1个消防灯、两套水管、两袋黄沙,"三轮应急消防车"发放到"农夹居"地区、菜场、32个居民社区。2011年6月7日,徐汇报《社区工作》专版刊登《长桥街道探索"土办法"解决消防难题》报道。2011年11月9日,"三轮应急消防车"在上海体育场,全市"119"消防宣传活动中作展示。

2012年,对20年以上的高层居民住宅,进行消防喷淋等设施的建设,完成长桥四村、长桥五村共计5栋高层的消防设施改造工程。2013年,街道与120家(含建筑工地)企业签订安全生产责任书,为地区相关单位和居民更新灭火器4700只、急救包150个。街道投入8万元,为生活困难家庭,补贴更换燃气灶具及燃气热水器。2015年,为南街潘家塘、龙吴路李家宅、龙吴路1125弄港口新村等重点地区增配灭火器材46个,安全指示标识牌70块。在长桥南街及潘家塘地区,开展消防安全大整治;制定了专项防火安全制度、摸清消防隐患底数,设立应急消防灭火点;组织开展消防安全知识宣讲、火灾现场逃生演练、消防巡检。经过消防安全大整治和消防安全宣传、检查,上述重点地区未出现重大消防火灾事故。

第二节 长桥新村派出所

上海市公安局徐汇分局长桥新村派出所(简称派出所),发挥公安职能作用,确保辖区治安环境持续改善、刑事案件发案率稳中有降、人民群众的安全感和满意度明显提升。圆满完成APEC会议、第十四届世界乒乓球锦标赛、上海合作组织峰会、上海世界夏季特殊奥林匹克运动会、第二十九届国际奥林匹克运动会足球比赛上海赛区比赛、上海世博会、第十四届国际泳联世界锦标赛、上海亚信峰会等重大活动期间安保任务。2004年,派出所被评为上海市争创人民满意活动先进集体。

一、机构设置

1984年10月,派出所由当时的上海县梅陇派出所、龙华派出所、龙华镇派出所和漕河泾派出所各划出部分区域形成。1985年1月29日,派出所正式挂牌成立,位于长桥二村44号、45号,在编民警10名。1989年9月,迁址罗香路100号,在编民警31人。1997年1月,在原派出所区域内,以老沪闵路至老沪闵路二号桥铁路北为界,路东为长桥新村派出所,路西新设凌云路派出所。2004年3月,随着铁路南站形成,以罗城路为界,路北划归漕河泾派出所管辖,从龙华镇派出所划入徐家桥、潘家塘、李家宅3个"农夹居"地区,辖区面积5.87平方公里。2009年12月,根据公安部基层派出所改建工程要求,派出所迁址龙川路66号。2015年,派出所设所长室(教导员室)、副所长室、内勤室、执法办案队、治安管理组、社区警务组、网格巡逻队等,共有警员79人。

二、打击刑事犯罪

派出所紧扣"打防严保"工作目标,围绕让辖区发案数和不安定因素下降,群众满意度和安全感提升的要求,延续"考核指标全A"工作思路,开展"打、防、管、控"各项工作。重点打击入室盗窃、盗三车等多发性侵财案件。实行弹性工作制,将警力向街面和案件多发区域倾斜,采用公密结合、人机联动、守候伏击等措施,切实提升现实违法犯罪活动的抓捕率。在打击刑事犯罪过程中,先后破获对社会有较大影响力的大案、要案。

【"10.24"植物园煽动性标语案】

2007年10月24日上午,在龙川北路植物园围墙、龙川路625弄、龙川路737弄内等3个区域发现14条煽动性标语。案发后,派出所会同上海市公安局国保局、徐汇公安分局国保刑侦支队全力攻坚,成功破案。

【"5.30"系列入室盗窃案】

2008年5月30日,派出所在园南新村内,抓获雷某等7名犯罪嫌疑人,从而破获徐汇区长桥、漕河泾、康健、凌云等系列入室盗窃案70余起。

【"8.5"碎尸案】

2013年8月5日,长桥八村发生碎尸案。派出所围绕一起失踪案仔细甄别,从细枝末节中发现蛛丝马迹,并循迹深挖,及时抓获犯罪嫌疑人,破获"8.5碎尸案",受到徐汇公安分局表扬。

【"3.26"非法持有枪支案】

2015年3月26日凌晨,派出所会同徐汇公安分局治安支队、闵行公安分局,在闵行区放鹤路1228号内,抓获涉嫌非法持有枪支弹药和管制刀具的施某、刘某等5名犯罪嫌疑人,现场查获各类自制枪支20余支、管制刀具40余把,弹药数百发。

三、社会治安管理

派出所根据城市安全发展和民生服务需求,靠前谋划,主动预防,确保地区经济发展和人民生活运行有序。2008年,按照分局党委关于进一步加强社区治安综合治理、大力推进平安建设的总体要求,派出所积极争取街道党工委和综治办的支持,以社区警务室为依托,积极利用社区原有资源,有效整合各方力量,创新建立"1+6"模式为基础的社会治安综合治理工作站,进一步理顺社区治安管理工作机制,使得社区警务效能和办事效率得到明显提升,社区居民安全感和满意率显著增强。

派出所强化治安管理,严厉打击涉黄、涉赌、涉毒等违法犯罪活动,围绕"打防严保"目标,组织开展集中整治行动,坚决肃清卖淫嫖娼、聚众赌博等社会丑恶现象。加强对危险物品和枪支、刀具的管理,夯实旅馆业日常管理,加强对地区易肇事肇祸精神病人管控机制。开展"打黑除恶""打四黑除四害(四黑:即黑作坊、黑工厂、黑市场、黑窝点,四害:即严重危害人民群众生命健康,严重危害青少年身心健康,严重危害群众财产安全,严重危害公共安全和社会诚信)""打击食品犯罪""缉枪治爆"等专项行动,确保地区长治久安。派出所以地区平安建设为出发点,稳步推进地区实有人口、实有房屋(简称"两个实有")全覆盖管理,确保社区内"人、事、物"要素的动态管控。夯实"两个实有"管理工作,以提高人口信息质量为核心,建立"两个实有"全覆盖常态长效机制,提高人口信息和房屋信息的鲜活性和准确性,特别是对涉恐涉爆人员、刑事解教人员、易肇事肇祸精神病人等,加强排摸和全面核查力度,为刑事打击、社会治安管理提供有力支撑。

派出所总结上海合作组织峰会、特奥会、奥运会、世博会等重大安保工作中的经验，逐步完善和健全地区各项安全保卫工作方案、重要目标反恐处突预案和风险评估机制。积极开展地区反恐重点目标安全防范督导检查，着力增强地区单位内部反恐防范能力和水平。加强派出所值班备勤机制，确保任何时间内做到闻警即动，快速反应，确保长桥地区公共安全。

四、户政管理

【常住人口管理】

1997年，辖区有居民30822户，总人数79354人。其中迁入1151人，迁出254人。1997—2016年，共迁入10906人，迁出2374人。1997—2016年，共出生6539人，死亡8893人。市区内户口迁移频繁，共迁移变动145047人次，其中移入户口77689人次，移出户口67358人次。2015年，有居民35776户，总人数93319人，比1997年分别增加4894户，13965人。

1997—2015年街道户数、人口数情况表

单位：人

年份	户数	人口数	男	女	出生	死亡	迁入	迁出	移入	移出
1997	30822	79354	40251	38053	247	506	1151	254	4751	3516
1998	31103	81501	41934	39567	264	512	1354	327	3685	3157
1999	33011	86754	44590	42164	301	593	1128	292	4532	3715
2000	34940	91168	46788	44380	314	570	985	252	6558	4227
2001	35857	92539	47468	45071	306	622	1054	442	4192	3723
2002	36343	93230	47713	45517	33	75	57	35	4031	4173
2003	36659	93052	47312	45740	321	706	672	106	4736	5098
2004	32971	84198	42723	41475	46	43	35	24	3697	3419
2005	32883	83987	42467	41520	45	66	51	33	3082	3359
2006	32768	83428	42150	41278	35	62	44	22	3170	3766
2007	32867	83909	42291	41618	538	649	558	81	3186	3071
2008	33035	85109	42737	42372	567	683	890	87	3250	2736
2009	33386	86440	43229	43211	531	622	564	102	4350	3390
2010	34126	87584	43660	43924	627	705	801	72	3536	3043
2011	34373	88598	44069	44529	641	713	623	78	2907	2366
2012	34560	89428	44496	44932	793	793	395	73	2993	2485
2013	34939	90466	44960	45506	705	754	428	79	4066	3328
2014	35345	92104	45684	46420	73	80	42	6	4182	3003
2015	35776	93319	46319	47000	77	86	49	4	4430	3607

资料来源：长桥新村派出所

【居民身份证管理】

1994年7月1日,启用居民身份证新标准照片。1995年,换发有效期20年居民身份证。1999年10月1日零时,常住居民身份证编码由15位升为18位。2005年,开展换发二代证工作,共换二代证81218张,占应换发总人数的99.98%。

【境外人员管理】

1996年5月,徐汇公安分局成立出入境管理办公室,派出所建立出入境办理窗口,开展境外人员管理工作。2015年,辖区有常驻境外人员375人,其中美国籍140人,中国台湾地区54人。

第三节 司法所

徐汇区司法局长桥司法所,负责辖区人民调解、社区矫正、法治宣传、依法治理等维稳工作。2010年,长桥司法所荣获"上海市示范司法所"称号,2011年,荣获"上海市司法行政系统先进集体"称号,2014年,荣获"上海市五好司法所"称号。2008-2010年,街道人民调解委员会被评为上海市人民调解工作先进集体。

一、机构设置

2000年6月,长桥街道司法所成立,设在罗香路100号,有司法助理员1人。2008年12月,迁至罗秀路616号。2015年,司法所有工作人员5人。司法所协助基层政府开展依法治理工作和行政执法检查、监督;指导管理人民调解工作,参与重大疑难民间纠纷调解;指导管理基层法律服务;组织开展宣传和法制教育;开展对刑满释放和解除劳教人员的安置和帮教工作;协助"110"公安司法联动调处等共13项工作。其中,司法部规定的职能9项,上海市司法局规定的职能4项。

二、普法宣传与依法治理

【普法宣传】

1996年7月,徐汇区委、徐汇区人民政府召开"三五"(第三个五年法制宣传教育规划)普法宣传动员大会,司法所在街道全面开展新一轮普法工作。2000年,街道在罗香路和汇成中心街制作两个大型的法制宣传橱窗。2001年,在上海植物园、金牛小区新建两个大型法制宣传橱窗。2002年,加强法制教育,开展形式多样的防范诈骗案宣传活动。2003年,开展法制宣传进社区活动。通过国际禁毒日、宪法宣传周等契机,进行各项法制宣传活动。2004年,为机关干部辅导《行政许可法》;组织公务员参加宪法知识网络竞赛,为调解、妇代干部宣解《婚姻法》。2006年,举办"12.4"宪法宣传周活动及大型法宣活动3次,发放《外来务工人员法律常识百问百答》500本。2007年,在各居民区设统一标准的"法制宣传专栏"。2008年,举办"迎奥运盛会、建和谐家园、法在我心中、创平安社区"为主题的长桥社区法制宣传文艺演出活动,举办长桥街道青少年法律知识竞赛活动。

在西南文化艺术中心街道图书馆及31个居委会建立法律图书角。

2009年10月,在西南影城广场,组织开展徐汇区纪念律师制度恢复30周年法律咨询活动。举办"迎世博,化矛盾,促和谐"东方讲坛讲座二场。2010年5月,举办"精彩世博,与法同行"法制宣传文艺演出。2011年,举办"与法同行,崇尚科学"长桥社区法制宣传暨反邪教宣传专场文艺演出。2012年9月,推进"法律进学校"活动,与上海"阳光中心"社工站合作,以政府购买服务的方式,邀请社工站的3名社工,在5—6月份的周五,为长桥中学的学生进行小组集体辅导,收到明显成效。2013年,在东方讲坛举办讲座,推进法制宣传,邀请黄浦区委党校副教授杜言敏先生,主讲"为民务实守清廉,党建托举中国梦"。2014年,举办各类法制讲座58场,参加2086人次。徐汇区民盟司法支部与长桥社区司法所实行法宣工作对接,开展6场相关民生的法制讲座与法律咨询。2015年6月,举办"弘扬宪法精神,传播法治文化"文艺汇演。

【依法治理】

2000年4月28日,街道成立8家法律咨询服务站,有38位司法界专业人士被居委会聘为义务法律咨询员,2000年底,法律服务站在居委会全覆盖。2001年9月,街道建立社区法律服务窗口,邀请律师事务所的律师定时为居民提供法律服务。2003年,进一步履行徐汇区法律援助中心长桥街道分中心的职能,帮助地区困难居民申请法律援助,居民大众在小区内获得最为便捷的帮助。2006年,成立街道法律顾问团,制定长桥街道《关于法律顾问团参与行政决策工作的实施意见》。2008年,贯彻《全面推进依法行政实施纲要》,定期研究普法依法治理工作,并将社区普法依法工作纳入重要议事日程。设立法制宣传教育联络员。

全面推进"法律服务进社区、进小区",发挥律师、法官、检察官专业优势,宣传法规、化解矛盾、调解纠纷。2009年,司法所先后与上海达隆律师事务所、上海鼎诚律师事务所签约,聘请20多位法律专业人士担任志愿者,协助社区及居委会开展法律咨询与法制讲座等活动。2010年,司法所与上海达隆律师事务所、上海国畅律师事务所、上海大公律师事务所结对签约。2011年,制定《长桥街道法制宣传教育第六个五年规划》,提出法治宣传教育需要法律常识与道德教育并重的观点。2015年,司法所设立"公证联络室",设联络员一名,接待居民公证咨询及预约登记。

三、人民调解

【组织网络】

2000年,司法所筹建法律咨询服务站,形成街道司法所、法律咨询服务站、居委会三级社会矛盾调处网络。2001年,成立长桥街道人民调解委员会,建立长桥社区人民调解庭。2004年,建立楼道调解小组,形成街道、居委会、楼组三级人民调解网络。2006年,司法所组建"长桥街道人民调解工作室"。2007年,成立社区人民调解工作站及13个工作点,分别设在街道调委会本部、9个居委会网格块、3个农夹居地区(长桥南街、小张金家塘、徐家桥)。

【调解工作】

2001年,按照上海市第八个五年计划的要求,司法所开展首席人民调解员的选聘工作,共聘任首席人民调解员2名,9月,建立长桥社区人民调解庭。人民调解庭在APEC会议期间,分别化解汇成三村一户居民开煤气自杀事件和汇成五村一居民欲在会议期间上访事件。

司法所加强人民调解工作专业化、职业化、社会化的"三化"建设。建立健全大调解组织网络,推动矛盾纠纷的联调联动,人民调解与法制宣传相结合,与综合治理相结合,与安置帮教相结合,与公安部门、法律服务相结合。强化制度建设,建立了公安、信访、司法、劳动、民政等部门参加的矛盾纠纷排查调处责任制和领导包案制度,纠纷激化过错责任追究督办责任制,民情分析报告制,定期回访制等规章制度。调解工作经常化、制度化、规范化,提高纠纷调处率,成功履行率。2015年,受理各类矛盾纠纷(进入调解程序)875起,化解875起,纠纷调处率达100%,成功履行率达100%。制作书面协议书353份,口头协议522份。书面协议中,诉调对接65份、司法确认9份。"两个委托"案件(派出所委托司法所的调解案件)中,治安案件调解成功86件;轻伤害案件调解成功1件。窗口接待1031人次,帮助"110"接警处理824件。

四、社区矫正

2002年,上海在全国率先开展社区矫正试点工作。社区矫正是指将符合社区矫正条件的罪犯置于社区内,由司法机关会同公安机关在相关社会团体和社会志愿者的协助下,在判决、裁定或者决定确定的期限内,矫正其行为恶习和犯罪心理,并且促进其顺利回归社会的非监禁刑法执行活动。长桥街道首批参加社区矫正试点工作。2003年,街道成立社区矫正工作办公室,司法所专门负责对街道的社区矫正人员进行监督管理和帮困扶助。司法所对辖区内的社区矫正人员进行集中的宣告,逐一签订《帮教协议书》,统一进行管理。2005年,街道成为上海市首批"社区矫正达标街镇"。2008年,街道与上海植物园签订协议,上海植物园成为公益劳动基地,接受本街道社区服刑人员参加公益劳动。2011年7月起,按照上海市矫正办要求,对每名新增社区服刑人员(除剥权人员外)发放定位手机进行管理。2014年,街道获得上海市社区矫正和安置帮教"示范社工点"的称号。2015年,街道在册社区矫正人员54人,当年新增社区矫正人员44人,在册刑释解教人员166人,建档166人,落实帮教165人。

第八章　民政·劳动

长桥街道志
(1991-2015)

第八章　民政·劳动

街道的民政、劳动，以维护社会稳定、提供社会保障为重点，以建设和谐社区为载体，全面贯彻和落实政府民生实事项目，面向社区居民群众，积极开展社区服务、社会救济、双拥工作、老龄工作、残疾人保障、劳动就业等便民利民的服务。

第一节　社区事务受理服务中心

一、机构设置

1992年6月，长桥街道社区服务中心成立，位于长桥四村45号。1999年，迁至罗秀新村27号，更名为乐帮长桥社区服务中心。2001年8月，迁至罗秀新村112号，恢复长桥街道社区服务中心名称。社区服务中心集社会保障（社会救助、劳动服务所、社保卡）社区服务（家政服务、居家养老、代收公用事业费、计划生育、党员服务、为老服务等）和综合服务（卫生教育、体质测试、法律服务）三大职能。2006年10月，在街道社区服务中心的基础上，建立街道社区事务受理中心（简称"受理中心"）。2008年9月29日，"受理中心"迁入罗秀路616号。"受理中心"大厅面积300平方米，设前台（受理大厅）和后台（内部办公）二大区域。

二、受理服务

2008年9月，"受理中心"设有15个受理服务窗口、一个咨询台，并引入"一门式"事务受理系统和排队呼叫系统，提高办事的便捷度、亲和度、透明度。"受理中心"提供12大服务类别、190多项服务内容，受理范围涉及居民日常生活中的劳动保障、社会救助、医疗保险、劳动就业、助老助残服务、计划生育、副补发放、社会保障卡申领发放、房屋租赁备案及廉租房、小税收等。"受理中心"采取除国定假外全日无休、午间无休的工作制，方便社区居民办理各项事务。实行"四公开""四统一"制度，即"政务信息公开、服务范围公开、办事制度公开、操作流程公开"，以及"统一工作时间、统一礼貌用语、统一衣着仪表、统一用品摆放"。2010年起，徐汇区档案局在徐汇区13个街镇推广"民生档案远程查档服务"，提供婚姻档案、独生子女档案、知青子女档案、知青档案的"就近查档、当场出证"的便捷高效的档案服务。"受理中心"有专人从事"民生档案远程查档服务"，每年的业务受理量在150笔以上，列徐汇区街（镇）受理量的前三位。"受理中心"积极开展档案信息化工作，利用信息化管理平台和网络技术，整合档案信息资源，最大限度的满足人民群众和社区建设对档案信息的利用需求。

"受理中心"办理事务逐年增加。2011年，为更好地方便居民群众办理各项事务，"受理中心"实行"全区通办"服务，开通人保局9项业务、社保局10项业务、医保局1项业务、计生委8项业务，大大方便徐汇区居民群众就近办理事务。2015年，"受理中心"新增老年照护统一需求评估服务、新增受理上海市支内支边人员退休回沪后申请年老一次性计划生育奖励费、医保下沉2项业务（就医关系转诊、离休干部转诊）。2015年底，"民生档案远程查档服务"新增知青返城、再生育子女证明、学籍档案、工伤认定查询。"受理中心"的综合业务受理量分列徐汇区街（镇）前三名。其中：社会救助、工会职工理赔业务、失业保险业务、支援外地建设退休回沪人员生活补助业务受理量居第1位，医疗保险业务受理量居第2位，社保卡、居住证、敬老卡业务受理量居第3位。

2013年，"受理中心"成为徐汇区首批参

社区事务受理大厅

加ISO9001:2008质量管理体系认证和社区受理服务中心建设评估指标（2.0版）评估的单位之一，顺利通过ISO9001:2008（公共服务版）质量管理体系认证评审。中心建设评估指标（2.0版）评定为五星级。2014年、2015年，顺利通过ISO9001:2008（公共服务版）质量管理体系认证复审。2014年，"受理中心"获上海市"巾帼文明岗"称号，在13个街镇的政风行风测评中，获得第一名，2015年，获《社会救助与救灾减灾》刊物信息工作"优秀街道组织"奖，获上海市居住证工作先进街道（受理网点）。

第二节 社会救助

一、工作网络

1996年，街道形成以民政为主体，劳动服务所、工会、社区单位参与的街道社会救助工作网络，开展社会帮困救助工作。1998年3月，成立长桥街道社会救助管理所，有4名工作人员，在各居委会设立专职救助协理员，形成街道、社会救助二级网络。贯彻落实上海市、徐汇区两级政府的实事项目，实行粮籍管理所与社会救助管理所两块牌子一套班子，社会救助实行"一口上下"的体制和机制，即各类救助对象的申请、救助款物发放、救助政策衔接及信息汇总都通过社会救助管理所运行。2015年12月，街道有享受低保683户，1025人，重残无业211人，享受支援外地建设退休回沪人员生活补贴3950人，副食品补贴发放对象8747人。2015年，街道社会救助管理所有7名工作人员，负责辖区常住人口的救助、帮困、慈善工作。

二、救助工作

街道社会救助事务管理所，根据国务院《城市居民最低生活保障条例》和《上海市社

区救助管理办法的规定》，开展以城镇居民最低生活保障，粮油帮困、实物帮困、医疗救助等单项救助和临时性救助为主的社会救助工作。1996年，发放帮困卡11740余张，现金和实物救助特困人员1027余人。1999年，社会救助管理所在标准化建设和规范救助程序的基础上，按照救助新政策，对城镇居民最低生活保障金申请者，进行重新登记、审核和发放工作。2000—2007年，贯彻落实上海市人民政府关于社会救助"要分类、有梯度、广覆盖、保基本"的工作要求，采取"分类救助"措施，启动了帮困送温暖活动、教育救助、社区综合帮扶、医疗救助、支内补助等救助项目。社会救助对象由传统的民政对象转向所有困难居民，并向低收入人口发展，逐步形成以城镇低保为基础、专项救助为支撑，形成临时补助为辅助，项目多样，功能整合的社会救助制度和框架。社会救助管理所坚持从制度建设入手，严格规范、细化救助程序。1999年起，街道先后建立和完善社会救助民主评议，信息公开的制度。2007年，街道建立社区民生保障联席会议制度。联席会议由街道办事处主任负责，定期召集相关的职能部门召开。对于特定阶段（重大节日的帮困送温暖）、特定项目、特定对象、特大经费的救助方案作专题的研究、部署。2008年4月，街道启动"一口上下"信息系统建设，所有的帮困救助信息全部录入系统。"一口上下"信息系统的建设，努力做到社区救助不重复，不遗漏，使政府的财政性资金在民生保障方面发挥最大的效益。2008年7月，街道制定《关于完善居民区帮困救助评估监督工作的实施细则》；在居民区成立评估监督小组。通过引入社会力量参与和向社区居民公开，使社区帮困工作做到事前能准确掌握救助对象及情况，事后评估、反馈救助的效果。

2005年，街道办事处拨款30万元，机关干部捐款9600元，建立街道帮困基金，街道帮困资金逐年递增，2008年，街道安排救助帮困经费300万元，安排救助业务经费10万元，均比2007年增长100%。2015年，街道帮困资金增加到600万元。

2008—2015年，社会救助所发放各类救助款15599.4万元，街道帮困基金发放各类救助款3419.7万元。

2008—2015年街道发放救助款情况表

单位：万元

年份	优抚对象	重残无业人员	低保人员	医疗救助	支内补贴	街道帮困金
2008	55	139.9	806.3	24.1	561.2	279.5
2009	55.6	153.1	930.7	35.7	662.8	296.9
2010	66.7	163.6	998.1	28.7	701.5	321.8
2011	57.9	185.1	1066.9	21.8	700.5	383.7
2012	69.4	202.7	910.9	27.4	818.7	342.6
2013	81.9	232.1	790.1	26.2	841.7	586.4
2014	91.6	253.8	793.8	23.7	895.6	560.9
2015	95.8	262	780	35.8	951	647.9

资料来源：街道社区服务办公室

2006年，街道对身患重病的困难人员开设救助"绿色通道"。低保及其他困难家庭成员，因病入院就诊，无力支付住院押金，可向街道提出申请，由街道通过支票垫付住院押金，让就诊者先行接受治疗。待就诊者出院后，归还应该自付的费用，或由社会救助部门根据就诊者实际困难予以补贴。2006—2015年，街道为314名就诊者开设"绿色通道"帮助，共计垫付医疗费用1265173.54元。2014年，街道推出"童心助老""企业爱心助学"慈善项目。2014—2015年，慈善项目共计募得善款422148.30元，善款用于辖区内的困难家庭学生、老人。2015年，与"邻里相助公益联盟"合作，举办"小手牵大手、邻里一起走"公益慈善捐赠活动，通过爱心义卖筹集善款110721.90元。

2000年，社会救助管理所被评为上海市社会救助工作先进集体，2009年，社会救助管理所被评为全国基层低保规范化建设单位、上海市民政系统百佳文明示范单位。

第三节　老龄工作

1985年10月19日，街道成立老龄问题委员会。2001年5月，徐汇区老龄委员会更名为徐汇区老龄工作委员会，2001年底，长桥街道老龄问题委员会更名为长桥街道老龄工作委员会（简称"老龄委"），"老龄委"主任由街道办事处主任担任，下设办公室，在各居委会设老龄工作专职干部。2014年4月10日，街道"老龄委"成员调整，街道办事处主任阙永德任"老龄委"主任，街道办事处副主任彭惠国任"老龄委"副主任，下设办公室。

一、为老服务机构

【长桥街道敬老院】

2003年，街道办事处筹资300万元，在罗城路651弄65号（共建配套用房），开办长桥街道敬老院，设床位69张。2009年，床位增至89张。2011年，床位增至125张。2014年，床位增至139张。长桥街道敬老院建筑面积3491.81平方米，绿化面积1700余平方米。院内拥有单人房、双人房、四人房及多人房，设有医务室、餐厅、洗衣房、电梯等设施。

长桥街道敬老院根据《徐汇区行业协会养老机构考核细则》要求，严格按照122项新标准，逐一对比检查落实，通过徐汇区养老机构指导中心行检行评，获优秀等级称号。根据徐汇区民政局、徐汇区卫生局《关于加强辖区养老机构医疗卫生服务工作的指导意

敬老院"迎元宵"活动

见》，敬老院与社区卫生中心签订服务协议，协议内容涉及简易门诊、慢性病规范管理、卫生工作指导等，使入院老人的日常医疗和健康护理更便利，更规范。敬老院充分考虑入院老人的生理、心理特点，充分体现人性化，亲情化服务，每张床位都装有呼叫装置，每个房间都配备最新的数字电视；所有公用过道都设有安全扶手，过厅、走道、房间均不设门槛，使用缓坡，实现"无障碍设计"，楼梯扶手转角制作成圆角，公共空间均设有夜间照明和指示牌；食堂、浴室、卫生间、楼梯、过道地面均采用防滑地面，以增加安全性。不仅为入院老人提供衣、食、住、医、护等方面的服务，还配有娱乐、健身、休闲的活动场所，供入院老人使用。长桥街道敬老院以"关心老人，尽心尽职，服务老人，尽善尽美"为服务宗旨，全方位、全天候、高标准地为入院的每一位老人提供优质服务。

2006年，长桥街道敬老院被上海市行业协会评为"行检行评重点项目达标示范单位""达标创优"优胜单位，2007年，被中国社会工作协会老年福利服务工作委员会评为全国爱老敬老先进单位。2013年，夏玉莲院长被评为全国最美敬老院院长。2014年，长桥街道敬老院被民政部社工部授予"全国最佳养老机构"称号，2015年，被上海市社会团体管理局评为中国社会组织3A级单位。

【长桥街道第二敬老院】

长桥街道第二敬老院原名为长桥街道敬老院。2003年起，改名为长桥街道第二敬老院，位于长桥四村54号，建筑面积958平方米，床位60张，工作人员23名。

1986年8月，街道办事处在上中路810号（原工业用房内），开办长桥街道敬老院，以解决本街道几位孤老的养老问题，使用面积120平方米，设有8张床位。1990年，因原工业用房市政动迁，敬老院迁至长桥四村54号二楼，建筑面积350平方米，床位16张。1994年5月，街道投入27万元，进行敬老院的加层，床位增加到32张。1998年7月，徐汇区人民政府、街道办事处、社会团体共同投入80万元，对敬老院进行扩建和改建，床位增至60张。

1998年，敬老院被评为上海市一级敬老院。2015年，第二敬老院被评为3A级社会组织。

【阳光养老院】

2005年12月，阳光养老院创建成立，位于平福路19号，是一家融养老、康复、护理为一体的民办养老院。占地1927平方米，主体建筑二层，建筑面积3020平方米。阳光养老院设136个床位，分单人、双人、三人及多人房，房间宽敞明亮，设施齐全，并配有呼叫器、空调、有线电视等。楼层内配有厨房和浴室、娱乐室、阅览室、棋牌室一应俱全。餐厅配有专业营养师和厨师调理膳食，可随时提供特殊服务。医务室24小时提供服务，有指定医院医生定期为入院老人提供诊疗服务。阳光养老院有工作人员50名。2007年12月，阳光养老院获国家民政部颁发的全国爱老敬老先进集体。

【长桥街道为老服务中心】

长桥街道为老服务中心（以下简称"为老服务中心"），位于罗秀新村112号，建筑面积850平方米。2008年，街道根据《上海老龄事业发展"十一五"规划》的文件精神，贯彻落实上海市人民政府《关于加强社区建设扩大试点工作指导要求》的要求，开办"为老服务中心"。"为老服务中心"是"一门式"的为老服务机构，是一个"养老不出家、服务送到家"的社区为老服务综合平台。"为老服务中心"从关爱社区老人的实际出发，整合社区资源，为本社区老年人提供生活类照顾、支援性帮助和多元化服务，努力使老年人生活改善、心情愉悦、身体健康。

"为老服务中心"下设居家养老服务中心、社区老年人日间服务中心。居家养老服务中心、社区老年人日间服务中心为民办非企业单位，有专职工作人员7名。居家养老服务中心受理社区老人的服务申请、初审及评估，安排和开展为老服务，提供项目化服务活动。居家养老服务主要开展家政服务、助洁服务、理发服务、助浴服务、助餐服务，为社区的老年人提供精神慰藉、爬楼机等服务。街道有（罗城）老年人日间服务中心设在长桥街道敬老院、（罗秀）老年人日间服务中心设在街道为老服务中心。老年人日间服务中心，作为机构养老的拓展和补充，为社区老人提供白天在日间服务中心活动，晚上与家人团聚的养老模式，既解决老人的孤独和寂寞，满足老年人精神慰藉的需求，又缓解家庭照顾老年人的困难。老年人日间服务中心以"真诚、热情"为服务宗旨，为老年人提供休闲娱乐、生活照料、助餐、保健锻炼、老年教育等服务，老年人日间服务中心共为30余名社区老年人提供日间照料服务。"为老服务中心"每年全面和超额完成徐汇区下达的居家养老服务的各项指标。2015年，居家养老家政服务的老年人达到2160余人次，服务时间达30427小时。

【助老服务社、特需服务队】

2009年3月，助老服务社、特需服务队成立，为民办非企业单位。2009年，有助老员35名；2015年，有助老员25名。助老服务社、特需服务队属非正规就业劳动组织，是组织失业人员、协保人员、农村富余劳动力，通过社区服务业、家庭工业和工艺作坊等小型制作业，为单位提供社会化服务等生产自救，以获得基本的收入和社会保障的一种社会劳动组织。助老员为辖区范围内享受政府居家养老服务补贴的困难老人及老劳模、失独家庭、老归侨、残疾人等开展各项居家养老、居家服务工作。

助老服务社、特需服务队按照上海市、徐汇区人民政府相关政策，对经过评估的60周岁以上低保、低收入家庭中需要生活照料的本区户籍老年人、75周岁及以上独居或者纯老家庭中的本人月养老金低于全市城镇企业月平均养老金且有生活照料需求的本区户籍老年人，实行上门服务或者给予资金补贴。2015年，共为享受上海市、徐汇区人民政府补贴的老人176人，享受街道办事处补贴的234人，为18名残疾人、35个失独家庭、5名劳模、3名归侨等开展居家养老服务。助老员平均工时150小时/月以上，超过徐汇区民政局130小时/月的规定。

二、为老服务工作

街道"老龄委"大力宣传、贯彻和落实《中华人民共和国老年人权益保障法》《上海市老年人权益保障条例》《中共中央、国务院关于加强老龄工作的决定》和上海市委、市政府《关于加强本市老龄工作的意见》。为老服务工作从街道的实际出发，从辖区内老年人的需求着手，努力推进社会养老服务体系建设，构建"9073"的养老格局（90%家庭自我照顾，7%社区居家养老服务，3%机构养老），推进"徐汇区统一养老服务需求管理评估"工作，开展老年宜居社区建设。开展老有所养、老有所医、老有所教、老有所学、老有所为、老有所乐服务工作，开展系列的敬老、爱老、助老活动。街道是徐汇区6个老年宜居社区建设的试点街道之一。2014年，街道成立长桥老年宜居社区建设工作领导小组。2015年4月，接受徐汇区对街道老年宜居社区建设工作的评估，评估后，街道对老年宜居社区建设任务表进行分解，推进街道老年宜居社区建设，为老服务工作深入开展。

【设施建设】

街道不断加大经费投入，推进为老服务设施建设，先后建成长桥街道敬老院，长桥街道第二敬老院，建成"为老服务中心"，建成（罗城）老年人日间服务中心、（罗秀）老年人日间服务中心，建成长桥社区老年人助餐中心。街道在34个居委会，设有老年人活动室，有25个老年活动室创建成为标准化老年人活动室，为老年人开展各项文娱活动提供便利。组织开展精神关爱服务，在园南一村居委会创建"阳光心灵驿站"，为老年人提供倾诉心声、诉说家常的地方。在汇成二村居委会等建成6个老年人温馨活动组，发挥楼道、家庭资源优势，通过自发、自愿、就近开展小组活动，消除独居老人的孤独感。2015年，完成11个"睦邻点"建设。8月30日，《徐汇报》专题报道光华居委会"睦邻点"活动。

【"五网联动"】

街道"老龄委"通过"五网联动"，开展为老服务工作，解决社区老年人的急、难、愁问题。2005年8月，街道拓展社区为老服务项目，发动社区单位加入助老服务行列，2005年底，上海植物园、西南文化中心、长桥中学等25家社区单位，加入"五网联动"，2190名老人受益。"五网联动"：一是居家生活服务网。除为老年人安排家政服务外，还安排老年人就近上门理发、就近午餐、洗被单、超市送货服务、安排为老服务志愿者日间探访等。二是咨询维权服务网。加强社区服务热线的为老服务项目，组织社区专业力量，每个季度到居委会开展健康咨询、法律咨询。三是机构养老服务网。社区卫生服务中心，街道敬老院为社区老年人健康、养生提供专业的指导和服务。四是文化教育服务网。由街道文化中心、社区学校牵头，为老年人提供菜单式文体活动参与项目。五是娱乐活动服务网。辖区内的文化、体育、科普活动场所提供方便老年人的活动和优惠措施。街道"老龄委"，在每年的春节、重阳节、3月5日期间，联系辖区单位，组织志愿者，开展为老服务活动。2014年5月，街道老年协会与"962899"（上海友康信息科技有限公司），在汇成块中心街花园设摊，免费提供家

远大心胸医院医疗咨询服务

电维修、修伞、磨刀、修鞋、修钟表、理发、腰椎颈椎推拿、测血压、脑科检查，理财、法律、保健、口腔咨询等服务，受益老人700余人次。街道对高龄独居老人做到冬送温暖、夏送清凉，重阳节、春节看望和慰问，高温期间做好一看、二探、三访问工作，确保

老年人安全度夏。

【助餐服务】

2007年8月，街道投入近200万元，建成长桥社区老年人助餐中心（以下简称"助餐中心"），包括一个生产食堂和一个老年人就餐中心，面积1000平方米，由绿捷（上海）企业发展有限公司承接助餐服务。"助餐中心"配有电梯、微波保温消毒线、安装监控设施〔绿捷（上海）企业发展有限公司可以远程监控餐食制作〕，"助餐中心"每天可供应盒饭500余客，下设（罗城）老年人日间服务中心、（罗秀）老年人日间服务中心、长桥四村、汇成四村、园南三村、光华小区6个助餐点。老年人可到"助餐中心"或就近助餐点就餐，80岁以上及困难老年人可申请送餐上门。"助餐中心"设有送餐线路八条。2007年8月—2011年12月，由助老服务社提供送餐服务，2012年起，由上海白玉兰居家养老服务中心（原为上海富宇劳务服务有限公司）承接送餐服务。2007年8月—2015年，"助餐中心"为1000余名老年人提供助餐服务。

【实事项目】

街道"老龄委"贯彻落实上海市、徐汇区人民政府为老服务实事项目，实行项目化运作。2009年，为辖区内老年人申请安装安康通紧急呼叫器163台，其中街道出资为90位85岁以上独居老人安装终身免费的紧急呼叫器。2013年，为3097名老人免费开通962899服务热线，并为697名独居困难老人免费办理一键呼叫"平安保"套餐。2014年，为500户孤老和高龄独居老人安装煤气报警器。2015年，为187名，75—80岁的独居老人免费安装962899的紧急救助电话机。2009—2015年，每年为200余位老年人新安装或更换新的无障碍（扶手）设施。2012年起，每年为社区60岁以上的老年人免费提供银发无忧专项保险，赠送意外险一份。2012—2015年，共为42户家庭进行"适老住房"改造。"适老住房"改造是由政府出资，为符合条件的低保困难老人家庭改善厨房、卫生间的环境和安全。2013年起，协助长桥社区卫生服务中心，每2年一次，为65岁以上的长桥街道户籍老年人提供免费健康体检服务。2013年，街道作为徐汇区南片区域"爬楼机"的试点街道，7月，徐汇区召开爬楼机服务项目启动仪式，老年人拨打962899关爱平台电话，就可接受预订。10月，上海市市长杨雄视察"为老服务中心"并观看爬楼机服务的现场演示。2013年起，启动低龄老人为高龄独居老人提供服务的"老伙伴"关爱项目。2014年、2015年，街道老年协会通过招投标，承接"老伙伴"关爱项目。"老伙伴"关爱项目，由240

睦邻点活动

名低龄老人组成的志愿者与1200名高龄独居老人结对,通过"五个一",开展关心帮助活动。"五个一":一个电话关心。隔天对高龄独居老人进行一次电话慰问。一次上门探望。每周上门一次探望高龄独居老人,提供精神慰藉,缓解老年人孤独。一件有意义的事。为高龄老人每月做一件有意义的事,帮助高龄老人解决实际困难。一场聚会交流。每季度开展一场聚会交流活动,促进高龄独居老人与他人互动,增强同伴交往。一份生日祝福。每年为高龄独居老人举办集体生日祝福。

第四节 助残工作

2015年,街道有持证残疾人2370人,其中肢体残疾877人,视力残疾594人,听力言语残疾232人,智力残疾277人,精神残疾334人,多重残疾56人。

2009年,阳光之家获得上海市白玉兰"巾帼文明岗",上海市示范性阳光之家的称号。2013—2014年,街道获得上海市助残志愿者服务队先进集体称号。2015年,阳光心园获得上海市阳光心园先进集体称号。

一、残联组织

街道残疾人联合会(简称街道"残联"),在原街道残疾人协会基础上组建而成。2009年,街道"残联"由老沪闵路918号迁至龙临路135号。街道"残联"工作职责:开展评残、康复指导、居家养护、帮困助学、职业培训、残疾车管理等。街道"残联"本着"听取残疾人意见,反应残疾人需要,维护残疾人合法权益,为残疾人服务"的宗旨,以"代表、服务、管理"的服务理念,从劳动就业、文化、教育、体育、残疾人预防和扶残助残、康复与服务等方面为残疾人提供服务,团结教育残疾人,遵守法律,履行应尽义务,发扬乐观进取精神,自尊、自强、自立,为社会建设贡献力量。街道"残联"弘扬人道主义,宣传残疾人事业,沟通政府社会与残疾人之间的联系,动员社会理解、尊重、关心、帮助残疾人。在残疾人工作中努力完善社区残疾人建设体系,整合各类资源,探索工作方式,为残疾人提供更优质的服务。

2012年10月22日,街道残疾人联合会第五次代表大会召开,会议代表104名,选举产生新一届街道"残联",选举街道办事处副主任彭惠国为街道"残联"主席。街道"残联"下设残疾人服务社、助残服务社、阳光之家、阳光心园、肢残人协会、聋人协会、盲人协会、智亲协会、精亲协会,在34个居委会成立残疾人工作小组。2015年,街道"残联"有专职管理人员3人,专职服务人员4人,助残员33人。

二、阳光机构

【阳光之家】

2005年7月,街道贯彻智障人士"阳光行动"实事项目的工作要求,在原"日托康复站"的基础上建立长桥社区阳光之家,位于老沪闵路918号三楼,室内面积392平方米,室外活动场地131平方米,总面积523平方米。建立"阳光之家",残疾人工作重点从原有救助帮困转到实施劳动技能培训和康复服务,提高残疾人的生活自理能力、社交能力。"阳光之家"设有教室、视听室、康复训练室、居家场景模拟教室和电脑房等,有注册学员35人,其中全日制学员15人,定期学员9人,上门送教学员11人。配备具有上岗资质的专职管理服务人员5名,为智障人士提供生活常识、劳动技能、烹饪、康复活动、特奥活动、视听音乐、电脑操作和上门送教等课程服务。阳光之家通过实施智障人士"阳光行动",通过开展各类活动和从事简单劳动后,使社区内有一定活动能力的中轻度智障人士,提高其生活自理能力、社会交往能力和劳动能力,从而走出家庭,参与社会,减轻家庭的负担。2006年,阳光之家选送二名运动员参加全国特奥运动会田径和网球比赛,取得2金、3银。2007年,阳光之家选送三名运动员入选上海市运动队,选送二名运动员入选国家特奥队,参加世界特奥赛。2006—2008年,傅昕瀚4次获百米跑冠军,以12秒59的成绩破世界纪录。丁晓潮、赵美玲夫妇同为坐式排球运动员,2008年,丁晓潮代表中国队,参加北京残奥会。2011年,丁晓潮代表上海队,参加全国第八届残疾人运动会,获男子坐式排球金牌。2015年,赵美玲代表上海队参加全国第九届残疾人运动会,获女子坐式排球第一名。

【阳光心园】

2008年2月,阳光心园正式揭牌成立,位于老沪闵路918号,总面积230平方米。阳光心园是一家为社区精神残疾人提供日间照料、心理疏导、娱乐康复、简单劳动、开展社会适应能力训练等服务的社区康复机构。提倡让精神残疾人走出家庭、走向社区、融入社会。阳光心园分为多功能教室、电脑室、健身场、作品展示区等区域,有注册学员9名,非注册学员7名,具有资质的管理及服务人员4名,属于基本型康复照料机构。阳光心园在徐汇区精神卫生中心和长桥社区卫生中心专业医务人员的技术指导下,通过"工疗、农疗、娱疗"3种疗法,开设电脑、烹饪、社会交往、美术、武术、手工制作、体育、音乐等课程,帮助入园的精神残疾人康复,设置合理的康复课程,合理地、有针对性地开展康复训练活动,增强学员的自理能力和自我能力。

二、助残帮困

街道"残联"在助残日、春节等期间开展助残帮困、助学、残疾车补贴等相关救助;开展送康复上门、居家养护及各类辅具配发工作,开展对特别困难的残疾人群体实施定期救助工作。每年5月的第三个星期日为助残周,"残联"组织各居委会、社区志愿者为残疾人群提供便民服务。"残联"为残疾人的日常生活提供便利,长效管理残疾人机动轮椅车,为残车主们提供周到的服务,邀请残车维修部的负责人员,为各位残车主提供残车驾驶和保养的相关知识培训,给残车主们发放机油和火花塞等物品。助残服务社会化是助残服务的发展趋势,"残联"引入社会组织"心工坊",推进助残工作,让社区残疾人有多元化的选择,优化残疾人服务。2014年,街道投入20万元,用于残疾人"党员之家"的改建,设备添置。3月,街道残疾人"党员之家"正式成立,位于龙吴路1343弄2号,面积90平方米。残疾人"党员之家"的落成,成为残疾人展示自我和奉献自我的平台。长桥残疾人"党员之家"是徐汇区的第一家。

2011—2015年助残帮困情况表

年份	医疗救助		节日救助		春雨助学		0-16岁阳光宝宝救助		残疾车补贴	
	人次	金额（元）	人次	金额（元）	人次	金额（元）	人次	金额（元）	人次	金额（元）
2011	175	84828.4	588	199100	28	20000	32	67035.46	115	133912
2012	134	84527.5	303	119000	24	25300	34	77854.81	124	137023
2013	150	88668.6	361	180500	21	22700	44	167407.7	129	207044
2014	165	116078.5	572	372000	16	30400	50	257104.05	128	207795
2015	124	72074.4	463	526800	23	56200	53	283338.1	135	234092

资料来源：街道社区服务办公室

三、康复娱乐

街道努力提升社区残疾人康复服务水平，建立"阳光之家"和"阳光心园"康复机构。"残联"通过日间服务、定期送教、家庭支持、系统培训等方式，为社区残疾人提供优质的康复照料服务，积极开展送康复服务上门工作。落实残疾人肢体康复训练工作，由社区卫生服务中心医生每月免费提供"送康复服务上门"服务，并及时做好满意率调查以保证服务质量。

2013年，街道按照"上海市街道示范型残疾人辅助器具服务社"的建设标准和要求，将罗秀新村59号的原社区卫生服务站房屋用作残疾人辅助器具服务社。街道根据残疾人事业发展的新要求，以残疾人"人人享有康复服务"为目标，以残疾人辅助器具服务需求为导向，以残疾人满意为效果，全面开展残疾人辅助器具服务工作。"残联"以辅助器具服务社创建的契机，在社区中广泛宣传辅具适配知识，扩大辅具适配在残疾人中的知晓率。在服务残疾人的同时，为临时因病导致行动不便的社区居民提供租借服务，使广大残疾人和小区居民享受到更全面、更优质的辅具服务。"残联"全面实施残疾人健身工程，普及健身项目，广泛开展残疾人群众性体育活动。2015年4月，在老沪闵路918号3楼设置残疾人健身点，活动面积180平方米，配备2名专业的体育健身指导员，健身器材。每周开展适合残疾人的飞镖、乒乓、定点投篮等体育活动，丰富残疾人的业余生活。

2015年3月，在徐汇区民政局、徐汇区"残联"的支持和帮助下，街道成立由社区残疾人组成的萨克斯演奏队，特邀上海音乐学院的老师，每周为萨克斯演奏队授课一次。2015年5月，助残周期间，萨克斯演奏队在徐汇区庆祝第二十五次"全国助残日"暨第十六次"上海助残周"主会场上，演奏经典歌曲《夜上海》，获得首演成功。

2008年—2015年残疾人康复、养护服务情况表

年份	送康复上门服务		居家养护服务		盲人优惠电话卡	聋人信息卡
	人数	次数	人数	次数	人数	人数
2008	—	—	25	9000	233	—
2009	—	—	33	11880	54	—

续表

年份	送康复上门服务		居家养护服务		盲人优惠电话卡	聋人信息卡
	人数	次数	人数	次数	人数	人数
2010	—	—	39（徐汇区）+16（街道）	14040（徐汇区）+3840（街道）	34	—
2011	—	—	34（徐汇区）+30（街道）	12240（徐汇区）+7200（街道）	16	—
2012	328	3936	36（徐汇区）+38（街道）	12960（徐汇区）+9120（街道）	16	3
2013	332	3984	55（徐汇区）+39（街道）	19800（徐汇区）+9360（街道）	21	0
2014	280	3360	60（徐汇区）+42（街道）	21600（徐汇区）+10080（街道）	16	13
2015	299	3588	59（徐汇区）+43（街道）	21240（徐汇区）+10320（街道）	15	6

资料来源：街道社区服务办公室

第五节 双拥工作

1991年7月，街道成立双拥工作领导小组，办事处副主任（主持工作）王治洪任组长，办事处副主任徐顺皋、共建部队消磁站教导员王建伟、梅陇消防队指导员柳河清、办事处社会管理科科长袁邦贤为副组长，长桥派出所、房管所、粮管所、地段医院、街道民政、工会、妇联、团委等为小组成员。街道双拥工作领导小组成员适时进行调整和充实。2013年7月，街道双拥工作领导小组调整，长桥社区（街道）党工委书记王莉韵任组长，街道办事处主任阚永德、长桥街道办事处副主任彭惠国、长桥街道武装部部长斯晓光、空军上海仓库政委侯德钦、长桥派出所所长潘建平任副组长，小组成员10名。街道先后建立海军消磁站国防教育基地，上海植物园双拥基地。2011年，街道获得上海市军民共建精神文明先进集体称号，2015年，获得上海市爱国拥军模范街道称号。

一、拥军优属

1996年，街道辖区调整后，辖区内唯一驻军部队（梅陇消防中队）划入凌云路街道办事处，街道在辖区内无驻军部队下，积极探索拥军工作新思路、新方法，采用跨出长桥、走出徐汇与部队开展结对共建活动。1991—2015年，街道连续与海军消磁站、梅陇消防中队二支部队结对共建。1991—2015年，街道先后与上海市消防总队医院、空军部队、武警上海市总队文工团、海军消磁站、武警上海市总队一支队、一支队三中队、一支队六中队、梅陇消防中队等八支部队开展结对共建。2008年，街道与消防总队医院、空军部队、武警上海总队文工团、海军消磁站、武警一支队三中队、梅陇消防中队六支部队结对共建。2015年，街道与上海市消防总队医院、空军部队、海军消磁站、梅陇消防中队四支部队结对共建。

街道通过与部队结对，开展军民共建，为共建部队服务活动，加深军民融合。街道双拥工作领导小组，每年的"八一"建军节、春节期间，走访和慰问共建部队、通过召开座谈会、文艺汇演、体育联谊活动等形式，与共建部队共商军民共建，共叙军民感情，共谋军地发展。2008年5月23日，赴四川灾区抗震救灾的官兵从灾区归来，街道党工委书记、武装部第一部长顾春源及双拥办成员，在第一时间到达上海市消防总队医院表示敬意、问候和感谢。在北京"奥运会"、上海"世博会"等重大国际活动期间，对坚守安保第一线的人民子弟兵送上街道、社区民众的关心、感谢和支持。

街道的双拥经费逐年增加，2011—2015年设立街道双拥基金50万元。2015年，街道的双拥经费投入近100万元。街道积极开展科技、教育拥军，为共建部队送电脑、开设电脑双拥班、送图书、优先照顾军人子女入学入托。街道每年召开入伍新兵欢送会，到部队看望慰问入伍新兵。每年召开退伍士兵欢迎会，举办退伍士兵择业培训、政策宣讲会，积极联系用人单位，召开退伍士兵的小型招聘会。

2015年，街道有优抚对象155人。其中：烈属21人、伤残军人28人、病故属14人、参试人员5人、农村籍退伍7人、现役军人54人、企业复员16人、军休干部2人、其他8人。街道优抚工作形成"冬送温暖、夏送清凉"等系列活动。"八一"建军节、春节期间开展走访慰问，清明节期间开展爱国主义教育，每年表彰"立功士兵""优秀士兵"，重点优抚对象结对包户（对12名重点优抚对象开展1对1服务）。2013年，街道以政府购买服务形式，开展"优抚爱心"服务项目，为优抚对象免费上门维修保养家电、水电煤安全检查、上门理发等服务。2015年，以政府购买服务形式，开展"关爱功臣"服务项目。8月1日，组织优抚对象及志愿者赴崇明参观雷锋纪念馆，接受爱国主义教育。9月25日组织优抚对象及志愿者游览浦江夜景，感受上海发展变化。

王莉韵书记带队慰问武警上海总队文工团

二、拥政爱民

1991—2015年，结对共建部队充分发挥部队的优势，为长桥社区的精神文明建设、社区的稳定发展、社区的百姓服务等方面做了大量的工作，充分体现军民"同呼吸、共命运、心连心"。每年3月5日的学雷锋期间，共建部队在上海植物园双拥基地提供便民利民服务；到敬老院送温暖、送关爱。梅陇消防中队，每年为学生、社区群众等演练防灾救火、消防逃生技能，普及防火防灾知识。海军消磁站，每年接待学生、社区居民，登舰参观学习，开展爱国主义和国防教育。2014年7月，以《护卫舰护卫我成长》为主题，举行开放活动，组织40余名青少年到消磁站，参观军舰、观看队列操训练、观看部队海上演练宣传片等。武警上海市总队文工团，在每年的"八一"建军节、春节等大型文艺汇演时，送戏、送节目到社区。2013年起，上海武警消防总队医院每年为长桥社区的优秀士兵家属免费做健康体检。

2010年10月，根据上海市警备区、上海市老龄工作基金会、上海市双拥工作办公室关于在全市范围内开展军民共建助老专项活动的精神，共建部队开展了"军徽映夕阳"活动。武警消防总队医院与长桥敬老院开展结对活动。每年3—4月到敬老院，为入院老人提供健康

武警消防总队医院为敬老院老人体检

咨询、体检活动。空军部队与长桥社区老年人日间服务中心开展结对活动，组织与服务中心老人共度重阳节、共庆元宵佳节活动。2014年3月，10名炊事班战士和医务人员到日间服务中心为老年人进行义诊，为老人包饺子，让老年人感受到其乐融融"家"的温暖。海军龙华消磁站与长桥第二敬老院开展结对活动。每年3—4月，组织官兵到长桥第二敬老院与老人开展谈心座谈活动，听老人说往事、聊家常、谈心事等，帮助老人排除心理孤独感。

第六节 劳动就业

一、机构设置

1994年，长桥街道劳动服务所成立，位于罗秀新村27号，2002年，迁至罗秀新村112号，更名为长桥街道劳动保障事务所，2008年，迁至罗秀路616号。劳动保障事务所工作职责：宣传贯彻党和政府关于劳动保障的方针政策、法律法规；在街道办事处和区劳动保障部门的领导下，综合协调、管理辖区内的劳动保障工作；定期开展劳动力资源摸底调查，掌握辖区内失业人员动态情况，为就业援助等其他劳动保障工作提供数据支持；积极协调各部门资源，为辖区居民提供多种形式的就业服务；认真做好就业困难人员的认定、安置、退出工作，确保就业困难人员在规定时间内100%得到安置；积极宣传市、区两级政府的创业扶持政策，鼓励有条件的辖区居民自主创业，并帮助他们申请和落实相关优惠政策；协助做好辖区内劳动关系协调和劳动争议调解工作；扎实做好人力资源管理、失业保险、社会保险、医疗保险等基础性业务工作。2005年，劳动保障事务所获得上海市劳动保障系统规范服务达标窗口单位的称号。

二、就业援助

20世纪90年代，计划经济向市场经济的转型，国有企业实行改革，辖区出现一批下岗

第八章 民政·劳动

失业人员。为妥善安置下岗失业人员，各级政府部门出台系列的政策、措施，完善就业服务网络，开展就业援助计划，维护社会和谐稳定。1999年4月，街道成立徐汇长桥公益服务社，通过政府购买"四保"（保洁、保安、保养、保绿）公益性岗位的形式，着力解决下岗失业人员再就业问题。2001年3月，上海市政府启动"4050"工程，即为女性40岁以上、男性50岁以上的下岗协保失业等就业困难群体量身定制的就业岗位，以项目招标的形式，通过税收优惠、政府宣传推广等政策，吸引下岗失业人员投标自主创业。2002年，街道成立徐汇长桥就业援助服务社，建立就业援助员队伍，在每个居委会配备1名就业援助员，开展就业援助工作。2006年，徐汇区出台《就业救助保障三网联动实施方案》，使就业服务从单纯的生活及就业"托底"转向多元化、综合性、联动的社会保障。

2010年，劳动保障事务所及就业援助服务社积极开展社区促进就业工作，做好失业人员情况调查摸底工作，加大公益性岗位开放力度，努力提高就业安置率，帮助困难人员尽快实现就业。全年共接收退工档案4912份，受理各类单位招工4651人，失业登记2451人次，就业援助员安置592人，公益性劳动岗位安置96人，新增非正规劳动组织11个，从业人员275人，受理失业保险申请1201份，医疗费补助2425人次、191.1万元，安置就业特困人员152人次，安置率100%。

就业招聘会现场

2012年8月2日，街道成立徐汇区乐业职业指导专家工作室，重点指导就业困难人员和35岁以下失业青年再就业工作，通过开展"手拉手、筑乐业"青年就业沙龙活动等多样化服务形式，为求职者助力。开启扶持失业青年就业的"启航"计划，举办专场招聘会，有40家单位参加招聘会，提供岗位309个，参加应聘人员近1000人，意向签约150人，现场签约21人。2013年，举办以"惠民生、促和谐、春风送岗"和"乐业长桥、助力梦想、放飞希望"为主题的招聘会2场。推荐社区失业人员参加徐汇区2013年"就业帮扶，真情相助"就业援助月主题日活动。2014年，举办大型招聘会2场，小型招聘会8场，提供1500个岗位，共有2500人次参加。举办就业援助讲座，邀请各方面专家、老师与失业人员、启航人员举行座谈。2015年，举办大型招聘会2场，小型招聘会3场，提供500个岗位，共有2000人次参加，现场意向录用154人，其中79人为35岁以下青年。利用社区学校资源优势，开办长桥社区茶艺师（初级）职业技能培训班。2013—2015年，推荐就业、创业优秀者参加徐汇区"创业梦之星"大赛，年年有参加选手入围决赛。2005—2015年，街道就业援助推荐岗位数20536个（次），录用人数5880人（次）。

2005—2015年街道就业援助岗位推荐及录用情况表

年度	推荐岗位数（个）	录用人数
2005年	2591	736
2006年	1983	577
2007年	2219	656
2008年	1607	461
2009年	1980	511
2010年	1440	535
2011年	895	254
2012年	2132	623
2013年	2566	674
2014年	1905	469
2015年	1228	384
合计	20536	5880

资料来源：街道社区服务办公室

三、劳动行政监察

2002年，街道劳动保障监察协管队成立，有工作人员2名。劳动保障监察协管队协助徐汇区人力资源和社会保障局做好劳动力市场监管，有效促进劳资关系的和谐发展；帮助用人单位指导、宣传劳动保障法律和法规；依法对辖区内各类用人单位和个人遵守劳动保障法律、法规情况进行监督；反映人民群众对贯彻实施劳动保障法律、法规和规章的建议、意见和要求；反映和协助劳动保障监察部门处理人民群众对用人单位违反劳动保障法律法规行为的检举、控告；负责对辖区内用人单位贯彻执行劳动保障法律法规情况的信息采集，建立一户一卡、一路一册的登记制度，对用人单位进行年检；及时处理辖区内用人单位的劳动纠纷，协助劳动保障监察部门处理群体性突发性事件，切实维护从业人员和用人单位的合法权益。

2015年，劳动保障监察协管队，指导、帮助48户用人单位宣传劳动保障法律和法规，受理咨询75户，依法对辖区各类用人单位和个人遵守劳动保障法律、法规情况进行监督，共计188户，受理纠纷调解案件35件，成功调解35件，调解成功率100%。

第九章　企业·组织

第九章　企业·组织

1991年，原街道辖区内共有工厂企业91家（市属企业35家、区属企业5家、县属企业8家、乡村企业40家、街道企业3家）。有仓储（库）42个，大小码头26座。随着工业企业实行体制改革和经济结构调整，随着长桥城区建设步伐的加快和旧区改造的全面推进，原有的工厂企业、仓储、码头经过搬迁、关并、转制后，大多数逐步地退出市场。新经济组织、新社会组织数逐年增加，2015年，街道辖区内有新经济组织186家，新社会组织46家。1991年，原街道辖区内有中国农业银行长桥营业部、龙华信用合作社、中国工商银行港口储蓄所、中国工商银行化工营业所等4家，2015年，有银行长桥支行9家，中国邮政银行营业所2家。

第一节　企事业单位

街道辖区内主要的企事业单位有长桥水厂、上海白猫（集团）有限公司、上海市徐汇区房地产交易中心、上海市划船俱乐部、上海沥青混凝土二厂、上海耐火材料厂、上海人造板厂、宏文造纸厂、上海植物园、上海日华环境保洁服务有限公司、中国邮政集团公司上海市徐汇区分公司、上海市园林科学研究所、上海市离心机械研究所、上海交通大学海洋水下工程科学研究院等。

一、长桥水厂

长桥水厂位于上中路411号，占地185092平方米（包括备用取水头部14413平方米）。长桥水厂始建于1959年，是上海市自来水市南有限公司隶属下的一家大型制水厂。2015年1月1日，更名为"上海城投水务（集团）有限公司制水分公司长桥水厂。

长桥水厂是一座国内自行设计建造，国家投资建设，逐步发展起来的大型水厂，1959年，建设规模为30万吨/日；1967年，扩容为40万吨/日；1978年，扩建后规模为60万吨/日；2002年6月，形成140万吨/日供水能力，成为全国最大的水厂。供水服务范围为徐汇区、长宁区的全部，普陀区、静安区、卢湾区的部分，闵行华漕地区、青浦徐泾、凤溪、华新三镇，供水量占上海市总供水量的近四分之一。长桥水厂建有原水提升泵房1座，取水能力为140万吨/日，备用取水泵房2座，取水能力为100万吨/日，具备青草沙原水和就地备用原水的切换能力；建有加矾、加氯、加氨中心各1座；日处理能力20万吨的平流式沉淀池7座，15万吨平流式

水厂沉淀池

沉淀池1座;日处理能力30万吨的气水反冲洗的"V"型滤池2座、日处理能力共100万吨的虹吸式移动罩滤池16组;建有容量为15000吨的清水库4座、容量为10000吨的清水库4座;送水泵房3座,日送水能力196万吨。2012年,长桥水厂污泥脱处理设施,采用国际先进的离心式脱水机组,增加了真空吸粉装置,有效杜绝污泥气味外散,较好地解决污泥的二次污染;制水系统中选用机械搅拌、折板反应、平流沉淀、均质滤料过滤气水反冲洗等先进的净水工艺;大力引进具有国际、国内先进水平的制水、送水设备和自动化监控设备,为实现生产自动化控制起到重要的作用。

长桥水厂本着"优质供水,至诚服务"的企业精神,探索和运用先进的管理模式,大力引进和更新具有国内先进水平的制水、送水设备和监测、控制设备。可编程序控制器PLC、SLC和全自动化的连续监测、监控浊度仪、余氯仪、加药系统、滤池、泵房、自控系统等先进设备。

二、上海白猫(集团)有限公司

上海白猫(集团)有限公司本部位于龙吴路1900号,东倚黄浦江、南靠淀浦河。占地130849平方米,建筑面积72868平方米。

白猫(集团)有限公司

上海白猫(集团)有限公司前身是上海永新化学工业股份有限公司,创建于1948年,主要生产肥皂、甘油、硬脂酸等产品。1951年,更名永星制皂厂,隶属中央轻工业部。1957年8月1日,公私合营,更名为公私合营上海永新化学工业股份有限公司制皂厂。1958年,转产研制生产合成洗涤剂。1959年4月,生产出中国第一包合成洗衣粉—工农牌合成洗衣粉,是中国合成洗涤剂工业的创始人。1960年9月19日,更名为上海永新合成洗涤剂厂。1967年,改名为上海合成洗涤剂厂。1993年,上海合成洗涤剂厂的生产经营主体部分,投资组建中外合资上海白猫有限公司。1995年,上海合成洗涤剂厂母体企业改制组建为上海白猫(集团)有限公司。2006年,上海轻工控股(集团)公司解体,上海白猫(集团)有限公司整体划转上海电气集团。2007年,上海白猫(集团)有限公司整体划转徐汇区国有资产管理委员会。2015年,上海白猫集团有限公司(合并)营业收入完成47535万元;出口创汇3283万美元(不包括上海和黄白猫有限公司);实现净利1166万元。2015年,上海白猫集团有限公司完成徐汇区税收总额1515万元。

上海白猫(集团)有限公司有国有独资及控股企业6家、参股企业11家,均具有独立法人资格的企业,属于轻工产品生产与制造行业,员工1000人。

上海白猫集团有限公司主要生产经营白猫、佳美等品牌为主的各类洗衣粉、洗洁精等洗涤剂、清洁剂产品和中华、美加净、上海等品牌的牙膏及原料产品；拥有白猫洗衣粉、白猫液体洗涤剂、中华牙膏、美加净牙膏系列等中国名牌、中国驰名商标、中华老字号、上海名牌、上海著名商标等品牌荣誉。主体企业有上海美加净日化有限公司和上海和黄白猫有限公司。沪港合资的上海和黄白猫有限公司，前身是上海白猫有限公司，1993年建立。2006年初，上海白猫有限公司转让80%股权给香港和黄（中国）公司后，更名为上海和黄白猫有限公司，由港方控股管理。公司主要生产经营"白猫"、"佳美"等品牌的各类清洁剂及相关日化用品。

三、徐汇区房地产交易中心

上海市徐汇区房地产交易中心（以下简称"中心"）成立于1996年12月，由原徐汇区房产局交易管理所、产权监理所合并组建而成，是上海市率先成立的房地产交易中心之一。"中心"是徐汇区住房保障和房屋管理局下属的事业单位。主要职能：一是受上海市房地产登记处的委托，负责本行政区域内的房地产登记事务；二是承担区域内的房地产交易管理工作；三是负责本行政区域内房屋及部分土地权属调查和成果管理工作。

"中心"原位于徐汇区斜土路2088号，2014年12月15日，迁至上中路466号。上中路466号驻有徐汇区房管局档案中心、徐汇区规土局土地登记、住房置业担保公司单位。上中路466号已成为集房地产交易、产权登记、信息查阅、测绘、评估纳税、档案管理为一体的综合性行政办事场所，实现房地产交易登记办证的"一门式"服务。

2005年，"中心"成为上海首家通过ISO9001:2000质量管理体系认证的区级房地产交易登记单位。2012年，"中心"被住建部评为"全国房地产交易与权属登记规范化管理先进单位"。"中心"连续六届获得"上海市文明单位"称号。

四、上海划船俱乐部

上海划船俱乐部位于街道东南部，龙吴路1594号，占地46690余平方米，拥有黄浦江西岸线500多米。始建于1953年，原址在南苏州河路76号划船总会。1956年，国家体委拨款85万元，迁址重建。"文革"期间被移作他用。1973年，再次重建。

上海划船俱乐部建成之初拥有各种船艇200余条，是当时远东最大的专业船艇训练基地，也是中国水上体育运动的发源地。上海市划船俱乐部建有船库、训练房、羽毛球馆等各类房屋建筑20000平方米，是船艇运动主要训练活动场所。1957年起，划船俱乐部培训的运动员在皮划艇、赛艇、摩托艇、帆船、帆板、滑水等水上项目的全国比赛、国际比赛中取得了优异的成绩，诞生了多项世界冠军与全国冠军。1958年，国家体委邀请外国专家在划船俱乐部主办为期3个月的教练员训练班，为全国10多个省市培训出了40多位教练员。1959年以来，划船俱乐部培养输送了50余名水上运动教练。20世纪70年代曾多次举办组织万人泅渡黄浦江活动，总人数达80余万。1988—1995年，划船俱乐部受远洋公司与海运局的委托，为8000多名海轮水手进行荡桨、驾帆、水上消防、甩缆的技术培训。为机关、学校、企事业单位培养了一大批水上运动爱好者。划船俱乐部主要承担摩托艇项目的训练和全国摩托艇锦标赛、全国摩托艇联赛、全国体育大会摩托艇项目比赛等各类竞赛任务、积极开展水上帆船帆板二、三线青少年业余训练及面向广大市民的帆船、帆板普及培训和水上健身活动。

上海市划船俱乐部是上海市体育局下属的一个直属单位,在上海体育发展"十二五"规划期间,围绕"姓体、靠水"的主线,打造建设集一流摩托艇、动力大帆船赛事训练基地,一流水上运动休闲基地为一体"多层次、集聚性、精品化"的都市水上运动中心。

五、上海沥青混凝土二厂

上海沥青混凝土二厂位于喜泰路247号,东临黄浦江,占地59384平方米,在册员工56名。沥青混凝土二厂原隶属上海市市政工程材料公司;1999年,上海建设机场道路工程有限公司成立,沥青混凝土二厂改名上海建设机场道路工程有限公司第二分公司;后更名为上海城建道路工程有限公司沥青混凝土二厂。沥青混凝土二厂主要经营沥青混凝土、加热柏油。

2011年,沥青混凝土二厂并入上海公路桥梁(集团)有限公司。上海公路桥梁(集团)有限公司是国家一级施工企业,具有市政公用、公路、房建、机电安装工程施工,总承包一级,机场场道、公路路面、地基基础、桥梁工程,专业承包一级及城市轨道交通工程专业承包等资质。公司依靠丰富的施工经验,精良的施工机械,科学严谨的管理方法,先进的科学技术手段和施工工艺,承建和参建国内外一大批工程项目,创造诸多上海第一、中国第一。上海公路桥梁(集团)有限公司具有深厚的历史底蕴,开创中国沥青行业的先河,不仅在国内承建无数精品项目,而且到国外承建体育馆等项目。

六、上海耐火材料厂

上海耐火材料厂位于街道东部,龙吴路1270号。该厂由黄首民,始建于1922年9月22日,名称为泰山砖瓦股份有限公司第二分厂,简称泰山砖瓦厂(黄首民在浙江嘉善创建第一分厂)。生产民用砖瓦,以"泰山"牌为注册商标。当年锦江饭店、国际饭店、百老汇大厦(今上海大厦)以及陕西南路马勒别墅住宅等外墙面均用该厂生产的薄型陶瓷面砖(称泰山面砖)装饰。1954年10月,公私合营,转产钢铁生产所需的耐火材料,改名泰山耐火材料厂。1966年,更名上海耐火材料厂。占地33.5公顷,建筑面积15万平方米。1991年,上海耐火材料厂占地面积31万平方米,建筑面积18.37万平方米,职工4938人,其中各类职业技术人员433人,占职工总数8.77%。主要产品有粘土、高铝、铝炭和各种不定型耐火材料,均获冶金部、上海市优质产品证书,是全国耐火材料行业的重点骨干企业之一。1995年,上海耐火材料厂与上海第二耐火材料厂合并组建上海泰山耐火材料有限责任公司。2002年,在宝山区石太路685号,建成上海新泰山耐火材料有限公司。2006年10月,上海耐火材料厂关闭。2007年后,在上海耐火材料厂旧址建成中海瀛台商品房住宅区。

七、上海人造板厂

上海人造板厂位于街道东南部,龙吴路1595号,南濒淀浦河,是一座综合性木材加工大型骨干企业,属中国林产工业公司的成员企业。

上海人造板厂始建于1958年4月16日,原名上海长桥港木材厂。次年有上海市木材二厂、森顺太台板厂、上海胶板厂、中孚胶板厂等并入。1959年8月20日，更名上海木材综合加工厂。1966年9月，改名上海人造板厂。上海人造板厂占地21万平方米，建筑面积7万平方米。主要产品有胶合板、纤维板、刨花板、缝纫机台板、板式家具等。2000年6月，上海人造板厂关闭。2008年，在上海人造板厂旧址建成徐汇新城商品房住宅区。

八、宏文造纸厂

宏文造纸厂位于街道东北部，喜泰路243号，东临黄浦江，占地109224平方米，建筑面积4825平方米。

1946年，荣毅仁、李志芳、李国伟、李统劼等450名股东集资筹建，原名宏文机器造纸公司上海厂（1943年，宏文机器造纸公司始建于陕西省十里铺）。1948年2月，在现址兴建厂房和安装设备。1950年5—9月，试生产并投产。1954年7月1日，公私合营，取名宏文造纸厂股份有限公司。"文革"期间曾易名国营立新造纸厂。1984年，恢复宏文造纸厂原名。主要生产象牌牛皮箱板纸，在全国板纸质量评比中曾获第一名，并先后获轻工业部和上海市优质产品证书等。2000年，宏文造纸厂并入开伦造纸（集团）有限公司。2008年6月，宏文造纸厂关闭。2009年，在宏文造纸旧址建成上海市工业技术学校。

九、银行网点

2015年，街道辖区有工商银行股份有限公司网点2家、建设银行股份有限公司网点2家、农业银行股份有限公司网点2家、上海银行股份有限公司网点2家、上海农村商业银行股份有限公司网点1家、邮政储蓄银行股份有限公司有2家。

罗香路银行网点

2015年街道辖区内银行网点基本情况表

银行名称	地址	开业时间	备注
工商银行长桥支行	罗香路37号	1991年5月	属徐汇支行
工商银行汇成新村支行	百色路1199号	1990年9月	属徐汇支行
农业银行长桥支行	罗香路33-35号	1990年	综合性网点
农业银行上海南站支行	石龙路969号	2009年	综合性网点
建设银行长桥支行	百色路1018-1028号	1999年6月	
建设银行罗香路支行	罗香路90号	2013年5月	
上海银行长桥支行	罗香路282号	1995年12月	
上海银行罗秀路支行	罗秀路77号	2014年8月	

续表

银行名称	地址	开业时间	备注
农村商业银行长桥支行	上中路462号	2005年11月	由长桥农村信用合作社改制而成
中国邮政银行长桥邮政所	上中路287号	1997年10月	
中国邮政银行罗香路邮政所	罗香路77号	1992年2月	

十、邮政公司（邮政所）

【邮政公司徐汇区分公司】

中国邮政集团公司上海市徐汇区分公司（以下简称徐汇区分公司），位于百色路1208号，2012年3月2日在徐汇区市场监督管理局注册成立。内设综合办公室、计划财务部、人力资源部、市场部、运行支撑部、大客户服务中心、邮政储汇分局。下辖8个支局、36个邮政所、8个邮储银行二类支行。服务面积约54.93平方公里，服务人口约150万人。2015年，完成经营利润1358.2万元，完成业务总收入2.06亿元。

徐汇区分公司在册员工983人，其中其他用工466人；中共党员100人、团员78人、女员工311人、少数民族6人；专业技术人员：中级4人、初级23人；工技人员：技师5人、高级工57人、中级工351人、初级工416人；学历：研究生1人、本科114人、大专322人、中专146人、高中206人、初中及以下194人。徐汇区分公司被评为2013—2014年度上海市文明单位。

【邮政所】

街道辖区内有3家邮政所。长桥邮政所，位于上中路287号。罗香路邮政所，位于罗香路77号。园南邮政所，位于龙川北路145号。邮政所主要经营国内和国际邮件寄递、报刊等出版物发行、邮政汇兑、邮政储蓄、邮政物流、邮票发行等业务。邮政所服务种类齐全，不仅包括函件、包件等基本业务，还承担着军邮、边防通信、盲人邮件和党报党刊的发行等诸多政策性业务。邮政服务资费低廉，在全国范围内，以均一低廉的资费，向所有用户提供信件寄递服务，是邮政普遍服务的显著特征。

第二节 "两新"组织

"两新"组织是新经济组织和新社会组织的简称。新经济组织，是指私营企业、外商投资企业、港澳台商投资企业、股份合作企业、民营科技企业、个体工商户、混合所有制经济组织等各类非国有集体独资的经济组织。新社会组织，是社会团体和民办非企业单位的统称。

一、新经济组织

2013年，街道有新经济组织954家，其中私有经济控制272家，外商经济控制3家，港澳

第九章 企业·组织

台经济控制4家，个体工商户675家。2014年，有新经济组织321家，其中私有经济控制274家，外商经济控制8家，港澳台经济控制4家，个体工商户35家。2015年，有新经济组织186家，其中私有经济控制167家，外商经济控制8家，港澳台经济控制2家，个体工商户9家。

2015年街道辖区内新经济组织基本情况表

序号	名称	地址	法定代表人	性质
1	上海沪南体育设施建筑工程有限公司	龙瑞路128弄26号901室	赵伟尧	私营股份
2	上海徐申房地产经纪有限公司	罗秀三村108号101室	戴光法	私营有限
3	上海千达汽车修理有限公司	老沪闵路718号	刘静贤	私营有限
4	上海九头鹰烧烤店	老沪闵路714号	雷丽	私营独资
5	上海润诺建筑装饰设计工程有限公司	老沪闵路706弄20号	徐忠辉	私营有限
6	上海千达汽车销售有限公司	老沪闵路718号	刘静贤	私营有限
7	上海申垣建设发展有限公司	石龙路999弄1号1803室	钱惠根	私营有限
8	上海义隆投资有限公司	老沪闵路714号	吴义青	私营有限
9	上海夫罗米食品有限公司	龙临路9号101室、11号101室	段学良	私营有限
10	上海格荣数码科技有限公司	上中路495号506	王爱华	私营有限
11	上海昊川化工有限公司	上中路495号A座509室	吴大慧	私营有限
12	上海申海汽车修理有限公司	上中路509号	冯长林	私营有限
13	上海菲默斯经贸发展有限公司	上中路495号B座303	王清友	私营有限
14	上海汇通水利水电开发有限责任公司	上中路435号	王延泽	私营有限
15	上海莹颖建筑装潢有限公司	上中路479号410	倪萍	私营有限
16	银舵投资管理（上海）有限公司	上中路495号B座501室	张青春	私营有限
17	上海为鼎电子科技有限公司	上中路495号B座209室	时应芳	私营有限
18	上海坤政实业有限公司	上中路479号311室	韩林华	私营有限
19	上海欣派信息科技有限公司	上中路479号503室	陈杨	私营有限
20	上海一城电器有限公司	上中路511号	杨龙	私营有限
21	上海东方财富证券研究所有限公司	平福路188号1幢第三层	陶涛	私营有限
22	上海循迪科贸有限公司	百色路1398号409室	薛超	私营有限
23	上海久维多媒体有限公司	百色路1398号507室	施雯	私营有限
24	上海爱雅美容美发有限公司	百色路1223号	周联升	私营有限
25	上海高创投资管理有限公司	百色路1398号403室	文东海	私营有限
26	上海南栈信息技术有限公司	百色路1398号507室	王爱玉	私营有限
27	上海恒拓化工有限公司	百色路1398号405室	谢玉琴	私营有限
28	上海科布信息技术有限公司	百色路1398号冠军大楼411室	邓华中	私营有限
29	上海玛琪保健休闲有限公司	百色路1378号1-2楼	吕修宾	私营有限

续表一

序号	名称	地址	法定代表人	性质
30	上海海植盆景园艺有限公司	龙吴路 1111 号	朱根龙	私营有限
31	上海嘉轮驰贸易有限公司	龙吴路 1131 号	张根生	私营有限
32	上海晟一商贸有限公司	龙吴路 1141 号-1	宁德军	私营有限
33	上海植物园绿化工程有限公司	龙吴路 1111 号	朱根龙	私营有限
34	上海玛萨美容美发有限公司	百色路 946 号	后金水	私营有限
35	贝塔斯曼管理（上海）有限公司	百色路 100 号格兰云天宾馆 2 号别墅	龙宇	外资企业
36	上海华昱食品销售有限公司	百色路 843 号	邱香华	私营有限
37	上海龙鑫物业有限公司	罗秀路罗秀新村 22-25 号底层	王民华	私营有限
38	上海通长食品销售有限公司	龙川路 109 号底层	朱国平	私营有限
39	上海汇明房地产经纪有限公司	罗香路 36 号	陆宝华	私营有限
40	上海诚润行科贸有限公司	龙吴路 1500 号 1 幢 508 室	宋小农	私营有限
41	上海大商条码科技有限公司	龙吴路 1500 号 806 室	邵斌	私营有限
42	上海美祥物业有限公司	喜泰路苑宏新村 16 号三楼	谈善祥	私营有限
43	上海怡捷知识产权代理有限公司	龙吴路 1500 号 B 楼 312 室、金山区漕泾镇中一东路 432 号 1 幢 107 室	孟兆富	私营有限
44	上海沃雪地国际贸易有限公司	龙吴路 1500 号 A 楼 802 室	杨述海	私营有限
45	上海杏林教育信息咨询有限公司	龙吴路 1500 号 C 座	王艳华	私营有限
46	上海沧浪源水处理工程有限公司	龙吴路 1500 号 A 幢 719 室	黄安华	私营有限
47	上海奉力机械设备有限公司	龙吴路 1500 号 A 幢 311 室	沈国铭	私营有限
48	上海康特办公家具有限公司	龙吴路 1500 号 A 幢 513 室	廖岩松	私营有限
49	上海铭晟汽车维修有限公司	龙吴路 1100 号	沈仁才	私营有限
50	上海菱泰医疗器械有限公司	龙吴路 1500 号 A 楼 615 室	郭莉萍	与港澳台商合资经营
51	上海善盛机械配件有限公司	龙吴路 1500 号 A 楼 310 室	彭伟雯	私营有限
52	上海航通低压电器合作公司	龙吴路 1500 号 A 楼 610 室	张海军	私营股份
53	上海顾得会展服务有限公司	龙吴路 1500 号交大海科院 A 座 700 室	李永军	私营有限
54	上海广道电子有限公司	龙吴路 1500 号 A 楼 515 室	常红兵	私营有限
55	上海国轩电子有限公司	龙吴路 1500 号 A 栋 301 室	陆大妹	私营有限
56	上海汉志焊接设备有限公司	龙吴路 1500 号 A 楼 211 室	顾卫标	私营有限
57	上海汉磷阻燃化学有限公司	龙吴路 1500 号 209 室	张嘉祺	私营有限
58	上海六德建筑装潢工程有限公司	喜泰苑路 15 号 104 室	徐德源	私营有限
59	上海邦德知识产权代理有限公司	龙吴路 1500 号 A 楼 122 室	郭本恒	私营有限

第九章 企业·组织

续表二

序号	名称	地址	法定代表人	性质
60	上海君昊电子有限公司	龙吴路1500号B楼107室	赵彪	私营有限
61	上海亚基化工有限公司	龙吴路1500号A幢609室	王建华	私营有限
62	上海似缘纺织品有限公司	龙吴路1594号	朱月华	私营有限
63	上海欧典生物技术有限公司	龙吴路1594号1号楼底楼	杨清权	私营有限
64	上海理查德翻译有限公司	龙吴路1500号A座201室	沈贤	私营有限
65	上海科净清洁用品有限公司	龙吴路1500号A座703室	陈晓娟	私营有限
66	上海宇川精密机械有限公司	龙吴路1500号A楼315室	王德彩	私营有限
67	上海恒晟服饰有限公司	龙吴路1500号A楼213室	张琦惠	私营有限
68	上海龙华水利排灌管理有限公司	龙川北路621弄3号楼	陆泉根	私营有限
69	上海宏超日用化学品有限公司	龙川北路625弄8号	陈虹	私营有限
70	上海会龙工程管理咨询有限公司	龙川北路615号二楼	孙志安	私营有限
71	上海夏鼎仪器仪表有限公司	龙川北路625弄8号	陈夏娣	私营有限
72	上海新同惠自动化系统有限公司	龙川北路436弄15号603室	叶泓	私营有限
73	上海越典建筑装饰工程有限公司	龙川北路430号	匡敬章	私营有限
74	上海争鸣广告有限公司	龙川北路436弄1号101室	陈农	私营有限
75	上海瑞韵茶业商行	罗城路411号	陈瑞	私营独资
76	上海义仓电子科技有限公司	罗城路969号	陆正东	私营有限
77	上海义仓资产管理有限公司	罗城路969号	宋树恩	私营有限
78	上海金恒建筑装潢设计有限公司	罗城路671号	高朋淦	私营有限
79	上海美通投资管理有限公司	罗城路1011号	陶海霞	私营有限
80	上海豪享来沪闵路餐饮有限公司	老沪闵路660号一层	陈天和	私营有限
81	上海毛古古餐饮管理有限公司	老沪闵路668号	王其龙	私营有限
82	上海凌坤智能科技有限公司	石龙路999弄4号1801室	徐还击	私营有限
83	上海声长音响工程有限公司	老沪闵路666弄5号101室	林峰	私营有限
84	上海高界纺织品有限公司	龙吴路1717弄24号102室	徐惠琴	私营有限
85	上海联浦消防设备有限公司	龙吴路1717弄9-3号	陈光明	私营有限
86	上海宝旭高级轿车维修服务有限公司	罗秀路105号	马中成	私营有限
87	上海大佑电子有限公司	龙吴路1500号A幢605室	谢贻谋	私营有限
88	上海盛霖纸业有限公司	龙吴路1594号6-7号	赵伟彬	私营有限
89	上海琛晨管理咨询有限公司	龙吴路1500号B幢207-209室	张莉君	私营有限
90	上海鸿飞实业有限公司	龙吴路1594号	陈之飞	私营有限
91	上海柯斯米自控工程有限公司	龙吴路1500号A幢210室	孙万鹏	私营有限
92	上海四景计算机信息科技有限公司	龙吴路1500号A楼705室	竹铭	私营有限

续表三

序号	名称	地址	法定代表人	性质
93	上海申植园林科技发展有限公司	龙吴路1111号	朱根龙	私营有限
94	上海绰美广告有限公司	龙吴路1500号b幢115室	陈文敏	私营有限
95	上海鸿墨机电科技发展有限公司	龙吴路1500号1幢617-623室	徐保华	私营有限
96	上海九樱新材料有限公司	龙吴路1500号A座408室	张炜	私营有限
97	上海亚恩进出口有限公司	龙吴路1500号1幢411室	陈侨伟	私营有限
98	上海欧柯林健康管理有限公司	龙吴路1500号一幢518室	付丽	私营有限
99	上海璟欣食品有限公司	龙吴路1500号1幢716室	黄艳梅	私营有限
100	上海谷睿电子科技有限公司	龙吴路1500号A楼401室	杨亦灵	私营有限
101	上海交慧通达智能科技有限公司	龙吴路1500号裙楼一层	高承举	私营有限
102	上海通蓬办公设备有限公司	龙吴路1502号B幢302室	祖国生	私营有限
103	上海怡临仪器科技有限公司	龙吴路1500号B楼219室	唐伟	私营有限
104	上海隆冠酒店管理有限公司	罗秀路3号底层	周湧	私营有限
105	上海锐志房地产经纪事务所	龙吴路1717弄16-1号一层	陈晴	私营股份
106	上海阿源美发服务部	龙瑞路60号底层	唐长元	私营独资
107	上海罗伊乐器有限公司	龙瑞路81号	朱纪红	私营有限
108	上海科辅文化传播有限公司	龙瑞路111号一层	刘世超	私营有限
109	上海林森房地产经纪事务所	龙瑞路46号1层	张连兴	私营独资
110	上海御邸房地产经纪事务所	龙瑞路66号	何辉	私营独资
111	上海恒景盛科技有限公司	罗秀路108号8313室	马斌	私营有限
112	上海骋华金属丝网有限公司	罗秀路50号	季耀华	私营有限
113	上海聚鑫置业有限公司	罗秀路108号	陈林法	私营有限
114	上海晨丰建筑安装工程有限公司	罗秀路108号	陈林法	私营有限
115	瑞孚化工（上海）有限公司	平福路188号聚鑫园2号楼301室	PHILIP ARTHUR BECKLER	外资企业
116	上海祺立汽车租赁服务有限公司	罗秀路108号319室	孔令华	私营有限
117	上海君帅装饰设计有限公司	龙吴路1333弄-2	于立刚	私营有限
118	法如国际贸易（上海）有限公司	平福路188号2号楼1楼	JOSEPH ANTHONY YAREZONE	外资企业
119	上海和黄白猫有限公司	龙吴路1800号	杜志强	中外合资经营
120	上海隆齐不锈钢制品有限公司	龙吴路1581号	郑金玉	私营有限
121	上海星庆光学仪器有限公司	龙吴路1100号	胡情强	私营独资
122	上海业之丰建筑工程有限公司	罗秀路108号	陈林法	私营有限

第九章 企业·组织

续表四

序号	名称	地址	法定代表人	性质
123	上海营润建设工程有限公司	喜泰路245号	丁志清	私营有限
124	上海锦程建筑工程有限公司	罗秀路108号	陈林法	私营有限
125	上海勤顺建设工程有限公司	喜泰路245号甲	逯与芹	私营有限
126	上海贝塔斯曼商业服务有限公司	平福路218号A幢	kevin	中外合作经营
127	上海枫叶豪泰南站假日酒店有限公司	罗香路174号1-4层	陈云	私营有限
128	上海茗源实业有限公司	罗香路140号	杨石亭	私营有限
129	上海绚色美容工作室	罗香路257号	陈翠荣	私营独资
130	上海瑞丽美容美发有限公司	罗香路259号	徐彩琴	私营有限
131	上海春峰房地产经纪事务所	罗香路275号底层	王迎春	私营独资
132	上海智永金属材料有限公司	汇成二村15号303室	朱荣发	私营有限
133	上海华岭文体用品有限公司	龙吴路1495号	顾敦福	私营有限
134	上海迪胜物业管理有限公司	百色路206号101室	王京宁	私营有限
135	上海晟迪实业有限公司	百色路238弄6号1001室	左恩勇	私营有限
136	上海弼果商贸有限公司	罗秀路罗秀新村22-23号底楼	黄文进	私营有限
137	上海飞扬汽车租赁有限公司	嘉川路51号	于宏	私营有限
138	上海施泽物业有限责任公司	老沪闵路790弄102号	朱炜	私营有限
139	上海颐展汽车技术服务有限公司	嘉川路73号	谭尤琼	私营有限
140	上海摄彩摄影制景有限公司	百色路77号	倪贝丽	私营有限
141	上海威盛摄影制景有限公司	百色路77号	沈小敏	私营有限
142	上海植物园绿化养护有限公司	龙吴路1111号	朱根龙	私营有限
143	上海晨佳房屋置换有限公司	百色路962号	颜佳晨	私营有限
144	上海园植绿化经营有限公司	龙吴路1111号	张晓平	私营有限
145	上海上植园林装潢有限公司	龙吴路1111号	张晓平	私营有限
146	上海塔森建设工程有限公司	龙吴路1500号A楼501室	张志文	私营有限
147	上海奥谱勒仪器有限公司	上中路303号	蔡建树	私营有限
148	上海强源建筑装饰工程有限公司	上中路289弄4号1903室	肖荣海	私营有限
149	上海畅和物业管理有限公司	上海市罗秀路108号	陈林法	私营有限
150	上海鲍记贸易有限公司	上中路303号	鲍国骏	私营有限
151	上海精铭装饰设计工程有限公司	百色路1240号	方富民	私营有限
152	上海顺泰天然居酒店管理有限公司	百色路218-222号	谢京添	私营有限
153	上海市徐汇区龙川大酒店	龙川路209号	吴洪明	私营独资
154	上海徐体物业管理有限公司	罗城路530号A楼8层	石尧钏	私营股份
155	上海国旌电子科技有限公司	上中路462号3号201	俞坚	私营有限

续表五

序号	名称	地址	法定代表人	性质
156	上海多灵沃森机械设备有限公司	石龙路555号	陈林法	中外合资经营
157	上海瑞捷汽车租赁有限公司	园南三村37号303室	戴蓉芳	私营有限
158	上海模范服饰有限公司	龙恒路70号	林剑民	私营有限
159	上海我爱我家装饰工程有限公司	平福路188号	马自强	私营有限
160	上海联盛智能系统有限公司	上中路479号504室	胡帆	私营有限
161	上海沪日智能电器有限公司	老沪闵路714号4号楼205室	叶宇	私营有限
162	上海艺汇打印有限公司	上中路602号2号厂房	侯炎	私营有限
163	亿宇健康咨询(上海)有限公司	龙吴路1500号2幢E550室	廖梨华	私营股份
164	上海菱源商贸有限公司	罗秀路195弄3号202室	李春花	私营有限
165	上海雅婵商贸有限公司	龙吴路1500号G座206	赵勇	私营有限
166	上海锐爱电子科技有限公司	龙吴路1500号B栋311室	赵建强	私营有限
167	上海兆方建材科技有限公司	龙川北路418弄1号楼402	董经流	私营有限
168	上海迈雅环境工程有限公司	龙吴路1500号G座205室	陈迎春	私营有限
169	上海俊杰清洗保洁有限公司	龙吴路1343弄1号1401室	杨芳	私营有限
170	上海立方光电设备有限公司	龙吴路1500号A幢818室	顾翠琴	私营有限
171	优力胜邦质量检测（上海）有限公司	平福路188号聚鑫园1号楼1-2楼	SAJEEV JESUDAS	港澳台商独资
172	翰澜企业管理咨询（上海）有限公司	罗秀新村112号	张兆林	私营有限
173	上海久晟冶金设备有限公司	百色路238弄3号102室	张鹏耀	私营有限
174	上海升锦物业管理有限公司	罗秀路105号103室	魏红霞	私营有限
175	上海丰奕贸易有限公司	长桥路长桥四村44号106室	范鸿飞	私营有限
176	上海达沃实业有限公司	老沪闵路710弄39号502室	刘涵刚	私营有限
177	上海荣驰通讯工程有限公司	石龙路999弄11号301室	乐升龙	私营有限
178	上海武研电子科技有限公司	百色路451弄76号603室	候峰	私营有限
179	上海远盟投资管理有限公司	百色路100号V29幢	于妍	私营有限
180	上海万数实业有限公司	龙吴路1500号B栋105室	程佳	私营有限
181	上海红木头贸易有限公司	上中路289弄3号407室	黄斌	私营有限
182	致点营销策划（上海）有限公司	龙吴路1727弄42号别墅	孙福国	私营有限
183	上海铭言企业管理有限公司	嘉陵路508号3楼	高铭言	私营有限
184	上海财安金融服务有限公司	虹口区邯郸路43号8楼	夏佩卫	私营股份
185	欧唯特信息系统（上海）有限公司	平福路188号漕河泾聚鑫园2号楼5层	Ralf Westhoff	外资企业

第九章 企业·组织

续表六

序号	名称	地址	法定代表人	性质
186	采埃孚销售服务（中国）有限公司	罗秀路162号	KLAUS MARKUS WITTIG	外资企业

资料来源：街道社区党建办公室

二、新社会组织

2004年4月30日，上海市徐汇区长桥社区社会组织服务中心成立，位于罗秀新村112号，2011年10月31日，更名为上海市徐汇区长桥街道社会组织服务中心。社会组织服务中心依据《社会团体登记管理条例》和《民办非企业登记管理条例》，依法开展新社会组织工作调查，日常登记管理。

2010年，街道辖区内有新社会组织20家。2013年，有新社会组织53家，其中民办非企业单位36家，社会团体17家。2014年，有新社会组织45家，其中民办非企业单位33家，社会团体12家。2015年，有新社会组织46家，其中民办非企业单位34家，社会团体12家（减少上海大自然生物工程研究所，新增上海品欢相声会馆、上海市徐汇区培英进修学校）。

2015年街道辖区内新社会组织基本情况表

序号	名称	地址	法人代表	类别
1	上海建材培训中心	罗秀新村136号	孙国权	民非
2	上海南亚职业技术培训学校	喜泰支路8号	王立刚	民非
3	上海市徐汇区上中托儿所	长桥一村29号	李萍	民非
4	上海市徐汇区汇城苑幼稚园	百色路汇城五村75号	顾煜	民非
5	上海市西南模范中学	百色路汇成一村67号	汪劲松	民非
6	上海徐汇区尚品进修学校	罗秀路50号2楼	刘守军	民非
7	上海市徐汇区逸夫小学	罗秀路400号	王力平	民非
8	上海徐汇区商外进修学校	百色路503号	陆晔	民非
9	上海市育林进修学院	罗秀新村136号	谢家骝	民非
10	上海徐汇区致康儿童康健园	长桥八村25号	吕舜玲	民非
11	上海徐汇区星雨儿童康健院	上中路483弄35号	蒋俐敏	民非
12	上海徐汇区长桥街道第二敬老院	长桥四村54号	何建军	民非
13	上海徐汇区阳光养老院	平福路19号	季冬青	民非
14	上海徐汇区长桥街道敬老院	罗城路651弄65号	何建军	民非
15	上海徐汇区长桥社区居家养老服务中心	罗秀新村112号	谷家娣	民非
16	上海徐汇区长桥社区老年人日间服务中心	罗城路651弄66号一楼	陆招娣	民非

续表

序号	名称	地址	法人代表	类别
17	上海徐汇区长桥社区罗秀老年人日间服务中心	罗秀新村112号	陈彩琴	民非
18	上海徐汇区三叶草儿童康健园	百色路451弄33号	任瑞杰	民非
19	上海徐汇区长桥社区体育健身俱乐部	老沪闵路918号	周迎新	民非
20	上海龙门青少年体育俱乐部	百色路989号	吴世联	民非
21	上海市徐汇区卫生工作者协会	罗秀路616号	刘建安	社会团体
22	上海市徐汇区医学会	罗秀路616号6楼	朱　福	社会团体
23	上海江南丝竹保护发展研究所	罗城路651弄66号	姚卫平	民非
24	上海市文慧沪剧团	平福路451弄10号106室	王慧莉	民非
25	上海徐汇燕萍京剧团	百色路451弄10号106室	周燕萍	民非
26	上海作云书法院	平福路451弄10号106室	黄润铭	民非
27	上海逸峰艺术团	罗香路237号5楼第二教室	徐一峰	民非
28	上海市徐汇区集邮协会	罗香路237号	陈全一	社会团体
29	上海市徐汇区摄影协会	罗香路237号	高三喜	社会团体
30	上海市徐汇区书画协会	罗香路237号	马金明	社会团体
31	上海市徐汇区舞蹈协会	罗香路237号	赵　维	社会团体
32	上海市徐汇越剧团	罗香路237号	许　晴	社会团体
33	上海市徐汇区文化发展促进会	百色路451弄10号	陈　峨	社会团体
34	上海市徐汇区文化市场管理协会	平福路451弄10号212室	金玉敏	社会团体
35	上海品欢相声会馆	罗香路237号一楼	成海涛	民非
36	上海徐汇区长桥街道残疾人服务社	罗秀新村112号	何建军	民非
37	上海徐汇区长桥社区家庭文明建设指导中心	老沪闵路918号	杨　正	民非
38	上海徐汇区长桥街道社会组织服务中心	罗秀新村112号	徐佳颖	民非
39	上海徐汇区长桥社区慈善工作站	罗秀新村112号	沈林娟	民非
40	上海市徐汇区长桥街道计划生育协会	罗秀路616号	刘　虹	社会团体
41	上海市徐汇区长桥街道老年协会	罗秀新村112号115室	陈彩琴	社会团体
42	上海市徐汇区长桥街道社区综合协管服务中心(新)	罗秀新村112号208室	骆善良	民非
43	上海市徐汇区食品药品安全协会	永川路50号	杨祥棣	社会团体
44	上海徐汇区民办贝贝星幼儿园	罗秀路1095弄40/41号	顾永华	民非
45	上海南站公共交通站点协管服务社	石龙路818弄31－35号	朱亚新	民非
46	上海徐汇区培英进修学校	罗香路271号	李昌武	民非

资料来源：街道社区服务办公室

第十章　经济·商业

第十章 经济·商业

随着改革开放、经济体制改革的深化、社会主义市场经济的建设，随着街道城区的建设和发展，街道的经济和社区商业发生了巨大的变化和提高。

第一节 经济

1991年，街道经济以兴办商业服务网点和实体企业为主。1994年起，街道的经济逐步由发展实体经济向实行税收经济转换，经济重点逐步转向招商引资和征税管理。2015年，街道经济工作开始由招商引资向为企业服务转化。

一、发展沿革

1985年3月，上海县龙华乡人民政府的上中中药包装加工厂、知青综合商店、编结站3家企业和长桥托儿所移交到长桥街道办事处筹建组。6月13日，长桥街道办事处挂牌成立后，成立街道集体事业组和集体事业办公室。7月，根据徐汇区人民政府要求，街道将上中中药包装加工厂和长桥托儿所划归徐汇区集体事业管理局。1986年7月，街道成立劳动服务总站，负责街道服务网点和实体企业的筹建。1986年，共兴办自产自销的副食品加工厂、印刷厂等21家服务网点和企业。1988年4月，街道成立合作联社，其下属的企业，采取独立核算，自负盈亏。1989年6月，成立街道工贸公司，工贸公司与劳动服务总站实行"两块牌子、一套班子"的管理模式。

1991年10月，街道办事处科室调整，为加强街道经济工作，设立街道经济管理科。1991年，街道共兴办28家商业服务网点和加工企业。1993年，街道工贸公司共完成产值1858.5万元，利润95.3万元，完成国家税收82万元；筹建徐汇区城建开发总公司长桥分公司，筹建长桥达宇科技开发公司及上海海达特种机电产品科技服务中心，筹建长桥街道小税收协管小组，全年完成税收130万元。1994年7月，街道成立经济招商中心，由上海翔欣实业有限公司开展招商引资工作，街道的经济工作重点逐步转向招商引资，逐步实现由实体经济向税收经济的转换。1994年，引进企业80家，注册资金8000万元。2000年12月，上海翔欣实业总公司改制为上海翔欣实业有限公司，注册于平福路451弄5号，公司总股本200万元人民币，其中街道集体资产联合会140万元，占总股本70%；社区服务中心60万元，占30%。公司改制后，由原管理型公司转为经营性公司，具有独立法人资格。

2002年1月，街道经济管理办公室成立。2003年，街道成立长桥地区资源协调开发办公室，对辖区内的土地、楼宇、厂房等情况全面摸底调查，促进地区资源变税源。建立"长桥经济园"招商基地，实行招商引资一门式服务，全年引进企业84家。2003年，街道税收总量突破1500万元。2004年，推进菜市场的标准化建设。2005年，推进菜市场改制工作、古祥菜市场试行市场经营权和产权分离并获得成功。2007年，街道着力挖掘经济增长点，重点发展现代服务业，提高企业税收属地率，全年完成税收总量0.71亿元，比2006年同期增长18.90%。2009年，街道克服2008年国际金融危机的影响，挖掘辖区内经济潜力，建立经济专业化服务的支撑体系，将服务好企业作为招商工作的首要任务，重点关注现代服务业发展，贯彻落实各项保增长工作措施，全年完成税收总量0.92亿元，比2008年同期增长49.40%。2010年，街道税收总量实现新的突破，计划完成税收总量1亿元，实际完成税收1.3亿元，比2009年增长39%。2012年，街道着力提升罗香路商业街能级，罗香路商业街被评为"全国社区商业示范街"。2013年，徐汇区调整街道经济考核要求，以区级税收总量作为考核指标。街道全年完成区级税收8200多万元，比2012年增长28.8%。2014年，街道完成区级税收1.06亿元，比2013年增长29.1%，街道创建成徐汇区内首家上海市诚信计量示范社区。

2015年，街道贯彻落实上海市委"1号课题"精神，撤销经济管理科，街道不再进行招商引资，协助徐汇区招商中心开展辖区内企业的服务工作。徐汇区人民政府提出"关于调整完善区域招商工作机制的实施意见"，成立徐汇区产业促进中心（招商中心），成立11家子公司，不再考核街道经济指标。街道成立上海长欣经济发展有限公司（11家子公司之一）。2016年3月，上海长欣经济发展有限公司撤销，并入上海南徐汇经济发展有限公司，街道协助上海南徐汇经济发展有限公司做好辖区内企业的服务工作。

2007—2015年街道完成税收情况表

单位：万元

年份	税收总量	区级税收	增长率%
2007	7104.60	—	18.90
2008	6138.90	—	-13.60
2009	9173.64	—	49.40
2010	12769.54	—	39.20
2011	17225.98	—	34.90
2012	19487.75	—	39.00
2013	—	8257.26	28.80
2014	—	10663.09	29.10
2015	—	14520.69	2.59

资料来源：街道社区专项办公室

二、招商引资

1992—2005年，徐汇区人民政府先后制订《支持企业发展繁荣区域的若干规定》《徐汇区外省市来区投资企业的若干规定》《贯彻落实市政府（关于进一步服务全国扩大对内开放若干政策意见）的实施细则》《关于进一步扩大招商引资的若干意见》《关于加快软件产业发展的若干意见》《关于加强徐汇区外迁企业管理的意见》《徐汇区企业服务自流程》等文件，街道依据区政府相关文件精神，坚持可持续发展战略，促进招商引资，发展街道经济。

2010年，街道加大招商引资力度，全力发展现代服务业，探索开发金融服务业，全年引进企业142家，累计注册资金1.5亿元，其中外资企业11家，注册外资355万美元。2011年，街道招商引资呈现出稳步、良好的发展态势，全年共引进企业150余家（其中现代服务业67家、贸易类52家、科技类22家、房产建筑类9家），同比增长7%，累计注册资金1.1亿元。2012年，街道吸引外部的商务资源，面向全市开展招商引资，引入税收大户企业，先后引入上海波伴客光电科技有限公司、新晔电子（深圳）有限公司上海公司、日磊贸易（上海）有限公司、苹果代理商上海盈旭电脑科技发展公司、上海捷强烟草糖酒(集团)有限公司，全年完成税收总量1.95亿元，比上年同期增长39%，全年引进企业195家，累计注册资金1.63亿元，同比增长68%。2013年，街道积极依托辖区内的上中路462号商办综合楼、上中路495号商办综合楼、漕河泾聚鑫园、汇达商务园等商务楼宇，开展招商引资，全年引入企业206家，同比增长21.9%，累计注册资金1.32亿元，其中注册资金最高的为2000万元。

2014年，街道充分利用高新科技企业和现代服务业的扶持政策，重点引入符合徐汇区产业发展导向的企业，引入现代服务业和科技类的企业，全年引入内资企业139家、外资企业7家。其中贸易类46家、现代服务业79家、科技类20家、房产建筑1家，累计注册资金人民币46813万元、美金666.082万元，注册资金最高的是人民币1亿元、美金300万元。其中上海同舟共济城市建设发展有限公司（注册资金1个亿）、上海友狮股权投资基金管理有限公司（注册资金5000万元）、上海亚夏投资管理有限公司（注册资金3000万元）、上海谊聚金融信息服务有限公司（注册资金3000万元）、上海东方财富证券研究所有限公司（注册资金1000万元）、上海麦连网络科技有限公司（注册资金1000万元）、上海瑞磐电子科技有限公司（注册资金1000万元）、上海狄普投资管理合伙企业（有限合伙）（注册资金1000万元）、上海道百文化传播有限公司（注册资金1000万元）。2015年，贯彻落实上海市委"1号课题"精神，撤销经济管理科，不再进行招商引资，街道协助徐汇区招商中心开展企业的服务工作。

三、商务园区

2015年，街道辖区主要有漕河泾聚鑫园区、汇达商务园区。

【漕河泾聚鑫园】

漕河泾聚鑫园位于平福路188号，北侧为中环线。聚鑫园由上海聚鑫置业有限公司投资建设，2012年底投入使用。聚鑫园由4幢6层的建筑物组成，总占地面积2.2万平方米，总建筑面积7.5万平方米，其中地上6.5万平方米，地下1万平方米，500个泊车位。聚鑫园环境幽雅，拥有高密度的绿化，绿化覆盖率达40%，入驻企业可享受园林式的办公环境，园区设有员工餐厅、星巴克等配套设施。聚鑫园入驻企业有行业内领先的跨国公司和知名企业，主要的入驻企业有优力胜邦质量检测（上海）有限公司）（美国UL）、东方财富网、上海鸿洋电子商务股份有限公司、贝塔斯曼、闻泰科技、法如科技、达特电子等。

优力胜邦质量检测（上海）有限公司）（美国UL），是一家全球性的独立的从事安全科学事业的公司，在创新性安全解决方案领域，拥有逾一个世纪的专业知识，从公众用电到可再生新能源及纳米技术。优力胜邦质量检测拥有商业与工业事业部、消费事业部、环境健康与创新发展三大独特的业务单元，致力于不断延伸专业领域及服务范围，进而在瞬息万变的市场环境中，提供安全领域的整体解决方案。

2004年，东方财富网创立，是中国访问量最大的财经门户网站，日均独立访问用户数超过3000万,单月覆盖独立用户超过1亿,领先行业第二名10倍以上,居中国财经网站访问量第一名,同时也是全球访问量最大的财经类网站。2010年3月,东方财富网成功登陆深圳证券交易所,成为A股首家上市的门户网站。东方财富网已成为中国第五大市值的互联网公司,也是在中国上市的市值最高的互联网公司。

漕河泾聚鑫园区

2002年12月6日,上海鸿洋电子商务股份有限公司成立,是一家专业的电子商务高科技信息公司。2005—2007年,连续3年入围中国电子商务前100强,2009年,被上海市软件行业协会评为"上海市电子商务应用领先示范企业",2013年,被上海市商务委评为"上海市电子商务示范企业",2014年,被评为"中国电子商务百强行业门户""中国电子商务最具品牌价值行业门户"和"中国新媒体门户百强"3项大奖。

【汇达商务园】

汇达商务园位于上中路495号,紧临上中路隧道浦西出口处,由上海港口实业有限公司投资建设。2012年1月,正式投入使用,大楼分南北两栋,总高5层,汇达商务园占地面积10000平方米,办公面积15000平方米,绿化率50%,150个车位(楼顶停车位80个)。汇达商务园主要的入驻企业有河北晨阳工贸集团有限公司、"林肯学院"、广东志达集团、浙江越甲药业有限公司等。

2014年,河北晨阳工贸集团入驻汇达商务园。1998年,河北晨阳工贸集团有限公司成立,专注于水漆的研发、生产和销售,现年产具有国际领先水平的百余种节能环保水漆30万吨,产品被广泛应用到建筑、装饰、家具、家电、汽车、船舶、交通、电力等行业。2008年,晨阳水漆成功入选奥运会外立面粉刷工程材料供应商。

2015年,"林肯学院"入驻汇达商务园的。"林肯学院"是为中国各地林肯汽车4S店和其他服务商培养专业人才所设立,只有通过"林肯学院"的培训并取得合格成绩,才能在全国各地的林肯汽车4S店上岗。林肯汽车是享誉世界的高端豪华车,已有百年历史,是世界500强企业之一。

第二节　商业

随着长桥居民住宅区的不断兴建,长桥社区的人口不断增加,街道不断地调整社区商业业态,提升社区的商业服务能级,开展商业示范街建设,开展标准化菜市场建设,引入酒店、超市、便利店等，为社区居民的"衣、食、住、行"等日常生活提供便利。

一、商业示范街

2007年起，街道会同徐汇区商委，对罗香路、百色路等商业街进行商业业态调整，引进贴近居民日常生活的社区商业，规范商业经营户的诚信计量意识。2008年，建成罗香路商业示范街。2013年，建成百色路商业示范街。2014年，街道创建成徐汇区首家"上海市诚信计量示范社区"。

【罗香路商业示范街】

2008年，罗香路商业示范街创建成"上海市社区商业示范街"，2011年12月，罗香路被国家商务部评为"全国社区商业示范社区"。

罗香路位于街道南部的中心地段，东起龙川路西至老沪闵路，全长816米。罗香路东侧原有长桥菜市场及沿街店铺，经过多年的建设，初具规模。随着罗香路三街坊公建配套设施的完成、沿街店铺的相继落成，西南影城、西南文化中心、古祥菜市

罗香路商业街一景

场的开业、罗香路商业一条街基本形成。罗香路商业商业街有标准化菜市场2家、银行网点3家、邮政所1家、大众餐饮店12家、美容美发店4家、维护店2家、照相店1家、音像店3家、超市2家、24小时便利店3家、旅馆1家、专业店2家、专卖店2家、文化娱乐5家、24小时药店2家、长桥社区老年助餐中心1家，基本能满足周边社区居民的餐饮、购物、维修、美容美发、文化生活休闲的需求。

【百色路商业示范街】

2013年，百色路商业示范街创建成"上海市社区商业示范街"。

百色路位于街道北部的中心地段，东起龙吴路，西至老沪闵路，全长892米。百色路商业街有标准化菜市场1家、大众餐饮店15家、美容美发店5家、维修店1家、照相店1家、书店1家、眼银行网点2家、邮政所1家、镜店1家、超市3家、24小时便利店1家、专卖店7家、文化娱乐1家、24小时药店1家。百色路商业街商业设施比较完备，业态结构比较合理。基本能满足周边社区居民的餐饮、购物、休闲、娱乐。

二、菜市场

1990年，街道在徐汇区人民政府统一部署下，贯彻落实上海市人民政府关于"集贸市场入室"的要求，有序地推进辖区内马路菜场和临时菜场入室。5月10日，街道建成上海市第一家最大的室内农贸市场—长桥综合贸易市场。2000年3月，徐汇区人民政府颁发《徐汇

区（市）场管理暂行办法》，街道的菜市场实行制度化管理。2004年起，街道开展菜市场的标准化建设，建成第一家标准化菜市场（古泉菜市场）。2005年，建成第二家标准化菜市场（古祥菜市场）。2006年4月，建成第三家标准化菜市场（长桥菜市场）。2008年，街道为全面落实菜篮子工程，解决辖区内汇成块居民及体育花苑、楼园小区的居民买菜难矛盾，建成第四家标准化菜市场（嘉陵菜市场），被评为标准化五星级菜市场。2015年1月1日，建成第5家标准化菜市场（新罗秀菜市场），被评为标准化五星级菜市场。

嘉陵菜市场摊位

街道标准化菜市场基本情况表

名称	开业时间	面积（平方米）	摊位数（个）	地址	评为星级
古泉菜市场	2004年12月	828	71	龙川北路880号	三星
古祥菜市场	2005年07月	780	93	罗香路174号	四星
长桥菜市场	2006年04月	1400	148	龙川路50号	四星
嘉陵菜市场	2008年10月	3200	263	嘉川路508号	五星
新罗秀菜市场	2015年01月	2600	199	罗秀路66号	五星

资料来源：街道社区专项办公室

三、酒店、超市

2015年，街道辖区内主要的酒店有上海园林格兰云天大酒店、星程天然居南站酒店、格林豪泰上海南站酒店、格林豪泰贝壳酒店、汉庭快捷酒店南站罗香路店、莫泰168上海龙吴路店、天雅村大酒店、如家上海南站店等。主要的超市有家装建材家具家居体验中心、联华超市、汇丰大药房、农工商超市等超市便利店等。

格兰云天大酒店内中心花园

【上海园林格兰云天大酒店】

格兰云天大酒店位于百色路100号,是一家按照国际四星级标准建造的绿色商务精品酒店。格兰云天大酒店,紧邻上海植物园,设计上传承园林特色,占地28000平方米。格兰云天大酒店的前身是上海园林宾馆,1989年开业。2006年3月7日,格兰云天酒店管理公司接管并进行改扩建,9月28日,重新开业。格兰云天大酒店拥有178套客房,其中主楼148套,花园别墅30套(其中婚宴别墅1套)。酒店全面覆盖无线网络。酒店二期项目已规划待建。

2009年,格兰云天大酒店创建成世博服务达标优胜饭店;2010年,被评为金橄榄奖(十佳四星级卓越商旅酒店);2011年,获上海市园林单位称号;2012年,被评为银叶级绿色环保酒店。

【星程天然居南站酒店】

星程天然居南站酒店(简称:星程酒店)位于百色路218号,前身是天然居酒店(上海顺泰天然居酒店管理有限公司),2004年5月,天然居酒店开业。2010年,天然居酒店加盟星程酒店。星程酒店与上海植物园仅一水之隔,客人入住期间可以免费进入植物园内,客人入住可免费享用美格菲专业管理的健身房、游泳池、网球场、乒乓室等健身设施。星程酒店有客房56间,其中复式套房21间,已全面覆盖无线网络。

【格林豪泰上海南站酒店】

2008年6月6日,格林豪泰上海南站酒店开业,位于石龙路987号(石龙路与老沪闵路交汇处),是格林豪泰酒店管理集团管理的商务连锁酒店。格林豪泰上海南站酒店共3个楼层,拥有客房75间,房型有大床房、标准房、单人房、商务房、复式房、家庭房等,配备免费宽带和商务中心。

【莫泰168上海龙吴路店】

2009年10月,莫泰168上海龙吴路店开业,位于罗秀路3号,建筑面积2300平方米,拥有客房65间。

【家装建材家具家居体验中心】

家装建材家具家居体验中心

2013年,家装建材家具家居体验中心开业,位于平福路299号,展厅面积10000平方米,业务范围:家装、建材、家具、家居、家电等,是上海市首家智能化建材家居体验展厅,国内最大的家装建材家具家居体验中心。体验中心采用最新的先进技术,涵盖云终端查询、流媒体云,物联网管理及实景影像体验,具备三维模拟选材、家居一条龙服务(家装、建材、家具、家居用品、相关配套和增值服务)及会员中心服务,集中呈现最热销的建材、家装、家具、家居类精品品牌,提供一站式采购服务。

家装建材家具家居体验中心隶属上海鸿洋电子商务股份有限公司,鸿洋电子商务旗下拥有以"我爱我家—上海家庭装饰网"为依托的家装信息资讯平台。

【超市便利店】

街道辖区内有联华、农工商、好德便利、汇丰大药房等众多的超市、便利店,极大地方便社区居民的购物。

2015年街道辖区内主要超市便利店基本情况表

序号	名称	地址	员工人数	营业时间	备注
1	上海联华超市发展有限公司长桥店	罗香路170号	26	7:30—21:30	
2	上海联华超市发展有限公司百色路店	百色路1139号	20	7:30—21:30	
3	上海国锋食品经营部第一分店	百色路855号	11	7:00—22:00	加盟联华超市
4	上海国锋食品经营部第二分店	龙川路113号	6	7:00—22:00	加盟联华超市
5	徐汇区童颖百货店	龙瑞路72号	5	7:00—22:00	加盟联华超市
6	上海华联超市百色路店	百色路1163号	28	7:00—21:00	
7	上海华联超市罗城路店	罗城路667号	16	7:30—21:30	
8	农工商超市(集团)有限公司第十五分店	罗香路83号	8	8:30—21:30	
9	农工商超市(集团)有限公司第十四分店	百色路1150号	8	8:30—21:30	
10	农工商超市(集团)有限公司罗秀店	罗秀路242号	18	8:30—21:30	
11	上海迪亚零售有限公司罗秀路四店	罗秀路606号	7	7:00—21:00	全球连锁超市
12	徐汇区志忠食品商店	嘉陵路54—56号	5	7:00—22:00	加盟迪亚天天超市
13	上海伍缘现代杂货有限公司百色路店	百色路6号	7	7:00—22:00	
14	上海伍缘现代杂货有限公司龙临路店	龙临路141号	7	7:00—22:00	
15	上海伍缘现代杂货有限公司长桥新村店	长桥新村110号	7	7:00—22:00	
16	上海汇丰大药房有限公司罗香路店	罗香路38号	18	24小时	
17	上海华氏大药房有限公司汇成分店	百色路1067号	10	24小时	
18	老百姓大药房连锁(上海)有限公司龙川北路店	龙川北路149号	8	24小时	医保定点零售药店
19	上海益丰大药房连锁有限公司罗秀路店	罗秀路606号	6	8:30—21:00	
20	上海海王星辰药房有限公司罗香店	罗香路172号	6	8:00—22:00	
21	上海众康堂大药房有限公司	罗秀路246号	7	8:30—21:30	
22	上海雷允上周周药房	龙瑞路62号	5	8:00—20:00	
23	上海好德便利有限公司罗香路店	罗香路23号	5	24小时	
24	上海好德便利有限公司罗香路二分店	罗香路263号	5	24小时	

续表

序号	名称	地址	员工人数	营业时间	备注
25	上海好德便利有限公司龙川路店	龙川路125号	5	24小时	
26	上海好德便利有限公司百色路店	百色路1103号	5	24小时	
27	上海好德便利有限公司龙吴路店	龙吴路1139号	5	24小时	
28	上海联华快客便利有限公司罗秀路便利店	罗秀路280号	5	24小时	
29	上海福满家便利有限公司百色路店	百色路1129	6	24小时	
30	上海福满家便利有限公司罗香店	罗香路166号	7	24小时	
31	上海福满家便利有限公司老沪闵路店	老沪闵路714号	6	24小时	
32	上海福满家便利有限公司罗秀路店	罗秀路5号	7	24小时	

第十一章　城区发展

长桥街道志
(1991-2015)

第十一章　城区发展

街道是上海市居民住宅规划区之一。随着中心城区的建设发展，街道的城区建设也发生了巨大的变化和提高，从1988—2011年，街道辖区内先后兴建53个住宅小区。1990年12月—1992年6月，完成上中路道路拓宽工程。2000年9月—2001年12月，完成龙吴路的改建工程。2005年底—2009年1月，完成中环路、越江隧道建设。2015年，街道辖区内有道路20条，1条上中路越江隧道，有大型桥梁2座、一般桥梁6座，有河流13条，有公交线路29条，有一条水上轮渡线（三港线），有公共绿地59块，111252平方米。

第一节　城区建设

一、中环路、越江隧道建设

中环路是中心城区内环和外环之间的环线快速道路，其中徐汇区段长9.3公里，分为西段和南段。西段长4.35公里，南段从嘉川路口沿虹梅南路转向东、沿上中西路、长桥区域的上中路，长3.85公里，由"高速快速路及地面辅道"组成，高架路总宽30.5米，辅道为双向6车道，另有1.1公里为上中路越黄浦江段，从上中路（长桥水厂）至江边。南段于2005年底开工，2009年1月通车。

上中路隧道位于长桥区域的东南部，是一条连接中环路（浦西为上中路，浦东为华夏西路）穿越黄浦江的隧道。以连接浦西的长桥区域的上中路命名，2003年12月31日，开工建设。上中路隧道是两条南、北平行的双层隧道，上下层都能通行大型车辆，全长2800米，隧道的外直径达到14.87米，南、北两条隧道内分别设置上下层共八条车道，是世界上第一条双层双向8车道的盾构法隧道，也是最大直径的盾构法隧道和最大的越江公路隧道。2008年4月20日，隧道全线贯通。2009年1月22日，南线试通车，4月底，全线竣工通车。

中环路、越江段工程是市政府的重点工程。街道涉及中环路、越江段一期动迁居民777证，越江段二期动迁居民107证，共计884证，涉及8个居民小区，户籍人口2490人，约占徐汇段全部动迁量的三分之二。中环路、越江段动迁是市政府的民心实事工程，整个动迁工作时间紧、任务重、压力大，街道充分调动机关、居委会和社区党员干部的力量，开展动迁居民家庭情况调查，分析制定安置方案，对特殊困难家庭按政策给予相应补助，对家庭成员意见不统一的，做深入细致的思想工作，积极予以调解疏导，街道通过

中环路（长桥段）

"阳光动迁"政策宣传，营造"先走先得益"良好氛围，促进居民"有奖期内签约"。2005年12月9日，中环路、越江段一期一、二奖期签约率为98.3%，越江段隧道二期一奖期签约率为100%，创下徐汇区历年来一奖期动迁签约率之最。街道为如期搬迁居民送上鲜花和蛋糕，感谢他们对市重大工程的支持。

二、住宅建设

从20世纪80年代起至2011年，街道辖区内先后兴建53个住宅小区，有20个商品房小区，31个混合小区，2个售后公房小区；共有892幢楼，其中高层119幢，多层773幢。

徐汇新城小区

1988—2011年住宅小区建设情况表

序号	小区名称	小区性质	小区位置	所属居委	建筑面积 m²	总自然幢数	高层(幢)	多层(幢)	建成年月
1	长桥一村	混	长桥一村1—18、33—38号	长桥一村居委会	86234.61	30	2	28	1988
2	长桥新二村	混	长桥二村1—55、62—68号	长桥新二村居委会	92219.56	47	0	47	1989
3	长桥三村(西)	混	长桥三村46—159号	长桥三村一居委会	88365.48	34	0	34	1989
4	长桥三村(东)	混	长桥三村1—44号	长桥三村二居委会	31978.06	13	0	13	1993
5	长桥四村	混	长桥四村81、82、83甲、84、85、86号	长桥四村一居委会	143924.91	48	3	45	1989
5	长桥四村	混	长桥四村1—28、30—80、90—107、112—124号	长桥四村二居委会	143924.91	48	3	45	1989
6	长桥五村	混	长桥五村1—46、61、71号	长桥五村居委会	61889.42	14	2	12	1990
7	长桥六村	混	长桥六村17—26号	长桥七村居委会	8363.45	2	0	2	1990
8	长桥七村	混	长桥七村1—28号	长桥七村居委会	23976.34	12	0	12	1994
9	长桥八村	混	长桥八村1—49、26、27号	长桥八村居委会	80642.5	17	2	15	1998

第十一章 城区发展

续表一

序号	小区名称	小区性质	小区位置	所属居委	建筑面积 m²	总自然幢数	高层(幢)	多层(幢)	建成年月
10	长桥新村（东块）	混	长桥新村7—48、100、102—121号	长桥新村一居委会	23050.21	15	0	15	1958
11	罗秀新村	混	罗秀新村1—25号	罗秀新村居委会	86873.15	35	0	35	1994
12	罗秀二村	混	罗秀二村1—39号	罗秀二村居委会	62036.84	27	0	27	1994
13	罗秀三村	混	罗秀三村34—111号	罗秀三村居委会	104299.17	30	0	30	1994
14	星秀花苑	商	星秀花苑1—16号	长桥七村居委会	30005	11	0	11	1996
15	罗香苑	商	罗香路265弄	长桥七村居委会	22455.31	5	2	3	2002
16	鑫隆花园	商	上中路289弄1—4号	长桥新村一居委会	64516.83	4	4	0	1996
17	海怡公寓	商	平福路12弄1—4号	平福居委会	5885.49	1	0	1	1998
18	中恒苑	混	上中路483弄15—31、33—53、55—71号	平福居委会	61441	19	0	19	1996
19	百色路133弄	混	百色路500弄	百龙居委会	11721	6	0	6	1983
20	华馨公寓	商	罗秀路55弄	徐汇新城居委会	40908.11	6	6	0	2005
21	徐汇新城	商	龙吴路1717弄	徐汇新城居委会	254420.51	56	24	32	2008
22	苑宏新村	混	苑宏新村1—15号；喜泰路247弄1—7号	港口居委会	25734.04	16	0	16	1988
23	图情小区	混	百色路16弄1—9号	港口居委会	8947	3	0	3	1997
24	百龙小区	混	龙吴路1137弄1—16、18号	百龙居委会	39397	5	2	3	1995
25	天然居	商	百色路228弄238弄	园南三村居委会	50193	15	6	9	2002
26	园南一村	混	园南一村1—2、7—8、11—60号	园南一村居委会	70910.36	28	0	28	1987
27	园南二村多层	混	园南二村1—26、39—71、73—79、83—85号	园南二村居委会	47199.93	13	0	13	1987
28	园南二村高层	混	园南二村72、80—82号	园南二村居委会	50785.27	5	5	0	1987

续表二

序号	小区名称	小区性质	小区位置	所属居委	建筑面积 m²	总自然幢数	高层(幢)	多层(幢)	建成年月
29	园南三村	混	园南三村1—59号	园南三村居委会	51898.12	20	0	20	1989
30	南苑别墅	商	南苑别墅27—38号	园南二村居委会	14796.6	9	0	9	1989
31	汇成一村	混	汇成一村1—92号	汇成一村居委会	83858.6	28	0	28	1994
32	汇成二村	混	汇成二村1—45号	汇成二村居委会	42964.64	12	0	12	1994
33	汇成三村	混	汇成三村1—53号	汇成三村居委会	48147.64	17	0	17	1994
34	汇成四村	混	汇成四村1—100号	汇成四村居委会	92810.55	24	0	24	1994
35	汇成五村	混	汇成五村1—99号	汇成五村居委会	94517.52	28	0	28	1994
36	上中路400号	售后	上中路400号	汇成五村居委会	9165.58	8	0	8	1990
37	上中路100弄	售后	上中路100弄1—9号	长桥五村居委会	5202.04	2	0	2	1983
38	汇达苑	商	龙川北路681弄	华东一居委会	19489.26	5	0	5	2000
39	华东花苑	混	龙川北路436、498弄，罗城路651、799弄	华东一、二居委会	160334.36	41	0	41	1995
40	光华苑北区	商	嘉川路28弄	光华居委会	7079.6	2	0	2	2002
41	光华苑	混	老沪闵路790弄	光华居委会	85524.77	28	0	28	1996
42	体育花苑	混	老沪闵路728弄	体育花苑居委会	40709.49	11	0	11	1998
43	楼园	混	老沪闵路706、710弄	楼园居委会	122362.76	43	0	43	1994
44	海波金桂苑	商	龙川北路418弄	华东一居委会	12814.56	5	1	4	2004
45	汇京佳丽苑	商	老沪闵路618弄	汇澜苑居委会	74034.54	5	5	0	2005
46	幽澜苑	商	老沪闵路666号	汇澜苑居委会	21329.93	5	0	5	2005
47	星罗苑	商	罗香路168弄	长桥一村居委会	27679	8	0	8	2005
48	书香逸居	商	上中路51弄	长桥五村居委会	74536.53	8	8	0	2007

续表三

序号	小区名称	小区性质	小区位置	所属居委	建筑面积 m²	总自然幢数	高层(幢)	多层(幢)	建成年月
49	中海瀛台	商	龙吴路1268弄	中海居委会	326904.17	29	21	8	2007
50	绿洲庭苑	商	老沪闵路1068弄	长桥八村居委会	21205.41	4	2	2	2008
51	协合紫薇苑	商	老沪闵路680弄	汇澜苑居委会	24203.78	9	0	9	2006
52	华滨家园	商	龙吴路1323弄	华滨居委会	210498.99	12	12	0	2011
53	华沁家园	商	龙吴路1343弄	华沁居委会	293418.71	12	12	0	2011

资料来源：徐汇区住房保障和房屋管理局长桥办事处

三、旧区改造

2012年12月，启动徐家桥、潘家塘、李家宅旧区改造工程。徐家桥、潘家塘、李家宅旧区改造工程是与龙川路西侧的上海植物园的植物引种区进行置换，原植物引种区新建徐汇区南部医疗中心等公共设施。徐家桥占地14220平方米、潘家塘李家宅占地40499平方米。旧区改造工程拆除徐家桥地块建筑面积23742平方米，动迁居民148户，动迁单位1家。拆除潘家塘李家宅地块建筑面积33370平方米，动迁居民267户，动迁单位1家。

2014年9月，启动长桥南街的旧区改造工程。长桥南街占地60960平方米，旧区改造工程拆除建筑面积82101平方米，动迁居民489户，动迁单位5家。2015年6月，启动罗秀路潘家塘的旧区改造工程。罗秀路潘家塘占地65390平方米。旧区改造工程拆除建筑面积57315平方米，动迁居民47户，动迁单位6家。长桥南街、罗秀路潘家塘旧区改造后，规划新建住宅小区。

第二节 市政设施·河流

一、道路·桥梁

2015年，街道区域内有主要道路20条，其中快速道路1条（中环路）、主干道2条（龙吴路、上中路）、次干道9条（百色路、长桥路、长华路、老沪闵路、龙川路、龙川北路、罗城路、罗秀路、喜泰路）、一般道路8条（百色支路、罗香路、平福路、龙临路、龙瑞路、嘉陵路、嘉川路、喜泰支路）。1条上中路越江隧道。有大型桥梁2座（龙浦桥、长华路淀浦河桥），一般桥梁6座。

【龙吴路】

龙吴路跨徐汇、闵行两区，北起龙华西路，南至吴泾，以起讫地首字命名，全长15.5公里。龙吴路长桥段位于长桥街道东部。北起罗城路南侧，南至淀浦河北堍，中与喜泰支路、百色路、上中路、龙瑞路、罗秀东路、罗秀路成"丁"字形相接，与喜泰路斜交。长2300米，宽33.5—50米，其中车行道宽23.5—33米，为沥青路面。道路设双向机动车道，中央分隔带宽2米，两侧机、非分隔带宽各1.5米，非机动车道各宽4.5米，人行道宽各3.5米，铺彩色板。

2000年9月—2001年12月，龙吴路分北段、南段同时进行交叉改建（北起龙华西路，南至吴泾），北段拓宽至45—50米。2007年6—11月，对龙吴路进行了重点养护和修缮。沿路两旁种植悬铃木、香樟行道树。东侧有上海图书馆龙吴路书库、中海瀛台花园、上海交大海洋水下工程科学研究所、上海白猫集团有限公司，西侧有上海市园林科学研究所、上海植物园、华滨、华沁小区、徐汇新城等。

【上中路】

上中路位于长桥街道中部。西起老沪闵路，与上中西路相连，东至龙吴路，中与龙临路、长桥路、龙川北路、龙川路成"丁"字形相接，与平福路相交。长1771米，宽53.5米，为沥青路面。1990年12月—1992年6月，结合百色路至老沪闵路范围的排水改建工程，道路拓宽为20米，车行道拓宽为12米，两侧人行道宽各4米。2005年后建中环路，道路进一步拓宽，中间宽30.5米，两侧辅道各宽11.5米。沿路北侧有徐汇区教师进修学院附属实验中学、上海中学、上海小学、上中幼儿园、徐汇区房产交易中心、园南二村、园南三村，南侧有长桥五村、书香逸居、上中大厦、长桥一村、长桥新村、鑫隆花园、长桥水厂等。

【百色路】

百色路位于长桥街道中部。东起龙吴路，西至老沪闵路，中与百色支路、平福路、嘉陵路成"丁"字形相接，与龙川北路相交。长1582米，宽20米，其中车行道宽，12—14米，为沥青路面。20世纪90年代初因建汇成苑一至五村，自老沪闵路至龙川北路西筑成今百色路西段。2002年7—12月老沪闵路至龙川北路全线辟通，路面拓宽为20米，车行道拓宽为14米，两侧人行道宽各3米，改铺彩色板。2002年11月至2003年5月龙川北路至平福路改建，路幅仍宽20米，车行道拓宽为12米。 沿路植悬铃木行道树。北侧有园林格兰云天大酒店、天然居、上海植物园三号门、汇成苑三村和四村、徐汇邮政广告商函公司、体育花苑，南侧有园南中学、园南三村、园南二村、上海中学、汇成苑五村、上海体育职业学院等。

【长桥路】

长桥路位于长桥街道中南部。北起上中路，南至罗秀路，与罗香路相交。长691米，宽16米其中车行道宽8米，为沥青路面。1948年辟建。初为从上中路南延约500米的碎石煤渣路，是当时国民党驻

长桥路林荫道

军为军运征集民工所筑。1958年延伸至长桥镇，并以镇名命名。1977年改建成宽10米的沥青灌浇路面。1982年向南筑至淀浦河新长桥（2004年重建为长华路淀浦河桥）北堍。1990年8月完成下水道排水工程，取消了路面两侧原有的排水沟，整条路面也改为沥青混凝土结构。2001年后罗秀路至淀浦河路段改称长华路。2006年6-8月进行重点养护，拓宽为16米，车行道拓宽为8米，两侧人行道宽各4米，改铺彩色板，始成现状。沿路植悬铃木行道树。东侧有长桥二、三村，西侧有长桥一村、长桥四村等。2014年，长桥路被命名为上海市市级林荫道。

【长华路】

长华路北起罗秀路，南至华济路，中跨淀浦河。长968米，宽15—32米，其中车行宽7—23米，沥青路面。长华路长桥段，北起罗秀路，南至淀浦河，于1982年辟建，原为长桥路南段，2001年南延至华泾路，2003年10月延至华济路，因是长桥新村通向华泾新村（华泾镇）必经之路，故取两村名首字而取名。长华路长桥段西侧有潘家塘、东侧有长桥南街（居民点）。

【老沪闵路】

老沪闵路跨徐汇、闵行两区。南起虹梅南路，北至沪闵路，全长约11.24公里。老沪闵路长桥段位于长桥街道区域西部。北起石龙路口，与桂林南路相接，南至淀浦河，中跨张家塘港与嘉川路、罗秀路相交，石龙路、百色路、梅陇路、上中路、上中西路、罗香路成"丁"字形相接。长2600米，宽13-32米，为沥青路面。1991年与2003年又对上中路至罗秀路、罗秀路至三号桥等路段先后进行修拓改建，拓宽为13—23.5米不等，其中车行道拓宽为7.7—17.5米不等。东侧有汇京佳丽园、幽澜苑、协和紫薇园、楼园、体育花苑、光华园、上海市聋哑青年技术学校、徐汇区教师进修学院附属实验中学、书香逸居、长桥市民学校、绿洲庭院等。

【龙川路】

龙川路位于长桥街道东部。南起罗秀路，北至上中路，中与罗香路东端成"丁"字形相接。长691米，宽20米，其中车行道宽12米，为沥青路面。于1986年建造长桥新村而辟筑，北接当时的龙川路北段（1999年改名龙川北路），以广西壮族自治区的龙川镇名命名。2006年6—9月进行大修，并对西侧人行道改铺彩色板。沿路两侧植悬铃木行道树。东侧有长桥新村（东）、鑫隆花园、长桥新村派出所、长桥第二小学，西侧有长桥三村（西）、长桥二村等。

【龙川北路】

龙川北路位于长桥街道中北部。南起上中路，北至石龙路，中跨张家塘港与罗城路、百色路相交。长1729米，宽20米，其中车行道宽12米，为沥青路面。原名龙川路，上中路以北段在1999年改名为龙川北路。系1978年扩建上海植物园时辟筑，当时宽4—7米，泥石路面。1985—1986年间，将石龙路至张家塘港一段改建成4米宽的水泥路面，其余仍是泥石路面。1996年9月—1997年1月结合排水施工，道路路面拓宽为20米，其中车行道拓宽为12米。2007—2009年改为沥青混凝土结构。沿路两侧植悬铃木行道树。东侧有长桥街道社区卫生服务中心、园南一村、汇达苑、向阳育才小学，西侧有上海中学、海波金桂苑、华东花苑等。

第二节 市政设施

【罗城路】

罗城路位于街道北部，罗城路以南为长桥街道区域。东起龙吴路，西至嘉陵路，中跨三友河，与龙川北路相交，与永川路、东泉路成"丁"字形相接。长544米，宽32米，其中车行道宽25米，沥青路面。2005年8月至次年6月建成永川路至嘉陵路段，宽32米，其中快车道宽18米，双向慢车道宽各3.5米，两侧人行道宽各3.5米。永川路至龙吴路段原是泥土小道，后改铺水泥路面。以广西壮族自治区的罗城仫佬族自治县名命名。北侧有金牛苑、罗城花苑、龙华工业有限公司、上海西南工程学校；南侧有徐家桥、潘家塘、华东花苑（北块）等。

【罗秀路】

罗秀路东起龙吴路，西至梅陇西路，跨徐汇、闵行两区，全长约5000米。罗秀路长桥段东起龙吴路，西至老沪闵路。中跨春申港，与平福路、龙川路、长华路、长桥路成"丁"字形相接，与龙临路、老沪闵路相交。长1753米，宽24米，其中车行道宽16米，为沥青路面。起始分段筑辟：1976年冬开挖淀浦河时填没长桥港后，翌年由龙华乡排灌站将其长桥北街合并辟建成一条东起龙吴路、西至长桥路的4—5米宽的泥石路，长1160米，习称长桥支路；其中龙吴路至龙川路以东45米处的920米长桥段，大部分自1985年—1988年份3次改建成宽3—5米的水泥路面。1986年辟建龙川路以东45米至老沪闵路段833米，宽20米，其中车行道宽12米，1990年建成，与东段连接，以广西壮族自治区桂平市罗秀镇名命名。1998年和2002年两次路面陷沉，2003年5月起进行大翻修，道路拓宽至24米，其中车行道宽16米，双向机动车与非机动车混行。沿路两侧植悬铃木行道树。两侧多居民区：北侧有华沁小区、罗秀三村、逸夫小学、长桥三村、长桥四村、长桥街道办事处、星秀苑，南侧有华馨公寓、紫竹园中学、罗秀新村、长桥南街、潘家塘、长桥七村、八村等。

【喜泰路】

喜泰路北起龙水南路，南至龙吴路，长1606米，宽18米，其中车行道14米，沥青路面。因其时路北端有一喜儿庙（遗址在夏泰浜53—63号），南段有泰山砖瓦厂，各取其首字作路名。喜泰路长桥段在街道区域的东部，北起张家塘港，南至龙吴路。与喜泰支路相交。喜泰路原是西南市郊出入市区的要道，自龙吴路筑成后，主要用于工业运输。东侧有上海市工业技术学校，苑宏新村等。

【百色支路】

百色支路位于长桥街道东部。北起百色路，南至上中路。长200米，宽16.5米，其中车行道宽9米，为沥青路面。原是1974年上海植物园扩建时修建的百色路（当时呈"厂"字形，东北起龙吴路，西南至上中路）的南折路段，宽7米，车行道宽6米。2000年5月改建，以百色支路命名。2008年末至2009年初进行维修，始成现状。沿路两侧植悬铃木行道树。东侧有徐汇区教育考试院，西侧为上海市工商外国语学校。

【罗香路】

罗香路位于街道中部。东起龙川路，西至老沪闵路，中与长桥路、龙临路相交。长880米，宽24米，其中车行道宽14米，为沥青路面。1986年筑辟，以广西壮族自治区金秀瑶族自治县的罗香乡名命名。2005年进行过维修，两侧人行道拓宽至各5米，并改铺彩色板，始成现状。沿路两侧植悬铃木行道树。两侧多居民区：南侧有长桥三村、启明大楼、西南文化艺术中心、罗香苑，北侧有长桥二村、星罗苑、上海信息管理学校（罗香校园中职二部）等。

【平福路】

平福路位于长桥街道东部。北起百色路，南至罗秀路，中与上中路（中环线）相交，沥青路面。1997年1—4月辟建上中路至春申港路段，宽20米；2003年3—5月辟建上中路至百色路段，宽19—20.5米，其中车行道宽12米，两侧人行道一侧宽3.5—4.5米，一侧宽3.5—4米；2013年辟建春申港至罗秀路段，其中车行道宽12米，两侧人行道一侧宽3.5—4.5米，一侧宽3.5—4米。以广西壮族自治区藤县平福乡名命名。沿路植楸树，悬铃木行道树。两侧主要是居民区、厂区和商务区：东侧有海怡公寓、中恒苑、聚鑫园、欧唯特信息技术有限公司等，西侧有园南三村、长桥水厂等。

【龙临路】

龙临路位于街道中部。南起淀浦河，北至上中路，中与罗秀路、罗香路相交。长879米，宽16米，其中车行道宽8米，为沥青路面。1986年开筑，以广西壮族自治区靖西县的龙临镇名命名。2006年因罗秀路至罗香路路段面层老化，进行维修，并对西侧人行道铺砌彩色板。沿路两侧植悬铃木行道树。东侧有长桥一村、长桥四村、徐汇区教师进修学院附属实验小学、长桥八村、长桥中学，西侧有长桥五村、长桥六村、星秀苑、长桥七村等。2015年，龙临路被命名为上海市市级林荫道。

【龙瑞路】

龙瑞路位于街道东部。东起黄浦江，西至龙吴路。长349米，宽20米，为沥青路面。路基原为农田。2007年建成。以位于龙华地区和与龙吴路相接，取其首字构成的吉祥词组命名。沿路两侧种植杜英行道树。两侧为中海瀛台居住区。

【嘉陵路】

嘉陵路分南、北两段：北段北起汉源路（规划路名），南至罗城路，长约260米。南段北起百色路，南至嘉川路，长约140米，其中罗城路至百色路段尚未辟通。两段路宽14—17米，其中车行道宽9—12米，为沥青路面，人行道一边2米，一边宽3米，均铺砌彩色板。2005年10月至次年4月建成，取四川、重庆的嘉陵江名命名。沿路两侧植悬铃木行道树。南段东侧有汇成苑五村，西侧上海体育职业学院；北段西侧有汇京佳丽园等。

【嘉川路】

嘉川路西起虹梅南路，东至嘉陵路。长1740米，宽20米，其中车行道宽14米，沥青路面。以四川省广元市旺苍县嘉川镇地名命名。嘉川路长桥段，西起老沪闵路，东至嘉陵路，1997年11月—1998年6月筑成。北侧有上海体育职业学校，南侧有光华园小区等。

【喜泰支路】

喜泰支路位于街道北部。东起龙腾大道，西至龙吴路。长506米，宽7.5—20米，其中车行道宽7—14米，沥青路面。原是1953年与龙华苗圃同时修建的旧百色路的东段（龙吴路以东至喜泰路），2000年3月以其为喜泰路支道重新命名。2009年2月向东延伸350米。北侧有上海市工业技术学校。

【龙浦桥】

龙浦桥位于街道南部，连接龙吴路，跨淀浦河。以龙吴路中的"龙"字和淀浦河中的"浦"字组合命名。始建于1977年，桥长67米，宽17米。2002年2月重建，改为钢筋混凝土板梁，为大型桥，桥长296.8米，宽40.5米，其中车行道宽33米，载重30吨。

【长华路淀浦河桥】

长华路淀浦河桥位于街道南部，连接长华路，跨淀浦河。始建于1976年，桥长54米，宽6.10米，当时因在长桥路上，故亦名长桥。2004年1月重建，并因长桥路南段改名长华路，故与河名组合改为今名。钢筋混凝土连续箱梁结构，为大型桥，桥长301米，宽27.70米，载重40吨。

【老沪闵路三号桥】

老沪闵路三号桥位于街道南部，连接老沪闵路，跨淀浦河。以路名加序号命名。桥址原跨长桥港上，曾有一座旧的老沪闵路三号桥，是1922年建造沪闵路时同时修建的。1976年利用长桥港中段开挖淀浦河时，拆除原三号桥，同时建造新桥，沿用老沪闵路三号桥名。新桥系钢筋混凝土桥，桥长83.5米，宽10.5米，其中车行道宽7.3米，载重20吨。

老沪闵路三号桥

【龙吴路二号桥】

龙吴路二号桥位于街道东部，连接龙吴路，跨张家塘港。以路名加序号命名。始建于1958年，长32.1米，宽17米，其中车行道宽14米。2002年2月重建，改钢筋混凝土板梁，为中型桥，桥长38.8米，宽43名，其中车行道宽26米，载重30吨。桥南是上海市植物园。

【老沪闵路二号桥】

老沪闵路二号桥位于街道北部，连接老沪闵路，跨张家塘港。以路名加序号命名。1922年建造，桥长26米，宽29米。

【港口桥】

港口桥位于街道东部，连接龙吴路，跨越春申港。以昔日桥西北侧的港口镇命名。始建于1958年，名龙吴路三号桥。2002年1月重建，改钢筋混凝土板梁，为中型桥，并改今名。桥长38.8米，宽26.5米，其中车行道宽20米，载重30吨。

【龙川北路桥】

龙川北路桥位于街道中部，连接龙川北路，跨越张家塘港。以路命名。始建于1976年，以当时路名龙川路而命名为龙川路桥，桥长25米，宽4.2米为钢筋混凝土结构。1999年因此段路名改为龙川北路，遂改今名。1998年12月重建，为中型桥，桥长28米，宽20米，其中车行道宽12米，载重15吨。

【罗秀路桥】

罗秀路桥位于街道南部，连接罗秀路，跨越春申港。以路名命名。1995年建造。钢筋混凝土板梁，为中型桥。桥长22.4米，宽20米，其中车行道宽16米，载重20吨。

二、公共交通

随着新住宅小区增加，街道辖区内道路状况随之改善和发展，街道境内公交线路逐年增加。1991年，街道境内有8条过境的公交线路，2015年，街道境内有29条过境公交线路。1994年12月28日，131路公交线由梅陇嘉川路延伸至龙川北路，1995年8月29日，公交56路线延伸至长桥新村，2015年7月20日，新辟56路跨线区间车。街道境内黄浦江上有一条水上港口轮渡站（三港线）。

【港口轮渡站（三港线）】

港口轮渡站（三港线）位于龙吴路1900号。始建于1968年，当时位于今淀浦河边的黄家渡，属黄浦江南三条轮渡线之一，故称南三线。1980年，移至长桥水厂进口处与上海合成洗涤剂厂之间。后因浦东站近船民小学，浦西站在华新港口，于1986年10月，以两地首字命名为船华线。2003年3月3日，又以浦东站靠近三林塘，浦西站靠近港口镇，各取首字改称三港线，成为独立的一条线。浦西站称上海轮渡有限公司港口轮渡站，习称港口渡口。占地4934平方米，渡口轮渡站房建筑面积908平方米，员工68名。

2010年9月10日，市轮渡有限公司开展迎世博600天渡口综合整治，港口渡口建筑外立面、候船室、码头、浮桥以及标识标牌达到"上海轮渡"规范标准。实现黄浦江渡口标识标牌标准统一。2011年7月12日，市轮渡有限公司撤销原轮渡站建制，成立港口营运分公司，管辖三港线、杜吴线、陈车线。2012年12月1日，三港线调整为空调轮渡航线。票价单身乘客单程2元，自行车（含电动自行车）乘客单程2.8元，助动车乘客单程3元，机动摩托车乘客单程4元。开收渡时间：05:00-23:00。

港口轮渡站

1991—2015年港口轮渡站（三港线）运量、营收情况表

年份	渡运乘客（万人次）	渡运人力货车（辆次）	渡运小型机动车（辆次）	营收（万元）
1991	476.73	10082	11765	54.11
1992	491.82	11944	14982	58.5
1993	595.99	14952	21484	81.62
1994	607.98	16022	136130	146.49
1995	621.36	16752	144578	179.7
1996	652.98	17154	169698	246.8

续表

年份	渡运乘客（万人次）	渡运人力货车（辆次）	渡运小型机动车（辆次）	营收（万元）
1997	637.11	27080	181962	283.32
1998	440.79	32182	141374	281.67
1999	373.02	33606	200986	285.9
2000	320.59	18726	66473	210.32
2001	261.52	15462	81590	186.47
2002	246.93	15722	134797	191.61
2003	328.23	19203	274358	277.86
2004	364.9	18870	414963	332.26
2005	388.01	16179	431807	347.39
2006	458.51	11846	431807	375.83
2007	528.57	12602	300278	412.77
2008	556.78	11354	202794	408.12
2009	591.12	8144	161718	420.24
2010	572.61	8572	191687	418.54
2011	491.44	6150	191781	358.39
2012	497.25	4878	117097	371.48
2013	467.97	5336	75042	655.22
2014	469.29	6044	49447	643
2015	462.86	5656	43659	570.59

资料来源：上海市轮渡有限公司

【公交线路】

2015年，街道辖区内共有公交线路29条，其中起讫站在街道辖区内6条，在街道辖区内通过23条。

2015年街道辖区内公交线路基本情况表

序号	线路名称	线路起讫站	通过街道境内的主要站点	备注
1	56区间	平福路上中路—云锦路龙耀路	罗秀路龙吴路	起讫站在街道辖区内
2	111	长桥路罗香路—上海体育场	罗香路龙临路	
3	131	园南新村—宜山路虹梅路	汇成新村	
4	326	长桥新村—枫林路斜土路	罗香路龙临路	
5	707	长桥新村—颛桥	上海中学	
6	824	龙临路上中路—忻康里	龙吴路百色路	
7	50	东安新村—朱梅路老沪闵路	老沪闵路罗秀路	在街道辖区内通过
8	56	凌云路罗秀路—南丹路曹溪北路	罗秀路龙吴路	

续表

序号	线路名称	线路起讫站	通过街道境内的主要站点	备注
9	178	龙华路—剑川路通海路	龙吴路罗秀路	
10	180	上海南站（北广场）—沧源小区	上海中学	
11	342	南丹路曹溪北路—剑川路通海路	龙吴路罗秀路	
12	714	华容路双峰路—曹行	龙吴路罗秀路	
13	718	上海体育馆—长华路华泾路	上海中学	
14	720	上海体育馆—莲花路地铁站	园南二村	
15	731	宜山路虹梅路—长华路华泾路	上海中学	
16	755	浦北路柳州路—春延路三林城	上海中学	
17	770	天钥桥路辛耕路—长华路华泾路	龙吴路罗秀路	
18	804	华泾小区—白樟路	上海中学	在街道辖区内通过
19	810	古美新村—懿行路和炯路	龙川北路罗城路	
20	820	华发路长华路—柳州路宜山路	龙川北路罗城路	
21	831	龙华—莘松新村	上海中学	
22	867	上海南站—航华新村	老沪闵路罗秀路	
23	956	肇嘉浜路天平路—龙吴路广南路	龙吴路百色路	
24	957	平江路枫林路—外环路地铁站	龙川北路罗城路	
25	958	广元西路华山路—闵行	龙吴路百色路	
26	973	上海南站—蓝村路南泉路	汇成新村	
27	上奉专线	上海南站—南桥汽车站	上海植物园	
28	南南线	上海南站—南汇汽车站	龙川北路百色路	
29	南川线	上海南站—川沙	龙吴路罗秀路	

三、园林绿化

上海植物园，是上海国际大都市绿化示范与园景游览活动的窗口单位，2011年12月，上海植物园获得"国家AAAA级旅游景区"称号。1996年，街道首个开放式公园绿地北杨河小游园建成。2015年，街道辖区内有公共绿地59块，111252平方米。

【上海植物园】

上海植物园位于龙吴路1100号。1931年8月，上海曾筹建市立植物园，后因抗日战争爆发停办。1947年3月始，在中山公园内筹建植物园，面积约6公顷，为"园中之园"。1959年，曾拨款在佘山山麓征用农田330多公顷，筹建上海植物园，"文革"期间筹建项目停止。1972年末，上海市园林管理处开始着手研究将龙华苗圃逐步改建为植物园。次年秋，完成植物园的规划方案，1974年3月5日，得到上海市革命委员会的批准。1978年初，植物园初具规模，4月1日，植物园局部开放，1980年元旦，正式定名为上海植物园，成为上海市最大的标志性、综合型植物园。

第二节 市政设施

植物园展览温室

植物园展览区设植物进化区（包括松柏园、木兰园、牡丹园、杜鹃园、蔷薇园、槭树园、桂花园和竹园）、盆景园、草药园、展览温室、兰室和绿化示范区等15个专类园区。2005年，全园面积达到81.86公顷，植物引种已经收集6000多个品种。展览温室是园内的标志性建筑，建筑面积5000平方米，高32米，具有智能化自动控制气象环境的系统，再现了热带生态地理环境。室内布置热带雨林和室内花园两大主题，展示世界各地热带植物3500余种，堪与各国著名的展览温室媲美。朱德委员长为兰室题写室名，并赠送朱氏新梅、虎头兰等22盆兰花。兰室还收藏张学良将军和日本人士赠送的名兰300个品种。盆景园汇集以海派盆景为代表的精品2000余盆，为国内最大的国家盆景园之一。树桩盆景区内一株石榴据记载为清乾隆年间所植。

黄道婆庙游览区位于绿化示范区以北的园东北部，由黄母祠、陈列馆及展廊、游憩区3个部分组成。植物园成为上海国际大都市绿化示范与园景游览活动的窗口，也是植物引种、驯化、展示、园艺研究及科普教育最重要的基地。其盆景制作先后在蒙特利尔、阿姆斯特丹、格拉斯哥、昆明世界园艺博览会等国际园艺会展上获奖。2009年起，上海植物园推出了"暗访夜精灵"自然观察活动，成为上海植物园科普活动的品牌项目。2009年，上海植物园加入上海市二期课改基地。

上海植物园2007年获得"2007年度上海市科普先进集体"称号，2009年11月被授予"上海市爱心助老特色基地"称号，2009年12月获得"全国科普教育基地（2010—2014年）"称号，2013年7月被授予"2013年全国科技活动周暨上海科技节先进集体"称号。

【北杨河小游园】

北杨河小游园原是北杨河河道一段，在罗秀三村的西侧，1996年，上海市人民政府批文将该河道填浜建设绿化，并列为当年市政府实事项目。填浜建设绿化工程由徐汇区园林管理所承担。1996年3月，进行排管施工，8月份，公园绿化建成，12月28日，建成开放。

北杨河小游园

北杨河小游园，绿化面积1.1万平方米，是一座开放式公园绿地，园内共种植乔、灌木40余种近2000株，种植地被38吨，铺设草坪1000余平方米。并设有圆桌、圆凳，地面为彩色地砖风格，古朴的石板路相间，长廊、棚架弯曲迂回，几处伞亭错落有致。整个园子小巧玲珑"曲径通幽"之感。北杨河小游园的建成，结束长桥社区没有开放式公园绿地的历史。

【公共绿地】

2015年，街道辖区内有公共绿地59块，111252平方米，其中一级公共绿地5块，48072平方米，二级公共绿地15块，32710平方米，三级公共绿地39块30470平方米。

2015年街道辖区内一级公共绿地基本情况表

序号	绿地名称	位置	面积（平方米）
1	龙临路淀浦河绿地	龙临路淀浦河旁	10866
2	北杨河小游园	罗秀路280号	11033
3	淀浦河绿地（徐汇新城段）	龙吴路东侧淀浦河北岸	15604
4	罗秀路老沪闵路林带	罗秀路老沪闵路口	2886
5	淀浦河绿地	龙临路—老沪闵路	7683

资料来源：街道社区管理办公室

2015年街道辖区内二级公共绿地基本情况表

序号	绿地名称	位置	面积（平方米）
1	长桥四街坊（4）绿地	长桥路	442
2	长桥四街坊（1）绿地	龙临路—罗秀路口	1096
3	龙临路绿地	罗香路—上中路	1123
4	长桥四街坊（2）绿地	罗秀路	1633
5	长桥四街坊（3）绿地	长桥路罗秀路口	2220
6	罗秀二村绿地	淀浦河旁	2506
7	罗秀路老沪闵路绿地	罗秀路老沪闵路口	2604
8	罗秀路高压林带	罗秀路	6719
9	老沪闵路机非隔离带绿地	石龙路—中环线	2579
10	老沪闵路嘉川路绿地	老沪闵路嘉川路口	76
11	老沪闵路聋哑、沪闵中学围墙绿地	老沪闵路（嘉川路—上中西路）	281
12	老沪闵路紫薇园外绿地	紫薇园外	464
13	上中路书香逸居外绿地	老沪闵路	9814
14	中环线绿地	老沪闵路—龙川路	603
15	中环线绿地	龙川路—龙吴路	550

资料来源：街道社区管理办公室

2015年街道辖区内三级公共绿地基本情况表

序号	绿地名称	位置	面积（平方米）
1	罗秀路星秀花苑绿地	罗秀路星秀花苑	63
2	百色路垂直绿化	百色路	258
3	平福路绿地	平福路	89
4	百色路绿地	百色路	133
5	罗香路（原长桥街道办事处旁）绿地	罗香路	210
6	罗香路绿地	老沪闵路—龙临路	199
7	百色路平福路垂直绿化	百色路平福路	81
8	平福路垂直绿化	平福路	282
9	罗秀路长桥路口绿地	罗秀路长桥路	330
10	上中路平福路绿地	上中路平福路	358
11	罗秀路逸夫小学绿地	罗秀路	363
12	长桥小游园北侧绿地	小游园北侧	443
13	嘉川路绿地	嘉川路	282
14	龙川路绿地	龙川路	515
15	罗香路行道树连接带	罗香路	577
16	百色路绿地1	百色路	623
17	原长桥街道办事处绿地	长桥路—罗香路	60
18	长桥绿地	罗香路—上中路	886
19	龙临路绿地	罗秀路—淀浦河	821
20	龙川路绿地1	罗秀路—罗香路	673
21	长桥路绿地1	罗秀路—罗香路	1316
22	龙川北路绿地	百色路口	600
23	罗秀路龙临路口绿地	罗秀路龙临路口	3806
24	长桥路上中路绿地	长桥路上中路	17
25	罗秀路华育中学外绿地	罗秀路	87
26	罗秀路星秀花苑绿地1	罗秀路	179
27	龙临路绿地2	龙临路	257
28	百色路植物园后门绿地	百色路	505
29	楼园张家塘港河道绿化		1196
30	龙吴路1137弄绿地		106
31	龙川路、罗香路绿地	龙川路、罗香路	1055
32	龙吴路绿地（徐汇新城段）	龙吴路	11625
33	龙吴路中央隔离带	宏文桥—春申港	800
34	龙吴路中央隔离带	春申港—罗秀路	1352

续表

序号	绿地名称	位置	面积（平方米）
35	龙吴路中央隔离带	罗秀路—淀浦河	849
36	罗香路龙临路口绿地	变电房边	158
37	罗秀路桥绿地	华育中学斜对面	212
38	罗城路龙川北路绿地	罗城路龙川北路口	158
39	龙川北路百色路	龙川北路百色路	73

资料来源：街道社区管理办公室

四、河流

2015年，街道区域内有市级河流3条（黄浦江、淀浦河、张家塘港），区级河流2条（春申港、北杨河），镇村河流7条（徐家桥河、黄婆庙河、三友河、潘家塘、植物园河、进木港、姚家浜）。

【黄浦江】

黄浦江西起青浦区淀山湖淀峰，至吴淞口注入长江，全长113.4公里。相传为战国时春申君黄歇所疏导，故名。黄浦江流经徐汇区段，是与闵行区、浦东新区的界河。黄浦江从长桥街道区域的东部流过，区域内淀浦河、张家塘港、春申港3条支流注入黄浦江。

【淀浦河】

淀浦河位于街道南部。是为引淀山湖水入黄浦江而开挖的人工河。西起淀山湖，东接黄浦江，以起讫地名首尾字组合命名，全长46公里。该河经1959年、1971年和1977年3次施工。1977年3月全线贯通。是1949年以来上海市最大的水利工程，也是中心城区重要的水运通道，为六级航道，可通航100吨级以下船只。街道区域内支流有春申港。河上跨老沪闵路三号桥、长华路淀浦河桥、龙浦桥。

【张家塘港】

张家塘港位于街道中部。西起闵行区新泾港，向东注入黄浦江，全长7.7公里。曾可通航20吨级以下船只，2001年实施长期禁航。在街道区域内河上跨有龙川北路桥、龙吴路二号桥等主要桥梁。

【春申港】

春申港南起北杨河，向东注入黄浦江。原是春申塘的下游部分，又名长桥港。1994年全市河流名称普查后，确认春申港为标准名称。全长1938米，河上跨有港口桥、罗秀路桥。

【北杨河】

北杨河北起罗秀路，南入淀浦河，因傍靠昔日的北杨村得名。系1976年开挖淀浦河时形成的人工河流，春申港接入河道中段。原河道向北延伸至上中路，该北段在1984年建造长桥新村时填没。全河长371米。

【徐家桥河】

徐家桥河位于街道北部。在罗城路南，龙吴路西。傍徐家桥居民点，故名。该河西起三友河，向东延伸与黄婆庙河贯通。全长578米。

【黄婆庙河】

黄婆庙河位于上海植物园东北部。以傍明万历年间张之象所建的黄母祠而得名。北起徐家桥河，南入张家塘港。全长508米。

【三友河】

三友河跨漕河泾、长桥两街道。以位于原三友生产大队地域而得名。南起张家塘港，向北汇入徐家桥河，穿过罗城路折向东，全长680米。

【潘家塘】

潘家塘位于上海植物园北部。傍潘家塘居民点，故名。河为东西向断头河。河长272米。

【植物园河】

植物园河位于上海植物园西部。北起张家塘港，延龙川北路西侧向南，至百色路北侧，蜿蜒向东，至植物园东南。河长1322米，其中明河长1082米，暗河长240米。

【进木港】

进木港位于街道东南部。东起黄浦江，向西越龙吴路至徐汇新城。因原为上海人造板厂运输木材的水路而得名。河长643米。

【姚家浜】

姚家浜位于街道中部。在罗秀路北，龙吴路西。西起春申港，向东成断头河。河长225米。

第十二章 城区管理

长桥街道志
(1991–2015)

街道以创建"宜居长桥"为目标,以建立全方位、全覆盖的常态长效管理机制为中心,依据国家有关法律、法规、规章,按照徐汇区人民政府关于城区管理工作总体部署,加快推进城区管理工作的科学化、规范化、长效化,不断分析和研究城区管理工作中出现的新情况和新问题,加强制度建设,坚持管、办、所等职能部门的联席会议制度,坚持城区管理情况的互相告知制度,坚持城区管理问题的快速整改制度,全面提升城区综合管理水平,营造文明和谐、环境优美的城区面貌。街道的城区管理水平逐年提高,市容市貌不断改善,居民群众满意度逐步提升,2009年,街道被命名为"市容环境责任区管理达标街道",2010年,街道被评为上海市迎世博"环境整治贡献奖"先进集体。

第一节　市容管理

街道市容管理,紧紧围绕全国卫生城区创建,文明社区创建,贯彻落实徐汇区人民政府工作要求,广泛开展市容环境卫生宣传,助力市容环境卫生的整治,充分发挥管、办、所等职能部门及街道市民巡访团、社区志愿者作用,切实改变和提高街道市容环境卫生面貌。2015年,成立街道城市网格化综合管理中心。

一、机构设置

【城管长桥中队】

2000年12月前,城管长桥街道中队为长桥街道监察队,是街道下属的一支市容环境保障队伍。2000年12月15日,徐汇区城市管理监察大队挂牌成立,原长桥街道监察队相应转制为徐汇城管七分队。

2009年3月,徐汇区成立徐汇区城市管理行政执法局,城管七分队改名城管长桥中队。城管长桥中队负责长桥辖区5.87平方公里区域内的城市管理行政执法工作。根据2002年《国务院关于进一步推进相对集中行政处罚权工作的决定》和《上海市城市管理行政执法条例》的规定,在长桥街道辖区范围,实施相对集中行政处罚权工作,具体涉及建设、绿化、市容、水务、环保、工商、房屋管理、市政工程等内容。

2015年9月,随着上海市推进城管体制改革,城管长桥街道中队成为一支"区属、街管、街用"的队伍。城管长桥中队的日常执法工作重心,从成立之初主要对流动设摊的管控,逐渐转向违法建筑拆除、渣土车辆扬尘监管执法、绿化管理等专业执法。2015年,城管长桥中队在编人员28人,中共党员12人,另有城管协管员20名。设中队长1人,教导员1人,副中队长1人。2010年,城管长桥中队获上海市迎世博"五色杯"先进集体称号,2011年,获上海市绿化和市容管理局"保障世博、服务民生、提升管理立功竞赛"先进集体称号,2014年,获上海市重点工程立功竞赛,市政市容管理赛区"优秀集体"称号。

【长桥市容管理所】

2005年7月,长桥市容管理所成立,属独立法人的事业单位,隶属于长桥街道办事处，徐汇区市容绿化局负责业务指导。2015年，长桥市容管理所有7名编制人员。长桥市容管理所主要职责：辖区内市容环境卫生的协调与管理；辖区内751家门责单位市容环境责任区制度门责告知书的签订及落实情况的监督检查；对户外非广告（店招店牌）设施的审批监督检查，对户外广告（景观灯光）设施的监督管理；生活废弃物源头分类、减量暨辖区内小区、企事业单位、菜场垃圾分类的宣传、指导、推动；对环卫服务作业质量的监督检查、市容环境卫生的宣传教育；辖区内餐饮行业餐厨垃圾的申报管理、回收单位的资质审核；市容环境质量监督发现问题及相关投诉的整改与处理；贯彻实施有关市容环境卫生工作的方针、政策、法律、法规、规章和制度；上级布置的其他市容管理工作。

【城市网格化综合管理中心】

2015年3月25日，长桥街道城市网格化综合管理中心（城市综合管理服务联动中心）成立（简称：网格化综合管理中心）。

网格化综合管理中心整合街面联勤、联动执法队伍、居民区工作站队伍和评估监督3支队伍。整合了长桥新村派出所监控系统资源，实现对辖区重点区域的监控全覆盖，做到有问题第一时间发现、第一时间处置。管理事项分为3个大类（城市管理执法类、综合服务类、综合治理类）、23个中类、123个小类。

网格系统运作二大机制。一是发现机制，包括被动发现和主动发现。被动发现由上海市、徐汇区两级网格化综合管理平台、区级平台的联动、联勤、气象风险预警平台、满意在徐汇、应急指挥、创全等下派任务以及街道自有信息受理渠道。主动发现渠道主要由5个网格以及34个居民区工作站主动巡查发现的问题。二是报告处置机制。街面联勤、联动对于发现的相关问题即刻处置机制。居民区对于正在搭建的违章搭建、群租、消防安全等重点难点问题实行信息报告制度，并建立"零报告"制度。

网格化综合管理中心建立的信息平台有两大类。一是上海市、徐汇区两级网格化综合管理平台的下派任务，包括市级平台的12345热线、12319城建热线、110司法联动和上海市网格化管理信息系统等内容，以及区级平台的联动、联勤、满意在徐汇、应急指挥、创全等内容。二是开发街道特色项目，开设"长桥热线""街道主任信箱"、畅通34个居民区反映诉求和各类信访诉求。

网格化综合管理中心以上中路、龙川路、龙川北路、龙吴路为界，划分为5个网格管理服务块区及34个居民区工作站、34个居民区工作站与34个居委会相对应。

网格化综合管理中心

网格管理服务块区及居民区工作站基本情况表

网格	网格中居民区工作站、居委会数（34个）	网格管理服务块范围	网格管理服务块中的主要道路
第1网格	汇成一村居委会、汇成二村居委会、汇成三村居委会、汇成四村居委会、汇成五村居委会、楼园居委会、光华居委会、体育居委会、华东一居委会、华东二居委会、汇澜园居委会（11个）	上中路以北，龙川北路以西	百色路、龙川北路、嘉陵路、嘉川路、罗城路、老沪闵路、上中路、石龙路
第2网格	园南一村居委会、园南二村居委会、园南三村居委会、百龙居委会（4个）	上中路以北，龙川北路以东，龙吴路以西	百色路、罗城路、龙川北路、龙吴路、百色支路、平福路、上中路
第3网格	长桥一村居委会、长桥新二村居委会、长桥三村一居委会、长桥四村一居会、长桥四村二居委会、长桥五村居委会、长桥七村居委会、长桥八村居委会（8个）	上中路以南，龙川路以西	上中路、龙川路、老沪闵路、罗秀路、龙临路、罗香路、长桥路、长华路
第4网格	长桥新村一居委会、长桥三村二居委会、罗秀三村居委会、平福居委会、华滨居委会、华沁居委会、罗秀新村居委会、罗秀二村居委会、徐汇新城居委会（9个）	上中路以南，龙川路以东	上中路、龙川路、龙吴路、罗秀路、平福路
第5网格	港口居委会、中海瀛台居委会（2个）	龙吴路以东	龙吴路、喜泰路、龙瑞路

资料来源：街道社区管理办公室

二、市容整治

1991年，街道地处城乡结合部，辖区内"城中村"外来流动人员众多，社区公建配套设施不齐全，基础设施差，小商小店跨门营业现象、道路乱设摊现象普遍，市容环境面貌基础差，市容整治、市容管理难度大、强度高、市容环境动态化大、市容整治后反复性强。街道努力探索市容管理、市容整治长效机制，逐步推进和完善各项制度，注重建设和管理并行，持续不断的建设投入，坚持借力国际性、全国性的重大活动举行之际，广泛开展市容整治活动，提升市容管理的水平和市容整治的成效。

【制度建设】

1991年起，街道实施沿街商店、单位门前"三包"责任制。1994年，街道辖区内门前责任制告知率达到100%。2003年，街道会同徐汇区市容管理局和城管七分队，强化门前"三包"措施，落实定员、定岗、定责，沿街商店、单位的垃圾统一由环卫部门定时上门收集。2008年，结合《上海市市容环境卫生管理条例》的颁布实施，由长桥市容管理所负责与辖区内1016家沿街店铺的房东和经营户签订新一轮的门前"三包"责任书和落实门责承诺书，进一步落实门责管理，落实市容环境卫生长效管理机制。

2010年，建立健全辖区市容环境建设和管理联席会议制度，成立由街道分管领导任组长，市政科、市容所、综治办、文明办、派出所、城管、环卫、房地办、工商、食药监等部门负责人为组员的联席会议领导小组,坚持每月召开一次联席会议。联席会议下设"城区管理、小区管理、市场管理、城中村管理"4个办公室,每周召开一次工作例会,具体实施管理职责。

以市容环境责任区管理为基础,实行和完善"管理、执法、作业和责任单位自律"的"四位一体"机制。实行"定路、定人、定责"的三定管理模式,对主要道路进行包干管理,落实常态管理机制,建立严格的考核制度,实行定向考核。坚持互相告知制度,对涉及执法主体的问题,部门之间做到互相提醒,及时告知,对城区管理中发现的问题,坚持互相告知,及时告知相关部门进行处置,以弥补管理力量不足,巡查不到位而出现的问题。做到发现问题不推诿、不扯皮,形成齐抓共管的工作氛围。实行快速整改制度。对于出现的相关问题,相关职能部门配有一套应急快速处置预案。

2010年,实行网格巡查、督查机制。对辖区内的小区分成13个网格块,每个网格块安排一名房屋协管员,作为网格管理的巡查员。对辖区内道路等外环境分成7个网格块,每个网格块安排一名专职网格协管员,对市政公共设施、道路破损、占道堆物、暴露垃圾、乱张贴、乱设摊、乱悬挂和店招店牌破损、墙面污损等问题进行专项检查,督查做好整改工作,根据《上海市网格化管理规范》要求,在规定时间内快速有效地整改。

【集中整治】

2005年4—6月,第48届世界乒乓球锦标赛在上海举行。2006年3月,世界中学生乒乓球锦标赛在上海中学举行。街道借助于重大的国际活动举行之际,集中开展市容市貌整治,加大经费投入,加大集中整治的力度,以良好的市容市貌环境,迎接乒乓球锦标赛举行,迎接世界中学生乒乓球锦标赛在上海中学举行。街道投入经费10万元,完成百色路段整修,龙川路菜场改造。投入208万元,整治徐家桥、南街等农夹居地区环境卫生,新排下水道1000余米,整修下水道1700余米、道路3000余米,改善300余户居民用水用电和道路排水问题。投资100万元,对春申港进行专项整治,修筑景观平台,改善河道周边环境。

2008年9月8日起,开展迎世博600天行动。2009年2月起,在每月15日的"清洁环境日",集中开展市容整治行动,通过"社区主导、单位参与、居委带头、志愿者示范、市民亲历"等一系列举措,发动和引导广大市民共同参与市容环境清洁行动,营造人人参与迎"世博会"市容环境整治的氛围。2008年9月—2009年10月,对辖区内12条道路的店招店牌进行更新和整治,拆除中型违章广告灯箱2只、违章广告牌指示牌15块。对乱设摊、跨门

拆除违章广告牌

营业等情况进行调查摸底，进行有效的疏导和整治，有10名长期靠设摊经营小百货的地区居民，安排疏导到古祥市场。对辖区内的各类亭、棚进行全面的清理和规范，更新和调换12只东方书报亭，对辖区内所有的4510块门弄楼牌进行更换。拆除180间，2424平方米的违章搭建和违法建筑。2009年，街道申请创建上海市市容环境责任区达标街道，在10个街道的考核中，以99.50分名列第一名。

【建管并行】

2009年2月9日，街道成立联合执法工作小组，成立联合执法队。联合执法队成员由城管、公安、交警、工商、食品药品监督、市容所、社保等单位组成，实行市容市貌的日常巡查和专项整治。积极推进"宜居工程"建设。2009年，完成长桥五村等10个小区的平改坡改造工程（共计33.4万平方米）。鑫隆花苑等13栋高层的外立面整治工程（共计14万平方米）。完成长桥六村等9个小区的二次供水工程等（共计21万平方米）。积极推进中环路沿线、龙吴路沿线非居住区外立面综合整治工作，完成中环路沿线13家单位的非居住区外立面综合整治工作（共计3380平方米），龙吴路沿线16家单位的外立面综合整治工作（共计7302平方米）。完成书香逸居等9栋高层的灯光建设工程。2010年，完成长桥八村的"平改坡"综合改造（共计13.2万平方米）。2010年，街道组建破损围墙应急抢修和店招店牌及灯光破损应急抢修二支队伍，负责墙面、店招店牌、商店立面等的应急抢修和整治工作。2010年，完成非居外立面围墙粉刷8400平方米，抢修整治破损围墙4769平方米。2011年，完成光华苑8.5万平方米平改坡改造工程。

2011年10月，街道委托创洁市容管理服务公司对辖区内的罗秀路、罗香路、罗城路、龙川路、长华路等5条道路进行专业的社会化管理。创洁市容管理服务公司配合城管中队、市容管理所加强对乱设摊、跨门营业、乱晾晒、乱停放等违章、违规现象的劝说与管理，使社会管理力量和行政执法力量相互配合、相互促进、互相补充，形成全覆盖、无盲点的良性管理的态势。2012年5月，街道扩大专业的社会化管理范围，将龙川北路、百色路、嘉陵路、龙吴路、汇成中心街纳入创洁市容管理服务公司管理。2012年，对罗香路、罗秀路等11条道路（路段）两侧墙面进行拉毛粉涮（共计2.63万平方米），防止乱涂写、乱招贴。2013年，对汇成一、二、三、四、五村，体育花苑等6个小区的房屋进行修缮（共计21万平方米）。对园南新村，体育花苑，罗秀新村，罗秀二村，长桥三、五、八村，百龙小区，华东花苑，楼园等10个小区的道路进行了修缮（共计3.5万平方米）。2014年9月，迎接"全国文明城区"的创建，对7个小区的楼道进行粉刷（共计14.8万平

平改坡综合改造后的长桥四村

方米）。2014年，完成嘉陵菜场周边的7间商铺（200平方米）、白猫厂进木港的7间商铺（200平方米）、潘家塘废品回收站（800平方米）、罗秀菜场（3000平方米）、南街城中村（1万平方米）的违法建筑拆除。2015年，拆除违法建筑3.9万平方米，完成罗城路沿街面和污水厂区大门北侧的违法建筑的拆除和场地平整（共计1.167万平方米），清退非法占用综合楼的6家单位，消除厂区安全隐患。完成体育花苑4万平方米住房的修缮，启动楼园小区12万平方米住房修缮工程，完成罗秀新村、二村，长桥二村、三村、四村等5个小区的道路修缮（共计1.4万平方米），完成罗秀新村、二村，长桥新村，上中路100弄等4个小区的绿化改造（共计3万平方米）。协助完成长桥南街、潘家塘地块的征收居民签约工作。

第二节　环境卫生管理

随着城区建设和城区规模的发展，街道环境卫生保洁服务的要求逐年提高，环境卫生的管理水平逐年提升，城区的环境面貌逐年改善。日华环境保洁服务有限公司长桥作业队负责街道5.87平方公里的环境卫生保洁服务。

一、日华环境保洁服务有限公司

上海日华环境保洁服务有限公司组建于2005年6月，由当时的上海长桥清洁服务有限公司、上海漕河泾清洁服务有限公司、上海环龙清洁服务有限公司、上海凌云清洁服务有限公司、上海徐浦清洁服务有限公司及徐汇区环境卫生管理局清洁运输处置场6家单位撤并而成。上海长桥清洁服务有限公司前身是上海市徐汇区长桥环境卫生管理所，1988年前，是上海市徐汇区长桥环卫分所。上海市徐汇区长桥环卫分所组建于1985年初，由当时承担长桥地区（包括凌云地区）环境卫生保洁服务工作的龙华乡和漕河泾镇的管理和作业人员合并组成。1988年，根据上海市人民政府关于实行三级管理体制的要求，划归长桥街道管理，更名为上海市徐汇区长桥环境卫生管理所。1991年，长桥环境卫生管理所迁入龙临路2号至今。2004年7月1日起，长桥环境卫生管理所由全民事业编制，整建制转为全民企业编制。

2015年底，上海日华环境保洁服务有限公司长桥作业队有沪籍职工96人（包括公司管理人员），外来务工人员123人。有各类作业车辆27辆，其中：三吨压缩车8辆、三吨平板车1辆、五吨平板车2辆、铲车3辆、粪车1辆、八吨吸扫车2辆、三吨扫路车4辆、三吨吸尘车1辆、八吨吸尘车2辆、八吨冲洗车2辆、新能源道路养护车（清洗）1辆。1999—2004年，长桥环境卫生管理所连续3届获得上海市文明单位称号，2005—2014年，上海日华环境保洁服务有限公司连续5届获得上海市文明单位称号。

二、环境保洁服务

街道辖区内道路保洁、垃圾清运、粪便清运、公厕管理不断改变作业方式，逐年创新管理模式。

【道路保洁】

道路保洁的作业模式逐步由二头班向二班制转化，由人工为主的作业方式逐步向机械化作业方式转化，由白天作业保洁向晚间作业为主白天保洁为辅的方式转变。管理方法上，创新"以时间证明速度，以速度确保质量，以规范体现文明"的考核标准，创建"6人一组，2+X"循环保洁模式，逐步形成道路保洁全方位的作业流程。即：道路普扫机械化，定线作业不遗漏，人工保洁勤循环，发现问题及时报。快速保洁是补充，相互监督共提高，上街沿要选择冲，还要兼顾废物箱。上门收集要敲门，袋装垃圾全部清，乱涂乱画乱招贴，走过路过不放过。

道路保洁后的罗秀路

2015年街道辖区内道路保洁情况表

序号	路名	路长（米）	面积（平方米）
1	上中路	1639	19668
2	罗香路	847	13098
3	罗秀路	1535	18420
4	龙临路	870	7077
5	平福路	564	6803
6	百色路	1905	24860
7	百色支路	195	1891
8	龙吴路	2987	113405
9	龙川路	689	8268
10	龙川北路	1735	21045
11	长桥路	678	5560
12	长华路	357	2927
13	喜泰路	678	5424
14	喜泰支路	141	1438
15	嘉川路	500	7050
16	罗城路	970	16633
17	嘉陵路	60	722

续表

序号	路名	路长（米）	面积（平方米）
18	龙瑞路	600	7213
19	龙腾大道	800	11236
共计	19条	17750	292738

资料来源：日华环境保洁服务有限公司

【垃圾清运】

居民生活垃圾的清运大体可分为生活垃圾和建筑垃圾两大类，为达到垃圾减量化的要求，采用垃圾压缩清运模式，采用"日产日清，四同时一手清"的作业模式。建筑垃圾的清运实行3种不同的清运方式，即"无固定堆点的且暴露在外的装饰垃圾做到及时清运，有固定堆点但暴露在外的装饰垃圾做到定点清运，有固定封闭式库房的装饰垃圾做到定期清运。2015年，街道辖区内垃圾清运点145处（不包括建筑垃圾临时堆放点）。

2005—2015年街道辖区内垃圾清运量情况表

年份	清运生活垃圾（吨）	清运建筑垃圾（吨）
2005	29424	13953
2006	30542	21869
2007	29938	23170
2008	29685	13404
2009	32061	11629
2010	31337	11116
2011	27310	11931
2012	27895	12512
2013	27753	12900
2014	24589	12719
2015	24122	12525
共计	314656	157728

资料来源：日华环境保洁服务有限公司

【粪便清运】

街道辖区内原有化粪池87座、倒粪站7处，随着市政建设地下网管的不断发展，2015年，保留化粪池25座。粪便清运采取的主要方式是"定期循环和及时重点"相结合的清运方式，正常情况下采取定期循环的清运方式，对设施状况不佳、地势低洼、管道不畅的化粪池采取及时重点的清运方式。2005年清运粪便2932吨，2015年，清运粪便7074吨，2005—2015年，共清运粪便56002吨。

【公厕管理】

2015年，上海日华环境保洁服务有限公司长桥作业队管理龙吴路李家宅公厕、824终点站公厕、长桥二村集贸公厕、淀浦河绿地公厕、北杨小游园公厕、龙吴路1125弄公厕、龙川北路流动公厕（7座公厕）。公厕实行二班制的管理模式。开放时间：6:00—22:00，节假日无休。

第三节　物业管理

一、机构设置

2011年4月，《上海市住宅物业管理规定》颁布实施，街道建立住宅小区综合管理工作制度，协调和处理辖区内物业管理综合事务和纠纷，指导监督业主大会、业主委员会的组建及日常运作。同年5月，街道成立住宅小区综合管理联席会议，街道办事处主任担任联席会议召集人，街道分管市政管理工作副主任、派出所、工商所、市容所、城管七分队、组织人事科、社会保障科、市政管理科、综合治理办公室、司法所、房管办公室、居民区党组织代表等担任联席会议成员。住宅小区综合管理联席会议下设办公室，街道分管市政管理工作副主任兼任办公室主任。办公室设置专职人员，负责受理业委会的成立、换届、变更、注销，负责住宅小区综合管理日常运作的指导、物业管理政策、法规咨询。

二、小区、物业公司

2010年，街道辖区有12个住宅小区。2011年，增加华沁家园和华滨家园2个住宅小区，有53个住宅小区，其中，20个为商品房小区，31个混合小区，2个为售后房小区。

物业管理有限公司（简称物业公司）负责住宅小区综合管理日常运作的指导，物业管理政策、法规咨询。2015年，街道辖区内有29家物业公司，其中一级资质物业公司7家，二级资质物业公司8家，三级资质物业公司14家。

一级资质的物业公司是：上海中海物业管理有限公司、上海复欣物业管理发展有限公司、上海农工商旺都物业管理有限公司、上海申大物业管理有限公司、上海安得物业管理有限公司、上海汇成物业管理有限公司、上海恒联物业管理有限公司。

二级资质的物业公司是：上海恒安物业管理有限公司、上海徐房物业管理有限公司、上海汇银物业管理有限公司、上海中房物业管理有限公司、上海华东房产物业管理有限公司、上海联讯物业管理有限公司、上海虞新物业管理有限公司、上海华昛投资管理有限公司。

三级资质的物业公司是：上海梅陇物业管理有限公司、上海长泰物业管理有限公司、上海莘森物业管理有限公司、上海龙鑫物业管理有限公司、上海天呈物业管理有限公司、上海鑫康物业管理有限公司、上海通力物业管理有限公司、上海美祥物业有限公司、上海锦润物业管理有限公司、华胜国际置业开发（上海）管理有限公司、上海施泽物业管理有限责任公司、上海顺信物业管理有限公司、上海辰开物业管理有限公司、上海翃毅投资管理有限公司。

三、业主大会、业主委员会

2011年,街道辖区内住宅小区中共有业主大会49个,业主委员会49个。2015年,有业主大会50个,业主委员会50个。业主委员会由业主代表组成,代表业主的利益,向社会各方反映业主意愿和要求,并监督物业管理公司运作的民间性组织。业主委员会代表居住小区的全体业主,对该物业有关的一切重大事项拥有决定权。职能:在徐汇区房管部门的指导下,制订《业主委员会章程》,选择物业管理企业,监督居民小区物业管理工作的实施,讨论决定小区物业重要事项。业主委员会设主任1人,副主任、委员若干人。

第十三章 科技

第十三章 科技

2001年起,每年5月的第三周为"科技活动周"。2005年起,每年9月的第三个公休日为"全国科普日"。街道以"科技活动周"和"全国科普日"为契机,组织开展系列的科普宣传和推广活动,大力倡导"科技与文化融合,科技与生活同行"理念,组织开展各项具有社区特色的科普宣传主题活动和专项活动,创建"科普进社区,知识进家庭"的社区氛围。

2002年12月,园南中学成为徐汇区"防震减灾"科普特色学校。2007年,上海植物园获得"上海市科普先进集体"称号,2009年获得"全国科普教育基地"称号,2013年,获得"全国科技活动周暨上海科技节先进集体"称号。2015年,街道创建成科普特色小区5个,创建成上海植物园、街道科普"创新屋"、园南中学科普等教育基地,组建34支科普志愿者队伍。

第一节 科技单位

街道辖区内主要科技单位有上海交通大学海洋水下工程科学研究院、上海市离心机械研究所有限公司、上海市园林科学规划研究院、上海博物馆文物保护科技中心等。

一、上海交通大学海洋水下工程科学研究院

上海交通大学海洋水下工程科学研究院(简称"海科院"),位于龙吴路1500号。"海科院"建于1978年,原名为交通部海上救捞科学研究院、交通部石油部海洋水下工程科学研究院、上海海洋水下工程科学研究院。2001年3月,正式并入上海交通大学。"海科院"是面向国内外专门从事海洋水下工程综合性研究和开发的机构。主要从事海洋和内河水下工程技术研究、潜水技术研究,以及水下应用设备的设计开发。

"海科院"下设上海交通大学潜水培训中心、上海潜水设备产品质量监督检验测试中心、高压氧舱研究实验室、水下环境模拟实验室、工程技术研究所、测控技术研究所、特殊环境生理医学研究所、上海交通大学交通工程研究所、上海交通大学海洋航运研究所、上海交通大学岩土工程与计算技术研究所、水下工程研发中心、ROV深水作业中心、上海海科工程咨询有限公司、工程管理部、上海海科创业园等研究发展机构。"海科院"具有先进的专业科学实验设施和设备,其中潜水实验高压舱群和水下环境条件模拟实验室处于国内领先地位。具有大深度饱和潜水技术、氦气回收技术,遥控潜水器(ROV)研制技术,清水和浑水水下电视,彩色图象声呐,系列水下光源的研制技术,水下设备的试验检测技术,海洋、内河、水库等水下工程检测、工艺设计和施工技术以及交通安全和劳动保护技术等。先后承担包括国家"863"等重大课题多项;作为主要技术成员单位参与完成了包括"蛟龙号"深潜技术等国家重大科技项目;承担完成包括中日海底光缆、白鹤梁水下遗址保护、三门峡和丹江口水力工程、上海外环隧道、天津海河隧道、秦山核电站、杭州湾风电工程等国家重大工程关键技术研究400余项。获国家科技进步奖5次,省部级科技进步奖15次,创造300M级有人饱和潜水、7000M级高原环境潜水、2000M级潜航员心理及生理等

国际一流的研究业绩。"海科院"与美国、日本、澳大利亚等国家进行过多次联合实验研究，1988年、1995年，中美两次联合氮氧饱和巡回潜水科学实验。

二、上海市离心机械研究所有限公司

上海市离心机械研究所有限公司（简称"离心所"），位于龙吴路1590号。占地3.3公顷，建筑面积1.5万平方米，是全国唯一专业从事物料分离技术研究和分离设备制造的综合性研究所。"离心所"始建于1958年11月12日，由国防科委和上海市科委在普陀区中山北路3240号（上海卷烟四厂仓库），开始研究试制铀浓缩分离超高速离心机。1964年5月，建立上海市离心机械技术研究室。1964年12月，成立上海市离心机械研究所。1965年2月18日，对外名称为"651"研究所。1971年7月，迁入现址。1981年1月，独立建制并恢复上海市离心机械研究所名，直属上海市第一机电工业局。

"离心所"建立初期，主要承担国防科研任务，周恩来总理曾亲自关心"离心所"的组建和科研工作，聂荣臻元帅、钱三强院士多次到"离心所"指导科研工作。1983年，国务院副总理李鹏到"离心所"视察工作。"离心所"承担军工超高速离心机的研制任务，为中国核工业的起步和发展，作出积极贡献。1987年后，"离心所"开始"军转民"的过程，以军工技术和装备为基础，围绕生物工程装备、制药机械和环保机械开发新产品，并以其高新技术和可靠质量受到市场欢迎。1986年，被上海市政府确定为上海市生物工程下游装备中试基地。1993年起，连续20年被上海市政府评为上海市高新企业。1995年起，"离心所"与国际著名环保离心机制造厂商，德国KHD公司合作，批量制造中小型污泥脱水离心机，销往欧美的环保市场，连续八年的合作，通过消化吸收国外技术，全面掌握污水污泥处置的先进理念和精湛的技术，取得上百台的出口合同，获得可观的经济效益。

1998年，"离心所"被上海市政府评为上海市典型环保装备企业，2001年，通过由国际著名认证公司挪威船级社主持的ISO9001质量体系认证，2004年3月，作为上海电气（集团）总公司系统内的国有优质资产，进入新成立的上海电气集团股份有限公司，更名为上海市离心机械研究所有限公司。2015年，"离心所"有员工175名，大专以上学历119名，专业包括化工机械、机械工艺、计算机控制、生物工程、环保工程、工程力学、流体力学、材料科学、分析化学、工业设计、电真空、制冷、仪器仪表等。

三、上海市园林科学规划研究院

上海市园林科学规划研究院，位于龙吴路1111号，前身为上海市园林科学研究所（1979年9月建立）。2015年9月，上海市编委批准建立上海市园林科学规划研究院，园林科学规划研究院主要承担本市涉及绿化、林业、湿地、环卫等专业领域的应用技术研究和规划编制等，新增专业规划编制职责。

1979年9月，园林科学研究所有科研人员10人，研究领域主要是园艺花卉，在程绪珂先生等历任局领导、首任严玲璋所长及历任所长的领导下，为上海的花卉发展作出贡献。20世纪80年代，康乃馨等四大鲜切花栽培，20世纪90年代，花灌木新优品种选育，2000年，秋色乔木引种选育等关键技术及推广应用，在当时皆处国内领先水平。20世纪90年代中后期，顺应上海生态园林绿化跨越式发展需求，科研人员不断增加、研究领域

第十三章 科技

不断拓展、科技成果不断涌现。

园林科学规划研究院拥有一支学科专业齐全、学术和技术水平较高的科研

上海市园林科学规划研究院

队伍,专业领域涵盖绿化植物育种栽培、绿地质量和种植土壤介质检测与修复、绿林湿地规划编制、生态修复与营建、林业碳汇等生态服务价值评估、有害生物防控、有机湿垃圾再利用等多个领域版块。2015年,有在职人员100名,科技人员占75%(其中正高级职称占10%,副高级职称占33%),博士以上学历者占14%,硕士以上学历者占18%。园林科学规划研究院获得上海市科技进步一等奖等各级各类科技奖60余项,出版专著30余部,发表论文400余篇,其中有2篇在国际知名SCI期刊Sci Re(IF=5.578)和Glob Ecol Biog(IF=6.531)上发表,编制各类标准、规范15部。

四、上海博物馆文物保护科技中心

上海博物馆文物保护科技中心位于龙吴路1118号。1958—1960年,上海博物馆分别设立文物修复工场和文物保护实验室。1989年,创办《文物保护与考古科学》学术期刊。2005年,被认定为馆藏文物保存环境国家文物局重点科研基地、可移动文物修复资质单位。上海博物馆在文物保护和修复、学术交流和培训等方面取得丰硕成果。2015年,龙吴路1118号内,9142平方米的实验大楼改建落成,上海博物馆整合文物保护和修复资源,组建成立上海博物馆文物保护科技中心。

上海博物馆文物保护科技中心肩负国家文物局重点科研基地创新研究和专业学术期刊编辑出版,以及上海博物馆文物保护、文物修复、科技考古、古代工艺技术等研究和应用功能,配备一批先进的科研和修复装备。上海博物馆文物保护科技中心定位于发展成为国内一流、国际先进的一家文物保护科技创新研究与技术服务机构。

第二节 社区科普

街道根据徐汇区科委印发的《徐汇区街道、镇科普工作目标考核内容和办法》《科普文明楼院和科普文明小组暂行标准》,积极地开展科普宣传与推广,通过举办科普宣传报告会、专场文艺演出、科普征文、科学知识宣传版面流动展出,开展各项科普专题宣传活动、主题活动,通过家庭盆景展、家庭厨艺大赛活动,通过校园科普文化进社区、科普作

品展活动,推进社区科普的发展,弘扬文明科学的生活方式。

1998年,举办婴幼儿营养、母乳喂养和老年营养科普宣传报告会两场。在社区、居委会流动展出徐汇区科协制作的科学知识宣传版面。1999年,罗秀二村、长桥五村创建成徐汇区科普村,同年,罗秀二村被评为上海市科普村。在上海"科技活动周"期间,街道举行"科普进家庭"暨营养佳肴、盆花展示活动。2001年,在辖区内中、小学校开展"春风又绿江南岸"长桥水资源征文活动,收到征文116篇,通过征文活动使学生掌握、了解长桥水资源,更加重视和爱护长桥现有的水资源。开展家庭养花系列活动,完成"家庭养花"资料卡20份,召开家庭养花爱好者座谈会,使养花爱好者有自己喜爱的活动场所。邀请上海植物园高级工程师邬志星举办"家庭养花技巧及室内绿化装饰艺术"讲座,200多位养花爱好者参加讲座。邀请上海茶叶学会举办5场"饮茶的科学和艺术"讲座,提倡科学生活理念,传播科学饮茶方式。2002年,在上海植物园举办"科普夏令营一日游"活动,辖区内7所中、小学,1200名学生参加活动。2003年,在辖区中、小学开展"科技创造未来"青少年科普征文活动,收到征文78篇。制作科学饮茶宣传版面20块,在社区、居委会巡回展出。举办中老年人的健康知识讲座9场,开展"千叟与网络牵手"老年人网络普及活动,共有200名老年人通过上网培训并取得资格证书。2005年2月,街道与上海市教科委普通教育研究所、徐汇区德育室共同实施璞玉计划,并成功申报2005年度徐汇区第二批科普创新项目。2006年起,街道与徐汇区动漫协会协助,每年举办暑期动漫周各类赛事,以动漫绘画、动漫才艺、车模拼装为主要品牌赛事。每年创作一批科普类文艺作品,创作的儿童科普舞台剧《细菌争霸战》,申报上海科普教育发展基金会社会公益科普项目。

邬志星传授插花艺术

2009年8月,街道与上海植物园处联合主办"暗访夜精灵"科普亲子活动,连续举办8届。"暗访夜精灵"是一项夜间自然观察活动,由专业知识丰富的自然导赏员带领中、小学生,一同探秘植物园的美妙夜晚,中、小学生通过亲身体验,看看动、植物在夜间都会有些什么样的神奇表现,并探索和了解植物与其他生物在自然界中的作用及其相互关系。"暗访夜精灵"活动面向全市中、小学生,活动时间3个多小时,分热场活动、科普讲座和"暗访"3个环节。"暗访夜精灵"活动,中、小学生不仅能观察到萤火虫,还会看到正在织网的蜘蛛,上演"金蝉脱壳"的蝉等许多生命奇观。通过发现、了解身边的奇妙世界,培养中、小学生维护良好的生态环境,与大自然和谐相处的意识,建立与自然的亲密关系。2009年9月19日,街道组织开展全国科普日宣传活动,开展世博科技成果展板巡展,"我们都是绿色世博人"主题征文及演讲,动漫主题俱乐部开展动漫COSPLAY舞蹈表演,动漫文化讲座,原创动漫作品展示,世博环保节能知识讲座等活动。2009年起,在每年的动漫周期间,徐汇区文化局、长桥街道办事处、徐汇区文化馆、徐汇区动漫协会、长桥社区文化活动中心联合承办"快乐杯"汽车模型制作大赛,连续举办7届。

"暗访夜精灵"活动前

暑假期间,街道在西南文化中心开设车模制作兴趣班,中、小学生通过车模的学习制作和实践,培养动脑、动手的好习惯,培养勇于探索、拼搏向上的科学素养和创新精神。

2010年5月11日,长桥社区文化活动中心举行"美食畅想世博科普创新生活"长桥社区第二届家庭厨艺中西点心大赛。9月16日,在西南文化艺术中心举办"聚焦食品安全,共筑健康家园"的主题宣传周活动,倡导健康安全的饮食卫生,宣传让食品更好地为身心健康服务。9月18日,在文化活动中心举办以"科技世博、低碳环保、健康生活"为主题的全国科普日宣传活动。2012年,上海科普开放日期间,举办以"聚焦食品安全共筑健康家园"为主题的宣传周活动,街道特邀食监所的工作人员以及社区医务工作者,为社区群众作现场咨询及解答,宣传如何让食品真正地为我们的身心健康服务。举办上海科普旅游进社区巡展,扩大科普旅游示范线路的知晓度。街道成立科普剧创作小组并连续两届获得"凌云杯"上海市科普剧本创作大赛三等奖。2013年5月19—25日,上海"科技活动周"期间,举办系列科普宣传活动。在植物园内举办"汇景于盆,绿满长桥"长桥社区家庭盆景艺术大赛,上海植物园20余件专业盆景和社区、居委会40余件盆景代表作品现场展示,盆景知识展板的宣传、盆景现场制作演示,引导公众参与到知绿、护绿、用绿活动。在西南文化广场举办"飘香美食秀健康,粽情端午话民俗"第五届"快乐长桥"家庭厨艺民间粽子比赛,营造社区丰富多样的厨艺氛围,让民俗与健康同行,让美食与科学同行。在全国科普日期间,开展"保护生态环境、建设美丽长桥"大型社区科普宣传活动。活动设置一平米微绿化、微绿地、蔬菜苗展示、垃圾减量回收、家庭绿化养护知识展板等5个区域,活动方式有科普展览、咨询活动、健康生活方式宣传、家庭绿化养护知识展板、科普知识黑板报评比、火柴人魔幻社大挑战,旨在展现长桥"快乐工程"以及社区"一居一特"品牌的建设成果,深入推广家庭生活科学化的目的。2013年,成立长桥四村绿主妇垃圾减量低碳环保小组,完成社区学校太阳能示范教室、汇成二村"绿色家园"的建设;打造社区科普"创新屋"建设项目。"创新屋"位于罗香路237号3楼科普DIY活动室,"创新屋"项目秉承"多动脑开启智慧、多动手趣味无穷"的科普实践理念,创造青少年乐在其中,展望未来的情景。2015年,社区科普"创新屋"项目通过验收。

2014年，在西南模范中学开展"零碳能源"实验基地建设，"零碳能源"是上海（全国）第一家在中学开展的实验项目，通过光伏发电、风能发电，提供清洁能源，不仅能保障学校用电需要，还可以将剩余的电免费提供困难居民使用。在上海科技活动周期间，举办科普综合文艺演出3场、科普书法展览2场、科普讲座5场，开展科普板报，健康知识板报宣传。2015年5月17日，在西南文化艺术中心广场举行"创新创业，科技惠民"，主题日活动。活动设置"一平米微绿化、微绿地、蔬菜苗展示""关注孩子视力健康科普读本及科普手册发放""触摸科技，感知创意——'火柴人'体验（展示制作）"及"居委会科普黑板报评比"4个区域。9月24日，在西南文化中心门前广场举办"万众创新，拥抱智慧生活"主题活动，活动现场设置"火柴人手工制作"展示区，吸引众多的社区居民参与体验。"火柴人手工制作"是中国创新教育第一品牌，致力于打造青少年创新人才亚洲第一孵化平台，将其定位为少年"创客"的摇篮，"火柴人手工制作"展示自行车、汽车、飞机、小金鱼、城堡等魔幻板创作模型，专业工作人员亲自教授居民、同学制作小金鱼的过程，社区居民感受到科技创新的魅力和乐趣，体会到科技给生活带来的便捷和惊喜。

第十四章　教育

长桥街道志
(1991–2015)

街道辖区内教育资源丰富，有大专院校1所、中等专业学校5所、中学7所、小学8所、幼儿园9所、托儿所1所（共计31所），有百年老校上海中学、上海小学、向阳育才小学，有著名的上海体育职业学院、徐汇区逸夫小学等。

街道充分发挥教育资源作用，开展学习型社区建设，开展社区居民的终身教育。2003年4月3日，长桥社区教育中心和社区学校揭牌成立。2003年初，开展实施"社区、家庭、学校一体化心理辅导模式行动研究计划"（简称"璞玉计划"）。2005年9月，街道开设"东方讲坛"讲座。2012年9月14日，成立"馨园"心理工作室，重点为未成年人及家长提供心理咨询服务。

第一节　大专院校

上海体育职业学院前身是上海体育训练班，创建于1952年9月21日，地址在南昌路57号，初创时仅有篮球和排球两个项目，几十名运动员。1953年9月20日，更名为中华全国体育总会华东总分会体育训练班，迁至瑞金路450号。1953年12月，迁至南京西路651号。1954年，华东行政区撤销，华东总分会体育训练班下放上海市，由上海市体委领导。1954年10月26日，更名为华东体育学院竞技指导科。1956年7月，华东体育学院更名为上海体育学院，华东体育学院竞技指导科也随之更名为上海体育学院竞技指导科。1960年1月，更名为上海体育学院运动系，运动系还附设专科、预科及中、小学义务教育。1960年，在体育医务监督站的基础上成立附属于运动系的上海市体育医院，地址在南京西路591弄1号。1972年，上海体育学院运动系本部迁至上海体院内（1968年6月，上海体育学院运动系更名体育工作队），上海市体育医院随迁，地址在恒仁路200号。1981年6月2日，上海体育工作队更名上海体育学院分院。1982年，上海体育学院分院本部迁至衡山路525号风雨操场。1984年4月，更名为上海体育运动技术学院。1985年，院本部迁至老沪闵路750号梅陇基地。1993年底，上海市二体校划属上海体育运动技术学院统一管理。2007年12月11日，上海体育运动技术学院更名上海体育职业学院，院址改为百色路1333号。2008年夏，上海体育职业学院，开始招收高职生。

上海体育职业学院先后训练和培养5000余名运动员，从运动员成长为省、部和司、局级管理干部的有18名，国家级教练员、教授、研究员和主任医生等正高级专业技术人员36人，高级教练员、副教授、高级教师、副研究员、高级会计师、高级工程师和副主任医生等副高级专业技术人员243人。学院下设梅陇、莘庄、东方绿舟3个校区，7个运动训练中心。学院代表上海参加全国13个运动大项，17个运动分项，181个运动小项的训练比赛任务。

上海体育职业学院获得众多荣誉，有8名运动员在层次最高、含金量最足、影响最大的奥运会上获10个冠军，在世界锦标赛、世界杯赛等世界大赛上获148个冠军，破（超）世界纪录49项次，获138个亚运会冠军和228个全运会冠军。学院运动员获得中共中央、国务院授予的北京奥运会先进工作者6名，获得国家体育总局、中国奥委会表彰为奥运会备战及参赛作出贡献的先进集体4个和先进个人10名，获得劳伦斯世界体育最佳新人奖2名，获得国际田联金靴奖1名，获得国家体委（体育总局）"体育运动荣誉奖章"72名，获得上海市体育事业白玉兰终身成就奖1名，获得国家体委（体育总局）表彰的先进个人5名和先进集体4个，获得上海市政府命名的功臣运动员、教练员4名。

2012年，上海体育职业学院有教职员工522名（其中教练员184名、教师32名），一线运动员805名，全日制高职生345名。

上海体育运动技术学院

第二节　中等专业学校

一、上海市材料工程学校

上海市材料工程学校前身是上海市第一建筑材料工业公司技校，始建于1978年11月，地址在闵行区吴泾镇。1984年，迁至徐汇区长桥南街88号（长桥小学旧址），更名为上海建筑材料学校。1999年，更名为上海市材料工程学校。2005年，校址改为罗秀新村136号。上海市材料工程学校隶属上海建材（集团）总公司，为教育部认定国家重点中专学校。

上海市材料工程学校依托建筑建材行业产业链，打造材料、装饰、机电等三大专业群。3个专业群共开设11个专业，其中建筑与工程材料、建筑装饰、机电设备安装与维修等3个专业为上海市重点建设专业，同时被市教委认定为精品特色专业。学校与4所高职学院实施机电一体化技术、环境监测与治理技术、室内装饰设计以及建筑装饰工程技术专业中高职贯通培养模式，并与美国南西雅图学院就机电设备安装与维修专业（航空维修方向）开展合作办学。学校注重校企合作，探索实施"订单式培养、冠名班、工作室模式、工学交替"等改革，优化人才培养模式。学校秉持"厚德强技，励志笃行"的校训，努力培养适应社会发展的技术技能型人才。

上海市材料工程学校获得上海市行为规范示范校、上海市中等职业学校职业指导与就业服务工作先进集体、上海市教育系统先进集体等称号，1999年起，连续被评为上海市文明单位，2015年成为首批上海市中等职业教育改革发展特色示范学校。

2015年9月，有教职员工150名，教学班37个，学生1362名。

二、上海市工商外国语学校

上海市工商外国语学校前身是上海市农业机械工业局机械制造学校,始建于1978年9月,地址在嘉定县城环城西路。1980年,机械制造学校在百色支路35号(原港口中学基地)设立分部。1983年,学校总部迁入。1991年3月,更名为上海市郊工业学校,1997年3月,更名为南方工业学校,1999年3月,更名为上海市工商外国语学校。2005年,被定为国家重点中专学校。上海市工商外国语学校直属上海市经济和信息化委员会。

上海市工商外国语学校设有11个专业,其中商务英语、商务德语、数控技术应用为市级精品特色专业。国际商务专业设有中高职贯通班(五年一贯制)和中本贯通班(七年一贯制)。学校先后与加拿大、瑞士、韩国、德国、日本、澳大利亚、法国、西班牙、俄罗斯等国院校建立友好合作关系,成功开展在线视频教学、国际贸易实践、毕业生海外实习、对外汉语交流、国际夏冬令营等项目。学校还开办具有社会办学资质的进修学校,招收成人中专、开放大学、网络学院等众多专业的学历教育学生,并对外开展外语、职业技能培训,服务于区域经济的发展。学校坚持"夯实基础,注重技能,突出外语,强化素质"的教育理念,坚持国际化办学特色,打造多元化成才通道,为社会培养复合型技能人才。

上海市工商外国语学校是上海市国际化特色示范校建设单位,也是上海市唯一招收外国留学生的中职校。2015年9月,有教职员工235名,教学班70个,学生2430名。

三、上海市工业技术学校

上海市工业技术学校前身是上海市手工业局技工学校,始建于1963年,地址在普陀区中山北路1295号。1978年,更名为上海市手工业局机械学校(中专)。1986年,更名为上海市二轻机械学校。1989年,迁至中山南二路530号。1998年,与上海市轻工业学校(漕溪北路502号)合并(轻工业学校原址为工业技术学校一分部)。2002年10月,更名为上海市工业技术学校。2005年1月,被评为国家级重点中等职业学校。2009年9月,迁至喜泰支路8号。

上海市工业技术学校开设10个专业,工文科兼备,专业力量雄厚。学校开设产品质量监督检验、眼视光技术等具有市场需求潜力的技术服务类专业,并建有数控技能型紧缺人才培养培训工程实训基地。校内设有第96鉴定站所,承担模具工、电切削工、数控机床操作调整工等国家职业资格技能的鉴定。校内建有国家级中日科技合作项目——上海现代模具技术培训中心。

上海市工业技术学校

上海市工业技术学校获得全国职业教育先进单位、全国中等职业学校德育工作先进集体、上海市文明单位、上海市行为规范示范校、上海市安全平安示范单位及课程教材改革特色实验学校等称号。2015年9月，有教职员工220名，教学班62个，学生2243名。

四、上海市聋哑青年技术学校

上海市聋哑青年技术学校前身是上海市特殊儿童辅导院，系著名儿童教育家陈鹤琴始建于1947年3月，地址在今延安西路，1949年后更名为上海市聋哑儿童学校。1952年11月，更名为上海市第一聋哑学校，迁至闸北区柳营路465号，附设初中文化补习班，招收聋哑青年入学。1953年，扩建校舍，将初中文化补习班改名技术班，设木工、实用美术两个科，有电影动画、印染图案、玩具制造3个专业，学制3年。学校"文革"期间停止招生。1973年，恢复招生。1956年，更名为上海市聋哑

上海市聋哑青年技术学校

青年技术学校。1967年夏，迁至老沪闵路800号。1982年，进行学制改革，将三年制改为四年制，增设金工、缝纫两个科，广告装潢、钳工、木模、家具、服装设计等多个专业。

1996年9月，试办聋人高中，成为以聋人为教育对象的普通高中和中等专业技术学校。上海市教委发文，2002年起，限招上海籍聋生。2010年秋季起，经国家教育部民族教育司协调，受上海市教委委托，每年接收4—5名西藏聋生入学。上海市聋哑青年技术学校是国内第一所对聋人实施正规、系统中等职业教育的特殊教育学校，也是上海市唯一以聋人为教育对象的高中阶段的寄宿制学校，主要招收本市各区九年制聋哑学校的毕业生。学校坚持"以人为本，育残成才"的办学宗旨。建校60余年为社会培养输送2000余名聋人专业技术人才和熟练劳动者。2000年，第一届聋高中生毕业，至2015年，有300余名毕业生考入上海应用技术学院、北京联合大学、天津理工大学等高校，有10余名毕业生考入美国加劳德特聋人大学。2015年，学校就业率（含升学）达到100%。

学校获得全国文教系统先进单位、全国残疾人体育先进单位、上海市文明单位、上海市安全文明校园、上海市示范性特殊教育学校、上海市职业教育先进单位、上海市中小学行为规范示范校、上海市教育系统先进集体等称号。2015年9月，有教职员工71名，教学班11个，学生117名。

五、上海市信息管理学校（董恒甫高级中学）

上海市信息管理学校（董恒甫高级中学）前身是上海沪光图书情报中专，始建于1983年，地址在罗香路240号。1992年，香港爱国实业家董纪勋先生为学校捐赠，学校更名为

上海市董恒甫职业技术学校。2001年，原董恒甫职校、光启职校、徐汇区职工中专三校合并，成立新的董恒甫职业技术学校。2005年，学校被评为国家级重点中职校。2009年6月，学校更名为上海市信息管理学校（董恒甫高级中学）。学校一校五址，按专业群分为中专部（蒲汇塘校区）、中职一部（广元校区）、中职二部（罗香校区）、特色高中部（中漕校区）和初职部（东安校区）5个校区。

上海市信息管理学校（董恒甫高级中学）实行"统一指挥，分级管理，依法规范，责权一致"的两级管理模式。学校具有特色高中、中高职贯通职业教育、中等职业教育、特殊教育和成人教育5个教育种类，开设有图书信息管理、计算机应用、数字媒体技术、航空服务(空港地面服务)、民航运输(航空票务方向)、金融事务等专业。学校以"设施现代化、模式多元化、办学社会化、资源数字化"为目标，以职业教育为龙头、信息技术为主干、多元发展为途径，"才艺教育""信息化建设"二翼助力，建设好"图书类""数媒类""航空类"三大专业群。

学校荣得获国家级语言文字规范化示范校、全国五四红旗团委、上海市文明单位、上海市职业教育先进单位、上海市行为规范示范校、上海市安全文明校园、上海市平安单位、上海市三八红旗集体、上海市巾帼文明示范岗等称号。2012年，上海市信息管理学校（董恒甫高级中学）被评为上海市文明单位。2013年，学校被确认为上海市中等职业教育改革发展特色示范立项建设学校。2015年9月，有教职员工159名，教学班58个，学生1903名。

第三节　中学

一、上海中学

上海中学始建于1865年，地址在上中路400号。1865年，上海中学前身龙门书院成立，地址在上海县城城南（今黄浦区尚文路原先棉祠处）。1905年5月，改名为苏松太道官立龙门师范学校。1910年，改名为江苏省立第二师范学校。1927年秋，江苏公立商业专门学校全部和江苏省立第三中学高中部（在松江）、第四中学高中商科（在太仓）、东南大学附中（在南京）等校部分并入，改名为江苏省立上海中学，先后实行师范科、工科、商科、理科等多科制。曾先后短暂改名国立第四中山大学上海中学和江苏大学上海中学。1929年9月，恢复江苏省立上海中学校名。1934年春，在上海县吴家巷购地筑新校舍，1935年初，迁入上中路400号。1937年，抗日战争爆发后学校转移至当时的法租界顺昌路。1942年初，为避免向汪伪政府登记和非法接管，改名私立沪新中学以资掩护，毕业生仍发上海中学证书。1946年2月，迁回上中路400号并恢复江苏省立上海中学校名。1949年6月，由上海市人民政府接管。1950年，更名为上海中学。1970年，"文革"期间停办，一度改办上海市京剧训练班和音乐班。1978年7月，复校。1993年，创办上中国际部（国内第一所中国人自主管理的国际学校）。

上海中学首创性提出资优生德育这一重大课题，提升资优生的领导与组织、人际沟通与社会实践能力。学校采取"点面结合"的模式,探索出一条拔尖创新人才早期培育新路。在"点"上,学校在原有数学班的基础上,增设科技班、工程班;在"面"上,以学校课程图谱构建为载体,并设立节能汽车、金融、软件工程等10个实验组。学校与上海交通大学等17所高校、科研院所形成实质性合作培育机制,初步建构拔尖创新人才早期培育链。建构领先的数字化校园与信息化管理系统,在全国率先系统建构科技、工程、技能、艺术类现代化创新试验室30余个。学校开设类美国课程、国际文凭IB课程以及中国课程,成为PSAT、SAT、ACT、AP、A-LEVEL、TOEFL、GRE等考点。

上海中学南大门

上海中学是上海市首批实验性示范性高中,为上海市教委直属单位。学校秉承"储人才,备国家之用"的办学宗旨,培育众多的优秀人才,校友中有现任或曾任省部级以上领导105人,两院院士56人,解放军将军30余人,大学校长200余人。2015年9月,有教职员工249名,教学班30个,学生1157名(不包括国际部学生)。

二、徐汇区教师进修学院附属实验中学

徐汇区教师进修学院附属实验中学前身是沪闵中学,始建于1958年8月,地址在上中路50号。沪闵中学建立初期暂借上海中学校舍上课。1961年,沪闵中学新教学大楼落成,随之迁入上中路50号。1974年8月,招收高中部新生,成为上海县的一所完全中学。1982年起,曾办过职业班。1985年1月,划归徐汇区教育局。1999年,由徐汇区教师进修学院承办,更名为徐汇区教师进修学院附属实验中学,2004年,正式挂牌成为实验性的公办初级中学。

徐汇区教师进修学院附属实验中学以"关心每一个学生的学习需要和学习质量,成为一所爱学习、会学习的学校,收获自信、成功的学校"为办学使命,以"学会做人、学会学习、学会创新,具有道德自律、自主学习、健体自觉、交往自如的特质,培养自信力、动手实践能力、运用科技信息能力、多元文化和国际理解能力"为育人目标,以高度的文化自觉,长期致力于以课程教学为中心、队伍与管理为支撑的三大工程建设。

徐汇区教师进修学院附属实验中学被评为上海市文明单位,上海市新优质学校。2015年9月,有教职员工77名,教学班24个,学生1000名。

三、上海市长桥中学

上海市长桥中学始建于1991年9月,地址在罗秀路400号。2005年,长桥中学与龙临中学合并,迁至龙临路20号。长桥中学是一所公办初级中学。

长桥中学以动漫、鼓乐为学校艺术教育特色项目,以社团形式开展各类活动,培养学生的综合艺术修养。遵循"依法治校,科研兴校,立足基础,发展特色"的治校策略,把学生培养成"尚德强身,乐学进取"的初中合格毕业生。

长桥中学获得上海市禁毒先进集体、上海市安全文明校园、徐汇区文明单位、徐汇区行为规范达标校、徐汇区绿色学校、徐汇区教科研先进集体、徐汇区关心下一代工作先进集体、徐汇区献血工作优秀集体等称号。2015年9月,有教职员工78名,教学班24个,学生634名。

四、上海市园南中学

上海市园南中学始建于1994年9月,地址在百色路231号,时任全国政协副主席苏步青为学校题写校名。园南中学是徐汇区优质公办初级中学。

2008学年起,园南中学通过"组建'纺车班',掌握棉纺技能""开发校本课程,普及提高""利用社会实践基地资源,开展各类体验型小队活动""创建'黄道婆陈列室',辐射社区"等途径,促进中小学生对黄道婆棉纺文化精神内涵的了解,实现对民族文脉的传承。学校组织开展以"园南杯"科技竞赛为核心的形式多样的科技特色活动,积极开发"防震减灾""急救包扎"等校本系列课程。学校先后确立区合唱艺术特色项目、区乒乓球体育特色项目。2013年,新增OP帆船特色项目。园南中学坚持"以人为本"的科学发展理念,有12位教师获硕士学位(含在读),80%以上教师拥有中高级职称,多名教师获得区中青年骨干教师称号。学校注重学生综合素养的提高,每年开展校园"学术节""艺术节""体育节""科技节",并与周边社区共同创建10余个志愿者服务基地,为促进学生人格完善、终身发展奠基。

2006年、2011年,园南中学先后成为上海市、全国生命教育试点校。园南中学获得全国消防安全教育示范学校、上海市行为规范示范校、上海市十佳非遗传习基地、上海市防震减灾科普示范学校、上海市安全文明校园等称号。2015年9月,有教职员工74名,教学班21个,学生688名。

五、上海市西南模范中学

上海市西南模范中学始建于1997年9月1日,校址百色路汇成一村67号。西南模范中学是一所民办完全中学。西南模范中学创建"模范教育"办学理念,全面推进素质教育,推动学校内涵发展,创建一流教育品牌。

2015年9月,有教职员工184名,中高级教师占85%以上,师资力量雄厚。有初、高中教学班52个,学生2234名。

六、上海市紫竹园中学

上海市紫竹园中学始建于1996年,地址在徐汇区百花街15号,2013年8月,迁至罗秀路99号。

紫竹园中学坚持"以美强校、德美一体、创新求美、美化人生"的特色办学之路,围绕"学习美的艺术,铸造美的人格"的育人目标,从特色立校、特色兴校、逐步走向特色强校。学校定期邀请中国美术学院、上海大学美术学院、同济大学、上海工程技术大学等著名院校的教授开设专业系列讲座。学校与国际国内的同类著名学校保持密切往来，与大连市第十五中学、杭州市第七中学等国内著名美术高中建立友好交流关系，与美国纽约艺术设计高中缔结为姐妹学校，并成为美国瑞文州立大学肯德艺术设计学院的生源基地校。紫竹园中学是徐汇区唯一一所推行小班化教学的具有鲜明美术教育特色的公办高级中学。2014年9月，学校成为中国美术学院首批生源基地实验学校。2015年2月，学校入选上海市特色普通高中建设项目组。

紫竹园中学获得上海市平安示范单位、上海市安全文明校园、上海市教育科研先进单位、徐汇区文明单位、徐汇区德育先进集体、徐汇区行为规范示范校、徐汇区艺术特色学校、徐汇区绿色学校、徐汇区法制教育特色校、徐汇区语言文字规范化示范校等称号。2015年9月，有教职员工70名，教学班12个，学生360名。

七、上海市华育中学

上海市华育中学始建于1999年6月，地址在罗秀路99号。学校由华泾实业发展有限公司全资投入，上海中学输送资深管理人员和教师，双方联合创办的全日制民办初级中学。

2008年9月，有教职员工68名，教学班26个，学生1122名。2010年，上海市华育中学迁至徐汇区华泾镇龙吟路99号。

第四节　小学

一、上海小学

上海小学始建于1903年，前身是廿十铺小学堂，系邑人项文瑞等私人集资创办，地址在南市半段泾刘公祠，现址在上中路200号。1905年，廿十铺小学堂更名为官立龙门师范学堂附属小学堂，1910年更名为江苏省立第二师范学校附属小学，1927年，第二师范学校改组为江苏省立上海中学，附小改名为江苏省立上海中学附属实验小学。1934年，上海中学迁址吴家巷，留在尚文路的上海中学附属实验小学部分独立，更名为江苏省立上海实验小学，原校址刘公祠作为上海实验小学第二部，同年，上海中学为解决上中教工子女入学之便，在吴家巷校园内拨地50亩，以教工假期补课收益建造教学大楼一幢，由学生家长捐款建造平房两幢，为上海实验小学第三部，学生多为寄宿生，地址在上中路200号。1937年，抗日战争爆发，设于市区的校舍毁于战火，同年10月，在市区菜市路上海美术专科学校设第一临时校舍，重庆路新寰第二小学内设第二临时校舍。1938年1月，重庆路部停办，另在甘世东路（今嘉善路）甘村三弄设甘世东路部，8月，在牯岭路34号增设牯岭路部，菜市路则迁至徐家汇路161号及荣任里25号，统称徐家汇部。1942年，更名为龙门小学。1945年，抗战胜利后，恢复江苏省立上海实验小学名。1946年，以吴家巷为总校、嘉善路为分校恢复上课，同时停办牯岭路部和徐家汇部。1949年后更名为上海市上海小学。1959年，划归上海县改名上海县上海小学。1984年，划归徐汇区，更名为上海小学。2005年起,开办外籍班,有外籍学生近30名。

上海小学形成"每一个人的足迹书写学校的历史,每一个人的思想汇聚学校的文化"的文化共识,开展"快乐活动日""小鲤鱼德育课程"建设,为学生搭建各类培养兴趣、实践体验、展示才能的舞台。学校以"回归本原、遵循规律"的"新优质观",回归教育本原,关注人的发展,构建和谐师生关系,遵循教育规律,关注教师PCK,提升教师专业水平。2015年9月,有教职员工102名,班级38个,学生1347名。

二、徐汇区教师进修学院附属实验小学

徐汇区教师进修学院附属实验小学始建于1912年,前身是长桥镇小学,地址在松江县长桥镇租借的南裴氏民房内。创办初期,沈式寰主持校务,发展书画特色,并在乡里筹款筹料、捐赠助学、书画义卖,先后购地建房23间,建成寄宿部"学海楼",学校初具规模。学校几经搬迁,在改革开放的20世纪90年代,迁入龙临路89号。2005年6月30日,原长桥小学更名为徐汇区教师进修学院附属实验小学。

教师进修学院附属实验小学以百年书画为抓手,将项目与文化并举,用文化提升教育的品质,以教师之正养学生之正,以教师之雅育学生之雅,构建传承创新的课程文化,逐步形成由"笔墨留香""书香一刻""太极书韵"和"江南丝竹"四大课程版块组成的"气正韵雅"特色课程。2015年9月,有教职员工65名,教学班20个,学生800名。

三、徐汇区逸夫小学

徐汇区逸夫小学,始建于1996年9月,地址在桂林南路150弄22号,香港实业家邵逸夫捐赠部分建设资金,故以"逸夫"命名。2007年4月,由公立小学转制为民办小学。逸夫小学实行董事会领导下的校长负责制,由上海汇成(集团)有限公司管理,创办人为原向阳小学、建襄小学老校长戴舜琴女士。2007年9月迁至罗秀路400号。

徐汇区逸夫小学

逸夫小学以"为培养高素质、创造性人才奠定基础"作为办学目标,以"尚德、益智、添能、立人"为校训。学校有陶艺教室、陶艺馆、美术室、博览馆、艺术苑、信息库、书画斋、科技港、创造室、儿童乐园、多功能厅、体育室内活动室等多个专用教室和专用活动场所。

学校拥有一支师德高尚、热爱学生、专业水平高、业务能力强、团结进取、乐于奉献的教师队伍,有7人获得上海市优秀教育工作者、上海市园丁等荣誉称号,43人次获得徐

汇区"三八"红旗手、徐汇区园丁奖、徐汇区新长征突击手、徐汇区先进生产者、徐汇区青年岗位能手、徐汇区教育局"骏马奖""育人奖""耕耘奖"等区级荣誉称号，22人次获得区学科带头人或区骨干教师称号，14人获得全国教学评比特等奖、一等奖以及上海市青教评比一等奖。

逸夫小学被评为上海市文明单位、上海市安全校园、上海市平安单位、上海市中小学生行为规范示范校、上海市科技特色学校、上海市花园学校、上海市优秀家长学校以及徐汇区教师专业发展示范校、徐汇区见习教师规范化培训基地校。2015年9月，有教职员工80名，教学班30个，学生1270名。

四、徐汇区长桥第二小学

徐汇区长桥第二小学，始建于1991年7月，地址在龙川路40号。

长桥第二小学以"全程全方位的教育服务，让每一个孩子有进步"为办学理念，以"求真、尚礼、和乐"为培养目标。学校被评为徐汇区行为规范示范校、法制特色学校、徐汇区科研工作先进集体。2015年9月，有教职员工46名，教学班17个，学生655名。

五、徐汇区园南小学

徐汇区园南小学始建于1992年，地址在园南二村71号。

园南小学以促进人的"自主、和谐、全面"可持续发展作为学校德育的根本任务，确立"学生为本、全面发展、实践体验、全员育人、全面渗透"的理念。学校作为市课改基地校在探索、实践课程改革的基础上，以课题研究方式建立起具有园南特色的语文和数学这两门区重点学科，逐步完善校本拓展型与探究性课程，建成"中国棋"为"一校一品"项目。

园南小学是上海市二期课改基地校、上海市探究型课程实验校、上海市科技教育实验基地校、上海市创造教育基地校、上海市家庭教育基地校、上海市行为规范示范校、上海市红十字示范校。2015年9月，有教职员工67名，教学班25个，学生936名。

六、徐汇区向阳育才小学

徐汇区向阳育才小学前身是里人潘宗熙在石龙村潘家塘创办的私塾育才小学堂，始建于1906年。1915年，改为漕河泾乡立第三初级小学，后一度停办。1920年9月，复建后更名为上海县漕河泾张家塘小学。1927年，更名为上海市立张家塘小学。抗战期间停办。1945年8月，复校后更名为张塘国校。1949年10月，更名为张塘小学。1958年，划入上海县，更名为张家塘小学。1961年后，更名张塘小学。1984年，划入徐汇区。1989年，迁入龙川北路625弄1号。2005年6月，引入徐汇区著名小学向阳小学，聘请向阳小学老校长兼任校长，更名为徐汇区向阳育才小学。

向阳育才小学倡导"快乐育人，快乐成长"的发展理念，在"培养习惯、激发兴趣、和谐发展、提升素质"的办学宗旨引领下，全面贯彻党的教育方针，积极打造"知礼""健身""益智""添趣"的校园文化。"两跳一踢"（跳长绳、跳短绳、踢毽子）是学校的品牌项目。

向阳育才小学获得上海市关心下一代委员会先进单位、上海市体育先进单位、上海市红旗大队、徐汇区绿色学校、徐汇区食品卫生先进单位、徐汇区爱国卫生合格单位等称号。向阳育才小学是上海市安全文明校、徐汇区文明单位,是上海师范大学见习教师基地校,徐汇区长桥街道廉洁文化建设基地校。2015年9月,有教职员工58名,教学班20个,学生755名。

七、上海体育职业学院附属小学

上海体育职业学院附属小学前身为罗秀小学,始建于1995年,地址在罗秀新村63号。2010年9月16日,更名为上海体育职业学院附属小学。

体育职业学院附属小学坚持"整合资源、发扬优势、提升形象、打造特色"的发展策略,创建与徐汇教育现代化目标相适应的体育特色学校。

体育职业学院附属小学获得上海市家庭教育指导研究基地、上海市安全文明校园、全国示范家长学校、徐汇区艺术单项(口琴)特色校等称号。2015年9月,有教职员工55名,教学班21个,学生735名,有综合体育馆、足球场及11个专用教室。

八、上海市徐汇区徐汇实验小学

上海市徐汇区徐汇实验小学始建于2011年9月1日,地址在罗秀东路126号。学校由徐汇区教育局委托徐汇区汇师小学管理的五年制公办小学,是徐汇区教育局创办的第一所实验小学。

徐汇实验小学积极推行汇师小学的成功办学模式,传承"严谨治校、各科并重、中西交融"的优良传统,着力培养"身心健康、行为规范、基础扎实、兴趣广泛"的全面发展的学生。学校成立30多个拓展型课程,积极开展轮滑社团、篮球社团、合唱团等特色社团活动。

徐汇实验小学有上海市园丁1人,上海市模范教师1人,上海市"金爱心"教师1人,上海市德育骨干教师1人,徐汇区学科带头人1人,徐汇区骨干教师1人,徐汇区园丁3人,徐汇区"三奖"3人,名师工作室成员2人。徐汇实验小学被评为上海市安全文明校园。2015年9月,有教职员工43名,教学班20个,学生778名。

第五节　幼儿园、托儿所

一、徐汇区上海幼儿园

徐汇区上海幼儿园前身是上海小学附设幼儿园,始建于1958年,地址在上海小学的西平房内。1979年,由上海中学无偿拨地2000平方米,在上中路402号建筑新园。1981年,迁入上中路402号。

1984年,划入徐汇区。1986年5月,幼儿园单独建制,更名为徐汇区上中路幼儿园。1996年,开设梅陇园(上中路幼儿园第一所分园),地址在梅陇十一村97号。2001

年,在汇成地区开设冠军园(第二所分园)。2009年11月16日,徐汇区上中路幼儿园更名为徐汇区上海幼儿园。2010年2月,关闭梅陇园,开设凌云园,地址在上中西路378号。冠军园迁至老沪闵路728弄41号乙(体育花苑内)。徐汇区上海幼儿园始终以"拓展教育新路,深化运动特色,力求服务优质,促进全面发展"为办园宗旨,以"诚实勇敢,健康活泼,有礼大方,手脑相长"为培养目标,以"以素质教育为核心,幼儿运动为突破口,挖掘幼儿发展潜能"为办园特色。1996年,被上海市教委命名为一级幼儿园,1999年,成为上海市28所二期课改基地园之一。

徐汇区上海幼儿园被评为上海市群众体育先进集体,上海市办园成绩显著单位,上海市科教系统文明岗、徐汇区文明单位、徐汇区群众体育先进单位。2015年9月,有教职员工84名,小、中、大班22个,幼儿646名。

二、徐汇区长桥第一幼儿园

徐汇区长桥第一幼儿园始建于1991年9月,地址在长桥一村56号,是徐汇区教育局下属的公办二级园。

长桥第一幼儿园基本符合85标准,有户外的嬉水池、沙池、涂鸦墙、种植养殖角,室内的亲子阅读区等。2015年9月,有教职员工40名。班级9个,幼托生261名。

三、徐汇区长桥第二幼儿园

徐汇区长桥第二幼儿园始建于1985年,地址在长桥二村34号。2011年,在徐汇区教育局整体规划下,在梅陇地区开设凌云分园。长桥第二幼儿园是上海市公办二级幼儿园,徐汇区"准一级"幼儿园。

长桥第二幼儿园宗旨:办一个"幼儿快乐,教师幸福,家长满意"的学校。办园理念:让幼儿充分享受童年快乐,丰富现在,准备未来。培养目标:培养健康活泼、好奇探究、文明乐群、勇敢自信,有初步责任感的儿童,并在感受快乐,体验快乐,分享快乐中形成良好的性格品质。2015年9月,有教职员工64,班级14个,幼托生441名。

四、徐汇区长桥第三幼儿园

徐汇区长桥第三幼儿园前身是长桥第四幼儿园,始建于1991年9月,地址在长桥三村124号。1992年9月,更名为徐汇区长桥第三幼儿园。2008年7月,与新上中幼稚园合并。

幼儿园有科探区、阅读区、美工区、沙水区等多个专用活动空间,创建校园网站和APP手机移动客户端,有一支爱岗敬业、爱生尽责、教有质量的教师群体,83%的教师具有本科学历,成熟型教师达78%。坚持"一切为了孩子"的宗旨,以科学教育为办园特色,着力培养"健康乐活,友善乐群,好学乐究"全面发展的"三乐"儿童。

徐汇区长桥第三幼儿园隶属徐汇区教育局,是上海市公办一级幼儿园,被评为徐汇区文明单位、徐汇区绿色学校、徐汇区科技教育示范园、徐汇区优秀家长学校。2015年9月,有教职员工45名,班级10个,幼儿323名。

五、徐汇区园南幼儿园

徐汇区园南幼儿园始建于1989年9月,地址在龙川北路园南一村27号。园南幼儿园办园目标:身体健康、性格活泼、习惯良好、好奇探究、乐于表现。

园南幼儿园是上海市一级公办幼儿园,被评为徐汇区文明单位,徐汇区绿色学校,徐汇区平安单位等称号。2015年9月,有教职员工52名,班级13个,幼托生407名。

六、徐汇区实验幼儿园

徐汇区实验幼儿园始建于2011年,地址在龙瑞路135号。

实验幼儿园努力遵循学前教育的基本规律以及幼儿身心发展规律,通过实施素质启蒙教育,强化保教质量研究与实践,积极探索现代幼儿园的管理运行机制,实现园所、教师、幼儿的共同成长。《上海教育》《新闻晨报》《上海学前教育网》分别宣传和报道幼儿园的发展。2015年1月,被评为徐汇区准一级幼儿园。2015年9月,有教职员工43名,班级9个,幼托生283名。

七、徐汇区星辰幼儿园

徐汇区星辰幼儿园始建于2009年,地址在罗秀路11号,是一所按照05标准设计的高标准的公办幼儿园,隶属于上海市徐汇区教育局。

星辰幼儿园以"创想美丽星辰,玩出美丽童年"为办学理念,坚持以幼儿的发展为本,关注与促进每个幼儿的需要,培养"感受美、表现美、创造美"的美丽幼儿为目标。2015年9月,有教职员工23名,班级9个,幼托生267名。

八、徐汇区汇成苑幼稚园

徐汇区汇成苑幼稚园始建于1996年10月,地址在百色路汇成五村75号。

汇城苑幼稚园,是一所颇具特色的幼稚园,有各种功能的活动室,有多媒体活动室、阅览室、手工制作室、美工绘画室、体操舞蹈房、活动探索室以及孩子们特感兴趣的沙地攀岩室和安置了空中吊桥、钻爬玩具的感官综合训练室等。

汇城苑幼稚园承诺:热爱负责,表现崇高的师德;倾听发现,关注幼儿的心灵;尊重理解,架起沟通的桥梁。办学目标:将幼儿培养成健康活泼、自主自信、好学好问、具有初步信息素养,富有个性的新世纪儿童。2015年9月,有教职员工33名,班级8个,幼儿260名。

九、徐汇区瑞德幼儿园

徐汇区瑞德幼儿园始建于1996年7月,有两个园区,楼园园区地址在老沪闵路706弄37号,金塘园区创建于2013年9月,地址在老沪闵路333弄70号。

瑞德幼儿园办园宗旨:给人生坚实的起步,给孩子快乐的童年。办园目标:培养孩子成为健康活泼、好奇探究、文明乐群、亲近自然、爱阅读、会提问、愿表达、乐交往、有初步责任感的孩子,让每一个孩子享受到公平、普惠的教育,创建家长信任的、可持续发展的优质幼儿园。

瑞德幼儿园隶属徐汇区教育局，是徐汇区准一级公办幼儿园，是上海市家教指导基地，徐汇区文明单位。2015年9月，有教职员工52名，班级11个，幼儿338名。

十、徐汇区上中托儿所

徐汇区上中托儿所始建于1989年4月，地址在长桥一村29号。

上中托儿所被评为"徐汇区文明单位"，获得"优秀家长学校"称号。2015年9月，有教职员工18名，班级4个，幼托生100名。

第六节　社区教育

街道通过开办社区学校，开展社区教学活动等，建设学习性社区，构筑社区终身教育体系，让更多的居民在社区中再学习，丰富知识、掌握技能、赢得机遇，提高居民整体素质。

一、社区学校

2003年4月3日，街道党工委、办事处在园南中学分部举行长桥社区教育中心和社区学校揭牌成立仪式，徐汇区副区长王志强出席揭牌仪式。街道党工委副书记徐萍芳兼任长桥社区教育中心主任、社区学校校长，街道办事处副主任陆忆敏兼任社区教育中心副主任、社区学校副校长，党工委办公室主任吴文朴兼任社区教育中心办公室主任、社区学校教务办公室主任。社区教育中心隶属于社区教育委员会，社区教育中心下设社区学校及党校、老年、妇女、人口、法制等11个分校。

2006年，街道投入50万元，在老沪闵路918号扩建长桥社区学校，社区学校有一个多功能会议室、5个教室、1个电脑房，可同时容纳300余人进行培训、讲座等教学活动。2006年，社区学校迁至老沪闵路918号。2006年，徐汇区政协主席张旗，副主席刘奕民、苏玉芳、邹德礼等到长桥社区学校上海植物园分校视察、调研社区教育工作。2010年6月，上海市市委书记俞正声视察长桥社区学校。2010年，《发展社区教育，推进和谐社区建设》论文获得全国社区教育优秀科研成果二等奖。2011年，社区学校获得上海市示范性老年学校、上海市社区学校观摩点称号。

2013年，街道投入200多万，对社区学校进行改建，更新教学设备，提升办学能力。2013年，开设58个专业，79个课程班，学员2000名。2015年，社区学校设有多功能教室、电脑房、会议室、钢琴房、电子琴室等10间专用教室。开设基础型、技能型和特色型三大版块课程，建立传统文化、养生保健、家庭建设、书画艺术、器乐艺术、摄影艺术、信息技术、语言能力、运动健身、生活技能等系列的课程。开发自编教材《茶道》《中国茶文化》《保健刮痧》和《观赏植物的家庭养护》。社区学校总使用面积2300平方米，设校长1人（街道办事处主任兼任），常务副校长1人，专职教师4人，兼职教师44人，志愿者120余人。32个居委会学习点,共开设281个课程班,学员6411名。

2012年,社区学校创建"茶道"工作室,"茶道"工作室参加"长三角"比赛,获得"茶人之家"称号。"茶道"工作室承担"徐汇区养教结合师资"的培训任务。社区学校的《茶道》和《保健刮痧》先后被评为上海市和全国社区教育特色课程,《保健刮痧》获得上海市社区教育特色课程一等奖。2015年,"茶道"工作室被评为"上海市茶道工作坊"。

二、教学活动

街道充分发挥上海植物园、西南文化中心、上海体育职业学院、聋哑青年技术学校、董恒甫职校等教育资源的作用,开展学习型社区,社区居民的终身教育的建设。

运用信息资源,实现社区教育管理信息化。街道自行设计一套教育管理软件,把现有的师资、场地、志愿者等信息整合起来,并通过长桥街道门户网,发布社区学校各类信息,社区居民在家里可以下载社区学校课程教学教材。发挥办学主体优势,构筑社区居民终身教育的体系。以"健康教育""濮玉计划"作为社区教育的主线,形成一个从0岁开始,贯穿婴幼儿、青少年、中青年、老年人的社区居民终身教育体系。社区学校和辖区学校相互输送教育资源,丰富学校拓展性课程和居民学习课程。组织居委会学习骨干班进入长三幼儿园学习点心制作等。教院附中、园南中学、材料工程等学校的骨干教师进居委会学习点为居民开展讲座活动。推进学习型社区的建设,打造人人皆学、时时能学、处处可学的长桥快乐文化氛围。街道以学习节等为抓手,设立社区讲堂、信息平台、学员展台、百姓舞台,使学习活动与长桥社区特色文化发展相结合,与满足市民多样学习需求、提升市民素质相结合,与培育社区品牌相结合、创新社区管理、提高政府公共文化服务水平相结合。

组织开展走进"上中路教育一条街"未成年人暑期社会实践活动。让更多的学生走进名校,走进专业学校体验互动,畅想未来,成就梦想,分别开展"走进上中,体验龙门教育""走进聋校(聋哑青年技术学校),了解聋生""走进工商外国语,体验国际夏令营""走进园南中学,体验生命互动"等活动。为让未成年人开阔眼界,增长知识,举办"牵手新上海人"暑期夏令营活动、"快乐在长桥"未成年人暑期动漫周主题活动、"我有一个梦"动漫手绘杂志制作大赛决赛、走进钱学森图书馆城市文化足迹寻访等主题实践活动。举办爱心暑托班,课程以发展兴趣、提高素养,协助家长督促孩子完成暑期作业,以礼仪行为养成、规范作业辅导、动手能力实践、才艺综合培养为宗旨,帮助未成年人度

第八届"牵手新上海人"暑期夏令营开营仪式

过一个安全、健康、快乐、有意义的假期。

组织开展百万市民学环保和文明观博网上测试活动，共有2.4万人参与学环保活动，7116人取得合格证书，位列上海市各街镇之首。3.6万人参加文明观博网上测试，3.1万人取得合格证书，位列徐汇区第二。

2013年起，拓宽教育视野，构建居民快乐学习、幸福生活的社区"大校园"理念，提升"上中路教育一条街"品牌，每年举办大型基础教育咨询活动，分别有政策咨询、心理健康、学科指导、学前教育、职业培训等，满足中、小、幼学生及家长不同群体需求。

三、东方讲坛

"东方讲坛"是上海市委宣传部和上海市社会科学界联合会联合推出的面向居民区的中高端品牌讲座。2005年9月起，街道开设"东方讲坛"讲座，连续10年，举办思想教育、时政形势、军事题材、文明创建、科技发展、医疗养生、心理健康、法治精神、艺术修养、历史人文、投资理财等各类专题讲座101场，1万余人次参加。街道"东方讲坛"讲座设在西南文化中心五楼

邓玉平讲课现场

的多功能厅、罗秀路616号五楼的会议厅、西南影城放映大厅等。

街道分别举办"两代同唱《唱支山歌给党听》""十七届四中全会精神的学习与思考""当前中东形势热点问题"、上海市红军后代联谊会会长邓玉平的"长征精神的当代启示"、中共上海市青浦区委党校副教授鲁家峰的"毛泽东的史学智慧"、中共上海市委党校公共管理教研部副主任、教授陈保中的"依法治国和中国梦""美术赏析与创作""探索外星人""科学发展观和中国载人航天"等讲座。讲座着力加强讲师与听众的互动性。上海师范大学副教授、中国作协会员萧萍女士的"快乐阅读：想象力之旅"讲座，1个多小时的讲座，有一半的时间是讲师和孩子们在对话互动。著名合唱指挥家、上海师范大学音乐系教授徐武冠先生的"经典艺术系列·新中国成立60周年爱国歌曲艺术赏析"讲座，社区的3支合唱队在徐教授的指导下轮番登场演唱，并由徐教授现场指导，讲座的尾声，徐教授指挥全场听众起立进行发声的练习，气氛达到高潮。上海新侨学院思政教师胡蓉蓉的"日常生活中的法律与心理"讲座，别开生面地以分组知识竞赛的方式进行讲授，将社会学、心理学等诸学科融会贯通，寓教于乐。瑞金医院青少年心理咨询中心心理咨询师陈萍怡的"EQ情商修炼"讲座，以现场团队游戏的方式引导听众进入冥想放松状态，让听众们以实践的形式学会情绪调控。街道结合国家和上海市的重大活动和事件，举办相应专题的讲座。2007年，举办世界"特奥会"专题讲座。2008年，举办"奥运会"专题讲座。2010年，举办"世博会"专题讲座。2013年，举办滨江开发专题讲座、文明城

区创建专题讲座等。街道致力于讲课内容的广泛挖掘和利用，整理各类讲座文字材料共计100万字。

2008年5月9日，街道获得2007年度"'东方讲坛在徐汇'优秀举办点"称号。2010年1月15日，获得上海市2009年"'学习贯彻党的十七届四中全会、市委九届九次全会精神主题宣传教育活动'东方讲坛讲座优秀举办单位"称号。2014年11月24日，获得"上海市东方讲坛优秀举办点"称号。

第七节　未成年人保护

街道未成年人保护工作，紧紧依靠社会、学校、家庭的力量，全面开展关心和加强青少年的思想道德建设，措施落实，依法保护未成年人的合法权益。

一、组织机构

1987年6月，上海市人大常委会通过《上海市青少年保护条例》。同年10月，徐汇区青少年保护委员会成立，下设徐汇区青少年保护办公室，开展日常工作。1988年10月，街道成立青少年保护委员会，徐汇区教育局有一名青保专职教师常驻街道，协助街道文教科依法做好青少年保护工作。居委会及辖区内学校成立了青少年保护小组，有专人负责青少年教育和保护工作。2005年，国务院印发《关于进一步加强和改进未成年人思想道德建设的若干意见》。上海市人大常委会通过将《上海市青少年保护条例》改为《上海市未成年人保护条例》。2005年3月，徐汇区青少年保护委员会更名为徐汇区未成年人保护委员会。街道调整未成年人保护委员会成员单位，街道未成年人保护工作纳入社区学校管理。

二、"未保"措施

依法保护特殊未成年人，关心病困、残疾等特殊青少年的生活是未成年人保护的一项重要内容。1996年，街道组织召开回沪知青子女俱乐部迎春联谊会，参加学生80人，把党的温暖送到孩子们的心坎上。1996年—2000年，走访困难家庭未成年学生60人，帮助困难家庭未成年学生110人，送帮困慰问金数万元。1997—2000年，街道与徐汇区文化局社文办、街道工商所、派出所、保安队等共同开展了净化学校周边环境活动。对学校门口乱设摊、电脑网吧等进行整治，取得了显著的成效，共计没收不健康书刊1000余册，取缔各类违法摊点36个，暂扣电脑107台，暂扣主机40台，没收非法收入4万余元。

街道辖区内学校中分流学生较多、问题少年学生较多、案发苗子较多。1999年，街道在19个居委会成立由派出所民警、青保老师、居委会干部组成的帮教小组，落实对未成年学生的帮教工作。1999年5月30日，在徐汇区妇联、徐汇区教育局等部门的支持下，成立长桥街道青少年家长心理咨询指导站。心理咨询指导站为未成年人及家长，有一个倾诉和咨询的地方。心理咨询指导站聘请心理咨询专家，在每周五下午进行心理指导。举办一期心理咨询短训班，由上海市中小学生心理辅导协会副理事长，《心理辅导》杂志常务副主编姚鑫山老师，上海中小学生心理辅导协会会员李建国老师作为主讲，从4个方面进行培训，收到很好的效果。为了缓解中、小学生在期终考试前的紧张和焦虑心情，心理咨询指导站组织开展心理咨询活动，邀请上海市中小学心理指导协会和徐汇区教育局德育室等心理专家，提供心理帮助。2003年初，实施"社区、家庭、学校一体化心理辅导模式行动研究计划"。2012年9月14日，成立"馨园"心理工作室。

2014年，街道根据《全国未成年人思想道德建设工作测评体系》要求，坚持学校为主，家庭、社会共同参与的工作机制，以爱国主义和民族精神、诚信教育为重点，以养成教育为基础，进一步优化未成年人成长环境，推进家长学校建设。发挥家长学校在创新驱动、实现教育转型发展中的重要作用，形成家庭、学校、社会三结合的教育氛围，促进学生身心健康和终身发展。邀请家长学校的老师为社区居民讲座，做好新生入学之前的幼小衔接、小中衔接教育。邀请著名心理健康专家为辖区内的八所幼儿园家长开设《把握成长规律，做孩子贴心人》讲座。组织"三位一体，合力育儿"暨长桥社区关于《徐汇区家长学校读本》推广交流会，督促各学校把读本的案例作为家长、教师探讨科学家教的素材，开展学习交流活动。2014年，及时介入校园伤害事故的协调工作，化解家长和学校、教师之间的矛盾，协助处理辖区内各中小幼职各类伤害事故共8起。

三、"璞玉计划"

实施"社区、家庭、学校一体化心理辅导模式行动研究计划"（简称"璞玉计划"）。"璞玉计划"是对长桥社区学习困难青少年开展的一项矫正心理、提高心理素养的辅导课题研究。

2003年初，为提高青少年学生的心理素质，培养健康的人格，街道办事处、上海市教科院普通教育研究所、徐汇区教育局德育室、徐汇区教师进修学院以及辖区内的徐汇区教育学院附中、龙临中学、园南中学、长桥中学和汾阳中学等5所中学的心理健康教育负责人组成课题组，开始实施"璞玉计划"。"璞玉计划"构建社区、家庭、学校三位一体的心理辅导工作网络，开展家长、青少年学生的问卷调查，专家评析的PCRT-P（父母）、PCRT-C（孩子），AAT心理测试，个案、共性分析听证会，专家现场解答等一系列的活动。以家长、学校、社区联动的方式对学生进行辅导，通过党员开展"一对一"的帮教。

实施"璞玉计划"学校的学生，学习的积极性和自觉性都有明显的提高，大多数学生在各方面都有较大的进步。2003年，"璞玉计划"被列为全国教育科学"十五"规划课题"中小幼发展性心理辅导的研究"的子课题立项。2004年，成立"璞玉计划"家长沙龙，增加实施学校数量，完善研究机制，引入先进的研究分析方法。2005年2月，街道"璞玉计划"被中央文明办评为"未成年人思想道德建设工作创新奖"三等奖。

四、"馨园"心理工作室

2012年9月14日，社区（街道）党工委、街道办事处举行"馨园"心理工作室启动仪式。"馨园"心理工作室设在社区党员服务中心，由上海师范大学教育学院副院长高湘萍调研组负责调研社区内未成年人、家长和老师心理状态，为社区心理辅导咨询工作提供理论指导,有10名国家二级心理咨询师,在每周二、四下午,开展咨询服务活动。"馨园"心理工作室面向社区居民,重点为未成年人及家长提供心理咨询服务。

为提高"馨园"心理工作室的效能会推进"馨园"心理工作室的工作,街道成立以党工委书记任组长的工作小组,每年落实10万元的日常运作经费,党工委书记及相关职能科室负责人参加国家二级心理咨询师培训。

"馨园"心理工作室与上海华思心理咨询服务中心(专业的心理咨询机构)开展合作,邀请资深心理咨询师为社区心理咨询师及志愿者进行培训,从而推动社区心理疏导工作走向常态化、专业化。"馨园"心理工作室通过6项举措,使社区青少年得到心理抚慰,获得健康成长的"心"路。一是走进中小学及幼儿园,开展系列心理健康讲座及拓展训练。二是与家长学校联动,满足家庭需求。充分利用长桥街道社区学校家长学校(分校)这一交流及学习的平台,为家长们呈上针对青少年心理健康方面的相关讲座,帮助家长了解当代未成年人的成长规律和身心特点,掌握正确的心理健康教育方法。三是挖掘资源,引入社会公益组织。飞扬华夏青年公益事业发展中心与"馨园"心理工作室合作推出"彩虹童年"项目,为社区内6—15周岁困难家庭子女服务。四是吸纳资源,与协作单位分享经验。吸纳辖区内各学校有志愿精神的心理老师,并与徐汇区青少年心理辅导中心保持紧密联系,分享知识资源,扩大咨询师队伍。五是共享社区"大"讲堂,有效发挥资源优势。充分发挥心理咨询师的资源优势,走进社区开展系列心理健康辅导讲座。对街道各社区干部、人民调解员和居民进行心理健康教育培训,使他们了解更多的心理健康知识并能运用。六是开设心理"微"课堂,满足"两新组织"(新经济组织、新社会组织)员工需求。利用公众微信平台,为"两新"组织企业职工送上心理"微"课堂,助其缓解压力、调节身心,处理"新爸新妈"困扰、家庭矛盾等问题。

"馨园"心理工作室从"被动"等待,转为"主动"跨前一步,开展心理辅导工作,针对不同年龄层次的未成年人心理特点,量身定制心理辅导服务。结合低年级的学生开展行为能力拓展训练,结合青春期孩子的心理特点,开展《聊聊我们的青春期》系列讲座,结合新入学孩子的心理特点,开展《美丽的校园,美丽的你》巡回系列讲座,结合面临升学的孩子的心理特点,开展《考前支招》心理辅导讲座,结合校园内个别较为孤僻的孩子特点,心理咨询师以开心辅导员的身份,主动进校,为孩子开展"一对一"的心理辅导。

"馨园"心理工作室

第十五章 文化

"快乐学习 成就梦想"长桥街道第九届学习节开幕式

长桥街道志
(1991–2015)

第十五章 文化

街道充分发挥辖区文化设施的的作用，整合社区文化资源，组建和培育各具特色的群文团队，组织开展内容丰富，形式多样的群众文化活动，满足和丰富社区群众的精神文化需求。2002年，街道图书馆被评为上海市街道（乡镇）特级图书馆。2006年6月，长桥街道合唱队获得上海市"浦东杯"科普歌曲中老年合唱大赛银奖，2009年，获得上海市优秀合唱团荣誉称号。2011年8月，长桥街道办事处获得庆祝建党90周年全国艺术特长展演活动优秀组织奖，2013年8月，获得明日之星关爱全国青少年大型系列活动最佳组织奖。

第一节 文化设施

街道辖区内主要的文化设施有徐汇区西南文化艺术中心（徐汇区文化馆）、长桥社区文化中心、长桥街道图书馆、34个居委会综合文化活动室。

一、徐汇区西南文化艺术中心（徐汇区文化馆）

徐汇区西南文化艺术中心（徐汇区文化馆）是根据徐汇区建设现代一流中心城区的目标要求，为适应文化发展需要，满足西南地区居民对文化生活的需求而实施的一项重要的文化设施建设。2003年4月22日，徐汇区西南文化艺术中心（徐汇区文化馆）奠基建造，2004年10月30日落成开馆，位于罗香路237号，占地4683平方米，总建筑面积达11887.77平方米。西南文化艺术中心（徐汇区文化馆）文化服务覆盖圈达17.49平方公里，涉及长桥街道、凌云街道及华泾镇地域内常住人口约22万人。2006年初，徐汇区文化馆（原国家一级文化馆）整建制划转田林街道后，徐汇区文化馆的功能由西南文化艺术中心接管。

徐汇区西南文化艺术中心（徐汇区文化馆）以文化创新为动力，以面向社区、服务百姓为宗旨。西南文化艺术中心（徐汇区文化馆）设施齐全、功能完备，包括二楼展览厅、三楼陈列区、排练厅、四楼东方信息苑、图书馆及五楼多功能厅、艺术长廊等多个现代化文化娱乐空间，提供图书阅览、展览展示、群文活动、信息服务等为一体的文化服务，以满足和丰富百姓对文化的需求。

图书馆阅览室

西南文化艺术中心（徐汇区文化馆）被列入徐汇区发展计划委员会《徐汇区第四批可持续发展》项目，2005年3月，被上海市群众文化奖励基金理事会授予"2004年度上海市群众文化设施建设和管理优秀奖"，获得2005年度上海市群众文化工作先进集体，徐汇区先进基层党支部，2006年度上海市群众文化工作优秀活动奖，徐汇区"十万职工学法律"先进集体，为老服务先进集体，暑期工作先进集体等称号。

二、长桥社区文化中心

长桥社区文化中心的前身分别是长桥街道文化站、长桥街道文化中心。1987年，街道通过"区政府拨一点、街道出一点、社会赞助一点"的办法，集资50余万元，筹建长桥街道文化站，位于长桥新村50号，建筑面积500平方米。1989年7月，街道文化站落成使用。街道文化站内设有综合性会场、舞厅、录像室、书场、桌球房、电子游戏机等活动项目。

2001年3月，街道投入130万元，在罗城路651弄66号，建设长桥街道文化中心。街道文化中心为单体式建筑，独立的院子，建筑面积1100平方米。街道文化中心设施齐全，设有图书馆、电脑房、体操房、教室、中小型会议室、茶室及多功能文化活动室等。街道文化中心调整社区公共文化事业的发展思路，从经营活动逐步向社区公共文化事业过渡，坚持公益性原则，即按照文化部对街道文化站（文化中

2001年街道文化中心

心）的管理要求，从社区发展的需求出发，把组织好社区团队活动及老年、妇女、青少年文体活动作为街道文化中心的主体工作，使街道文化中心成为社区精神文明建设的重要力量。坚持教育性原则，即文化发展，教育先行，先后成立社区艺校和电脑培训中心，设立图书馆、阅览室，使文化中心成为社区教育的一个阵地。坚持指导性原则，即文化中心的活动与居委会的文化活动要联动，将34个居委会分9个块，指导和推进居委会文化活动的开展。坚持创新性原则，即文化中心工作人员转变观念，增强公共服务意识，提高社区工作能力，文化中心建立内部财务、人事制度和工作人员管理制度，规范中心的管理，理顺内部机制。街道文化中心丰富和提升了社区居民的文化生活、文化素养。

2004年10月30日，街道与徐汇区西南文化艺术中心合作，共建长桥社区文化中心（在徐汇区西南文化艺术中心内设立长桥社区文化中心）。长桥社区文化中心充分发挥徐汇区西南文化艺术中心功能设施齐全，活动场所资源丰富的优势，为社区居民群众提供更为贴心、就近、便捷的人性化服务，开展有益的文体娱乐、社区教育、科学普及等活动，为未成年人提供融文化、教育、体育、科普、信息等全员、全方位、全程的"一站式"终身文化教育服务。

三、长桥街道图书馆

长桥街道图书馆始建于1986年4月,位于长桥新村24号,面积30平方米。1989年,迁至长桥一村66号,建筑面积150平方米,配备专职人员1名,聘用人员3名。共有藏书5029册。1989—1990年,街道图书馆连续两次被上海市文化局评为"上海市文明图书馆"。1996年1月22日,上海市委副书记陈至立视察街道图书馆。1996—1997年,街道图书馆连续两次荣获上海市文化局颁布的街道乡镇图书馆流动红旗。1999年,街道图书馆被徐汇区评为"满意在徐汇"窗口单位。在上海市文化局组织的图书馆评估定级考核中,街道图书馆被评为徐汇区唯一的上海市特级图书馆。

2001年3月,街道图书馆迁至罗城路651弄66号街道文化中心内,长桥一村66号的街道图书馆继续保留。为增加新书的来源,街道图书馆引进新华书店、上海图书馆、贝塔斯曼文化实业有限公司等单位,在街道图书馆内设立流动图书站。街道图书馆与上海图书馆签订共建协议,上海图书馆资助街道图书馆图书7000册。2002年,街道图书馆借阅人数5913人次,阅读人数1385人次,收到书评、征文300篇。2003年,借阅6500人次,阅览6000人次,图书流通量15000余册,接受上海图书馆赠书3000册,华一制针厂赠书600册,贝塔斯曼书友会赠书118册。2004年10月,街道图书馆与徐汇区西南文化艺术中心图书馆合并。

四、居委会综合文化活动室

居委会综合文化活动室建设是加强公共文化服务体系建设,改善民生和推进居民精神文化建设的一项重要举措,居委会综合文化活动室,是最广泛的惠民、乐民、便民的基层文化阵地。街道克服居委会活动室用房资源紧缺等困难,统筹规划、因地制宜、合理布局,不断加大活动室软硬件上的投入,按照标准为活动室配备各项设施,开展居委会综合文化活动室的标准化建设。

1996年,街道在31个居委会建立文化活动室,总面积1091.5平方米,其中文化活动室面积752.5平方米,图书阅览室面积295平方米。1997年,在17个居委会文化活动室的环境、文化氛围建设上进行投入,添置书、画镜框68幅等。1998年,举办居委会文化活动室业务培训讲座四次,使文化活动室和图书室的功能发挥到最大化。1999年,探索共建单位扶植居委会文化活动室活动,上粮六库出资购买文化用品,赠送给长桥四村二居委,支持居委会活动室建设。2001年,街道有三分之一的居委会文化活动室达标。2002年,街道有12个居委会文化活动室,开展文化活动室达标建设,并顺利通过徐汇区文化局验收。2003年,加强居委会文化活动室软件建设,制定文化活动室的规章制度、日常活动安排等。有7个居委会文化活动室,调整硬件建设,添置彩电、DVD、阅览桌等设施。

2014年,街道依据徐汇区文化局相关精神,开展和推进了居委会"三室艺厅"建设项目(三室艺厅项目:即自助式"图书室"、立体声"电影室"和数字化"培训室",群文艺厅)。2015年,10个居委会完成"三室艺厅"建设项目,5个居委会完成自助式"图书室"项目建设。2016年,街道下属的34个居委会全部完成综合文化活动室的建设,总建筑面积7942平方米,22个居委会完成"三室艺厅"活动室建设。

居委会综合文化活动室基本情况表

序号	名称	地址	面积	启用时间	备注
1	长桥新村一居委会综合文化活动室	上中路289弄1号107室	150	2002.1	2016年，完成"三室艺厅"建设
2	长桥一村一居委会综合文化活动室	长桥一村66号	290	2004.9	2015年，完成"三室艺厅"建设
3	长桥新二村居委会综合文化活动室	长桥二村44号103室	112	1997	2016年，完成"三室艺厅"建设
4	长桥三村一居委会综合文化活动室	长桥三村138号101室；长桥三村52号102、103室	150	2003.8；2011.4	
5	长桥三村二居委会综合文化活动室	长桥三村29号201室	104	1993.1	
6	长桥四村一居委会综合文化活动室	长桥四村29号	100	2010.6	2016年，完成"三室艺厅"建设
7	长桥四村二居委会综合文化活动室	长桥四村97号1楼	139	2007.1	
8	长桥五村居委会综合文化活动室	上中路51弄6号101室	250.8	2009	2016年，完成"三室艺厅"建设
9	长桥七村居委会综合文化活动室	长桥六村星秀苑38号	200	2010.1	
10	长桥八村居委会综合文化活动室	龙临路11号	375.99	2009	2015年，完成"三室艺厅"建设
11	汇成一村居委会综合文化活动室	汇成一村25号102室；汇成一村1号旁	120	1995.5；2012.9	2016年，完成"三室艺厅"建设
12	汇成二村居委会综合文化活动室	汇成二村10号-1	327	2012.2	2015年，完成"三室艺厅"建设
13	汇成三村居委会综合文化活动室	汇成三村33号102室	105.9	2004	
14	汇成四村居委会综合文化活动室	汇成四村75号	215	2008.7	
15	汇成五村居委会综合文化活动室	汇成五村85号101室102室；汇成五村100号	320	2006.6	2015年，完成"三室艺厅"建设
16	园南一村居委会综合文化活动室	园南一村1号103室；园南一村-4临1	250	2003.6 2013.3	2015年，完成"三室艺厅"建设
17	园南二村居委会综合文化活动室	园南二村26号甲	120	2005.5	2016年，完成"三室艺厅"建设
18	园南三村居委会综合文化活动室	园南三村27号—1	240	1995.1	2016年，完成"三室艺厅"建设

续表

序号	名称	地址	面积	启用时间	备注
19	百龙居委会综合文化活动室	龙吴路1137弄18/106；龙吴路1133号	260	1997 2011.7	2016年，完成"三室艺厅"建设
20	平福居委会综合文化活动室	平福路483弄60号	340	1998.12	2016年，完成"三室艺厅"建设
21	罗秀新村居委会综合文化活动室	罗秀新村112号	210.98	2009.5	2015年，完成"三室艺厅"建设
22	罗秀二村居委会综合文化活动室	罗秀二村27号	150	2005.	
23	罗秀三村居委会综合文化活动室	罗秀三村112号底楼	145	1995.8	
24	港口居委会综合文化活动室	苑宏新村16号甲	212	1996.9	
25	楼园居委会综合文化活动室	老沪闵路706弄16号一楼	133.76	2007.1	
26	体育花苑居委会综合文化活动室	老沪闵路728弄51号	100	1999.1	2016年完成"三室艺厅"建设
27	华东二居委会综合文化活动室	罗城路799弄33号	400	2002	2016年完成"三室艺厅"建设
28	华东一居委会综合文化活动室	龙川北路436弄11号1楼	289	2008.6	2015年完成"三室艺厅"建设
29	汇澜园居委会综合文化活动室	老沪闵路666弄4楼	500	2005.7	2015年完成"三室艺厅"建设
30	光华居委会综合文化活动室	老沪闵路790弄20号	200	2009.5	2015年完成"三室艺厅"建设
31	徐汇新城居委会综合文化活动室	龙吴路1717弄37号	680	2007.2	2015年完成"三室艺厅"建设
32	中海瀛台居委会综合文化活动室	罗秀东路128号	230	2012.5	2016年完成"三室艺厅"建设
33	华滨居委会综合文化活动室	龙吴路1323弄20号	285.28	2014.1	
34	华沁居委会综合文化活动室	龙吴路1343弄1号底楼1-1室	235	2016.1	

资料来源：街道社区发展办公室

第二节 群众性文化活动

街道充分发挥西南文化中心（徐汇区文化馆）等文化设施的作用，提升街道文化中心的平台作用，组建和培育各具特色的群文团队，广泛开展形式多样，内容丰富社区文化活动，弘扬社会主义文化。

一、群文团队

1991—2001年，街道共组建长桥街道图书馆书评组、威风锣鼓队、江南丝竹队等28支群文团队。2002年，街道新制定群文团队管理暂行办法，进行群文团队基础资料核对，群文团队注册、归档、登记后，街道有群文团队14支，468人。2015年，街道有长桥街道图书馆书评组、长桥街道南园书画社、长桥街道沪剧队、长桥街道越剧队、长桥街道"威风锣鼓"队、长桥街道舞蹈队、长桥街道时装队、长桥申韵丝竹乐团、长桥街道快乐合唱团、长桥新苗丝竹乐团、长桥街道摄影协会、长桥街道新青年合唱队、长桥街道萨克斯乐队、长桥街道"呼哈"鼓队等群文团队14支，居委会（植物园）有各类群文活动小组（队）58支，1437人。

【长桥街道图书馆书评组】

1988年，长桥街道图书馆书评组成立，由退休人员中的文学爱好者组成，2015年，街道图书馆书评组有成员11人，平均年龄为54岁。书评组每月开展一次集中活动，活动地点在长桥社区文化活动中心四楼图书馆，活动内容有读书交流、好书推荐、图书馆《桥》杂志的编辑等。书评组全年定期开展各类交流活动12次。书评组通过新书好书鉴赏，提升读者文化修养和综合素质，推动社区读书文化互融共兴。

【长桥街道南园书画社】

1992年，长桥街道南园书画社成立。2015年，南园书画社活动地点在长桥社区学校2楼，有62名成员，成员中有上海市书画协会会员10人，徐汇区书画协会会员30余人，有受聘为老年大学书法班的教师，有在高校讲授书画的艺术者。南园书画社积极参加上海市、徐汇区的各种书画展览和书画大赛，成为长桥社区独树一帜的群文团队。

【长桥街道沪剧队】

1994年，街道将社区内一批沪剧爱好者汇集起来，组成长桥街道沪剧队。2015年，沪剧队有15名队员，平均年龄56岁。2014年，沪剧队获得2014年"乡音和曲，我是明星"沪剧电视大赛最佳团队奖。2015年11月，沈秀敏的沪剧《红灯记》获得2015年上海市民文化节中华戏曲演唱大赛"乡音和曲"市民沪剧大赛百名梨园（曲坛）民角儿。

【长桥街道越剧队】

1994年，长桥街道越剧队成立。2015年，越剧队有25名队员，平均年龄55岁。越剧队挖掘和培养具有潜质的社区戏曲人才，为社区戏曲文化的发展、繁荣注入活力，参加"'大众戏台'长桥社区戏曲月月大家唱"及"'戏悦长桥'基层文艺巡演"。2014年，举办"戏悦长桥二十载,曲承八方颂经典"长桥街道越剧队成立20周年汇报演出。

【长桥街道威风锣鼓队】

2000年5月,街道投入4万元,购置威风锣鼓器材和演出服装,组织50人的"威风锣鼓"队,成为徐汇区特色文化团队之一。"威风锣鼓"队全部为女性队员,平均年龄57岁。"威风锣鼓"队在上海植物园,每周定期坚持训练。"威风锣鼓"队每年参加街道的大型群文活动和各项公益性活动,多次参加上海市、徐汇区的大型文体活动,多次为上海国际马拉松赛助兴。2014年,"威风锣鼓"队暂停活动(队员年龄普遍偏大)。

【长桥街道舞蹈队】

1998年,长桥街道舞蹈队成立。2015年,舞蹈队有25人,平均年龄54岁,活动地点在长桥社区文化活动中心三楼5教室。舞蹈队以"自主管理、自我发展、自愿奉献、展示风采"的宗旨,坚持每周两次排练和训练,塑造精彩的舞台人生,成为长桥社区群文活动中别具一格的风景线。

【长桥街道时装队】

1999年,长桥街道时装队成立。2015年,时装队有20人,平均年龄53岁,活动地点在长桥社区文化活动中心三楼5教室。时装队弘扬健康向上的百姓文化,2014年10月,获得中信杯"幸福年华·舞动精彩"上海市社区时装表演大赛三等奖。

【长桥申韵丝竹乐团】

2000年,由原湖心亭乐队骨干、浦东爱好丝竹乐社和长桥地区丝竹乐爱好者共同组成长桥申韵丝竹乐团。2015年,申韵丝竹乐团有成员42人,活动地点在长桥社区学校2楼。2007年6月,长桥街道江南丝竹项目被列为上海市第一批非物质文化遗产保护项目。2007年12月,申韵丝竹乐团在央视风华国乐栏目,录制和展演传统江南丝竹音乐。2010年10月,申韵丝竹乐团获得"丝竹相和——2010香港·国际"江南丝竹团体展演邀请赛一等奖,2012年10月,获得第三届江阴刘天华民族音乐节长三角地区江南丝竹展演优秀奖,2013年4月,获得上海市民俗文化节"浦东三林杯"江南丝竹邀请赛金奖,2014年9月,获得松江"中华杯"江南丝竹邀请赛金奖。

【长桥街道快乐合唱团】

2010年4月,长桥街道快乐合唱团成立,快乐合唱团实行团委会集体领导下的团长负责制,团委会由7人组成,设团长1名、团委6名。合唱团特邀董大安老师担任声乐指导教师和合唱指挥。合唱团多次参加上海市、徐汇区合唱比赛,参与街道、社会福利性的公益性演出活动,参与群众文化艺术团队的交流性演出活动。2014年11月,快乐合唱团的全体男性队员,自发成立快乐老男孩合唱小组。

【长桥新苗丝竹乐团】

2011年,街道辖区内的长桥第二幼儿园、徐教院附小、长桥第三幼儿园陆续建立扬琴、二胡、阮三种乐器的丝竹校园传承点,并拓展成立长桥新苗丝竹乐团。2012年8月,新苗丝竹乐队赴泰国,获得第三届泰国国际民乐金像奖,2013年8月,获得"2013年明日之星关爱全国青少年大型系列活动"团体金奖,2014年2月,获得"明日之星大型国际系列活动香港国际青少年文化艺术节"团体金奖,2015年8月,获得"2015年明日之星全国青少年艺术大赛"团体金奖。

【长桥街道摄影协会】

2011年,长桥街道摄影协会成立。2015年,摄影协会有会员37人,活动地点在长桥一村居委活动室。摄影协会每周在西南文化艺术中心以沙龙形式开展活动,开设摄影普通班及提高班,举办摄影艺术展览等。

【长桥街道新青年合唱队】

2013年6月,长桥街道新青年合唱队成立。新青年合唱队由街道社区事务受理中心的42名中青年组成,平均年龄38岁。新青年合唱队展现出蓬勃向上的青春朝气,2013年8月3日,获得首届上海市民文化节市民合唱大赛徐汇赛区中青年组别第一名。

【长桥街道萨克斯乐队】

长桥街道萨克斯乐队创立于2015年,有15名队员,平均年龄在60岁,活动地点在长桥社区文化活动中心五楼2教室,每周坚持两次排练。萨克斯乐队参加上海市民文化节文化服务日的演出。

【长桥街道"呼哈"鼓队】

2014年10月,长桥街道"呼哈"鼓队成立。"呼哈"鼓队是以鼓乐中人声发音取名,以非洲鼓为主要乐器,配以西非当地歌曲,鼓队由金贝鼓(Djembe)和墩墩鼓两种鼓组成,有成员10名,平均年龄28岁,分别来自街道社区事务受理中心、文化中心、徐汇区邮政局等单位。"呼哈"鼓队活动地点在长桥社区文化活动中心三楼5教室。

【群文活动小组(队)】

居委会群文活动小组(队)从无到有,从少到多,不断地发展和完善。2015年,居委会(植物园)有群文活动小组(队)58支,1437人。

2015年居委会(植物园)群文活动小组(队)基本情况表

序号	活动小组(队)所属区块	活动项目	小组(队)人数
1	长桥一村居委会	越剧队	3
2		健身舞蹈队	15
3		合唱队	21
4	长桥新村一居委会	戏曲班	39
5		歌咏班	33
6		排舞班	21
7	长桥新二村居委会	越剧组	26
8		老年学校合唱队	20
9		长乐盲人戏曲队	20
10	长桥三村一居委会	太极剑 太极拳	18
11	长桥三村二居委会	合唱队	20
12	长桥四村一居委会	民族舞蹈队	13
13		书画组	6
14		夕阳红合唱队	10
15	长桥四村二居委会	交谊舞团队	20

续表一

序号	活动小组（队）所属区块	活动项目	小组（队）人数
16	长桥四村二居委会	合唱队	20
17	长桥五村居委会	京剧组	12
18		编结组	35
19	长桥七村居委会	合唱队	12
20		戏曲队	8
21		越剧队	25
22		合唱队	76
23	汇成三村居委会	沪剧组	25
24		老年学校	25
25		老年读报组	24
26	汇成五村居委会	合唱团	23
27		交谊舞班	14
28		书法班	13
29	园南一村居委会	合唱队	24
30	园南三村居委会	读报小组	12
31	平福居委会	舞蹈队	12
32	楼园居委会	歌咏	18
33		老年读报组	22
34		歌咏	16
35		沪剧	45
36	光华居委会	老年合唱队	29
37		老年分校	55
38		老年交谊舞队	19
39		青少年活动队	45
40		光华小乐队	13
41	体育花苑居委会	合唱队	12
42	罗秀新村居委会	大家唱歌曲班	18
43		老年健康谈心	8
44	徐汇新城居委会	舞蹈	20
45	华东一居委会	舞蹈队	19
46		戏曲队	10
47		合唱队	9
48	上海植物园	舞蹈	38
49		舞蹈队	20
50		舞蹈队	60
51		交谊舞	15

续表二

序号	活动小组（队）所属区块	活动项目	小组（队）人数
52	上海植物园	歌咏	130
53		羽毛球	30
54		沪剧	20
55		越剧	25
56		越剧队	20
57		交谊舞	30
58		志愿者	46
合计	21	58	1437

资料来源：街道社区发展办公室

二、群文活动

街道牢牢把握先进的文化方向，构筑核心的文化价值观，充分挖掘和整合区域内的文体资源，结合不同时代的精神文化要求和社区群众的文化需求，举办社区文化艺术节等大型文化活动，组织"一居一特"的百姓文化项目，开展校园文化进社区活动，开展周周演、月月赛等社区群众文化活动，丰富社区群众的文化生活。

1996年6月，举办长桥街道首届文化艺术节。首届文化艺术节是街道社区文化事业的一次展示，辖区内的企事业单位、大中院校等在首届文化艺术节上，展示特色节目，形成社区文化共建的氛围。1997年6月26日，街道举行"情系香港，爱我中华"系列活动，庆祝香港回归祖国的活动持续一整天，早晨是拳操汇演，项目有木兰拳、扇、剑、练功十八法、42式太极拳，上午是南苑书画社30位会员的书画表演，下午是文艺汇演，晚上，由长桥街道办事处、凌云街道办事处、龙华乡人民政府三家单位联合举行火炬接力赛。1998年初，街道调整长桥地区群众文化工作委员会，加强与社区单位的联系和沟通，充分发挥社区单位的文化资源，丰富社区的群众文化活动。春节前夕，街道与社区单位共同举办"闹元宵，增友谊"联欢会。3月份，社区单位上粮六库，出资举办长桥地区"乐惠杯"卡拉OK比赛。1998年5月2日—6月1日，为配合上海国际艺术节的举行，街道在上海小学举办"长桥地区大型文体汇演"。1998年，街道以块的形式组织文艺团队，深入到各居委会，推进居委会文化活动的开展。汇成块组成汇成艺术团，设声乐、戏曲、杂技、舞蹈、时装表演、独角戏等项目。园南块组成体育舞蹈表演队。长桥块组织戏曲队。华东块组成越剧队。街道在上中路东方超值广场、园南新村花园、汇成苑中心广场、楼园花园、长桥四村花园、北杨河小游园分别设立6个文化广场，集中开展居民群众的文娱活动。1999年5月30日，为配合"世纪回顾与展望"暨99徐汇区社区文化艺术节，街道在东方超值广场举办大型广场文艺演出。6月24日，成立长桥地区企事业单位群众文艺团队，并通过团队章程。长桥地区企事业单位群众文艺团队在国庆50周年前夕，参加徐汇区文化局组办的徐汇区广场文化展演周活动，"走进十月的阳光"主题汇演。街道首次在徐家汇广场举办"庆祖国华诞，展社区风貌"国庆文艺专场演出。2000年，街道承办"长桥杯"腰鼓邀请赛，全市25支腰鼓队参加邀请赛，为迎接邀请赛，街道投入4万元，组建一支50人的威风锣鼓

第十五章 文化

队。威风锣鼓队被徐汇区文化局列为徐汇区特色文化队伍,威风锣鼓队在淮海路百年庆典和港汇广场开张仪式上,进行开场表演。2000—2001年,街道开展各项文化活动35项,举行大型文艺展演活动10余场。2002年,街道组织承办大型活动41场次,参与活动的社区群众30235人次。5月,举办为期4天的徐汇区第四届社区文化艺术节长桥分会"天天演"活动,6月,在上海邮电学校体育馆举办长桥社区"爱我中华"群众歌咏大会,7—8月,在居民小区放映9场露天电影,开展"文化进社区"为主题的7场文艺演出,10月,在罗城路举办"金秋商业艺术节"文艺演出5场,11月,举办迎接十六大召开文艺演出。2003年,举办阳光长桥戏曲专场、阳光长桥歌咏比赛、"我看长桥二十年"图片展等文化活动。

2007年起,在居委会开展以一种特色文化艺术为主,带动整体群众文化的活动(简称"一居一特")活动。2007年,有23个居委会确定特色文化项目,分别有合唱、腰鼓、沪剧、手工艺品编制、摄影、书画、绢花、舞蹈等。2007年,街道投入100余万元,在各居委会开展"阳光星期六""快乐星期日""新上海人文化""百姓文化"和"你乐、我乐、大家乐"等主题的文化活动。2008年,以"庆奥运、迎世博"为主题,在31个居委会实现"一居一特"项目的全覆盖。园南二村居委会烹饪特色团队,在上海东方广播电台与肯德基公司共同主办的2008年上海社区牛人私房菜创意大赛中,获得上海社区牛人私房菜创意大赛"银牛人街道奖"及"最佳美食街道奖"。2008年,在上海市第十届国际艺术节期间,以"迎世博—美好家园·快乐生活"为主题,举办"一居一特"百姓文化精品秀活动。2008年,街道的"一居一特"百姓文化建设项目,获得徐汇区公共文化优秀项目奖。2010年,街道以喜庆世博年为主线,举办各类群文活动52场,书画、摄影、手工等主题作品展15期。推进"一居一特"百姓文化品牌建设,组织插花、厨艺等社区大赛。举办13场"上海东方文体资源配送文化进社区"活动。

1999年起,街道每年举办一届长桥社区文化艺术节。2009年起,街道每年举办一届校园文化进社区活动。2013年,街道举办"第五届校园文化进社区"上海中学中外教师和学生艺术作品专场展览暨第十五届长桥社区文化艺术节。2013年,上海市举办首届上海市民文化节。街道以首届上海市民文化节的举办为契机,以"展示""赛事""巡演"三大社区群众文化项目贯穿全年,举办各类文化活动122场,策划和参与上海市民文化节各类赛事19场,举办各类展览展示13场,举办"星光之桥"社区达人我来赛系列赛事活动及群文合唱比赛,举办"民星闪耀"居委会群文展演11场,开展"戏悦长桥"优秀戏曲节目下居委会、东方文化配送到基层巡演活动24场。2014年,街道组织开展一系列社区群

市民文化节"民星"展演

众文化活动136场。其中主办基层赛事7场、区级赛事2场、协办区级赛事3场，参与市级赛事4场、区级赛事12场。组织中国海派少儿创意水墨画师生成果展，"我们的中国梦"长桥社区南园书画社优秀作品展。5月份，组织同唱文化季，共筑中国梦——"美丽之声"群众合唱大展演。组织长桥戏曲队的戏曲精品节目，每月下基层，举办"戏悦长桥"基层文艺巡演。组织"戏曲月月大家唱"活动。每月开展"东方文化剧场进社区"活动。

2015年，组织开展各类社区群文活动132场。其中展演类活动48场，培训、讲座32场，展览10期。主办街道级赛事10场，协办区级赛事3场，参与省市级赛事2场、区级赛事8场。组织"东方文化剧场进社区"以及徐汇区文化资源配送演出9场，让高雅文化演出走进居民区。举办"金秋送爽，美食飘香"长桥社区第六届家庭厨艺大赛。6月19日在西南文化艺术中心二楼大厅开展"端午纳福　粽叶飘香"端午节主题活动。开展迎中秋主题系列群众文化活动，9月25日，举办"明月中秋"2015年徐汇区文化馆大篷车中秋文艺晚会。举办纪念抗日战争胜利70周年系列活动。5月27日，举办"重温红色经典，再现戏曲魅力"纪念中国抗日战争暨世界反法西斯战争胜利70周年长桥社区戏曲专场展演。8月1日，徐汇区书画协会主办，长桥社区文化活动中心承办"铭记历史　珍爱和平"——徐汇区优秀会员作品展。8月26日，组织社区未成年人观看纪念中国人民抗日战争暨世界反法西斯战争胜利70周年原创诗歌作品朗诵会。9月16日，参加"和平与梦想"——徐汇区纪念中国人民抗日战争暨世界反法西斯战争胜利70周年大型音乐情景歌会。

第三节　黄母祠

黄母系对黄道婆之尊称。黄母祠又名先棉祠，为纪念我国古代杰出的手工棉纺织技术革新家黄道婆而建。黄道婆是上海乌泥泾（今徐汇华泾镇）人。南宋末漂泊到海南崖州，于元朝元贞年间（1295-1297）回到家乡后，将30余年习得的棉纺织技术传授给家乡百姓，并结合上海和江南纺织技术进行革新，创新出一整套捍、弹、纺、织工具，极大地提高了当时的纺纱效率，织制出著名的乌泥泾被。她的革新极大地带动了长三角区域棉纺织业的发展，当地乡民感恩，尊其为"先棉"、"黄母"，为她立祠。

黄母祠最早名为黄道婆祠，开建于元成宗元贞年间（1295—1296年）。此后，由于年久失修、战乱损毁等原因，黄道婆祠经历多次重建。第六次重建，发生在明天启六年（1626年），里人张所望捐资另立祠于龙华寺南北相望的宁国寺西偏殿内，并撰有《移建黄道婆祠记》，详述原委。自此，黄道婆祠又称为黄母祠。1963年，黄母祠列为县级文物保护单位。20世纪70年代黄母祠再次被毁坏。1972年末，原龙华苗圃逐步改建为植物园，1980年元旦，正式定名为上海植物园。1981年，黄母祠址被划进上海植物园内。1987年11月，黄母祠被列为上海市文物保护单位。

1991年，为纪念上海建县700周年，上海市文管会、市园林局对黄母祠原址进行修复，定名为"黄道婆纪念堂"。中国佛教协会会长赵朴初题写"黄道婆纪念堂"横匾端立门楼。1991年，重新修复的黄母祠，为六架梁五开间，歇山顶、砖木结构。祠堂正中有尊玻璃钢的黄母半身塑像，高1米，基座高1米，神态庄重。重新修复的黄母祠分纪念馆、陈列馆和莲花池游憩小区三部分。正厅有黄道婆事迹展览，侧厅陈列黄道婆首创的三锭纺车、木棉缆车及众多图片、史料等。增建"先棉圃""仰黄亭""上智舫"。"先棉圃"内广种木棉，"仰黄亭"即瞻仰黄道婆，"上智舫"取"下下人有上上智"之意。

2014年8月，黄母祠再次改建，改建后的黄母祠占地2092平方米，建筑面积约546平方米，是一处清幽静谧、古色古香的精致园林，也是继承、发扬中国优秀传统文化的重要场所。改建保持总体格局不变，恢复纪念馆的展示功能，优化景观景点，修复原有建筑，重塑中国古典园林之美，增设景观小品，更新线路及照明设备，加设安全监控和消防设施。2017年3月24日，改建后的黄母祠再次对外开放。

黄母祠中黄母半身塑像

第十六章　体育

街道以"全民参与、全民运动、全民健身"为宗旨，广泛地宣传发动，组织开展社区体育活动。街道的社区体育指导员站（社区体育健身俱乐部），推动社区全民健身活动，丰富全民健身活动的内容，提高社区居民体育活动的参与率。

2001年，街道被国家体育总局命名为1996—2000年度全国群众体育先进单位。2015年，街道有全民健身（苑）点50个，健身器材415件，组建23支体育团队，队员626人，居委会有体育团队90支，队员3154人。

第一节　指导服务机构

街道体育指导服务机构有社区体育指导员站（社区体育健身俱乐部），市民体质监测。

一、社区体育指导员站

2002年4月，长桥街道体育活动指导中心建成启用，建筑面积500平方米，位于长桥新村50号。2015年3月，迁入龙吴路1323弄20号B，更名为社区体育指导员站（社区体育健身俱乐部），使用面积350平方米，设有乒乓房，跳操房，器材间等。乒乓房每天对居民免费开放。有社会体育指导员256名。

街道积极探索社区体育管理新机制，逐步实施社区体育管、办分离，逐步实施政事分开、政社分开。街道的文化团队和体育团队原由文化中心统一管理，2002年，调整为体育团队由体育活动指导中心管理。街道体育团队规范、有序的发展，建立体育团队每月一次活动制度，两个月一次的例会制度，规范团队档案，体育团队员每人一张登记表。

社区体育指导员站（社区体育健身俱乐部）以打造社区健身团队为抓手，重点抓好基层群体骨干队伍建设，组织社区居民、体育团队等参加各类活动，不断提高社区居民体育活动的参与率。街道把全民健身活动纳入到社区党支部、居委会的重要议事日程，社区体育工作指导站分片区对居委会进行指导，各居委会设有体育指导员。2001年，街道获得上海市社区体育健身设施实事工程优秀管理奖，2002年，获得上海市群众体育先进集体称号，2003年，取得"红双喜杯"上海市民千台万人乒乓球大赛徐汇赛区男子团体第一名和女子团体第三名，2010年，获得上海市群众体育先进单位称号，2015年，取得上海市民体育大联赛上海市第二十七届木兰拳总决赛一等奖。

二、市民体质监测站

1999年，根据徐汇区全民健身办公室要求，街道投入2500元，购买一套成人体质监测器材，4月24日，完成100例体质测试任务，相关的测试数据报徐汇区全民健身办公室，为市民体质监测站的建立积累了经验。

2001年，在社区服务中心（罗秀新村112号），街道建立徐汇区首家市民体质监测站。在上海市、徐汇区体育局的指导下，街道在没有参照模式，没有经验的情况下，对流程设计作大胆设想，将复杂、专业性强的监测过程，最终以简洁、明了的形式向测试者进行告知。市民体质监测站为社区居民的身体状况、身体机能进行测试，为社区居民健身活动提高科学依据。2002年1月，国家体育总局局长袁伟民视察街道市民体质测试站。2002年，市民体质监测站为市民体质监测822人，2003年，体质监测1850人次。2002年，街道与长桥地段医院合作，对500名40—60岁中年人，开展身体状况专项调查，根据调查情况进行健康干预课题研究。参加调研的人员分成两组，一组由体质监测站开具健康处方，由社区体育指导员负责组织定期参加体育锻炼，并接受专业医生的强化健康讲座；另一组则按照平时的作息习惯饮食起居。调研课题，为科学健身提供依据。2002年，徐汇区体育工作会议上，街道作题为《完善管理与服务机制，推进社区全民健身活动》的交流发言，得到上海市、徐汇区体育局的肯定。

2010年12月，市民体质监测站迁至老沪闵路688号4楼，建筑面积120平方米。设肺活量测试、握力测试、台阶测试、纵跳测试、坐位体前屈测试、闭眼单脚站立测试、反应时评价测试、仰卧起坐测试、身高体重测试、俯卧撑测试等10种器材。2011—2015年，每年为200名公务员提供体质测试，为1500人次的市民进行体质监测。

第二节　社区体育

街道以《全民健身条例》为抓手，加强体育基础建设，积极创造良好的全民健身环境，开展全民健身（苑）点建设，体育团队建设，打造社区30分钟体育生活圈建设，推进社区群众性体育活动。

一、全民健身苑（点）

1999—2001年，建成1个健身苑，19个健身点，安装健身器材273件。2002—2015年，增建全民健身（苑）点30个，增加健身器材142件。2002年1月，国家体育总局局长袁伟民视察罗城小区门球场。2003年，国家体育总局拍摄长桥街道全民健身（苑）点管理工作的资料片。2010年，街道完成徐汇区政府实事项目，新建龙临路门球场和公共篮球场。

2015年，街道建有全民健身（苑）点50个，健身器材415

居民区健身点

件。街道以居委会文教干部、体育指导员为主体，组建一支全民健身（苑）点志愿者服务队，定点定时定员对每个健身（苑）点进行全面检查、保养及周围环境卫生的管理。

2015年街道全民健身苑（点）基本情况表

序号	健身苑（点）所属居委会	健身苑（点）的位置	健身器材数量	管理人员	巡视人员
1	长桥新村一居委会	长桥新村107号甲	10	连斌	连斌
2	长桥新村一居委会	上中路289弄鑫隆花园内	10	连斌	连斌
3	长桥新二村居委会	长桥二村12号	10	邬亦兵	夏龙华
4	长桥新二村居委会	长桥二村27号	8	邬亦兵	夏龙华
5	长桥三村一居委会	长桥三村小花园内	8	陈静怡	蒋莉莉
6	长桥三村一居委会	116号对面花园内	4	陈静怡	蒋莉莉
7	长桥三村二居委会	长桥三村19号旁	4	张夏天	张夏天
8	长桥三村二居委会	长桥三村31号旁	8	张夏天	张夏天
9	长桥四村一居委会	长桥四村86号	11	杨桂梅	王也子
10	长桥四村二居委会	长桥四村54号敬老院西	7	沈兰萍	奚菊明
11	长桥四村二居委会	长桥四村97号	16	沈兰萍	奚菊明
12	长桥五村居委会	上中路100弄内	2	金蓉蓉	吴美华
13	长桥五村居委会	长桥五村28号西	7	金蓉蓉	吴美华
14	长桥七村居委会	罗香苑小区内	6	曹莺	汪小平
15	长桥七村居委会	星秀苑小区内	4	曹莺	沈美华
16	长桥七村居委会	长桥六村小区内	8	曹莺	王粉英
17	长桥七村居委会	长桥七村小区内	9	曹莺	洪云云
18	长桥八村居委会	长桥八村28号北	10	邹高	倪妙华
19	汇成一村居委会	汇成一村1号	10	夏蕊芸	唐纪根
20	汇成三村居委会	汇成三村34号	7	林文荣	仇慧珍
21	汇成四村居委会	汇成四村小花园内	9	邱珺	邱珺
22	汇成四村居委会	汇成四村中心街花园	16	邱珺	邱珺
23	汇成五村居委会	汇成五村正门小花园内	5	金艳	陈培雄
24	汇成五村居委会	汇成五村83号	9	金艳	陈培雄
25	园南一村居委会	园南一村健身苑	9	张俊琳	徐家兴
26	园南二村居委会	园南二村中心花园内	8	李婷婷	张国强
27	园南三村居委会	园南三村4号	8	张静雯	张伟琼
28	园南三村居委会	园南三村5号	1	张静雯	张伟琼
29	园南三村居委会	园南三村41号北面	8	张静雯	张伟琼
30	平福居委会	中恒苑南门	10	陆萍	朱富琴
31	百龙居委会	龙吴路1137弄1号西	6	张海燕	邹其兰

续表

序号	健身苑（点）所属居委会	健身苑（点）的位置	健身器材数量	管理人员	巡视人员
32	百龙居委会	百色路500弄内	3	张海燕	邹其兰
33	光华居委会	光华苑43号	6	马莉	梁如珍
34	楼园居委会	老沪闵路706弄嘉陵花园内	11	徐杰英	方菊萍
35	楼园居委会	老沪闵路706弄39号北	9	徐杰英	方菊萍
36	体育花苑居委会	体育花苑小区内	15	马俊伟	马俊伟
37	汇澜苑居委会	幽澜苑小区内	6	黎明	李萍
38	罗秀新村居委会	罗秀新村113号	9	陆俊	沈菊英
39	罗秀新村居委会	罗秀新村43号西	11	陆俊	沈菊英
40	罗秀二村居委会	罗秀二村32号	9	成翼	戎秀翠
41	罗秀三村居委会	罗秀三村108号	8	娄懿浩	张彼得
42	罗秀三村居委会	罗秀三村居委会	5	娄懿浩	张彼得
43	港口居委会	苑宏新村内	8	傅佳英	傅佳英
44	华滨居委会	1323弄6号	8	王建萍	王建萍
45	华滨居委会	1323弄27号	8	王建萍	王建萍
46	华沁居委会	龙吴路1343弄	10	陈惠兰	高玉云
47	华东一居委会	龙川北路436弄20号	8	李杰	孙荣信
48	华东一居委会	龙川北路436弄35号	8	李杰	孙富林
49	华东二居委会	罗城路799弄33号	12	盛广群	盛广群
50	华东二居委会	罗城路651弄25号	13	盛广群	盛广群

资料来源：街道社区发展办公室

二、体育团队

2015年，街道组建练功十八法队、太极拳队、木兰拳队、门球队、长跑队、龙舟队等体育团队23支，队员626人。在居委会（植物园）建有健身舞操队、扇子舞队、关节操队、乒乓球队、扯铃队等体育团队90支，队员3154人。

2015年街道体育团队基本情况表

序号	体育团队名称	队长	队员数	活动地点	成立年份
1	体育指导员竞技队	孙荣信	25	健身俱乐部	2006
2	练功十八法队	李萍	35	健身俱乐部	2006
3	太极队	方菊萍	26	健身俱乐部	2006
4	木兰拳	丁国君	25	健身俱乐部	2006
5	益寿保健操队	沈菊英	30	健身俱乐部	2006
6	健身舞队	薛燕华	29	健身俱乐部	2006

续表

序号	体育团队名称	队长	队员数	活动地点	成立年份
7	象棋队	许清明	16	小游园	2007
8	门球队	陆聚正	16	门球场	2007
9	乒乓队	张晓弟	18	健身俱乐部	2006
10	长跑队	陈孝雄	48	植物园	2006
11	气功一队	朱爱凤	36	植物园	2013
12	气功二队	王喜宝	29	植物园	2013
13	气功三队	杨荣珍	33	植物园	2014
14	气功四队	卞忠明	30	植物园	2014
15	扯铃队	洪佩振	26	植物园	2008
16	骑游队	张钢来	22	植物园	2006
17	龙舟队	王守祥	26		2007
18	羽毛球队	侯正荣	23	长桥中学	2014
19	体育指导二队	高存玉	26	健身俱乐部	2013
20	筷子操队	刘红菊	12	健身俱乐部	2015
21	手杖操队	林根发	14	健身俱乐部	2015
22	广播操队	刘玉英	36	健身俱乐部	2014
23	排舞队	孙爱妹	45	健身俱乐部	2013

资料来源：街道社区发展办公室

2015年居委会（植物园）体育团队基本情况表

序号	体育团队所属区块	体育团队名称	负责人	团队人数
1	长桥一村居委会	拳操队	叶文祥	17
2	长桥新村一居委会	拳操队	丁兰英	87
3	长桥新二村居委会	拳操队	施祥玲	60
4		健身舞操队	张锦心	60
5		练功十八法队	陈林娣	40
6		精武体育会队	毛九弟	20
7	长桥三村一居委会	扇子舞队	刘淑贞	16
8	长桥三村二居委会	广播操队	丁菊兰	20
9		太极拳队	夏玉莲	41
10		健身舞队	王凤妹	52
11		响铃队	朱才贯	9
12	长桥四村一居委会	太极拳队	沈宝林	20
13		卫生保健操队	赵润英	26

续表一

序号	体育团队所属区块	体育团队名称	负责人	团队人数
14	长桥四村一居委会	双扇舞队	杨世英	15
15		羽毛球队	范晓红	12
16		象棋队	陈修金	16
17	长桥四村二居委会	太极拳队	孙烈盈	10
18		关节操队	张吉生	16
19		十六步健身操队	王桂云	20
20		漫步拍手走队	杨修芹	45
21		十八式、二十四式队	孙烈盈	50
22		羽毛球队	蒋巧英	13
23	长桥五村居委会	舞剑队	金萍	10
24		太极拳队	金萍	15
25	长桥七村居委会	关节操队	孙心琴	18
26		慢跑队	马鸿兴	7
27	长桥八村居委会	练功十八法队	胡银珍	15
28		关节操队	李善福	20
29		太极拳队	张家华	10
30		太极剑队	张家华	10
31		太极扇队	张家华	10
32		羽毛球队	谢声选	5
33	汇成一村居委会	广播操队	李萍	12
34	汇成二村居委会	医疗保健操队	蒋慧珍	17
35	汇成四村居委会	练功十八法队	王竹民	18
36		太极拳队	顾秀华	16
37	园南一村居委会	练功十八法队	丁锡绿	30
38		金色港湾拳操队	徐家兴	60
39		太极拳队	陈婉芬	30
40	园南二村居委会	乒乓队	刘建华	12
41		拳操队	刘春香	4
42		太极拳队	徐琦	8
43		拳操康复锻炼队	宋绮华	19
44	园南三村居委会	棋牌队	章文燕	15
45		舞蹈队	季珍娣	8
46		乒乓队	李家麟	9
47	平福居委会	乒乓队	王爱萍	15

续表二

序号	体育团队所属区块	体育团队名称	负责人	团队人数
48	平福居委会	长跑队	李裕民	9
49		太极拳队	沈春根	11
50		健身操队	费富英	8
51		风筝队	朱长林	5
52		叉铃队	王春明	5
53	百龙居委会	健身关节操队	汤新琴	18
54	港口居委会	益寿健身队	倪银莲	35
55		爱美健身队	李宝妹	46
56	楼园居委会	太极拳、木兰拳队	沈菊英	38
57		排舞队	沈菊英	28
58	光华居委会	老年拳操队	朱顺清	28
59		老年健身舞队	沈秀娣	30
60	体育花苑居委会	十八法队	杜瑞芳	8
61		太极拳队	杨云娣	10
62		乒乓球队	余国安	14
63		广播操队	赵尔和	10
64	罗秀新村居委会	中老年健身舞队	陆友洁	25
65	罗秀三村居委会	体操队	陈爱珠	28
66		太极拳队	张同和	12
67	徐汇新城居委会	拳操队	陈建英	20
68	华东一居委会	健身操、拳操队	孙荣信	20
69	上海植物园	关节操队	徐家兴	30
70		太极拳队	丁锡禄	100
71		太极拳队	徐荣生	60
72		太极拳队	成希瑛	150
73		太极拳队	周安康	100
74		太极拳队	张淑贞	15
75		八卦掌队	毛九弟	20
76		练功十八法队	陈林娣	200
77		内经一指队	童德昌	30
78		关节操队	张国珍	200
79		健身拉颈操队	丁荷珍	200
80		木兰拳队	陈为群	30
81		木兰拳队	王婉芳	40

续表三

序号	体育团队所属区块	体育团队名称	负责人	团队人数
82	上海植物园	健身操队	张锦心	80
83		健身操队	李本富	20
84		健身操队	施根详	48
85		健身操队	李珍凤	90
86		健身操队	江孟定	130
87		健身操队	薛燕华	45
88		扯铃队	洪佩振	30
89		太极队	周安康	30
90		综合拳操舞蹈队	王福花	40

资料来源：街道社区发展办公室

三、社区体育活动

1996年4月，街道举办"长桥街道全民健身运动会"，1000余人参加运动会，运动会有老年长跑、赶小猪、踢毽子、拍皮球、拔河等项目。1998年，街道举办长桥地区全民健身"十六步"比赛，有25个居委会，550名运动员参加比赛。同年，街道参加上海市全民健身"立波杯"家庭乒乓球比赛，参加徐汇区全民健身办公室举办的徐汇区"漕河泾"社区登楼比赛，徐汇区"徐家汇杯"社区自行车障碍赛，徐汇区"新路达杯"第八套广播操比赛，徐汇区拔河、长绳、短绳、跳竹竿比赛。

1999年，街道贯彻实施《全民健身计划纲要》，推动社区群众科学健身活动蓬勃开展。4月30日，街道成立"长桥街道练功十八法"团队，练功十八法创始人庄元明老先生亲临现场祝贺。街道组织800人参加上海市十一届运动会开幕式前的大型群众拳操展示。5月，组织100人参加上海市"振鼎鸡杯"无极健身球千人汇演。2001年9月，街道举行广播操比赛，有32个居委会及社区基层单位组织队伍参加比赛。2002年4月，在上海体育运动技术学院举办"长桥社区体育健身大会"，健身大会有64家社区单位，1894名社区居民参加，健身大会设威风锣鼓、女子艺术体操、军体拳、广播操等8个体育项目展示，有乒乓球、自行车障碍等八大类竞

太极拳展示

赛项目,叶冲、蒋丞稷、陈雁浩等著名运动员应邀出席运动会,并同观众进行现场交流。上海市体育局等有关部门的领导莅临指导,对健身大会的成功举行,给予充分肯定。11月,体育健身周期间,街道参加徐汇区"第一届社区体育运动大会",承办"长桥杯"乒乓球比赛。长桥长跑队参加第十二届亚洲老将运动会暨第五届全国老将运动会,获得3金4银3铜的好成绩。长桥拳操队获得"上海市第二届老年文化艺术家拳操百队大赛二等奖"。2003年,街道体育团队参加上海市、徐汇区各级比赛18批250人次。

2007年,世界夏季特殊奥林匹克运动会在上海举行。根据"特奥会"上海市执委会社区接待部的统一安排,9月28日—10月3日,长桥社区接待亚美尼亚、爱沙尼亚2个国家的23名特奥运动员、教练和官员。特奥代表团全体成员先后参观上海植物园、长桥社区学校,在徐汇教院附中进行体能锻炼,与长桥社区阳光之家的学生进行联欢互动,到徐汇新城小区居民家中参观做客,体验社区普通公民的家庭生活。爱沙尼亚代表团团长波斯卡·莱维女士称赞社区接待给所有特奥运动员留下的深刻印象。"特奥会"赛事阶段,上航假日酒店接待服务中心负责接待工作。街道选派15名机关干部,对接15个特奥代表团的联络员,负责各代表团整个特奥会期间的协调服务工作。10月3—6日,上航假日酒店接待服务中心,在江湾体育场组织4场"健康计划"活动,共有13个特奥代表团、96名特奥运动员、61名教练和74名志愿者参与"健康计划"活动。10月3—12日,上航假日酒店接待服务中心,共接待15个国家和地区的240名特奥运动员、教练和官员,圆满完成各项服务保障工作。

"特奥会"运动员参加社区活动

为推进和加强辖区内学校体育场地向社区开放管理工作,街道与徐教院附小、西南模范中学等11所中小学校签订场地资源向社区开放协议。街道发挥辖区学校的特色及教学资源优势,打造"阳光星期六"品牌,分别在西南模范中学、徐教院附小开设中老年拉丁舞、健美操免费培训班。

2011年8月27日,街道健身气功队参加上海市"禾健杯"健身气功比赛,获得八段锦项目三等奖。10月22日,由上海市体育总局、徐汇区人民政府主办,徐汇区体育局、长桥街道办事处承办的"全国百城健身气功展示大会暨徐汇区第六届运动会—'长桥杯'健身气功(展示)"活动在上海邮电学校举行。街道2支代表队获健身气功展示一等奖,2支代表队获健身气功展示二等奖。10月29日,街道组织2支代表队参加徐汇区第六届运动会"康健杯"手杖操展示暨"敬老月"活动健身气功展示。11月24日,街道健身气功队代表徐汇区参加第三届上海市健身气功交流比赛大会,获集体易筋经二等奖、八段锦三等奖、个人易筋经第七名。街道健身气功站点荣获 2010—2011 年度上海市健身气功特色品牌四星级站点称号。

  2013年，街道组织21支参赛队伍参加市民体育大联赛中的健康长跑、篮球、羽毛球、乒乓球、跳绳、门球、三打一扑克牌、气功展示、游泳达标比赛等20个项目的竞技和展示。同年，主办徐汇区第二届菜场运动会，徐汇区"长桥杯"健身气功交流比赛大会，"长桥杯"门球邀请赛，举办社区第五届乒乓球个人比赛，双拥杯乒乓球比赛，社区青少年飞镖比赛，市民百万投篮大行动等活动。2014年，街道承办上海市26届木兰拳赛徐汇赛区的比赛，徐汇区全国千城百村健身气功展示活动，徐汇区"长桥杯"第八届门球邀请比赛等赛事活动。2015年5月26日，街道承办市民体育大联赛"长桥杯"上海市第27届木兰拳徐汇赛区比赛。6月18日，举办上海市第一届广场舞比赛徐汇赛区比赛。9月17日，承办徐汇区乒乓球比赛。11月，承办徐汇区健身气功展示暨全民健身月启动仪式。2015年，荣获上海市民体育大联赛木兰拳比赛团体一等奖，荣获上海市民体育大联赛第五届"体彩杯"龙舟中老年组比赛第一名。

第十七章 卫生

长桥街道志
(1991–2015)

第十七章 卫生

1991年，街道地处城乡结合部，卫生设施基础差，环境面貌底子薄。随着街道城市化建设的推进，街道辖区卫生设施，环境面貌发生根本性变化，社区单位、居民的文明意识、卫生意识逐年提高。1999年，街道创建成"上海市一级卫生街道"。2001年，街道成为WHO上海健康促进与健康教育社区实验基地。2003年，街道被列为上海市建设健康社区的试点单位。2003—2004年度，街道获得上海市爱国卫生先进单位。2005年，街道获得上海市爱卫办授予的上海市健康社区建设示范街道称号。2009年，街道被评为上海市红十字会示范社区。2015年，街道有红十字卫生站34个。

第一节 医疗卫生单位

街道辖区内主要的医疗卫生单位有长桥街道社区卫生服务中心、徐汇区卫生人才培训中心。

一、长桥街道社区卫生服务中心

长桥街道社区卫生服务中心（简称"卫生服务中心"），位于徐汇区龙川北路9号，占地4345.8平方米，建筑面积6300平方米。"卫生服务中心"前身是龙华区第四联合诊所，创建于1956年。龙华区第四联合诊所先后历经并更名为西郊区第八联合诊所、上中乡联合医院、龙华公社卫生院、龙华乡卫生院、徐汇区长桥地段医院。2005年6月，更名为"上海市徐汇区长桥街道社区卫生服务中心"。"卫生服务中心"是一所集预防、保健、医疗、康复、健康教育和计划生育指导六位为一体的一级甲等社区卫生服务机构。"卫生服务中心"核定床位80张，设有全科医疗科、中医科、预防保健科、康复医学科，医学影像科、医学检验科等业务科室。秉承"诚信、博爱、凝聚、奋发、创新"的精神为长桥街道居民提供公共卫生和基本医疗服务。"卫生服务中心"有在岗员工210人，其中卫生技术人员180人，占85.7%。医生63人，其中本科学历47人，占74.6%；高级职称8人，占12.7%。注册全科临床医生46人（含中医全科7人），其中研究生学历4人，占8.7%；本科学历39人，占84.8%；高级职称7人，占15.2%；中级职称36人，占78.3%。

社区卫生服务中心

2011年，"卫生服务中心"创建为首批"全国示范社区卫生服务中心"。通过创建全国示范社区卫生服务中心，进一步推进了长桥街道社区卫生服务中心的发展，吸引优质卫生资源、社会资源，加强社区卫生服务体系建设。加强基础设施和设备配套建设，提升医务人员综合素质、改善服务条件、完善服务功能、规范服务行为、优化服务流程、提高服务质量、强化绩效考核、提升居民满意度和就医体验,建立良性运行机制,打造社区卫生服务品牌。"卫生服务中心"是全国首家"社区健康管理示范基地"。"卫生服务中心"被评为上海市住院医师规范化培训社区教学基地、上海市文明单位、上海市交通大学公共卫生教学基地,上海市十佳爱心助老特色基地、上海市中医药特色示范社区卫生服务中心。

"卫生服务中心"按照3-5个居委会的地域或1万—2万常住人口设置1个社区卫生服务站的要求,2015年,在街道辖区内下设标准化社区卫生服务站5个。卫生服务站是社区卫生服务中心在社区内设置的非独立法人的卫生服务机构,是社区卫生服务中心派出的全科服务团队为责任区内居民提供综合服务,一般常见病、多发病、诊断明确的慢性病的基本医疗服务、公共卫生服务和家庭医生制服务。

标准化社区卫生服务站基本情况表

名称	地址	面积（平方米）	医务人员（人）
华东社区卫生服务站	龙川北路436弄11号	181	4
汇成社区卫生服务站	汇成三村50号	224	8
汇澜社区卫生服务站	老沪闵路668号4楼	370	6
星秀社区卫生服务站	老沪闵路918号	179	6
罗秀社区卫生服务站	罗秀新村27号	310	7

资料来源：街道社区服务办公室

二、徐汇区卫生人才培训中心

徐汇区卫生人才培训中心是徐汇区卫生计生委下属全额拨款的事业单位,前身是徐汇区卫生成人中等专业学校,成立于1991年12月,位于汇南街41号。1998年7月10日,更名为徐汇区卫生人才培训中心,迁至茶陵路333号。2006年12月,迁至罗秀路616号5—6楼。徐汇区卫生人才培训中心设有多功能教室,会议室及能提供152人参加的学术交流报告厅。徐汇区卫生人才培训中心与徐汇区医学会、徐汇区卫生工作者协会合署办公,实行三块牌子一套班子管理模式。

徐汇区卫生人才培训中心是徐汇区卫生系统会务活动中心,承担卫生专业技术人员职后培

培训现场

训工作和举办各学科学术交流活动。2011—2015年,举办各类培训班230期,参加培训人数51586人次,组织落实会议287场,参加人数13011人次。培训班、研修班、报告会,紧紧围绕形势和改革重点,内容丰富实用,取得良好效果。

徐汇区卫生人才培训中心举办"徐汇全科医师公益性培训班""高级人才理论研修班""深入贯彻学习党的十八届四中全会专题培训班""社区医务人员综合能力提高班"。协助徐汇区卫计委对区域内100余家各类医疗机构,定期进行专项及日常质量监督检查,保证医疗质量持续提高和改进。2011—2015年,共鉴定200多例医学案例。每季度向市医学会提供1—2例鉴定案例作分析讨论,组织召开鉴定专家研讨会。协助区卫计委处理社会医疗机构信访件,维护医疗环境的和谐;积极征求听取基层医疗机构意见和建议,不断改进工作方式和方法,加强协会内涵建设,借助培训中心的有利平台,加强对医务人员知识技能培训,有效促进医疗服务质量。开展医师定期考核工作,组织落实补考、缓考医师人员的后续工作。

2011—2015年,徐汇区卫生人才培训中心连续5年获得上海市社区全科医师公益性培训工作、上海市老年护理系列初级培训班、优秀集体和优秀组织者称号。

第二节 爱国卫生

1985年10月23日,长桥街道爱国卫生运动委员会、长桥街道红十字会同时成立,爱国卫生运动委员会与红十字会实行一套工作班子管理运作。街道爱国卫生运动委员会坚持以人为本,注重建设和管理并重,广泛开展讲卫生、除四害的爱国卫生运动,加强对乱设摊、乱堆物、随地大小便、随地吐痰等顽疾的治理,积极开展创建卫生城区,公共健康等活动。

一、公共卫生

1991年,街道除害服务队(卫生执勤队)成立,位于园南二村24号对面,建筑面积28平方米。2003年5月,更名为乐帮长桥社区公益卫生保洁服务社,迁至龙临路19号4楼,建筑面积50平方米,乐帮长桥社区公益卫生保洁服务社负责社区环境卫生消毒和除四害工作。2015年,除害服务队(卫生执勤队)有6名工作人员。

1995年6月,街道贯彻落实徐汇区人民政府关于奋战100天,迎接全国第三次城市卫生检查评比的部署,组织开展公共卫生活动。1999年,徐汇区开展迎接全国第四次城市卫生检查评比,街道紧紧围绕徐汇区创建国家卫生城区的工作要求,以创建和巩固"上海市一级卫生街道"成果为抓手,组织和发动社区单位和居民群众,开展环境卫生的提高和整治活动。1998年,街道创建成"上海市二级卫生街道",1999年,街道创建成"上海市一级卫生街道"。

2008年,街道贯彻落实"徐汇区人民政府迎世博600天行动计划纲要",制定长桥街道迎世博600天行动计划纲要,紧紧围绕"我们在进步,我们在行动,我们有信心"的活动主题，集中开展爱国卫生宣传和清洁活动，组织居委干部、物业公司工作人员、志愿者和居民，共13000余人次参加集中整治活动，整治外环境达84000余平方米，清理垃圾30吨。2009年，在"奔向世博—拼搏200天"活动中，在社区单位和居民小区投入灭鼠药242千克，粘鼠板557块，共发放灭蟑药4620包，灭蟑贴446盒，灭蟑饵剂152支，灭蝇药60千克。

2011年，街道贯彻落实徐汇区"2010—2012年城乡环境卫生整治行动实施方案"，通过社会化力量管理，对罗秀路小游园的乱设摊、环境脏的现象进行整改，收到明显效果，通过外立墙面的拉毛处理，使长桥、龙川等菜市场的外墙立面乱张贴大幅减少。2011年第三季度，上海市中心城区各街道市容环境质量评估，街道得分升至第12名，列徐汇区第2名。2012年，爱国卫生月期间，街道组织开展卫生整治活动，3月28日，在汇成中心街开展的卫生整治活动，4月12日，在罗香路和龙临路两侧开展整治活动。2012年，在开展环境清洁活动中、对46570余平方米的外环境进行卫生消毒，用药物300千克，向居民免费发放灭蟑药物7500包，新购100只毒鼠房，向地区单位发放毒鼠药310千克，粘鼠板500余块。2013年，对31570余平方米的外环境进行卫生消毒，用药物310千克，清除卫生死角12处，蚊蝇滋生地85处，辖区共摆放捕蝇笼542只，新增和修补捕蝇笼160多只，及时配置新鲜诱饵，保证灭蝇效果，向地区单位发放毒鼠药320千克，粘鼠板530块，确保全街道509处毒鼠点药物不断。2013年，街道集中开展爱国卫生月、卫生周活动，每月15日，组织爱国卫生日活动，组织居委会每周四开展义务劳动，广泛宣传卫生防病知识，引导社区群众树立讲卫生、讲文明的良好习惯，克服随地吐痰、乱扔垃圾的陋习。2014年，对辖区内16个地下室、25个自行车棚、128个老式公房的底楼和楼道蚊蝇滋生情况进行调查监测，向地区单位发放毒鼠药350千克，粘鼠板400余块，共设509个毒鼠点，确保诱饵不断，新购200只毒鼠房，新增和修补捕蝇笼400只，向居民免费发放灭蟑药物7500包。

2015年，街道以创建全国文明城区为主线，努力做好病媒生物控制保障工作，坚持防灭并举、标本兼治，组织相关部门开展元旦和春节卫生整治活动、环境清洁日活动、爱国卫生月活动和迎接"五一""十一"等一系列卫生整治活动，清除卫生死角125处，蚊蝇滋生地168处。除害服务队（卫生执勤队）对辖区外环境消杀面积达34600余平方米，新增捕蝇笼150只，毒鼠盒100只，向单位和居委发放鼠药350千克，粘鼠板500块，向小区投放灭蝇诱饵200千克，灭蟑饵剂80支，蟑螂贴400盒，有效控制了虫媒疾病的发生，使长桥地区的有害病媒生物密度始终控制在较低水平。2014—2015年，除害服务队（卫生执勤队）连续二年承担350户居民的公益灭蟑项目。

二、公共健康

1998年，街道启动社区健康教育与健康促进工作。2001年，街道成为WHO上海健康促进与健康教育社区实验基地。2003年，上海市全面实施健康城市的创建工作，长桥街道被列为上海市建设健康社区的试点单位。街道根据"徐汇区建设健康城区三年行动计划"要求，制定长桥街道建设健康社区三年行动计划，细化分析各类指标任务58项，落实到责任部门和责任人。2003年3月，街道成立建设健康安全社区工作委员会，全面负责健康安全社区建设的工作规划、组织、监测和效果评估等，设立老年人安全、学校安全、儿童居家安全、交通安全、阳光之家和社区伤害监测网络等工作组,成立由王书梅(复旦大学公共卫生学院教授),崔红伟(徐汇区疾病预防控制中心健教科科长),陶恭亮(长桥社区卫生服务中心防保科科长)等专家指导组,开展健康安全社区建设理论指导、专业咨询和培训服务。建立健康安全社区工作委员会会议制度、责任落实制度、监督检查制度。

2004年,街道在徐汇区疾控中心和复旦大学公共卫生学院的具体指导下,采取综合干预措施,实施慢性病自我管理项目,在16个居委会成立慢性病自我管理小组,由32名志愿者为组长,分两批对636名慢性病患者进行为期7周的培训,掌握慢性病自我管理的技巧和方法。在社区健康教育室开展营养保健咨询,设立居民平衡膳食指南宣传版面和实物标本,向居民发放健康自测调查表6000份,作为开展培训的依据,从每个社工站挑选2名有医学特长的社区志愿者作为长期培训对象,举办营养知识讲座、烹调表演、组织专家咨询,促进社区人群树立良好的膳食方式。在健康教育周、世界无烟日、艾滋病防治日和全国爱牙日、爱眼日、高血压日、肿瘤防治宣传周等期间,集中开展共计16次宣传活动,开办健康知识讲座24次,为居民进行义务咨询、测量血压、体质测试等,提高社区居民健康知识的知晓率。2004年9月,街道投入100万元,建成社区公共健康中心,位于老沪闵

社区公共健康中心

路918号。社区公共健康中心以"便民、利民、为民"为原则,以"人人具有健康促进意识,人人享有健康教育服务"为目标,设立卫生服务、心理辅导、市民体质监测、残疾人康复等12项功能,并针对社区居民需求,提供慢性病治疗、优生优育讲座、癌症康复等服务项目,让居民在家门口就能享受到专业的健康教育。上海电视台等媒体进行专题报道。2005年11月22日,上海市健康城市国际论坛专家组参观社区公共健康中心等,给予高度评价。2005年,街道获得上海市爱卫办授予的上海市健康社区建设示范街道称号。

2006—2008年,在新一轮建设健康社区行动中,街道以上海市、徐汇区建设健康社区的要求和标准,以"人人具有健康促进意识,人人享有健康教育服务"为目标,以"健康管理网络化、健康资源一体化、健康服务多样化、健康教育普及化"为特点,建立工作组织、协作支持、健康服务等3个网络,依靠社区卫生服务中心专业医生和社区健康志愿者两支队伍,通过向社区群众普及健康知识教育,创建健康单位(家庭)等活动,创建健康社区。2006年,改建后的社区公共健康中心,建筑面积为1200平方米,拥有卫生服务站、心理辅导站、市民体质监测站、残疾人健康指导站、"阳光之家"智障人学校和"宝宝乐"0—3岁婴幼儿教育活动室等12项服务项目。2006年,街道共设置36个血压测量点(社区卫生服务站5个点、居委会29个点、农夹居地区2个点)。4月起,重点开展"我的血压我

知道"活动（35岁以上居民每年至少测量1次血压），4—7月，共测量血压53216人，其中首次测量人数28411人，血压异常者7982人。2006—2008年，共举办各类健康知识讲座364场，受益居民38300余人次，公共场所专题宣传活动56次，为居民（包括外来务工人员）测量血压49648人次，组织各类健身活动840次，共计12500余人次，有4800名居民参加免费体质监测，开展救护技能培训16次，共计2500余人次，举办食品安全讲座24期，食品安全联合执法整治活动12次。

十几年为社区居民义务量血压的蒋慧珍

1995年，街道建立精神病患者看护网络，确保每月对精神病患者进行家访、督促服药，对一类、二类重点病人签订监护责任书。2000年，精神病防治工作由街道卫生科转为社区卫生服务中心专人主管。2001年，做到精神病患者一人一表一卡，监护率100%。2010年，迎接"世博会"举办，健全精神卫生工作网络，严防重性精神病人肇事肇祸事件发生。2011年，根据徐汇区中性精神疾病管理质量项目（简称686项目），街道组织"阳光心园"学员进行精神卫生知识培训，社区卫生服务中心设立长期心理卫生服务指导点。2012年，街道在精神疾病防控三级预警报告的基础上，开展精神卫生信息报告工作，开展"心理健康进居委会"活动，在园南一村居委会设立"心理阳光驿站"，促进心理卫生进社区工作。

2003年，突发非典型性肺炎疫情。街道成立非典防治领导小组，开展控制、防治非典工作。4月10日，街道召开非典工作紧急动员会，开展控制、防治非典宣传，建立信息管，对辖区内单位、居委会进行严密防治，加强对外来人员的医学观察。街道辖区内未发现非典病人和疑似病人。2005年，全国发生禽流感，街道根据徐汇区人民政府的要求，街道成立防治禽流感领导小组，办事处主任担任组长，研究制订长桥街道发现禽流感或疑似病人应急处置预案流程，禁止菜市场内摊位出售活禽，对摊位进行检查和消毒，发放宣传小册子3000多份，辖区未发现禽流感疑似病人。2005年1月，街道成立食品安全领导小组。2012年，居委会有食品安全信息员34人，食品安全协管员、志愿者38人。2014年，街道开展创建徐汇区食品安全示范街镇活动。2015年12月，街道获得创建食品安全示范街镇的称号。

第三节　红十字会

1985年10月23日，街道红十字会成立。2007年，街道建立17个标准化红十字卫生站。2009年，新建15个标准化红十字卫生站。2009年，街道被评为上海市红十字会示范社区。2012年，新建2个标准化红十字卫生站。

2014年5月8日，街道投入18万元，成立红十字服务总站，位于龙吴路1323弄20号一楼，面积为150平方米，配备专职人员2名。2015年，街道建有标准化红十字卫生站34个。

街道红十字会每年组织三位一体（急救、救护和家庭护理为一体）和现场初级急救培训，开展募捐帮困工作，在每年5月8日，开展纪念国际红十字日活动，设点宣传《中华人民共和国红十字法》，弘扬红十字人道、博爱、奉献精神，宣传保护人的生命和健康，促进人类和平进步事业为宗旨。

2004年，街道组织开展"千万人帮千家"募捐活动，共收到募捐款59800元，募捐衣物2000包、15000件。2005年，开展"千万人帮千家"募捐活动，共收到募捐款70000元，募集衣物250包、4438件。2010年，街道红十字会开展困难失智老人关爱服务项目，每月为困难失智老人家庭，免费提供尿布、尿片、尿垫，敬老节发放奶粉等，共有13名困难失智老人受益。2011年，共收到募捐81835元。开展救灾帮困工作，慰问困难家庭97户，发放慰问款45000元。共发放医疗帮困卡200张（共10万元），敬老节期间共发放帮困慰问金1.8万元，受益家庭60户。2012—2015年，每年开展救护普及员培训（750人），救护员培训（90人）。2012年，在园南中学开展"普及安全知识，确保生命安全"为主题的"园南杯"防震减灾心肺复苏创伤救护比赛。2013年，共收到募捐款166389元。为10位失智老人，每月一次免费发放纸尿裤和纸尿片，对需要帮助的失智老人进行护理指导。2014年8月6日，开展云南鲁甸抗震救灾募捐活动，共收到募捐款290000元。全年共发放帮困金75000元。2015年，共收到募捐款88254元。春节期间，慰问困难家庭130户，发放帮困金65000元；敬老节期间，慰问困难家庭75户，发放慰问金22500元。

2003年3月1日，是上海市第一个遗体捐献日。在每年的遗体捐献日期间，街道红十字会组织遗体捐献者及家属前往青浦福寿园等参加纪念活动。2005—2015年，街道已有遗体捐献者152人。2000年，街道成立献血工作领导小组。街道红十字会动员和组织社区居民、社区各行业人员参与无偿献血。2004年，街道有161人参与无偿献血。2015年，街道有468人参与无偿献血。2004—2015年，街道共有4011人（次）参与无偿献血。2015年8月25日，街道红十字会开展造血干细胞捐献活动，有51人参与口腔黏膜采样和信息登记。

第十八章 人物·先进

长桥街道志
(1991-2015)

第十八章 人物·先进集体

第一节 人物

陈之霖（1898—1986年）

陈之霖，新昌城关镇（今南明街道）人（原住化工四村402号301室），我国著名化学家。1918年，公费留学日本，在东京高等师范、京都帝国大学及研究院深造，历时11年。1929年6月，回国，由马叙伦介绍，任浙江大学文理学院化学系副教授，后历任广西大学、北平女子大学、西南联大、四川大学、同济大学教授、系主任、校常务委员。1936年3月，赵太侔离任山东大学校长时，曾被推任山东大学校务委员会常务委员，与张怡荪、张逸樵3人临时主持校务，一说曾任山东大学代校长。"九一八"事变后，日本帝国主义疯狂侵略中国，国内防毒研究尚是空白，他急抗战所需，没有设备，土法上马，积极从事防毒研究，创造性地用核桃壳制成高效活性炭，在抗日战争中得到应用，受国民政府军政部嘉奖并获得专利。抗战期间，照相底片进口非常困难，技术和设备都被外国人所垄断，他又知难而上，研制成旧底片的翻新方法，成功后，再次获得专利。抗战胜利后，任上海中华酸碱厂（上海硫酸厂前身）副厂长兼实验室主任，从事白金硅胶催化剂研究，次年又与人合作创设物理化学研究所，利用煤气厂脱硫剂废弃物，以催化法生产硫酸试剂。建国初期，任华东化工学院教授，应国家急需从事浓硫酸研究，于1951年，研制成高效钒催化剂，解决硫酸生产的关键技术，《解放日报》对此有专题报道。

1932年，陈之霖与曾昭抡、郑贞文等发起成立中国化学学会，是我国化学学会创始人之一。他一生从事化工研究和化学教育，取得了科研与教育的双丰收，出版《化学本论》《物理化学及胶体化学》等专著，合著有《钱民初中化学》（上下册，钱梦渭、陈之霖著，世界书局出版），发表了大量学术文章，在国内外享有相当高的声誉。陈之霖忠诚教育事业，忘我工作直到晚年，依然埋头华东化工学院图书室撰写《日本化学总览的应用和考调》（调查和综述上百种日文期刊、图书）未刊稿，对上百种日文杂志和书籍写了介绍。同时还积极帮助来校求教的工厂企业解决胶体、照相、物理化学和催化剂等方面的难题。

张江树（1898—1989年）

张江树，江苏常熟人（原住化工四村401号202室），教授，1949年，加入中国民主同盟，1956年，加入中国共产党。1926年，获美国哈佛大学硕士学位，曾在光华大学、中央大学、武汉大学、重庆交通大学、四川大学、南京大学等校任教授，还曾兼任过重庆大学师范学院理化系主任、南京大学人事室主任、化学系主任、理学院院长等职。中华人民共和国成立后，历任南京大学教授、教务长、理学院院长、南京工学院筹备委员会主任委员、南京市文教委员会副主任委员，江苏省人民政府委员等职，1952年，由中央人民政府任命为华东化工学院院长，并任上海市人民政府委员，1981年后，任名誉院长。1949年，加入中国民主同盟后，历任民盟中央委员，民盟上海市委委员、顾问等职，为第三届全国人民代表大会代表，第一至第七届上海市人民代表，曾长期担任全国高等工科院化学教材编审委员会主任和《辞海》分科主编。主要论文有《熵的讨论》等数十篇，著有《理论化学实验教材》《理论化学与胶体化学》《物理化学与实验》《物理化学》等。张江树教授办学讲求实效，由他倡导并题词的"勤奋求实"校训，已成为华东化工学院师生员工的座右铭。

曹一华（1899—1981年）

曹一华，江苏盐城人（原住化工四村401号101室），教授。1953年，加入中国民主同盟会。1927年，毕业于中央大学数学系，曾任江苏学院教授、教务长、代院长。历任华东化工学院基础部数学教研组主任、教授。历任美国明尼苏达大学荣誉研究员。长期从事数学研究，专攻函数论。

马誉（1903—1966年）

马誉，广东顺德人（原住化工四村404号301室），教授。1927年，毕业于燕京大学化学系，后留学加拿大，毕业于多伦多大学卫生学院。历任北京协和医院临床化学系主任。中央生物制品研究所抗生素室主任华东化工学院教授，专攻生物化学工程。1949年，曾因研制成功用醋酸钾为反应剂，制造结晶青霉素钾盐而受到中央卫生部的嘉奖。著有《抗菌素》《血液化学》《抗生素新论》等。

周祖训（1905—1989年）

周祖训，浙江诸暨人（原住化工四村403号202室），教授。1953年，加入中国民主同盟会。1926年，毕业于浙江大学化学系，曾任大同大学理学院教授，长期从事无机化学及硅酸盐方面的教学和研究，合编《玻璃工艺学》等著。

苏元复（1910—1991年）

苏元复，浙江海宁人（原住化工四村402号302室），教授，博士生导师，中国科学院学部委员，1933年，获英国曼彻斯特大学硕士学位。曾任浙江大学、交通大学教授。中华人民共和国成立后，历任交通大学化学系和化工系教授、主任。华东化工学院教授、副院长、院顾问，第三届全国人民代表大会代表、第五、六届全国政协委员、中国化工学会副理事长，国际溶剂萃取委员会委员。他长期从事溶剂萃取研究，先后改革麻黄素、独居石中铀和钍、柠檬酸等的提取工艺，开发了硼镁矿、磷酸盐、钨矿等的综合利用新过程，改进了转盘塔、翻斗萃取机、垂直管道反应器等设备，并提出了浸取、萃取联合过程，扩大了多相复分解的应用。合写著作有《无机工业化学》《化工原理》。

钱玲（1915—1950年）

钱玲，又名钱铃，龙华乡北杨大队第三生产队钱家宅人，现属长桥七村。1942年，在宁波参加新四军三五支队，1949年，在中国人民解放军六〇师一七九四部队任管理员。曾于1949年5月、6月，先后荣获四等功两次，受中国人民解放军第三野战军和九兵团褒

第十八章 人物·先进集体

奖。1950年,参加中国人民志愿军赴朝参战,在第九兵团任管理员。1950年12月16日,在朝鲜咸南战斗中光荣牺牲。

徐雪林（1923—1969年）

徐雪林（女），原上海县龙华公社港口大队人。在土改时当过农民代表、村农委委员,以后又提任过互助组组长,初级社、高级社管理委员会委员、畜牧兽医站主任、畜牧队队长、生产大队副大队长、公社畜牧场场长、公社畜牧兽医等职。1956年3月,加入中国共产党。入党后,更热爱养猪工作,克服文化低的困难,钻研养猪技术,积累了消灭猪皮肤病的经验,在配制石灰磺液时十指出血,下不了水,仍忍痛坚持,并把400多头病猪全部医好。徐雪林因热爱养猪工作,曾多次受到上级领导的表扬奖励。1957年,被评为全国劳动模范,受到毛泽东主席的接见。1969年9月18日上午,徐雪林去县饲料站联系购买猪饲料时,不幸在龙吴路一号桥南堍,被手扶拖拉机撞倒轧过,因公死亡,年仅47岁。

祁爱群（1963—2003年）

祁爱群（女），江苏靖江市人,1990年7月,加入中国共产党。祁爱群的父亲祁孔法,1960年,援藏工作,21年后回上海,居住在长桥二村。祁爱群继承父志,成为第二代援藏干部。

1984年,祁爱群从西藏农牧学院毕业,主动申请去条件艰苦的那曲地区工作。1990年1月—1994年8月,在那曲地区畜牧局工作,先后任畜牧科副科长、办公室副主任、政工科副科长。1994年9月—2000年10月,在那曲地区畜牧局任政工科科长。2000年,她克服有遗传性高血压困难,服从组织安排,到海拔更高,条件更为艰苦的班戈县工作。2000年11月,任班戈县任县委常委、县委组织部部长。祁爱群坚守岗位,任劳任怨,尽职尽责,长期带病坚持工作,为班戈县组织人事工作的发展与进步作出重要的贡献。2003年12月13日,祁爱群在工作时突发高血压,经抢救无效,离开了她挚爱的西藏。

祁爱群（1963—2003年）

祁爱群被评为"全国优秀组工干部"。2005年12月,中共中央政治局常委、国家副主席曾庆红到长桥二村,看望和慰问祁爱群的父母与女儿。

第二节 烈士

烈士基本情况表

姓名	性别	出生日期	籍贯	参加革命工作时间	生前所在单位及职务	牺牲时间、地点
周寿松	男	1915年8月1日	河北	1939年8月1日	独立营一连副连长	1942年1月，因战牺牲
洪东山	男	1914年1月	上海	1938年6月	军官（部队）	1942年1月，因战牺牲
陈凤昌	男	1918年12月	江苏启东	1938年1月	启东中央镇民兵队中队长	1943年1月，因战牺牲
虞秀培	男	1910年9月	江苏武进	1944年5月	锡西大队队员	1945年5月，被捕后牺牲
王福玉	男	1907年12月	江苏建湖	1938年1月	埝北乡政保主任	1947年8月，江苏建阳，秋收保卫战
马永良	男	1925年1月	山东	1949年6月	上海南市警察分局警士	1949年9月，追捕盗匪时牺牲
李引	男	1921年6月	浙江宁波	1951年6月	志愿军八兵团二连士兵	1953年1月，朝鲜战场
陈芝媛	女	1931年1月	浙江鄞县	1954年1月	汤溪县人民政府农林科工作人员	1954年5月，在下乡工作中落水牺牲
朱雨亭	男	1938年11月	江苏海门	1962年1月	海字447部队航空机械教员	1970年12月，山西太原
莫懿嘉	男	1939年6月	江苏宝应	1959年3月	解放军706部队战士	1973年8月，浙江，井下作业时塌方
何关牛	男	1949年4月	浙江诸暨	1968年4月	解放军53558部队78分队	1979年5月，中越边境
崔荣连	男	1959年1月	江苏兴化	1979年1月	上海公安消防总队青浦炮库战士	1979年5月，在执行废旧炮弹销毁任务时牺牲
卓长江	男	1953年9月	山东藤县	1973年9月	上海白猫集团有限公司消防队现场指挥	1994年2月，在龙吴路消防救援行动中牺牲

资料来源：街道社区服务办公室

第三节 名录

1991—2015年,上海体育职业学院有49名运动员,分别获得奥运会冠军、世界级体育比赛项目冠军或打破(超)世界纪录。

获得奥运会、世界级比赛项目冠军或破(超)世界纪录运动员基本情况表

姓名	项目	获得冠军或打破(超)世界纪录的时间、成绩
刘翔	田径	2004年,第二十八届雅典奥运会,以12秒91的成绩获男子110米栏冠军,平世界纪录。 2006年7月12日,在洛桑国际田联大奖赛中,以12秒88的成绩获男子110米栏冠军,打破保持了13年之久的110米栏世界纪录。 2007年8月,在日本大阪获第十一届世界田径锦标赛110米栏冠军。 2008年3月,在第十二届世界室内田径锦标赛上获60米栏冠军。
隋新梅	田径	1991年3月,在第三届世界室内田径锦标赛上获女子铅球冠军。
庄泳	游泳	1991年,在澳大利亚举行的第六届世界游泳锦标赛上获女子50米自由泳冠军。 1992年,在第二十五届奥运会上获女子100米自由泳冠军,并破女子4×100米自由泳世界纪录。
杨文意	游泳	1992年,在第二十五届奥运会上破50米自由泳世界纪录并获冠军,破女子4×100米自由泳世界纪录。
乐靖宜	游泳	1992年,在第二十五届奥运会上破女子4×100米自由泳世界纪录。 1994年,在第七届世界游泳锦标赛上获4个冠军,破4项世界纪录。 1996年,在第二十六届奥运会上获女子100米自由泳冠军。在第一、二、三届世界短池世锦赛中共获10个冠军、破6项世界纪录。
王璐娜	游泳	1997年4月,在第三届短池世锦赛上获女子4×200米自由泳冠军并破世界纪录。
蔡慧钰	游泳	1997年4月,在第三届短池世锦赛上获女子4×100米混合泳冠军。
李慧	游泳	2001年12月,在上海举行的世界杯短池游泳系列赛(中国站)中破仰泳世界纪录。
李玮	游泳	2001年12月,在上海举行的世界杯短池游泳系列赛(中国站)中破50米蛙泳世界纪录。
徐妍玮	游泳	2002年4月,在第六届世界杯短池游泳锦标赛上获女子4×200米自由泳世界冠军并破世界纪录。 2004年8月,第二十八届奥运会上破女子4×200米自由泳奥运会和亚洲纪录。
朱颖文	游泳	2002年4月在第六届世界杯短池游泳锦标赛上获女子4×200米自由泳世界冠军并破世界纪录。

续表一

姓名	项目	获得冠军或打破（超）世界纪录的时间、成绩
庞佳颖	游泳	2008年8月，第二十九届奥运会上获女子200米自由泳铜牌并破世界纪录，获女子4×200米自由泳银牌并破世界纪录。 2009年7月，在第十三届世界游泳锦标赛上获4×200米自由泳冠军并破世界纪录。
刘子歌	游泳	2008年8月，在北京奥运会女子200米蝶泳决赛中以2分04秒18的成绩获冠军并破世界纪录。 2009年，在第十三届世界游泳锦标赛和第十一届全运会上两次打破200米蝶泳世界纪录。同年11月在第九届世界杯短池系列赛斯德哥尔摩站和柏林站，再次两破200米蝶泳短池世界纪录。 2010年，在第十届世界短池锦标赛上获4×100米混合泳冠军。 2013年7月，在第十五届世界游泳锦标赛上获200米蝶泳冠军。
朱倩蔚	游泳	2009年7月、2010年12月，分别在第十三届世界游泳锦标赛和第十届世界短池锦标赛上获得女子4×200米自由泳冠军。 2008年，第二十九届奥运会；2009年，第十三届世界游泳锦标赛；2010年，在第十届世界短池锦标赛上破女子4×200米自由泳世界纪录。
唐奕	游泳	2010年12月，在第十届世界短池锦标赛上获得女子4×200米自由泳冠军并破世界纪录，另获女子4×100米混合泳冠军。
黄雪辰	游泳	2014年10月，在加拿大举行的第十三届花样游泳世界杯获自由组合冠军、双人自选冠军。
汤梦妮	游泳	2014年10月，在加拿大举行的第十三届花样游泳世界杯获自由组合冠军、集体自选冠军。
孙怡靖	游泳	2014年10月，在加拿大举行的第十三届花样游泳世界杯获自由组合冠军、集体自选冠军。
陆滢	游泳	2015年8月，在俄罗斯喀山世界游泳锦标赛上获4×100米混合泳接力冠军。
王毅杰	跳水	1991年5月，在第七届世界杯跳水比赛中获1米板、男子团体和混合团体冠军。 1993年6月，在第八届世界杯跳水比赛中获男子团体冠军。
王天凌	跳水	1993年6月，在北京第八届世界杯跳水比赛中获男子团体冠军。 1999年1月，在第十一届世界杯跳水比赛中获男子团体和混合团体冠军。 2000年1月，在澳大利亚第十二届世界杯跳水比赛中获男子1米板、混合团体和男团冠军。2002年，在第十三届世界杯跳水比赛中获男团和男子3米板双人冠军。
吴敏霞	跳水	2001年、2003年，在第九、十届世界游泳锦标赛上与郭晶晶配对获3米板双人冠军。 2004年、2008年，在第二十八、二十九届奥运会上与郭晶晶配对，两度荣获3米板双人冠军。 2006年，获世界杯女子3米板和女团冠军。 2010年，获世界杯混合团体、女子3米板双人和女团冠军。 2011年，在第十四届世界游泳锦标赛上获3米板双人冠军，并首次在世锦赛中获女子3米板单人冠军。 2015年8月，在俄罗斯喀山世界游泳锦标赛上获女子双人3米板冠军。

续表二

姓名	项目	获得冠军或打破（超）世界纪录的时间、成绩
火亮	跳水	2006年，在第十五届世界杯跳水赛上获混合团体、男子10米台双人和男子团体冠军。 2007年3月，在意大利与林跃配对获第十二届游泳世锦赛男子10米台双人冠军。 2008年，北京奥运会和第十六届世界杯跳水赛上，与林跃配对获男子10米台双人冠军。 2009年、2011年，在世界游泳锦标赛上获男子10米台双人冠军。 2010年，获第十七届跳水世界杯赛男团和混合团体冠军。
丁松	乒乓球	1994年，在世界杯团体赛上获冠军。 1995年5月，在天津举行的第四十三届世乒赛的团体决赛中，丁松被作为秘密武器安排在第三场，战胜瑞典的欧洲冠军卡尔松，为中国队夺得本届男团冠军取得关键的一分，中国队因而重新夺回已失落6届的斯韦思林杯。 1997年，在英国举行的第四十四届世乒赛中获男团冠军。
王励勤	乒乓球	2000年，悉尼奥运会上获男双冠军。 2001年至2007年的世乒赛和世界杯团体赛上多次获男单、男双、混双和团体冠军。 2008年，北京奥运会和第四十九届世乒赛获男团冠军。 2011年11月，获第八届乒乓球世界杯团体赛冠军。 2013年3月，在广州举行的乒乓球团体世界杯获冠军。
许昕	乒乓球	2009年、2010年，分别在奥地利以及阿联酋举行的世界杯团体赛上获男团冠军。 2010年、2011年，分别在莫斯科和鹿特丹举行的第五十届和五十一届世乒赛上获男团和男双冠军。 2013年3月，在广州举行的乒乓球团体世界杯获冠军。 2015年，在阿联酋迪拜、苏州举行的乒乓球团体世界杯、乒乓球世锦赛上获男子团体、男双、混双冠军。等等。
陶晓强	羽毛球	1997年5月，在第五届羽毛球苏迪曼杯上获混合团体冠军。
葛成	羽毛球	1997年5月，在第五届羽毛球苏迪曼杯上获混合团体冠军。
张尉	羽毛球	1999年5月、2001年6月，分别在丹麦和西班牙获第六、第七届苏迪曼杯羽毛球赛混合团体冠军。
王仪涵	羽毛球	2006年10月，在湖南举行的羽毛球世界杯赛中获女单冠军。 2009年，广州苏迪曼杯获混合团体赛冠军。2011年，英国伦敦第十九届世界羽毛球锦标赛获女单冠军。 2012年5月，获第二十四届尤伯杯世界锦标赛冠军。 2013年5月，吉隆坡羽毛球苏迪曼杯获冠军。 2014年5月，印度新德里羽毛球尤伯杯团体赛获冠军。 2015年5月，广东东莞羽毛球苏迪曼杯获冠军。
朱琳	羽毛球	2007年8月，在马来西亚吉隆坡获第十六届羽毛球锦标赛女单冠军。 2008年5月，在印度尼西亚获尤伯杯女团冠军。
王磊	击剑	2006年10月，在意大利世界击剑锦标赛中，以6:5胜葡萄牙选手维德拉，夺得男子重剑个人冠军。
仲维萍	击剑	2003年、2006年，分别获得世界杯击剑赛暨奥运会资格赛和世界击剑锦标赛女子重剑团体冠军。

续表三

姓名	项目	获得冠军或打破（超）世界纪录的时间、成绩
钱震华	现代五项	2005年，在波兰华沙现代五项世界锦标赛上获男子个人冠军。
李娜	自行车	2002年8月，在云南参加世界杯场地自行车赛，获女子总决赛争先赛、凯林赛2个冠军。 2002年9月，在丹麦哥本哈根举行的世界杯场地自行车锦标赛上获凯林赛冠军。
钟天使	自行车	2015年8月，在法国巴黎举行的场地世界锦标赛上女子团体竞速赛破世界纪录。
伍刚	武术	1996年，在菲律宾举行的第四届亚洲武术锦标赛中获男子长拳冠军。 1997年11月，在意大利举行的第四届世界武术锦标赛上获男子枪术比赛冠军。
陆美娟	技巧	1992年，第十届世界技巧锦标赛上获女子双人第二套冠军。
范倩	技巧	1992年，第十届世界技巧锦标赛上获女子双人第二套冠军。
刘霓	技巧	1992年，第十届世界技巧锦标赛上获女子三人第二套冠军。
柴轶超	技巧	1992年，第十届世界技巧锦标赛上获女子三人第二套冠军。
徐颖琦	技巧	1992年，第十届世界技巧锦标赛上获女子三人第二套冠军。
孙光雷	技巧	1999年，第十六届世界技巧锦标赛上获团体冠军。
陈苓	技巧	1999年，第十六届世界技巧锦标赛上获团体冠军。
谢芳	蹼泳	1993年，第七届全运会上，与队友配合超4×100米蹼泳世界纪录。
金凡	蹼泳	1992年3月，在全国蹼泳锦标赛上超800米蹼泳世界纪录。 1992年8月，在雅典第六届世界蹼泳锦标赛上获800米、1500米蹼泳世界冠军并破世界纪录。 1993年，第七届全运会上，与队友配合超4×100米蹼泳世界纪录。 1994年10月，在广东举行的第七届世界蹼泳锦标赛中，获400米蹼泳冠军，并打破该项及800米和400米蹼泳世界纪录。 1996年，在匈牙利举行的第八届世界蹼泳锦标赛上获400米、800米蹼泳和4×200米蹼泳3项冠军。
麦静	蹼泳	1993年，第七届全运会上，与队友配合超4×100米蹼泳世界纪录。
王静	蹼泳	1993年，第七届全运会上，与队友配合超4×100米蹼泳世界纪录。
王洁	蹼泳	2003年，在全国春季游泳锦标赛上超女子100米蹼泳世界纪录。 2004年10月，在第十二届世界蹼泳锦标赛上与队友配合获4×200米蹼泳冠军并破世界纪录，同时破4×100米蹼泳世界纪录。

资料来源：上海体育职业学院

第四节 先进

一、全国、市级先进集体

长桥街道获得全国、市级先进集体基本情况表

获奖单位	获奖名称	颁奖单位	颁奖年份
长桥街道	1999年度上海市文明社区	上海市人民政府	2000
长桥街道	1996—2000年度全国群众体育先进单位	国家体育总局	2001
长桥街道	2000—2001年度上海市文明社区	上海市人民政府	2002
长桥街道	上海市拥军优属先进街道	中共上海市委、上海市人民政府、中国人民解放军上海警备区	2003
长桥街道	2002—2003年度上海市文明社区	上海市人民政府	2004
长桥街道	"璞玉计划"案例获未成年人思想道德建设工作创新案例三等奖	中央文明办	2005
长桥街道	2003—2004年度上海市军民共建社会主义精神文明先进集体称号	上海市人民政府	2005
长桥街道	江南丝竹《吹乐歌》在"'雅士利杯'2007CCTV民族器乐电视大赛"展演中获优秀展演奖	中央电视台	2007
长桥街道	2005—2006年度上海市军民共建社会主义精神文明先进集体称号	上海市人民政府	2007
长桥街道	2006—2007年度上海市文明社区	上海市人民政府	2008
长桥街道	全国基层低保规范化建设典型单位	国家民政部	2009
长桥街道	中国人口早期教育暨独生子女培养示范区示范基地	国家人口计生委培训交流中心	2009
长桥街道	2007—2008年度上海市军民共建社会主义精神文明先进集体称号	上海市人民政府	2009
长桥街道	2008年度征兵工作先进单位	上海市人民政府、上海警备区	2009
长桥街道	2008—2009年度上海市文明社区	上海市人民政府	2010
长桥街道	全国创建学习型家庭示范社区	全国妇联、民政部、文化部、环境保护部、国家广电总局	2010
长桥街道	全国社区商业示范社区	中华人民共和国商务部	2011
长桥街道	2010—2011年度上海市文明社区	上海市人民政府	2012
长桥街道	2011年度征兵工作先进单位	上海市人民政府、上海警备区	2012

续表

获奖单位	获奖名称	颁奖单位	颁奖年份
长桥街道	"爱孩子 爱地球"-中国少年儿童生态意识教育系列活动优秀组织奖	环境保护部宣传教育中心	2014
长桥街道敬老院	最佳养老机构	中国社会工作协会	2014
长桥街道	2012—2013年度上海市文明社区	上海市人民政府	2014

资料来源：街道档案室

二、市级（其他系统）先进集体

长桥街道获得市级（其他系统）先进集体基本情况表

获奖单位	获奖名称	颁奖单位	颁奖年份
长桥街道	上海市三级卫生街道	上海市爱国卫生运动委员会	1991
长桥街道	徐汇区"风光无限好"景点制作优胜奖	上海市园林管理局	1992
长桥街道	1991—1992年度上海市绿化先进集体	上海市绿化委员会	1993
长桥街道	上海市市容环境卫生绿旗街道称号	上海市市容环境卫生红旗街道评选委员会	1994
长桥街道	社区服务中心示范点	上海市民政局	1995
长桥街道	上海市社区服务示范街道	上海市民政局	1996
长桥街道图书馆	上海市街道、乡镇图书馆考核定级工作中被评定为标定图书馆	上海市文化局	1996
长桥街道	上海市社区服务先进集体	上海市民政局	1997
长桥街道	1995—1996年度绿化先进集体	上海市绿化委员会	1997
长桥街道侨联	精心组织，积极参与上海市侨界帮扶贫困地区希望工程捐款	上海市归国华侨联合会	1997
长桥街道图书馆	上海市街道、乡镇图书馆创先进、争红旗竞赛活动中成绩优异，荣获流动红旗	上海市文化局	1997
长桥街道	社区图书馆网络建设先进街道	上海市文化局	1998
长桥街道	1998年优秀集体	上海市重点工程实事立功竞赛市政管理赛区领导小组	1998
长桥街道图书馆	上海市街道、乡镇图书馆创先进、争红旗竞赛活动中成绩优异，荣获流动红旗	上海市文化局	1998
长桥街道	环境噪声达标街道	上海市环境保护局	1999
长桥街道	上海市一级卫生街道	上海市爱国卫生运动委员会	1999
长桥街道社会保障科	1998年度优秀集体	上海市重点工程实事立功竞赛领导小组	1999
长桥街道妇联	促进妇女再就业先进集体	上海市妇女联合会	1999

续表一

获奖单位	获奖名称	颁奖单位	颁奖年份
长桥街道图书馆	上海市街道乡镇图书馆评估定级中荣获特级图书馆	上海市文化局	1999
长桥街道	上海市"华联超市杯"第二届社区健身大会（广播操比赛）优胜奖	上海市精神文明建设委员会办公室、上海市体育局	2000
长桥街道	上海市流动人口计划生育管理工作先进集体	上海市计划生育委员会	2000
长桥街道	上海市社会救助工作先进集体	上海市社会保障工作协调小组、上海市民政局	2000
长桥街道	1999年度市重点工程实事立功竞赛先进集体	上海市重点工程实事立功竞赛苏州河和小河道综合整治综合赛区领导小组	2000
长桥街道	上海市绿化先进集体	上海市绿化委员会	2000
长桥街道综治委办公室	上海市社会治安综合治理先进集体	上海市社会治安综合治理委员会	2000
长桥街道	上海市绿化先进集体	上海市绿化委员会	2001
长桥街道	上海市基层党建工作优秀成果评选活动入围奖	中共上海市委组织部	2001
长桥街道	干部人事档案工作目标管理达三级标准	中共上海市委组织部	2001
长桥街道	大气污染物排放达标街道	上海市环境保护局	2001
长桥街道	上海市社区体育健身设施实事工程优秀管理奖	上海市体育局	2001
长桥街道	上海市河道长效管理工作先进街道	上海市河道污染综合整治联席会议办公室	2002
长桥街道	1999—2001年上海市先进社会矛盾调解中心	上海市司法局	2002
长桥街道	上海市群众体育先进集体	上海市体育局	2002
长桥街道	宣传《国防教育法》系列活动组织奖	上海市国防教育委员会	2002
长桥街道	1999—2001年度先进集体	上海市计划生育协会	2002
长桥街道	2001—2002年度先进集体	上海市计划生育委员会	2003
长桥街道	社区健康教育优秀表彰（等级）	上海市健康教育协会	2003
长桥街道	第二届全国残疾人职业技能竞赛志愿者服务，成绩突出	上海市精神文明建设委员会、上海市志愿者协会	2003
长桥街道	上海市社区建设示范街道	上海市民政局	2004
长桥街道	基本无燃煤街道	上海市环境保护局	2004
长桥街道	2003—2004年度上海市爱国卫生先进单位	上海市爱国卫生运动委员会	2004

续表二

获奖单位	获奖名称	颁奖单位	颁奖年份
长桥街道	上海市民政基层单位行风建设"先进集体"	上海市民政局	2004
长桥街道	2004年度市民信箱受理工作先进单位	上海市市民信箱电子邮件系统管理中心	2004
长桥街道妇联	促进妇女就业先进集体	上海市妇女联合会	2004
长桥街道	上海市人口与计划生育工作 2003—2004年度先进集体	上海市人事局、上海市人口和计划生育委员会	2005
长桥街道	上海市社区建设模范街道	上海市民政局	2005
长桥街道	上海市民族团结进步优秀社区	上海市民族和宗教事务委员会	2006
长桥街道	上海市健康社区示范街道	上海市爱国卫生运动委员会	2006
长桥街道	上海市建设健康城市伤害防制示范社区	上海市爱国卫生运动委员会、上海市健康促进委员会	2006
长桥街道	上海市建设健康城市健康社区先进	上海市爱国卫生运动委员会、上海市健康促进委员会	2006
长桥街道市政管理科	上海市重大工程立功竞赛优秀集体称号	上海市重点工程实事立功竞赛领导小组	2006
长桥街道	世界夏季特殊奥林匹克运动会"志愿者活动优秀组织单位"	上海市精神文明建设委员会、2007年上海世界特殊奥林匹克运动会执行委员会	2007
长桥街道	2007年世界夏季特殊奥运会社区接待计划优秀组织奖	2007年世界夏季特殊奥运会组委会	2007
长桥街道	2006年上海市残疾人社区康复示范街道	上海市民政局、卫生局、残联	2007
长桥街道	2005—2006年度上海市人口和计划生育工作先进集体	上海市人事局、上海市人口和计划生育委员会	2007
长桥街道	2002—2006年度上海市扶残助残先进集体	上海市人民政府残疾人工作委员会	2007
长桥街道	2007年度上海市健康社区先进	上海市爱国卫生运动委员会、上海市健康促进委员会	2007
长桥街道	上海市级非物质文化遗产海派黄杨木雕	上海市人民政府公布,上海市文化广播影视管理局颁发	2007
长桥街道	上海市级非物质文化遗产海派江南丝竹	上海市人民政府公布,上海市文化广播影视管理局颁发	2007
长桥街道	第四届"长三角"地区民族乐团展演优秀演出奖	上海音乐家协会、上海音乐学院、宝山教育局	2007

续表三

获奖单位	获奖名称	颁奖单位	颁奖年份
长桥街道	上海市民族团结进步优秀社区（镇）	上海市民族和宗教事务委员会	2008
长桥街道	2007年度职工互助保障工作先进服务点	上海市总工会	2008
长桥街道	上海示范社区商业	上海市经济委员会	2008
长桥街道	上海市建设健康城市2006—2008年度健康单位示范	上海市爱卫会、健康促进委员会	2008
长桥街道	上海市建设健康城市2008年度爱国卫生、健康单位先进	上海市爱卫会、健康促进委员会	2008
长桥街道	上海市社区人口和计划生育综合服务文明站	上海市人口和计划生育委员会	2008
长桥街道	上海市建设健康城市2008年度健康社区先进	上海市爱卫会、健康促进委员会	2008
长桥街道	2008年度局重点工程立功竞赛先进集体	上海市绿化市容局、重点工程立功竞赛领导小组	2009
长桥街道	2008年度职工互助保障工作先进服务点	上海市总工会	2009
长桥街道	上海市机关档案工作市一级先进	市档案局	2009
长桥街道	上海市和谐社区建设示范街道	市民政局	2009
长桥街道	上海市民族团结进步优秀社区（镇）	上海市民族和宗教事务委员会	2009
长桥街道	东方讲坛优秀举办单位	上海市委宣传部、上海市社会科学界联合会	2010
长桥街道	上海市社会治安综合治理先进集体	市综治委、人力资源社会保障局、公务员局	2010
长桥街道	上海市红十字示范社区	上海市红十字会、民政局	2010
长桥街道	平安社区	上海市社区治安综合治理委员会	2010
长桥街道	上海市群众体育先进单位	上海市体育局	2010
长桥街道	第五届上海市网上禁毒知识竞赛优秀组织奖	上海市禁毒委员会办公室等	2010
长桥街道	迎世博（环境整治）贡献奖	上海市文明委，市迎世博600天行动社会动员指挥部、城市管理指挥部、窗口服务指挥部	2010
长桥街道社区教育委员会	2010年上海市社区教育优秀实验项目	上海市教育委员会	2010

续表四

获奖单位	获奖名称	颁奖单位	颁奖年份
长桥街道阳光心园	先进集体	上海市残疾人康复工作办公室	2010
长桥街道	第六届"上海市禁毒知识竞赛"优秀组织奖	上海市禁毒委员会办公室等	2011
长桥街道	2010年度上海市创建学习型社区达标单位	上海市学习型社会建设与终身教育促进委员会办公室	2011
长桥街道	平安社区	上海市社会治安综合治理委员会	2011
长桥街道	上海市优秀人民调解委员会	上海市司法局、上海市人力资源和社会保障局、上海市公务员局	2011
长桥街道	上海市残疾人工作先进单位	上海市残疾人联合会	2011
长桥街道	上海市老年教育先进集体	上海市老龄委办公室	2011
长桥街道社区职工援助服务分中心	2010—2011年度上海工会职工援助服务分中心创优考评优胜单位	上海市总工会	2011
长桥街道	反邪教优秀社区	中共上海市委防范和处理邪教问题领导小组办公室	2012
长桥街道	平安示范社区	上海市社会治安综合治理委员会	2012
长桥街道	上海市人口和计划生育工作2009—2011年度先进集体	上海市人口和计划生育委员会、上海市人力资源和社会保障局	2012
长桥街道	2010—2012年度上海市民族团结进步优秀社区（乡镇）	上海市民族和宗教事务委员会	2012
长桥社区司法所	2011年度上海市司法行政系统先进集体	上海市司法局	2012
长桥社区（街道）团工委	"牵手新上海人暑期夏令营活动"被评为"上海市青少年社区文明行动百个优秀活动（项目）奖"	共青团上海市委员会	2012
长桥街道	反邪教优秀社区	中共上海市委防范和处理邪教问题领导小组办公室	2013
长桥街道	上海市平安示范社区	上海市社会管理综合治理委员会	2013
长桥街道	上海市青年五四奖章集体	共青团上海市委员会、上海市人力资源和社会保障局、上海市公务员局	2013
长桥街道	2011—2012年度上海市学习型社区	上海市精神文明建设委员会	2013

续表五

获奖单位	获奖名称	颁奖单位	颁奖年份
长桥街道	上海市建设健康城市 2013 年度健康社区先进	上海市爱国卫生运动委员会、上海市健康促进委员会	2013
长桥街道	上海市第二十五届木兰拳比赛最佳优秀赛区奖	上海市木兰拳协会	2013
长桥健身气功站	上海市健身气功星级站点交流赛二等奖	上海市健身气功管理中心	2013
长桥（社区）街道综合党委	"上海非公有制企业党组织政治引领作用机制建设"优秀入围案例	中共上海市社会工作委员会	2013
长桥街道	2013年上海市"全国科普日"活动优秀特色活动	上海市公民科学素质工作领导小组办公室、上海市科普工作联席会议办公室	2013
长桥街道	反邪教优秀社区	中共上海市委防范和处理邪教问题领导小组办公室	2014
长桥街道	上海市禁毒工作示范社区	上海市禁毒委员会	2014
长桥街道	上海市平安示范社区	上海市社会管理综合治理委员会	2014
长桥街道	东方讲坛优秀举办点	上海市社会科学界联合会	2014
长桥街道	第六届上海科普多媒体作品大赛组织奖	上海市科学技术协会	2014
长桥街道	命名"百色路商业街社区"为上海市社区商业示范社区。	上海市商务委员会	2014
长桥街道	2013—2014 年度上海市诚信计量示范社（街）区。	上海市质量技术监督局	2014
长桥街道	上海市建设健康城市 2014 年度健康社区先进	上海市爱国卫生运动委员会、上海市健康促进委员会	2014
长桥街道	2014 年度上海市工商联调查研究工作先进基层商会	上海市工商业联合会、上海市商会	2014
长桥街道市政管理科	2013 年度上海市重大工程立功竞赛优秀集体称号	上海市重点工程实事立功竞赛领导小组	2014
长桥社区（街道）党员服务中心党支部	上海"两新"组织优秀支部网站	中共上海市社会工作委员会	2014
长桥街道体育居委会	2012—2013 年度上海市志愿服务先进集体	上海市精神文明建设委员会、上海市志愿者协会	2014
长桥街道残联志愿者服务队	2013—2014 年上海市助残志愿服务先进集体	上海市残疾人联合会	2014

续表六

获奖单位	获奖名称	颁奖单位	颁奖年份
长桥社区事务受理服务中心	巾帼文明岗	上海市巾帼建功活动领导小组、上海市妇女联合会	2014
长桥街道	上海市平安示范社区	上海市社会管理综合治理委员会	2015
长桥街道	上海市民体育大联赛上海市第二十七届木兰拳总决赛一等奖	上海市民体育大联赛办公室	2015
长桥街道	"乐颐小镇杯"上海市民体育大联赛暨上海市社区木兰拳大奖赛（单项）一等奖	上海市木兰拳协会	2015
长桥街道	上海市民体育大联赛暨上海市社区体育指导员木兰拳大赛（全能）一等奖	上海市木兰拳协会	2015
长桥街道	上海市社区体育联盟赛"嘉定镇街道杯"24式太极拳竞赛一等奖	上海市社区体育联盟赛组委会	2015
长桥社区学校	"乐学申城·精彩人生"2015上海社区学习团队成果展示活动优秀社区学校奖	上海市学习型社会建设服务指导中心办公室、上海教育服务园区	2015
长桥街道老年学校	2015年上海市优秀老年学习团队长桥街道老年学校地书沙龙	上海市老年教育工作小组办公室、上海市老年人学习团队指导中心	2015
长桥街道	2015年度火灾隐患整治专项治理先进单位	上海市消防安全委员会	2015
长桥街道老年志愿者团队	上海市老年志愿服务优秀集体（团队）奖	上海市老年志愿者总队	2015

资料来源：街道档案室

第十九章 专记

专记一　江南丝竹

　　江南丝竹产生于江浙沪一带，是我国民族音乐中的一朵奇葩，江南丝竹具有浓郁的地域特色和深厚历史地位，是深受人们的喜爱的地方乐种，江南丝竹是首批国家级非物质文化遗产。2007年，江南丝竹被列为上海市非物质文化遗产保护项目。

　　江南丝竹，顾名思义是产生并盛行于江南一带的民间草根音乐。江南丝竹的演奏具有加花变奏的特点，即你繁我简，互相配合，互展所长。江南丝竹小、轻、细、雅，是江南文化的独特产物。学者冯英子曾说过："非江南山水不能产生江南丝竹，非江南丝竹不能衬托江南山水，它们相得益彰，是民族的财富，国家的瑰宝"。江南丝竹，平民百姓喜爱，文人雅士钟情，可谓雅俗共赏。

　　江南丝竹流传300余年。100多年前，在长桥地区（原上海县龙华乡），江南丝竹再度兴盛。长桥地区的民乐爱好者郭柏生等10余人，联合组成长桥丝竹班。长桥丝竹班经常在长桥镇南街，即当时的长乐茶园内演奏。1939年，由赵兰州、唐盛麟发起成立长桥国乐社。长桥国乐社成员，利用业余时间，聚在一起弹奏乐曲、练习技艺，同时聘请"上海国乐社"笛王金祖礼，三弦演奏家金筱伯、朱少美等辅导教授弹奏技艺。中华人民共和国成立前，笛子演奏名家陆春龄的侄子结婚时，长桥国乐社应邀前往演奏。

　　中华人民共和国成立后，"长桥国乐社"改名为"长桥民族乐队"。20世纪50年代初期，"长桥民族乐队"先后参加印度总理尼赫鲁、朝鲜民主主义共和国首相金日成等贵宾的欢迎仪式。1952年，"长桥宣教组"成立，"长桥民族乐队"中的大部分队员转到"长桥宣教组"，担任沪剧伴奏。1954年，在福州路"文明雅集茶楼"，由周大风、孙裕德、吴登眺等提出，把江南地区盛行的民间音乐，定名为江南丝竹。同年，在上海民间古典音乐观摩演出的节目单上，首次正式出现江南丝竹乐名，江南丝竹新名称延续至今。1957年，"上中乡文艺宣传队"解散，丝竹乐队也随即停止活动。江南丝竹陷入后继乏人，发展缓慢的状况，留下的系统资料很少，江南丝竹传统文化的精髓濒临失传。

　　2000年起，原上海丝竹协会办公室主任周峰先生，开始接触江南丝竹，徐汇区政协委员姚卫平教授，自小喜爱民乐，姚卫平教授与周峰先生结识后，共同的民乐爱好，激发起他们弘扬和传承江南丝竹文化的激情。姚卫平教授在江南丝竹前辈的鼓励和指点下，从《中花六板》开始学习丝竹演奏，逐渐学会江南丝竹的演奏。周峰先生与姚卫平教授经常到江南丝竹活动点作听客，与熟悉的江南丝竹朋友进行聚会，交流和探讨江南丝竹文化。周峰先生与姚卫平教授积极地学习和推陈江南丝竹的文化活动，得到街道的大力支持，街道在原街道文化中心的活动场地中，腾出专用教室作为江南丝竹队的排练基地，江南丝竹坚持每周活动一次。周峰先生与姚卫平教授拜访著名的二胡大师闵惠芬，多次邀请笛子演奏的爱好者、丝竹爱好者，一起讨论研究丝竹的发展和未来，保持与不同年龄、不同演奏风格、不同社会地位、不同性格脾气的民间艺人友好交往，组织丝竹高手组合到公开场合展示，先后在东方讲坛、上海交通大学、徐汇区政协、上海民博会等各类重大的文化艺术活动中进行展示,受到各级领导和中外观众的青睐和好评。

2000年,长桥申韵丝竹乐团成立,申韵丝竹乐团由原湖心亭乐队骨干、浦东爱好丝竹乐社和长桥地区丝竹乐爱好者共同组成。2003年,在原街道文化中心(罗城路651弄66号)建立长桥申韵丝竹乐团工作室和录音棚,成立上海江南丝竹保护发展研究所。长桥申韵丝竹乐团有演奏员42人,基本成员是祖辈相传,从事丝竹音乐几十年,浸淫其中,

姚卫平在长桥第二幼儿园丝竹传习点

乐此不疲,对丝竹有较深的理解和醇熟的演奏方法,丝竹音乐成为他们生活的重要组成部分。2010—2013年,由周峰担任长桥申韵丝竹乐团团长。2014年起,由刘跃华担任团长。申韵丝竹乐团是中国长三角江南丝竹联谊会团体会员,周峰担任长三角江南丝竹联谊会副会长及秘书长,刘跃华担任副秘书长。周峰、刘跃华获批为上海市第一批市级江南丝竹代表性传承人,丁国春、姚卫平、陈红兵、王云祥获批为徐汇区江南丝竹传承人。

街道秉承"政府主导、社会参与、群众受益"的原则,整合政府、社会和专家等各方力量,形成政府提供创建平台、民间自我管理和尊重传统的管理模式(丝竹圈内称之为"长桥模式"),大力扶持文艺人才队伍建设,发挥项目传承人作用,完善保障机制,利用文化遗产的资源积聚趋势,搭建设施完备及覆盖广泛的基层文化阵地和网络,提高文化资源互动的整体效应,创新运行机制,推进江南丝竹文化更好地传承和发展。2010年,街道通过走访江南丝竹前辈,大力挖掘区域内非物质文化遗产资源,对流传的江南丝竹文化遗产资源,进行分类、归档、整理、研究,与上海交大出版社合作,出版江南丝竹八大曲专辑,公开出版发行江南丝竹音乐CD,扩大江南丝竹的影响。专辑高保存的江南丝竹名家的演奏实况,在旋律、节奏和意境的处理上,保持与大城市的人文情怀息息相关,是上海江南丝竹的代表作,亦被称为申韵丝竹。专辑收录的《中花六板》《霓裳曲》《行街》《三六》等7首原生态江南丝竹名曲,是沪上近20位民间丝竹高手,在即兴状态下的演奏,7首曲目的录制,前后跨度将近4年。长桥申韵丝竹乐团资深艺人,收集和整理与丝竹相关的文献档案,撰写江南丝竹相关理论文章,撰写20余位现代丝竹名家简历,录制民间江南丝竹1—28集系列集锦,拍摄和录制大量的图片和影像资料。申韵丝竹乐团与中国香港、德国斯图法特交响乐团、中国台湾台中国乐团和中国音乐学院、首都师范大学音乐学院等多个知名学院及乐团进行学习交流。申韵丝竹乐团参加2007年央视风华国乐,2011年江南丝竹海外宣传片的录制,参与"特奥会"演出、东方大讲坛专题讲座演示等各类演出、交流活动百余场。"世博会"期间,街道将民间丝竹演出和群文活动相结合,支持申韵丝竹乐团参加社区、企业、学校循环演出。

街道加大江南丝竹文化的宣传力度,巩固和发展长桥申韵丝竹乐团的成果,组织新闻

第十九章 专记

新苗丝竹乐团汇报演出

志愿者采写报道，提高江南丝竹在国内外的知名度。召开社区内中小学生座谈会，让中小学生更好地了解民乐，了解民乐与民间人文之间的关系，发现和动员江南丝竹爱好者加入学习江南丝竹队伍，使江南丝竹后继有人，代代相传。2010年，街道在上海市、徐汇区非物质文化遗产保护办公室的大力支持下，先后在辖区内的长桥第二幼儿园、长桥第三幼儿园、徐教院附小，建立了江南丝竹传习点，由国家级传承人陆勤康老师，定期向青少年传授江南丝竹演奏技艺。2011年，街道在长桥第二幼儿园、徐教院附小、长桥第三幼儿园，相续建立扬琴、二胡、阮3种乐器的丝竹校园传承点。同年，上海江南丝竹传承保护发展研究所组建长桥新苗丝竹乐团，成员辐射长桥第二幼儿园、徐教院附小、长桥第三幼儿园。长桥新苗丝竹乐团定期开展排练，并与申韵丝竹乐团成员一起训练，参加社区演出活动。中央民族乐团琵琶演奏家吴玉霞女士，到长桥观看江南丝竹表演活动，兴致勃勃地与陆勤康（奏扬琴）、任德华（吹笛子）、刘耀华（拉胡琴）一起演奏《春江花月夜》。吴玉霞女士大加赞赏："从演奏中可以听出来，你们对民族艺术的感情是由衷而发的。"

从长桥第二幼儿园、徐教院附小、长桥第三幼儿园相续成立丝竹校园传承点，到新苗丝竹乐团的成立，江南丝竹传统文化的传承发展得到了延续。2014年初，街道以徐教院附小传承点为基础，筹备江南丝竹传习基地的建设，设立专项展示厅、培训室等场所，组建校园青少年江南丝竹乐队。2015年8月，长桥新苗丝竹乐团，赴北京参加"明日之星"全国青少年艺术大赛，获团体金奖，参加2015年杭州江南丝竹音乐节—优秀民间丝竹乐队展演。2015年10月29日，长桥江南丝竹展示馆（上海市首个校园江南丝竹展示馆）在徐教院附小传习基地正式挂牌。

2016年4月，长桥"江南丝竹进校园"项目，在200多家市级机关单位、区县、街镇社区和社会组织中脱颖而出，成功入选"2015年度上海市公共文化建设创新项目"。2016年6月8日，徐汇区长桥街道"全国文化遗产日"专场宣传活动暨"我们的节

江南丝竹展示馆启用仪式

日—端午"传统文化主题活动,在徐汇区教师进修学院附属实验小学举行,新苗丝竹乐团压轴出场,演绎脍炙人口的丝竹名曲。2016年9月,徐汇区教师进修学院附属实验小学被上海市青少年学生校外活动联席会议办公室评为"上海市中华优秀传统文化研习暨非遗进校园十佳传习基地"。

长桥申韵丝竹乐团初步成为传统民族音乐的品牌,参加过30个国家元首的接待仪式,获得"2007CCTV民族乐器电视大赛"优秀展演奖,"丝竹相和—2010香港·国际"江南丝竹团体展演邀请赛一等奖,第28届上海之春国际音乐节2011海内外江南丝竹邀请赛非职业组铜奖,2013年海内外江南丝竹邀请赛银奖,第二届上海市民文化节民乐演奏大赛铜奖,2015年第三届江南丝竹海内外邀请赛总决赛非职业组金奖。

非物质文化遗产具有不可再生性,一旦消失将无可挽回,保护非物质文化遗产对增强民族认同感、归属感,促进经济、社会、文化的全面协调发展,构建社会主义和谐社会将起到积极的促进作用。江南丝竹文化的保护传承,发扬光大,任重而道远,江南丝竹文化一定会开出更加灿烂的花朵,结出更加丰硕的果实。

专记二 黄杨木雕

黄杨木雕是浙江地区的传统民间雕刻艺术之一。2006年6月列入第一批国家级非物质文化遗产名录。海派黄杨木雕是上海市的地方传统木雕艺术,海派黄杨木雕的创始人徐宝庆,长期居住在长桥街道汇成四村。2008年,海派黄杨木雕被列为上海市非物质文化遗产名录。

黄杨木雕,顾名思义是一种用黄杨木作为原料而进行雕刻的艺术品。黄杨木质地坚韧、表面光洁、纹理细密、硬度适中、色彩黄亮、是理想的雕刻材料,黄杨木料为乳黄色,作品上漆初呈姜黄色,后变橙黄色,时间愈久,其颜色由浅而深,逐渐变成红棕色,给人以古朴典雅的美感,更是珍贵。黄杨木雕刻而成的艺术作品,可与质地光滑、细腻的象牙雕相媲美。

黄杨木雕起源于浙江省温州市乐清市,流行于乐清市的象阳镇后横村、翁洋镇南街村、柳市镇、乐城镇一带,传播至温州、永嘉、杭州、上海等地。在唐宋时期,黄杨木雕就被用来为印刷业制作文字插图木印版,后来又被广泛运用于制作各种造型丰富、形式多样的观赏性艺术品。据考查,现今留存在北京故宫博物院内的元代至正二年(1342年)的"铁拐李"像,是迄今发现年代最早的黄杨木雕作品。黄杨木雕刻,在不同的历史时期,呈现出多种不同的风格。如:明之木雕,刀法圆润,简练流畅;清之木雕,刀法清澈,光滑圆转。黄杨木雕内容题材,大多表现中国民间神话传说中的人物,到了晚清,黄杨木雕发生从娱神到悦人的根本性转变。1910年,朱子常的佳作《捉迷藏》,在国际巴拿马赛会上获得二等奖。中华人民共和国成立后,黄杨木雕迅速发展,发扬创造的"拼雕""群雕""镶嵌雕"等多种圆雕手法,并且将浮雕和圆雕巧妙地结合起来,产生许多优秀作品。新一代木雕艺术家,乐清的高公博开拓崭新的黄杨"劈雕"被称为"走出了黄

第十九章　专记

杨木雕数百年的局促"。

在黄杨木雕的历史上，上海的海派黄杨木雕可谓是其中一个十分重要的分支。上海的海派黄杨木雕，是上海文化底蕴的具体表现，上海的海派黄杨木雕，在继承传统的基础上，开拓创新，兼收并蓄，中西合璧，逐渐成为黄杨木雕工艺中的一个鲜明的特点。

20世纪30年代，海派黄杨木雕在上海市徐汇区初步形成，徐宝庆被尊称为海派黄杨木雕的"祖师爷"。徐宝庆，1926年出生于浙江台州，从7岁开始，在徐家汇地区的"土山湾"孤儿工艺院学习技艺，当时的"土山湾"是中西方工艺美术融会之处，传授技艺的教师大多来自西班牙、法国等。徐宝庆经过70余年的艺术锤炼，海派黄杨木雕融合中西方艺术技艺和风格，体现海派艺术特有的气质，形成具有独特艺术理念和艺术风格的木雕派系，完整的海派黄杨木雕艺术体系。

徐宝庆在创造作品

海派黄杨木雕将西方素描技法、线条表现和雕塑技巧与中国传统雕刻技法相结合，继承传统而又大胆创新，形成圆润明快的雕刻技法，注重以凝练的刀法、立体的方式创造形神兼备的作品。海派黄杨木雕广泛涉及生活及民族因素，脱离西方雕刻技艺的传统宗教题材范域，生动地表现历史典故、民间故事及神话传说、传统道德人物及故事、文学作品和人物、传统吉祥图案、传统民间游戏、民间技艺、农村题材和动物题材等，讲求生动传神，捕捉生活中最灵动的瞬间，予以艺术化表现。海派黄杨木雕艺术，浓缩着民族元素和文化底蕴，有着极高的文化价值、艺术价值、审美价值和社会价值。

写实是海派黄杨木雕的灵魂。海派黄杨木雕作品，无论是人物还是动物或是物件，都十分讲究其结构、比例，以表现真实性和可信性。人物黄杨木雕，不但要刻画其外在的姿势神态，而且更偏重表现其内在的性格与精神。海派黄杨木雕在创作取材方面有着鲜明的现实的特点，不摒弃传统题材，更注重现代题材，往往是将身边的生活琐事信手拈来，并运用十分到位的公益手法和技巧进行细致的刻画，以塑造海派黄杨木雕特有的写实性效果。海派黄杨木雕在设计制作中除了用足材料外，还注重去扩张材料的体积感，通过对内容的布局调控，使观者在直感上产生一种视觉效果。海派黄杨木雕具有"木中象牙"美称，它讲究精工细作，通过雕刻者与雕刻对象的心灵对话，经艺术琢磨，寓意深邃，值得历代借鉴。

徐宝庆独具一格的海派黄杨木工艺美术作品享誉中外。1945年，举办的"宗教艺术展览会"，徐宝庆参展作品《圣母子》和《圣家族》等引起轰动，被用作《传教报》封面。1957年，徐宝庆赴京出席"全国工艺美术人第一届代表大会"。1958年，徐宝庆进入上海工艺美术研究室，成为中华人民共和国成立后第一批工艺美术师之一。徐宝庆创作的"农""林""牧""副""渔"大型樟木雕作品，陈列在当时新落成的北京人民大会堂上海厅。在庆祝中华人民共和国成立10周年的献礼作品中，以传统的民族欢庆形式，刻画10余个少数民族儿童，在云端挥舞着一条巨龙，形象地反映国家统一、民族团结的兴旺景象。1961年，徐宝庆受聘于上海工艺美术学校黄杨木雕班兼职老师，担当起传授海派黄杨木雕技艺的重任。1964年，徐宝庆被轻工业部授予"雕刻工艺师"，被公认为"海派黄杨木雕创始人"。1966年，创作高7.1米的毛主席立像作品。1979年，徐宝庆被授予"为我国工艺美术事业作出重大贡献"勋章。1986年，徐宝庆的《司马迁》《拔萝卜》等作品被上海工艺美术博物馆收藏。《司马迁》作品，人物形象活灵活现，栩栩如生，不但细致入微地刻画了司马迁身戴手铐脚镣，披着御寒外衣，手中拿着笔和简，在微弱的油灯下专心撰写《史记》的情景，而且还表现出司马迁凝重沉稳的神态和忍辱负重的精神。1987年，徐宝庆被国家轻工业部评为"高级工艺美术师"，同年，创作的孔子像作品，置于上海文庙。

1997年，徐汇区文化局组织编撰《徐汇区文化志》，徐宝庆黄杨木雕技艺被编撰成文，编入志内。2002年，上海工艺美术博物馆成立，工艺美术博物馆特邀徐宝庆在工艺美术博物馆举办徐宝庆首个个人作品展览会。2003年春天，上海电视台对徐宝庆作专访，并以《最后的土山湾人——访上海黄杨木雕创始人徐宝庆》为题播出，中央电视台和国外媒体也作专题报道。8月，上海古籍出版社出版《黄杨木雕第一家：徐宝庆黄杨木雕鉴赏》正式面世。2004年，徐汇区文化局局长刘敏、副局长宋浩杰等，感谢徐宝庆在工艺美术事业上的贡献，专程上门进行慰问。2005年，徐汇区委宣传部、徐汇区文化局在编撰《民俗文化志》徐汇分卷中，将徐宝庆的海派黄杨木雕选入其中。2005年6月，上海市人民政府批准授予徐宝庆为上海市工艺美术大师称号。2006年，徐汇区文化局为贯彻落实国务院关于挖掘、保护非物质文化遗产的通知精神，成立非物质文化遗产保护办公室。徐汇区非物质文化遗产保护办公室和长桥街道办事处多次上门关心和慰问徐宝庆，组织开展海派黄杨木雕的分布区域、历史渊源、基本内容、制家及作品的调查，邀请专家对海派黄杨木雕艺术特征进行论证，组织申报海派黄杨木雕列入市非物质文化遗产项目。

海派黄杨木雕是一门需要时间磨炼和雕刻者文化修养的艺术，学习海派黄杨木雕技艺，需要承受长期和艰苦的训练。徐宝庆一生收过101个徒弟，期望海派黄杨木雕的技艺能广泛流传。2008年1月，徐宝庆在家中病逝。为保存徐宝庆大师的作品及海派黄杨木雕器具，徐汇区文化局、长桥街道办事处，经与徐宝庆子女的多次协商，最后收藏徐宝庆大师的全部海派黄杨木雕器具及部分

徐宝庆作品《司马迁》

作品，对海派黄杨木雕的有关资料进行整理。在上海市土山湾博物馆内，有一个专区展示徐宝庆老先生的黄杨木雕作品。为了更好地传承和发扬海派黄杨木雕，2008年，长桥街道办事处与徐汇区文化局在上海市聋哑青年技术学校共同创建海派黄杨木雕传承基地，培养海派黄杨木雕技艺传承人。上海工艺美术研究所著名木雕师，76岁高龄的侯志飞坚持每周到传承基地传授海派黄杨木雕技艺，2010年起，由刘文潞、陈华明老师传授海派黄杨木雕技艺。上海聋哑青年技术学校先后有30余名学员接收黄杨木雕技艺的培训，其中姜志龙学员，学习黄杨木雕不到半年，就已经尝试独立创作，姜志龙的《双鱼》作品，受到老师的好评。

海派黄杨木雕传承基地是国内木雕行业中，首次以"学院派"方式培养海派黄杨木雕技艺的传人。徐汇区文化局投入专项资金，组织海派黄杨木雕的教材编写，师资带教工作，确保海派黄杨木雕国家级非物质文化遗产技艺得以发扬光大，作

高公博作品《齐天大圣》

品由文化部门统一回收并展出。2010年，上海电视台艺术人文频道拍摄录制海派黄杨木雕的专题纪录片，同年，徐汇区文化局、长桥街道办事处、上海社会科学院文学所合作编写《上海黄杨木雕》一书。《上海黄杨木雕》被列入"上海市国家级非物质文化遗产名录项目丛书"，为黄杨木雕和非遗项目在社会公众中的传播起到积极推动作用。2012年6月，在徐汇区文化馆四楼展示厅，由徐汇区文化局、长桥街道办事处、徐汇区文化馆、徐汇区非物质文化遗产保护办公室联合主办"走进非物质文化遗产——黄杨木雕展"。2012年11月5日，在徐汇区文化馆五楼多功能厅，由徐汇区文化局、长桥街道办事处，徐汇区文化馆、徐汇区非物质文化遗产保护办公室联合主办黄杨木雕传承班竞赛展览活动，上海市非物质文化保护中心常务副主任高春明等出席竞赛展览活动，近百件作品中，《小孩与狗》《小矮人》等6件作品获奖。2012年11月8日，"上海黄杨木雕"传承基地培训班举行开班仪式。上海黄杨木雕创始人徐宝庆门生之一，上海市传承人陈华明担任导师，首批招收学员50人，年龄最大的70岁，最小的20岁。2013年7月，在西南文化艺术中心四楼非物质文化遗产展示厅举办"侯志飞黄杨木雕60周年回顾展"，展览汇集侯志飞老师百余件珍贵作品。2016年6月，在上海市徐汇区土山湾博物馆，由徐汇区文化局、长桥街道办事处主办，徐汇区土山湾博物馆、徐汇区非物质文化保护办公室承办"新、奇、独、变——高公博黄杨木雕艺术展"。

黄杨木雕，历史悠久，源远流长，是灿烂的中华民族文化中一支引人注目的艺术奇葩，是中华民族元素和上海海派文化底蕴的结合，具有极高的文化价值、艺术价值、审美价值和社会价值。海派黄杨木雕，在上海市徐汇区生根、开花、保护、传承和发展，并将结出累累硕果。

编后记

《上海市徐汇区长桥街道志（1991—2015）》（以下简称《长桥街道志》）编纂工作于2015年8月启动，2015年12月，成立《长桥街道志》编纂委员会、编纂工作办公室。2017年8月，调整《长桥街道志》编纂委员会主任等成员。

长桥街道是徐汇区第二轮第一批街道志编纂单位之一。《长桥街道志》编撰过程分组织准备、收集材料、编写和征求意见、评议、评审、验收、出版4个阶段。2016年6月，街道志目录经6次调整后拟定。2017年9月，《长桥街道志》初稿合拢。2018年2月，《长桥街道志》内部评议稿完成，交街道办事处下属部门、辖区单位等征求意见。2018年5月，《长桥街道志》评议稿完成，送徐汇区地方志办公室及《长桥街道志》评议组评审，2018年9月28日，召开《长桥街道志》评议会议，评议组专家提出评议意见。2019年3月，《长桥街道志》送审稿完成。2019年7月11日，召开《长桥街道志》审议会议。2019年11月，《长桥街道志》审定稿完成，送徐汇区地方志办公室审核。

《长桥街道志》共设19章、97节、157目，50万余字，图照137幅。《长桥街道志》力求全面、系统地反映街道发展和现状，记述辖区变化和特点，体现改革开放巨大成果，由于《长桥街道志》编撰时间跨度长，辖区单位等情况变化大，编撰资料收集难，所以在编撰过程中难免有疏漏等不尽意之处，敬请读者指正。

《长桥街道志》的编撰工作得到徐汇区档案局、徐汇区地方志办公室的大力支持和帮助，得到辖区内单位的鼎力协助和配合，得到杨军益、高福进、侯桂芳、吴瑞君、顾宏义、蔡国欢等专家的悉心审议、指点，在此，谨表示崇高的敬意、衷心的感谢。

《长桥街道志》编撰委员会
2019年11月28日